U0942034

中央民族大学“十五”“211工程”学术出版物编审委员会

主任委员：陈 理
副主任委员：郭卫平
委 员：王锺翰 施正一 牟钟鉴 戴庆厦 杨圣敏 文日焕
刘永佶 李魁正 朱雄全 宋才发 冯金朝 邓小飞

民族学社会学教材与研究丛书编委会

主 任：杨圣敏
副主任：张海洋
委 员：
邵献书 白振声 黄有福 徐万邦 包智明
王建民 王庆仁 陈长平 潘 蛟 丁 宏

中央民族大学国家“十五”“211工程”建设项目

石建中 编著

民族博物馆学教程

MINZU BOWUGUANXUE JIAOCHENG

中央民族大学出版社

图书在版编目（CIP）数据

民族博物馆学教程/石建中编著. —北京：中央民族大学出版社，2006.3

ISBN 7-81108-003-6

Ⅰ.民… Ⅱ.石… Ⅲ.民族博物馆—博物馆学—教材 Ⅳ.G268.5

中国版本图书馆 CIP 数据核字（2006）第 006798 号

民族博物馆学教程

编　　著　石建中
责任编辑　满福玺
封面设计　马钢工作室
出 版 者　中央民族大学出版社
　　　　　北京市海淀区中关村南大街 27 号　邮编:100081
　　　　　电话:68472815(发行部) 传真:68932751(发行部)
　　　　　　　68932218(总编室)　　　68932447(办公室)
发 行 者　全国各地新华书店
印 刷 者　北京宏伟双华印刷有限公司
开　　本　880×1230(毫米)　1/32　印张:12.25
字　　数　305 千字
印　　数　2000 册
版　　次　2006 年 3 月第 1 版　2006 年 3 月第 1 次印刷
书　　号　ISBN 7-81108-003-6/G・386
定　　价　25.00 元

版权所有　翻印必究

民族学社会学教材与研究丛书总序

民族学与社会学学院的前身是建立于1952年的中央民族学院研究部。在五六十年代，研究部曾汇聚了中国大部分民族学与社会学的顶尖人才，如中国民族学与社会学的开拓者潘光旦、吴文藻、杨成志、吴泽霖、费孝通、林耀华和李有义等人，以及他们的学生陈永龄、宋蜀华、施联朱、王辅仁、吴恒和王晓义等著名学者。

20世纪80年代初，研究部更名为民族研究所，不久又建立了中国第一个民族学系，20世纪90年代扩大为民族学研究院，2000年更名为民族学与社会学学院。半个世纪以来，名称和建制的变化，并没有影响她致力于民族学教学与研究的宗旨，经过几代人的努力，从该院毕业的民族学专业的学士、硕士和博士已遍布全国各地，多为栋梁之材。同时出版了大量在国内影响巨大的专著和教材。如潘光旦、吴文藻、费孝通等人的文集，林耀华主编的《民族学通论》、宋蜀华的《民族研究文集》、陈永龄的《中国民族学史》（英文版），还出版了全所历年研究成果的论文集《民族研究论文集》（1981—1993年，共九册），这些出版物的共同特点是，以实地调查的材料为基础，以中国的56个民族为主要研究对象。几十年来，这已成为民族学与社会学学院几代人的学术传统。

民族学（文化人类学）毕竟是一个自西方传来的学科，在中国发展历史较短，几十年来又多次受政治运动的干扰，所以与我国一些传统的老学科相比，中国的民族学无论在专业的理论、方法和研究成果方面，都是一个比较年轻、比较薄弱的学科。因此，今后本学科的重点是加强民族学专业的基础理论和方法的建设。

为此，我们认为需要长期坚持两个方面的工作：一、积极了解和借鉴国外学者有关的理论、方法和实践。这就要求我们既要翻译、介绍国外一些经典的名著，又要随时掌握国外研究的动向，将其最新的代表性作品翻译介绍给国内的读者和同行。二、也是更重要的一个方面，继承我院 50 年来的传统，坚持实证性的研究方法，以中国的 56 个民族为主要的研究对象，紧密联系实际，加强实地调查，以此为基础，进行理论的总结，为建立独树一帜的、有中国特点的民族学理论而努力。

我们认为有必要使我们的学科建设和理论研究进一步系统化、规范化，并且在研究成果的基础上不断更新我们的教材。因此，我们于 2000 年成立了“民族学教材与研究丛书编委会”，目的是以民族学与社会学学院为基础，系统地编辑出版民族学专业的教材和以实证性研究为主的专著、调查报告和论文。

编委会将重点支持以下内容的教材和著作：

1. 民族学专业主干课和紧缺的必修课教材。

2. 以实地调查资料为基础的专题研究著作。

3. 国外民族学名著或前沿理论与方法的译著。

4. 有重要学术资料价值且规范的田野调查报告。

5. 本院教师实证性研究的论文集。

我们要求教材的编写者，应具有多年讲授该课程的资历，并且发表过有关的研究论文。我们要求丛书中的教材和论著应参考并引用国内外最新的相关研究成果，能够与国际学术界对话。编委会将不资助缺乏实证基础的、纯理论著作的出版。

我们希望经过若干年的努力，本套丛书能够为民族学与社会学学院 50 年学术传统的发扬光大，为中国民族学学科的建设和中国民族学在国际学术界中较高地位的确立做出贡献。

前　言

民族博物馆学是一门研究民族博物馆基础理论、工作方法、技术及管理的学科，研究范围主要是：(1) 研究我国民族博物馆事业的发展历史，探索博物馆事业在不同社会发展阶段的不同性质、作用、形式、特点和发展规律，以便开阔视野，有所借鉴；(2) 研究民族博物馆建设的基本原理，探索民族博物馆的性质、方针、任务、方法和发展方向，研究民族博物馆的分类和各类民族博物馆的特点；(3) 研究民族博物馆的文物鉴定、收集整理、保管修复、陈列展览、科学研究、宣传教育以及文物摄影等工作的原则和方法；(4) 研究民族博物馆的建筑设施、科学管理、职业特点和道德规范等有关问题。

鉴于我国民族博物馆事业刚刚崛起，工作基础比较薄弱，国家级现代化的民族博物馆还未建立起来，各方面的工作经验和交流还较少，很多问题都有待于研究解决，所以民族博物馆学课程，要完全根植于少数民族博物馆的实践活动之中，完全从我国民族博物馆实践中来提炼和发展我国的民族博物馆学的理论，建立具有中国特色的民族博物馆学，目前条件还不很成熟。

改革开放以来，民族博物馆发展很快，特别是近 20 多年来，民族博物馆事业，无论在实践上或是在理论上，都进入了一个新的发展时期。

民族博物馆专业人才的培养被提上了议事日程，呼唤其专业的诞生。随着民族学、社会学的恢复和发展，民族博物馆学应运而生。中央民族大学在这种大好形势下，1983 年率先创办了民族学系，1986 年开办了民族博物馆专业。我从中央民族大学民族博物馆调到民族学系后，领导决定由我讲授《民族博物馆学》，并着手编写教材。接此任务后，我认真阅读了国内外博物馆的有关报道和论著，广泛吸取其知识。为了使民族博物馆学的教学内容能植根于我国少数民族地区和民族文物博物馆工作的实践活动之中，我将自已30多年在民族文物博物馆工作实践中的切身体验，认真进行了梳理和总结，于1988年7月，编写出约50万字的民族博物馆学讲义。1994年退休后，我仍继续此项工作，经常上网搜集相关资料，随时对原“讲义”进行修改和补充。特别是书稿决定出版，经院、系学术委员会专家审稿指点后，我一方面将近十年来所积累和吸收国内外博物馆学的最新成果进行补充，另一方面则深入总结自已多年从事此项工作的切身体会。我深知要做好民族博物馆的工作，需要多方面的知识，但对一个人来说，又不可能样样精通。因此，我压缩了字数，尽量根据民族博物馆工作的实际需要编写，又能使学生获得应有的民族博物馆基本理论和基本技能。成书后，定名为《民族博物馆学教程》，全书分总论、民族博物馆学的对象与任务、民族博物馆的类型、民族文物与民族文物的鉴定以及民族文物的搜集整理、文物保管、科学研究、陈列设计、群众教育、科学管理、摄影与影像共十一章。

《民族博物馆学教程》是一本新的教材，涉及的内容相当广泛，在编写过程中，我参考了已出版的各种博物馆学研究领域的有关内容，还广泛使用有关文件、论文、报道及各种民族展览的介绍或说明文字等。在此，谨向有关同志表示衷心的感谢。由于水平所限，书中必有不少错误和不当之处，祈望读者阅后批评指正。

编　者

2005年11月30日

目　　录

第一章 导 论

第一节 博物馆和博物馆学

一、什么是博物馆

博物馆是陈列、研究、保藏物质文化实物以及自然标本的一种文化教育机构。博物馆的类型，主要可分为革命、军事、民族、历史、地志、民俗、自然、艺术、医学、科技等，还有一些特殊物品的专业博物馆。我国各种类型博物馆根据其不同的性质、方针、任务，系统地陈列文物、模型、标本等展品，向广大人民进行辩证唯物主义和历史唯物主义教育、爱国主义和革命传统教育，丰富人民的科学知识和文化生活，并为促进发展社会生产力、科学研究以及艺术创作提供资料和借鉴。

1. 博物馆的性质

博物馆是一个包含着多种运动形态和多种矛盾的统一体，具有多方面的性质。一般说博物馆的性质，通常是指它的自然性质。但在不同社会和不同国家，博物馆性质则随其社会和国家性质的不同而有所区别。在区分各类专业博物馆的性质时，则应指明它的专业性质。

按其自然属性，即自然性质，博物馆本身不受社会和阶级的制约。在不同的国家和不同的社会，博物馆在不同的社会发展阶段，只有量的差别，而没有质的不同。博物馆是利用多种实物、标本进行直观的宣传教育，它本身没有阶级性，也不分学科门类，它可以为古代帝王服务，也可为资产阶级或无产阶级服务，可以为任何部门、地区或学科、民族服务。因为它是文物和标本的主要收藏机构，以陈列展览为主要形式的宣传教育机构，也是以文物、标本为主要研究对象的科学研究机构。所以它能为各时代、各社会、各地区、各民族以及所有政治、经济、文化乃至学科、企业、机关、学校服务，从而成为各种形式的向群众进行教育的社会大学。

按其社会属性，即社会性质，博物馆在不同的社会发展阶段、不同的社会制度、不同的国家里，又有它不同的阶级属性。我们常说，一定的文化是一定的社会政治和经济的反映，一切文化都是属于一定的阶级。博物馆作为文化事业的一部分，它属于上层建筑，属于精神文明的范畴，它具有强烈的阶级性和社会性。随着人类社会的发展，物质生活和生产方式的变化，随之出现了原始公社制的文明、奴隶制的文明、封建制的文明、资本主义的文明和社会主义的文明。作为精神文明的博物馆，从它的发展历史来看，就有奴隶制的博物馆、封建制的博物馆、资本主义的博物馆和社会主义的博物馆。在旧中国还有半封建半殖民地的博物馆。现在正在建设有中国特色的社会主义，我们的博物馆也应带有中国社会主义特色。中国社会主义特色的博物馆，是社会主义文化科学事业的重要组成部分，它要为人民服务，为社会主义现代化建设服务，它的一切活动是按照党的路线、方针、政策进行的。指导思想方面，我们的博物馆是以马列主义、毛泽东思想、邓小平理论、“三个代表”的重要思想为指导，坚持辩证唯物主义和历史唯物主义，坚持向人民进行共产主义教育、爱国主义教育和革命传统教育，大力普及科学文化知识。所有制方面，我们的博物馆大多是全民所有制，但近年也有不少民间团体、企业和个人办的博物馆出现。我国的博物馆工作者，担负着传播普及科学知识，对广大群众特别是青少年进行爱国主义、革命传统和社会主义教育的光荣使命，每一座博物馆，都是社会主义精神文明和社会主义文化建设的基本阵地与重要窗口，因此，努力采用符合时代潮流，深受大众喜爱的传播工具和形式去推进我们的工作，这是先进生产力发展和时代进步的要求，也是广大人民群众日益增长的精神文化需求的呼唤。

按其专业属性，即博物馆的专业性质，博物馆的特点就是博，但其博只能是相对的。博物馆需要有专业分工，凡人类知识的各个门类无所不包，这是从整个博物馆来说的，但对一个具体的博物馆来说，这不可能。从一个具体的博物馆来讲，它不可能包罗万象。因而这就出现了博物馆内部的分工问题。我们讲博物馆的专业性质，就是指研究博物馆的专业分工，以此来划分博物馆的类型。也就是说，在研究博物馆共性或普遍性的基础上，研究每个博物馆的个性或特殊性，以明确每个博物馆的专业任务和专业方向。如民族博物馆的专业任务和专业方向，就是专门搜集、整理、研究和陈列民族文物的一种博物馆。不过，在这里需要特别说明的是，在我国，“除汉族以外，其他的一律概称少数民族。而且早已约定俗成，凡一个名词前面冠有‘民族’二字的，指的就是汉族以外的少数民族。例如，民族政策、民族教育、民族地区、民族学校、民族事务委员会、民族代表、民族干部、民族区域自治、民族节日、民族音乐、民族文物等等，含义所指，都是国内的少数民族。根据这一理解，民族博物馆在今天的中国，指的是有关少数民族的一种专业性博物馆。”① 这个问题的研究，对指导我们博物馆的规划和建设，对提高博物馆的专业水平是有现实意义和长远意义的。

2. 博物馆的职能

归纳起来可分为以下五个方面：

---

① 吴泽霖：《论博物馆、民族博物馆与民族学博物馆》，载文化部文物局教育处、南开大学历史系编《博物馆学参考资料》上册，第154页。

一是搜集职能。人类社会的活动不断创造出具有历史价值的文物，同时人类的社会活动又不断地破坏着这些具有历史价值的文物。随着人类社会的进步，人类越来越认识到：对于历史文物，不仅需要创造，尤其需要保护。社会分工赋予博物馆的特殊使命，就是把人类社会遗留下来的具有文化价值的物品搜集、保存起来，加以研究，并把它展示出来，为社会服务。博物馆最早起源于文物典籍的收藏。博物馆无论处于何种阶段，自成立之日起，搜集文物便是它的第一职能。任何一个博物馆，都应该搜集那些具有本馆最大特点的藏品。衡量一个博物馆的工作成绩大小的主要标志之一，就要看这个馆拥有多少藏品以及这些藏品的质量和特色如何。因此，每个博物馆都要千方百计地搜集那些具有明显特征的藏品，充实自己的馆藏。搜集藏品的目的，是为了继承优秀的历史文化遗产，保持历史文化遗产的继承性，不使一个国家，一个民族的文化传统有所中断。任何国家或民族，都有自己的文化传统和文化特色，为了使自己的文化传统和文化特色延续下去，就必须使自己的每一历史阶段的文化遗产保持在良好状态。创办一个博物馆，首先要搜集其相关的文物，搜集是博物馆的重要职能之一。

二是保管职能。保管是博物馆不可缺少的基本职能。《中华人民共和国文物保护法》第一条规定："加强国家对文物的保护，有利于开展科学研究工作，继承我国优秀的历史文化遗产，进行爱国主义和革命传统教育，建设社会主义精神文明。"说明保护包括保存和利用两方面的含义。博物馆只有保管好藏品，才能达到继承文化遗产的目的。文物藏品是博物馆开展各项业务活动的物质基础，没有这个基础，就难进行研究，更不能利用藏品来举办陈列展览，达不到对人民群众进行爱国主义和革命传统教育的目的，所以保管和利用是一个问题的两个方面。从保管职能来说，利用是目的，保管也是目的。不能只重视保管，不重视方便利用；也不能只强调利用是目的，不承认保管也是目的。藏品保管，不但是一个“保”与“用”的关系，也有一个“搜”与“保”的关系问题。毫无疑问，“搜”是为了“保”，“保”是为了“用”，并且不是一次用，而是多次用，世代用，所以保管、保护工作一定要做好。从一件搜集来的文物到成为一件藏品，必须经过接收、必要的消毒、鉴选分类、编目、制卡等工序，这就是整理研究的过程。这种研究，是一件件普通文物能否具有成为博物馆里正式收藏品资格的第一次研究活动，这种研究的目的也是为了证实是否值得保存和利用。这种研究的成果应体现在正式入藏的藏品，具有真正的博物馆价值，也就是具有永久的收藏价值、陈列价值、科学研究价值。所以，博物馆藏品的保管，不是一般的保管，而是建立在研究基础上的保管。必须把藏品的搜、保、用三种职能作统一考虑，将这三者的有关资料，统一汇集起来，作为文物标本的附加资料一起保存。保存这些文字记录的意义在于更清楚地知道文物的面貌，以便日后使用。因此，在文物标本的保存过程中，对博物馆藏品的保存活动，不能仅仅限于保存现有文物的寿命上，尽管延长其藏品的寿命是保存的重要目的，但绝不能仅限于藏品的形态，更重要的是要揭示藏品蕴藏于其中的价值，并且把揭示出来的藏品价值的资料与其藏品本身的资料构成一体，加以久远地保存。博物馆的每一件藏品，一定要进行认真的编目著录工作，除著录产地、年代特征等以外，最好还要有学术性的文字著录，有利于科学研究工作、有利于继承祖国的历史文化遗产、有利于进行爱国主义的革命传统教育和建设社会主义精神文明。

三是研究职能。博物馆本身就是一个研究单位，它的一切工作都离不开研究。研究的目的：一是为了搜集有价值的文物标本；二是为了提高博物馆各项业务工作水平和学术水平；三是为了揭示文物的价值，并把各种具有文化继承性价值的资料传给后代；四是为了文物不受损坏，久远地保存；五是为了提高陈列展览的科学质量；六是为了提高教育的效果。总的讲，博物馆必须进行以下两个方面的科学研究工作：即博物馆学研究和专业学科的研究。博物馆学的研究，是与博物馆所具有的搜集、保管、研究、陈列、教育等职能直接相关的研究，是博物馆在发挥其作用中不可缺少的一环。根据这个道理，博物馆学研究的内容，可以概括为以下五个方面：一是博物馆和博物馆学基本理论的研究；二是博物馆发展史的研究；三是博物馆各项工作内容和工作方法的研究；四是博物馆的环境、建筑和设备的研究；五是博物馆科学管理的研究。对博物馆学的研究，是博物馆科研的重点。因为博物馆工作需要理论指导，博物馆工作只有完全纳入博物馆学基本理论和方法论的轨道，才能有所前进，有所提高。这项研究，不但是加强博物馆基础理论建设的重要课题，也是把博物馆的各项活动都置于明确的理论指导之下的基础。因此，进行这项研究，具有重要的理论意义和现实意义。

对与博物馆有关的专业学科的研究任务，是由博物馆的性质、任务所决定的。不同性质、不同类型的博物馆，都有与自己性质相适应的专业学科的研究内容。如历史博物馆，历史是专业。自然博物馆，诸多的自然学科是专业。民族博物馆，民族学、人类学、民俗学等是专业。至于藏品的鉴定、陈列内容的专题研究等，则更是专业学科研究的重要内容。

任何一个博物馆，如果仅仅是从事于结合藏品和陈列的研究，是远远不够的，必须进行自身专业学科的大量研究。否则，博物馆的业务质量，特别是它的基本陈列，就难以提高。博物馆对和自身有关的专业学科的研究与专门的科研机关的研究是不同的，它们的区别在于：博物馆仅限于自身业务有关的、结合藏品的、服务于陈列和学术需要的、专题性质的研究。而专门科研机关则以它设置的目的为宗旨，结合文献和调查实践、出版科研成果，系统、深入地进行多种形式的研究。

在发挥科学研究这一职能作用中，必须处理好自身专业学科的研究与运用社会科研成果的关系。博物馆既要吸收社会科研成果，也要进行自身的专题研究。社会研究绝不能代替博物馆自身的研究。博物馆如果不重视自身的研究，在有关专业学科的学术问题上没有自己的研究成果，势必造成许多学术问题上的盲从。因此，即使在设备贫乏和人才短缺的情况下，学术研究仍然是博物馆活动中不可缺少的因素。

四是陈列职能。陈列是博物馆教育活动的主要手段，同时也是衡量博物馆工作质量和学术水平的主要标志。举办陈列展览就是通过内容的传播，给人们以影响和启发教育，通过举办内容丰富的陈列，使人们得到知识，扩大眼界，提高科学文化水平和社会主义道德素养，激发热情，同心同德，奋发图强，建设祖国。

博物馆的陈列，通过文物、图片、资料、模型和图表或配以形、声、电、录音、录像等生动和形象的直观形式，使人们的感官与实物相结合而发挥作用。因为人是根据感官所提供的资料活动并且认识着各种事物。如果没有感官，人们的实践活动将是不可能的。从活生生的观察到抽象思维，从抽象思维到实践，是认识客观事物的辩证途径。为了认识事物必须要有感觉和思维，没有感官，就不可能认识事物，在一般情况下，人们只有借助于思维和对直接感性印象的逻辑加工，才能认识事物的现象和本质以及它们的内部联系及其规律性。

根据马克思主义认识论的理论，博物馆以实物的鲜明生动形象，作用于观众的感官，使观众通过对实物的观察，从感觉到思维，用比较、对照、分析、综合的方法，来认识博物馆陈列所表现的内容。博物馆的使命，就在于能够反映出社会发展和自然发展历史中的规律性。以博物馆材料的复杂多样和综合运用，给予观众对陈列品的具体知识，同时也是为了指出各种文物间的关系和联系，以促使观众的辩证唯物主义世界观的形成，这就是具有中国特色的社会主义博物馆陈列职能所要达到的根本目的。

五是教育职能。博物馆的最大价值是要求它发挥社会教育的职能。博物馆群众教育工作的特点，是以陈列展览为主要阵地，通过组织观众、讲解说明、举办讲座、配合学校教育、编辑出版宣传资料及其他工作，传播科学文化知识，起社会教育机构的作用，扩大自身的社会影响，有效地发挥其社会教育的职能。衡量一个博物馆对社会贡献的大小，主要是看通过其展览对社会产生的教育作用和影响，这种作用和影响，又具体地体现在观众方面，即以观众为中介表现出来的。博物馆对外开放，接受群众观览的主要目的，就是将展品或藏品所体现的价值和内容传播给观众，观众是博物馆面向社会的主要对象。博物馆的存在及其社会价值，主要是以群众和社会团体单位的利用为前提。因此博物馆的群众教育工作：第一，要加强宣传，利用报纸、电视、广告等进行宣传以扩大影响。第二，要提高讲解员的水平，大力加强讲解工作。当众多的观众走进博物馆，这时最重要的是进行引导和讲解。只有通过讲解员的解说，才能使观众全面理解展览的内容，受到具体实物知识的教育。第三，要采取多种教育形式，在博物馆内，要结合博物馆及其陈列的内容，放映电影、幻灯和电视录像。在博物馆外，要多办流动展览，举办讲座，辅导教学，组织博物馆之友，积极参与各项活动，与观众展开互动。

以上是博物馆的五项基本职能。其实博物馆不仅具有搜集、保管、研究、陈列、教育的职能，还有其他一些职能，包括娱乐、旅游等，使人们心情愉快，得到美的享受。假如把博物馆的职能狭隘地理解为只有三项或五项，都未免太绝对化了。但是，说博物馆有这五项基本职能，则是完全必要的。明确这五项基本职能，有利于进一步认识博物馆，有利于改善和加强博物馆的工作，有利于开展对博物馆学基础理论的研究。

总的来讲，博物馆是收集、保管和研究自然物和人为物中具有代表性的实物，或制成模型或拍摄成图片，以陈列的手段面向群众进行或辅助进行教育的文化机构。因此，整个博物馆的工作都围绕着陈列这个主体任务。它在性质上是利用陈列各种类别标本进行各种宣传，是进行政治、经济、文化、艺术、科学等的教育工具。它在任务上可以为任何部门和地方或某种学科服务。它可以带上各个时代、各个地方、各个民族和种种学科以及经济的、企业的、部门的特色，而成为各种形式的向群众进行宣传教育的社会大学。

二、什么是博物馆学

博物馆学是随着博物馆的诞生和发展而逐步形成和发展起来的一门学科。它研究博物馆的工作方法、技术及其理论；研究博物馆的一般原则和各种类型博物馆的一般原理；研究各种类型博物馆的基本性质和特点；研究博物馆与社会经济基础及其他上层建筑的关系。其研究范围包括博物馆事业发展史，探索它在不同社会发展阶段的不同阶级性质、作用、形式的特点和发展规律；研究博物馆文物资料的搜集、分类编目、保管、陈列、宣传教育、科学研究等各项工作的基本任务和方法；研究博物馆的筹备、组织、行政以及建筑工程设计；研究博物馆的环境、位置、博物馆的组织、博物馆与社会的关联以及安全等问题；研究博物馆所在地区的社会情况与社会关系以及它在这个社会上所起的作用等。总之，一切有关博物馆的问题，博物馆学都要加以研究。

博物馆学的理论对于博物馆的实践具有直接的指导意义。博物馆学的理论产生于博物馆的实践，是一个实践、认识、再实践、再认识的无限反复的过程。也就是说，博物馆的理论是行动的指南，而不是教条。博物馆学理论对于博物馆的实践的指导意义，概括起来，可分为以下四个方面：

第一，博物馆的基础理论对博物馆工作有客观指导作用。宏观指领导关系到博物馆事业的全局，对博物馆事业的发展具有决定意义。包括正确地制订博物馆工作的方针、政策，全面地制定博物馆事业发展的长远规划和近期规划，准确地提出博物馆工作应该解决的主要问题，这一切都离不开博物馆学理论的指导，只有把博物馆学的理论和博物馆事业这些具有战略意义的重大问题紧密结合起来，才能正确地解决这些问题。因为博物馆学的理论反映了博物馆事业发展的客观规律，只有按照博物馆事业发展的客观规律决定博物馆的方针、政策，制定博物馆事业的发展规划，解决存在的主要问题，才能行之有效。

第二，博物馆学是对每一个博物馆实行正确的具体领导的科学依据。各个博物馆的性质、任务、藏品、陈列、馆舍、干部以及工作条件和工作水平的不同，构成了博物馆事业的全局，对这些博物馆的具体领导，关系到博物馆事业的基础是否巩固。一个博物馆的负责人，能否对本馆实行正确的领导，关键是从实际出发，因馆制宜，把博物馆学原理和各馆的实际结合起来。这样，博物馆学就能帮助正确地确定馆的性质、任务，就能帮助合理地安排调查、征集、保管、陈列、群众教育和科学研究各项业务工作的全面开展，就能帮助对博物馆实行科学的管理，从而把博物馆的工作局面打开，保障博物馆事业的兴旺发达。

第三，博物馆学是做好博物馆各方面、各学科、各工种工作的向导。博物馆的工作很多，有业务工作、政治工作、保卫工作和行政工作。业务工作又按馆的性质、任务各有不同，各有侧重。总之，每一个馆的工作都是一个多学科、多任务、多工种的系统工程。要把这样一个系统工程的每一方面、每一学科和每一工种的工作都做得符合总的要求，保证博物馆这一系统工程的顺利完成，就要靠博物馆学的指导。博物馆学既揭示博物馆各方面、各学科、各工种的工作规律，也揭示它们之间存在着内在的必然联系，从而为各方面、各学科、各工种的工作指明了方向、目标程序和方法，以及它们之间怎样协调、怎样合作、怎样合成，而最后形成一个思想性、科学性、艺术性相统一的独具特色的博物馆。否则，博物馆各方面、各学科、各工种的工作就会无所适从，失去方向、失去目标、失去控制，其后果是完全可以想像的。

第四，博物馆学是每一个博物馆工作者做好本职工作的理论基础。这一点，并不是所有的博物馆工作者都认识得很清楚，有人甚至以为不学习博物馆学也能做好博物馆工作。对这种情况当然要具体分析，过去有的同志很少学或者根本没有学习过博物馆学，更没有进行专门研究，靠上级的指示做工作。殊不知上级的方针和政策，凡属正确的都必然符合和集中体现了博物馆学的原理，你只不过是不自觉地运用罢了。这种不自觉的状态正是博物馆工作成绩提高不快的一个症结。这恰好从正反两个方面，说明了博物馆学对一个博物馆工作者的重要意义。博物馆工作者理论修养的深浅在一定程度上决定着工作质量的高低，所以，那种认为不学博物馆学也能做好博物馆工作的看法，不过是错觉和误解，是对过去那种不自觉用运用博物馆学状况的歪曲反映。博物馆事业的进一步发展，要求克服这种不自觉状态，自觉地运用博物馆学原理解决实际问题，开拓博物馆工作的新局面。①

博物馆学是随着近代博物馆事业的蓬勃发展应运而生，随后逐渐从国外传播到我国。早在 1905 年，我国著名的实业家和学者张謇，就写了《上南皮相国请京师建设帝国博览馆议》、《上学

---

① 贾士金、任万举：《要重视博物馆学的研究与应用》，载《博物馆学参考资料》下册，文化部文物局教育处与南开大学历史系编。

部请设博览馆议》，对博物馆的性质、职能、陈列、征集、保管、行政管理、人员配选以及馆舍规划设计等作了具体阐述。到20世纪30年代，就创办过博物馆学研究的组织和刊物，并有相应的博物馆学论著相继问世，如《博物馆学通论》、《博物馆学概论》、《博物馆》、《地方博物馆实施法》、《征集品的修复与保管》等书反映了我国20世纪30年代博物馆学的研究水平。

新中国成立后，我国博物馆事业发生了根本变化。博物馆学在马列主义、毛泽东思想指导下有了崭新的发展和提高，我国博物馆事业取得了很大成绩，许多博物馆总结了很好的经验，博物馆的文件汇辑及论述博物馆部门工作的书刊资料在很短的时期内就达40种。其中影响较大的有《博物馆学概论》和《博物馆工作概论》。此外，还翻译和编辑了一批介绍苏联博物馆理论和实践问题的文章，据不完全统计约有120余种。如《苏联博物馆学基础》、《博物馆陈列的组织与技术》、《博物馆藏品的保管与修复》、《博物馆藏品的管理》等，这对我国博物馆的改革和建设，对博物馆学的学习和研究起了一定的作用。

“文化大革命”期间，博物馆学的研究被迫停止了一个时期，党的十一届三中全会以后，博物馆学研究很快又进入了一个新的发展阶段。

由于党和政府的重视，从中央到地方先后建立起以研究博物馆学为宗旨的多层次、多专业学科的学术团体。首先是国家级博物馆学会率先成立：自然科学博物馆协会，1980年12月成立；中国文物保护技术协会，1981年12月成立；中国博物馆学会，1982年3月成立；中国农业博物馆协会，1984年6月成立。随着全国性各种学会的成立，紧接着各省市博物馆学会、地市级博物馆学会也相继成立。有了专门的学术机构，很快又出版了一大批数量可观的研究成果。据不完全统计，全国出版的主要论文集和刊物有：中国博物馆学会编辑的《博物馆学论集一》、《中国博物馆学会第二次年会论文集》、《中国博物馆》（季刊 、国内外公开发行)、《中国博物馆通讯》；中国自然科学博物馆协会编辑的《大自然 》、《中国科博协会通讯》、《博物馆理论讨论论文集》（1—4 期)、《博物馆学新编》；中国文物保护技术协会编：《文物保护技术》；国家文物局编：《中国文物报》、《中国博物馆学概论》、《文物工作》、《博物馆学参考资料》（上下册，与南开大学历史系合编)；江苏省博物馆学会编：《江苏博物馆年鉴》、《博物馆学概说》、《博物馆学论文选》（1—4 册)、《博物馆学论文集》（1—2 册)、《博物馆学、文物保护学文献目录》、《文博通讯》、《东南文化》；湖南省博物馆学会编：《博物馆学文集》（1—4 册)；山东省博物馆学会编：《博物馆学与博物馆工作》、《山东博物馆通讯》；安徽省博物馆学会编：《 博物馆学文集 》（1—2 册)、《博物馆信息报》；吉林省博物馆学会编：《博物馆学讲义》、《吉林省学术志集》、《博物馆研究》；江西省文化厅、江西省博物馆学会编：《博物馆学论文选集》、《江西文博》；北京博物馆学会编：《北京博鉴》、《北京博物馆年鉴》、《北京博物馆信息报》；河北省文物局、省博物馆学会编：《文物工作》、《文物春秋》；陕西省文物局、省博物馆编：《文博》；贵州省文化厅编：《贵州文博》；广东文管会编：《文博信息》；河南省博物馆编：《中原文物》；沈阳故宫博物院编：《沈阳故宫文集》；故宫博物院编：《故宫博物馆院刊》；中国人民革命军事博物馆编：《军事史林》；中国革命博物馆编：《博物馆工作》；中国历史博物馆编：《中国历史博物馆馆刊》；青海省文化厅编：《文化通讯》；天津历史博物馆编：《天津文博》；上海自然博物馆编：《 自然与人》；浙江省文化厅编：《浙江文物报》、《浙江省自然科学博物馆学会通讯》、《文博教学》。

从以上可以看出，改革开放以来，我国的博物馆学建设的广度和深度都达到了“空前的程度”[1]。具体表现为：

1. 基础理论的研究接触到了相当多的深层问题

基础理论的研究，20世纪50年代就有了一定的深度。当时对博物馆的性质、任务、功能等基本问题的讨论，就产生了具有中国表达方式的学术结论，即“三性二务”论。[2] 20世纪80年代以来，基础理论的研究更广泛地接触到了一些深层次的问题。例如，博物馆和博物馆学定义、中国博物馆学理论体系及其框架、博物馆学方法、博物馆本质及其基本矛盾以及有关博物馆的若干哲学思考等，这些深层问题，除了在国际博协博物馆学委员会中曾讨论过以外，在外国博物馆界是很少见到的。因此，国际博协博物馆学委员会前主席索夫卡说：“中国博物馆学研究的一些观点有独到之处，在博物馆学研究上有重大的意义。”我国博物馆学界有许多研究者致力于基础理论的探讨。在《中国博物馆》杂志发表的稿件中，基础理论的稿件占28%，基础理论稿件占这么大比重，在各国博物馆刊物中是少有的。日本博物馆学者中川成夫教授说：“我所见到的各国博物馆刊物中，《中国博物馆》杂志的理论性是很强的。”我们应该继续保持这种理论优势，使学科建设始终保持在一定的学术水准上。但是从发展趋势来看，基础理论的研究毕竟是建立在实践基础之上的，不是一鼓作气能够攻下的，必须经过长期的努力。现在西方一些有丰富实践经验的博物馆，已经开始重视基础理论研究。20世纪70年代西方一些博物馆学专家发起的新博物馆学运动，也接触到了博物馆本质及概念的变革。居于东西方之间的日本博物馆学界，20世

① 苏东海：《创建有中国特色的博物馆学的十年》，载《中国博物馆》1992年第1期。

② 即博物馆是科学研究机构、文化教育机构、物质文化和精神文物标本收藏机构三重性质和为科学研究服务、为广大人民服务两项基本任务。

纪 70 年代以来也出现了一批有相当深度的理论博物馆学论文。西方国家这种从重视技术，重视实践转而寻求理论解释的现象值得我们注意。我们绝不能放松基础理论的探讨，还应继续努力，更深层地开展一些基础问题的研究，以加速我国博物馆学的学科建设。

2. 应用理论的研究开拓出了相当多的分支领域

关于应用理论的研究，西方一直是领先的，西方十分重视运用新学科、新知识、新技术、新材料武装博物馆，博物馆的面貌日新月异是和其应用博物馆学的发达分不开。我国也加强了对应用理论和技术的研究，在博物馆管理方面进行研究，探讨了现代科学管理的理论和经验。对机构设置、人员配备、干部素质、教育培训以及创收、财政、服务等都有论文论及，对提高博物馆社会效益和经济效益也展开了讨论。博物馆在立法方面虽然仍在舆论准备阶段，但中国式的管理模式实际上是存在的，只是有待于上升到理论。只有把博物馆立法搞上去，博物馆工作的规范化才能实现。

在业务研究方面，已经开拓了不同的分支领域。陈列研究成果也很明显。在保管研究方面，接触的问题很多，争论也很激烈。如定名问题、分类问题，至今仍在热烈讨论中。开过多次学术讨论会，研究者提出了一些分类模型，但一时难以统一认识。保与用的矛盾虽然争论很多，但归根到底还是在实践中如何统一的问题，新技术在保管工作中的研究和应用正在开展。在社会教育研究方面，对观众的科学研究显然落后于西方，但我国研究者也做了不少有价值的观众调查，发表了论文。我国在组织观众和口头讲解方面是有丰富经验的。近几年来，有一些论文出现，但具有中国特色的丰富实践，还有待于理论的解释。在应用理论研究上，跨学科的研究也有探索。如博物馆与美学，博物馆与教育学，博物馆与心理学，博物馆与社会学，博物馆与社会统计学，博物馆与建筑学等都有研究者探讨。新技术、新材料在博物馆也有了一定的研究和应用。所取得的理论成果和实践经验，已从编写出版的《陈列艺术手册》、《藏品保管手册》和《社会教育工作手册》等著作中体现出来。总之，应用理论的研究开拓了不少分支领域。

3. 博物馆的发展研究正在探索中国博物馆的道路

博物馆的发展研究是新兴的重要课题。随着竞争日益激烈，博物馆如何发展，如何适应社会，已成为人们普遍关注的问题。西方博物馆已经走上了微观改进管理与宏观统筹相结合的道路。国家拨款的博物馆已经纳入国家统筹规划之中。对私人博物馆也在加强指导。社会主义国家的博物馆本来就由国家统筹发展，因此加强发展研究更有自己的优势。建设有中国特色的博物馆及其体系是我们发展的目标，也是发展研究的重心。什么是中国特色，如何发展中国博物馆和中国博物馆学是研究者注意的焦点。前些年，《中国博物馆》刊物上发表了10多个省市博物馆的发展规划，还发表过全国战略规划研究的论文，以提倡这方面的研究。

4. 博物馆史的研究正在迅速展开

近代意义的博物馆是从西方引进的，但博物馆这种文化现象，特别是收藏文化在许多国家都是早已存在的。我们中国有古老的收藏传统。有人研究认为我国不仅历来有收藏传统，而且在纪念性设施及其活动中有纪念馆文化的萌芽或雏形。研究中国博物馆史，理出中国博物馆发展的历史轨迹，挖掘中国博物馆优秀传统是很迫切而有意义的工作。可喜的是近几年来已经整理出一批史料性的大事记和少量的历史分析文章。史料的整理发表，大大增加了对我国博物馆发展史的感性认识，改变了对我国博物馆原来的那种苍白肤浅的认识。中国博物馆史的研究逐渐改变了博物馆以西方中心的观念，使我们能够更多地认识自己，规划未来。

创建有中国特色的博物馆学是一个把马克思主义与中国博物

馆实践创造性地结合起来的过程。在这个过程中，中国博物馆学将从传统博物馆学的基础上逐步实现学科的现代化、科学化，逐步建成有中国个性的博物馆学，这是一个相当长的过程。我国的博物馆研究已经取得了前所未有的成绩，应该相信在中国博物馆学的进一步创建中，只要更高地举起马克思主义、毛泽东思想、邓小平理论、“三个代表”重要思想的旗帜，更深地植入中国社会实际，更有力地把学科建设推上现代科学的轨道，就一定能够更迅速地发展具有中国特色的博物馆学，中国博物馆就一定能够跻身于国际博物馆之林。

第二节 博物馆的简要历史和概貌

世界上从什么时候起开始有博物馆，一般认为，博物馆起源于公元前284年，即古希腊特罗密王朝在埃及港口建立的亚历山大博物馆。那时希腊就有神殿，保存有战利品、武器、甲胄、雕塑像等。有专门大厅、研究室、陈列室、图书馆，内容包括有天文、医学、文学艺术品等，都是各地珍贵文物。希腊学者经常去馆里从事研究和讲学，大批地中海一带青年都到馆里学习，亚历山大博物馆成了当时最大的科学艺术中心。公元1世纪罗马征服了希腊，罗马人不仅吸收了希腊的生活方式，也吸收古希腊的文化艺术，许多贵族在自己住宅、花园也收藏文物。不过这些与当代博物馆不同，因为它都是供贵族和帝王享用，没有向民众开放，故还不是博物馆，只能算博物馆的起源阶段。

到中世纪，欧洲封建教会进驻下的黑暗社会，蛮族的入侵，古希腊衰落，罗马建国差不多上千年，在这漫长的时期里，宗教和教会统治着人们的思想，僧侣垄断着文化教育，科学成了神学，均掌握在教会手里。教会出于宗教的需要和利用，对于文物的收藏，其特点是从宗教迷信出发，例如鸵鸟蛋，他们从外国搞回去，人们不知道是何物，他们便说是从天上掉下来的，很多人就信以为真，对鸵鸟蛋进行朝拜。又如，他们又从外国搞到了鲸鱼骨，人们也不知道是何物，他们也说是神物。他们将这些物品陈列在寺庙里，利用这些物品让人们去崇拜，以显示教会的力量。这样来展览掠夺到的物品、为宗教迷信服务。尽管这样，当时留下的历史文化遗产，如梵蒂岗教皇收藏的宫廷画像、服装等等，后来也都成了梵蒂冈博物馆的珍藏品，这就是博物馆史上欧洲中世纪文物收藏的时期。

14 世纪在博物馆的历史上是一个很重要的时期，当时发生了两件大事：一是文艺复兴；二是哥伦布发现新大陆。这两件事，对博物馆的发展具有很大的推动作用。文艺复兴被恩格斯称之为“人类从来没经历过的最伟大的、进步的变革”[①]。文艺复兴运动最早发生在意大利，后来逐渐蔓延到尼德兰、西班牙、法国、英国、德国。文艺复兴使人们对古文物的兴致增高，当时的资产阶级对希腊、罗马的古典文艺，特别是雕刻发生了浓厚的兴趣。他们在罗马的古籍中，找到了可以有利于反对封建文化的意识形态武器。哥伦布发现新大陆，他到达美洲后搜集了许多印第安人的物品带回欧洲，引起轰动，后来就把这些稀奇古怪的东西展出；一些发达的殖民国家，也纷纷利用掠夺来的战利品陈列以炫耀自己；有些人为了出名、满足其好奇心，纷纷外出旅行探险，搜集远方民族的艺术品、历史文物和资料，包括一些自然标本及当地居民的衣服、器具等，送回国内供人观赏。这一切，对于博物馆的发展都是有力的推动。

到 16 世纪，一方面是无论皇家或私人收藏都有了很大的增

① 《自然辩证法》导言，《马克思恩格斯选集》第三卷，人民出版社 1972 年版，第 445 页。

长，另一方面就是收藏的范围也大大地扩大了。从古物到自然标本，人们都产生了浓厚的兴趣，一大批私人收藏家，在这一时期涌现。收藏品的增多，为近代博物馆准备了条件。不过，这里需要说明的是，16世纪的私人博物馆只有贵族才能允许参观，并不公开开放。他们的收藏也不系统，仍然是偏重奇珍异物，而且收藏与陈列也无明显区别。当时，将私人收藏首先向公众开放的是英国贵族阿什莫林。阿什莫林将所收藏的货币、徽章、美术品、考古出土文物、民族民俗文物等，全部捐给牛津大学，建成了阿什莫林博物馆。这是第一座公开向学者和群众开放的大学博物馆，从此才开创了私人收藏文物向公众开放的先例。

17世纪近代科学的各个学科都有了重大发展。据统计，仅自然科学的重大发明就有100多项，为前一个世纪的四倍。科学知识、科学思想甚至科学方法，都进入了一个新的纪元。特别是物理学和天文学达到了一个高峰。微积分的创立，血液循环的发现，显微镜的发明，化学元素概念的确立，数学、生物学和化学也都取得了重大突破。科学的发展，学术的交流，各个方面都提出了新的要求，以捷克教育家夸美纽斯为代表的资产阶级教育改革呼声的高涨，不仅开拓了藏品的领域，而且使人们加深了对文物和标本的认识。

18世纪蒸汽机的发明和使用引起了工业革命，百科全书的出现和欧洲资产阶级民主文化运动的兴起，都给博物馆事业的发展以极大的影响。在欧洲很快出现了一批相当重要的博物馆，比如爱尔兰的国家博物馆（1731）、英国伦敦的不列颠博物馆（1743）、威尼斯的艺术学院美术博物馆（1744）、维也纳的自然历史博物馆（1748）、哥本哈根的国立美术馆（1760）、俄国的爱尔米塔什艺术馆（1764）、西班牙的国立博物馆（1771）相继建立。这时在北美洲博物馆也在初步发展，1740年美国哈佛大学的珍品收藏室也在供教学使用。美国的第一个公共博物馆，在

1773年也在南卡罗莱纳的查尔斯顿城建立。法国大革命震撼了欧洲封建体系，促进了资本主义的发展。1792年法国公共教育委员会向国民议会提出的《关于普遍建立公共教育的报告及法律草案》中，宣布包括博物馆在内的“国民教育为国家权利的当然义务”，并规定了开放博物馆和植物园的任务。1793年法国政府决定巴黎罗浮宫改建为共和国艺术博物馆，并向公众开放。罗浮宫的开放，标志世界博物馆的发展开始了一个新的时代，一些王宫殿堂如西班牙的普拉多宫、罗马的梵蒂冈接着也都开放，一些皇家私人庭园也成为动植物园或水族馆，许多私人收藏室也相继成为博物馆。从此，过去仅供封建贵族和富人赏心悦目的珍藏室，转化为社会公众服务的博物馆。博物馆工作逐渐成为一项独立的社会职业，博物馆事业成为国家文化教育事业的一个组成部分。

19世纪在文化史上被称为“科学世纪”。恩格斯称此为奠定辩证唯物论自然观的三大发现：进化论、细胞论和能量守恒定律，都是在这一世纪建立的。许多新学科都在这一时期建立起来。现代科学技术的发展和工业大生产的需要，大大促使人们学习科学技术知识的需求。社会公众的迫切需要，提出了博物馆发展的新课题。为了适应这一新的形势，科学工业博物馆就在这一时期发展起来。世界上不少著名的博物馆大多在这一时期建成。如英国的不列颠博物馆于1749年开放，法国的罗浮宫于1793年开放，加拿大的国立人类学博物馆于1840年建成，美国的自然历史博物馆于1869年建成，美国的大都会艺术博物馆于1870年建成，苏联的艾尔米塔什博物馆于1922年开放。随着科学的发展和人们审美观念的变化，博物馆工作的科学水平也得到新的提高。随着博物馆数量的增加、门类的增多，为便于比较、研究或掌握，在这一时期，博物馆的分类也就出现了。如哥本哈根博物馆的汤姆按照石器时代、青铜时代、铁器时代三个历史时期划分了藏品，并对博物馆的陈列更科学地组织，区分出层次类别。随着博物馆事业的发展，博物馆的专业组织也相继建立。1889 年英国建立了博物馆协会，接着一些国家也建立博物馆协会。1903 年欧洲各国在德国的满海姆召开第一次博物馆会议，1906 年美国博物馆协会亦建立，并明确规定协会的任务是出版刊物，以帮助了解世界博物馆情况，不断探索工作中的问题，以改进工作。1914 年斯堪的纳维亚博物馆协会成立，以后成立丹麦、芬兰、瑞典博物馆分会，隶属于斯堪的纳维亚协会。1917 年建立德意志博物馆联盟，1921 年成立法兰西斯博物馆协会，1926 年国际联盟在巴黎成立了国际博物馆事务局，1929 年日本成立博物馆学会。这些博物馆组织的建立，大大促进了博物馆事业和博物馆学研究的开展。第二次世界大战之后，世界博物馆事业的发展，始终处在黄金时期。美国 1964 年平均每 3.3 天诞生一个博物馆，日本博物馆此时以每年建设 100 座的速度向前发展。

从 19 世纪末 20 世纪初到现在，世界博物馆以前所未有的速度向前发展。这一时期，博物馆的发展大体有如下一些特点：一是工业博物馆纷纷建立；二是大型博物馆的不断出现；三是博物馆科学水平的提高和社会教育职能的加强；四是各国和国际博物馆专业组织的建立。

现在世界上一些经济发达的国家，一般都是博物馆发达的国家。全国博物馆达 2000 座的有英国、法国、联邦德国等；达到 1000 座的有意大利、加拿大、日本、澳大利亚等国。美国是博物馆的大国，全国博物馆达万座。人均国民生产总值高的一些国家，人均占有博物馆数，一般也比较多。如瑞士、瑞典、丹麦、芬兰、荷兰、挪威、比利时、西班牙、新西兰等，平均每一两万人，或三五万人，就拥有一座博物馆。一些规模大、设备好、水平高的世界著名博物馆，绝大部分也集中在那些经济强国。

20 世纪特别是七八十年代，世界博物馆出现了“蓬勃发展势头”①。

一是博物馆的数量增多。全世界博物馆总数超过 34000 座，比第二次世界大战前增长了近两倍半。如美国曾平均每两三天就增添一座新的博物馆。第三世界一些国家的博物馆，虽然数量很少，但它们取得独立之后，都先后建立了一批反映民族精神和传统文化的博物馆。中国改革开放后，博物馆的数量不断增加，观众人数也成倍增长。

二是博物馆的类型日渐增多，范围也更为扩大。出现了一大批形式多样的博物馆，如古生活博物馆、现代生活博物馆、古村寨博物馆等；根据“国际博协”哥本哈根会议对会章的修改，保存活标本的植物园、动物园、水族馆以及国家公园也进入了博物馆的行列。由于人类生活现代化的过程加快，一方面各国为了保护自然环境和民族传统文化，生态博物馆、民俗博物馆、乡土博物馆等正在不断涌现，另一方面则是科技馆日益增多。

三是博物馆教育功能的加强。在知识更新加快的今天，博物馆成了进行成人终身教育的好场所。不少国家的中小学课本里，有些课程就安排到博物馆去进行教学。儿童博物馆的兴起，就是这种趋向的一个鲜明标志。一些先进国家的博物馆事业，就是由科教行政部门管理的。

四是博物馆的娱乐性逐渐增强。现在在世界范围内，不少国家先后实行每周五天工作制，博物馆已成为广大公众假日休憩消遣的场所之一。西欧若干国家还实行了星期日博物馆免费开放的规定。各国旅游事业的发展，也增加了对博物馆增强娱乐性的要求，以吸引更多的游客。地中海沿海和一些世界名城博物馆事业的蓬勃发展，就是与旅游事业的兴旺发达相互促进的。如华盛顿国会大厦前，大草坪周围的斯密森宁学会所属的博物馆群；柏林

① 黎先耀、张秋英：《世界博物馆大观》，旅游出版社 1991 年出版，第 3 页。

在佩加蒙、波特等一些古老博物馆的河道汇合处建筑的“博物馆岛”；墨西哥城市中集中了不少引人入胜的博物馆的查普尔特佩克公园。这些地方，都是游客们云集的场所。东京著名的上野公园周围，也分布有各类丰富多彩的博物馆。中国旅游城市如北京、上海、西安等，博物馆的建设速度也较快。寓教育于娱乐，已成为当今一些受公众欢迎的博物馆所采取的成功的做法。

五是博物馆已成为国际交流的重要窗口和公共关系的通用“语言”。一些具有一定规模的博物馆，纷纷举办外国展览，开阔国内人们的眼界，并以此吸引更多的观众。大多数博物馆，除展出镇馆之宝的固定性陈列以外，还经常不断更换临时性展览，而这些新的展览大部分是从国外引进的项目。如我国陕西临潼出土的秦始皇陵兵马俑，已在全世界 20 多个国家的博物馆里展出过；法国罗浮宫馆藏的一些藏品，也到世界各国博物馆展出。博物馆这种以实物为主体，结合文字、图表与音像的通俗的世界性“语言”，现在不少国家的一些企业、学校、研究所、国家机关等，运用这种形象生动的“博物馆语言”，作为开放的方法，以建立良好的公共关系。如美国的一些工厂、交易所、航天中心，甚至白宫和国会大厦，也都作为“活的博物馆”向公众开放，扩大它们在社会上的影响。在日本银座、新宿一些繁华区商店的顶层，也都经常举办各种展览。日本西武百货公司还建立了美术馆，作为企业文化的组成部分。

六是新的技术给予了博物馆以新的活力。电子与材料科学的突飞猛进，大大改变了博物馆陈列展览的面貌、手段与方法。电子技术进入博物馆，使有些原来静止的陈列，变成动态的展览；使有些传统的封闭式陈列，变成观众可以参与的实验性展示。如蜡像馆，引进了声像设备，使古人重新复活起来；一些天文馆的“天象厅”用电子设备改造成了“全景影院”，使观众如同在宇宙空间航行。

总之，博物馆已更具“现代意义”①，其特点可归纳如下：

一是门类由粗到细。随着科学研究的不断深入和频繁的分科，随着人类社会分工的变细和产品的增多，博物馆包罗的内容也越来越丰富，分类也越来越细。许多综合性的博物馆不断开辟新的门类陈列室。纽约的美国博物馆学博物馆，20 世纪 50 年代，按藏品分有天文学、地质学、矿物学、古脊椎动物学、古无脊椎动物学、昆虫学、鱼类学、爬虫类学、实验生物学、哺乳动物学、比较解剖学、人类学、亚细亚探险及研究、教育及公共卫生 14 个门类，规模十分巨大，但还在继续扩建。慕尼黑的德意志博物馆，有 28 个分馆，展览路线全长 16 公里，参观需一周的时间。有的一个馆容纳不下，就分出去另建专题性的博物馆。有些国家连皮革、鞋子、家具、玩具等都建立了专题博物馆。现在世界博物馆，大到天体，小到粒子，无奇不有。

二是陈列由静到动。世界上博物馆，原先本是死气沉沉的古董陈列室，现在不少做到了原物能动的，展品也能动，像慕尼黑德意志博物馆，陈列品中有 4000 多种展品和复制模型，可让观众摆弄和启动。一按电钮，机器可以运转，工业生产流程可以表演，船舶可以航行，火箭可以升天，响声隆隆，电光闪闪，火花飞溅，陈列厅变成了生动活泼的表演场。有些自然博物馆，本来只陈列动物的标本，现在纷纷把死标本和动物结合起来展出，观众在博物馆里直接感受到生机勃勃的世界。

三是原理由浅入深。很多博物馆，运用电子仪器、电影、录像等手段，剖析展品的内在结构和运动状况，使观众可以看到草履虫在水里生活，人胎在母体中发育（如美国洛杉矶科技馆）等等，从而进一步了解它的内部运动。美国旧金山有个探索者馆，

---

① 金经天：《关于现代博物馆若干问题的探讨》，载《文物通讯》1984 年第 1 期。

里面有 400 多种自然科学实验台，每台表演一个自然现象或规律。观众可以按照说明，自己操作，观看表演，思考答案，从而弄清原理。

四是组合由单质到群落，由局部到全景。许多博物馆。运用布景箱和计算机等各种现代化的设施，扩大复原或模拟陈列的深度和广度，把主题展品和当时的环境联系起来，有的把宇宙的形形色色囊括进去，给人们以世界的立体感。英国古堡博物馆，把街道、商店、马车、车夫都按中世纪的风貌组合陈列，使观众如进入狄更斯小说所描写的境地。美国明尼苏达州圣保罗的“太空时代全景影院”是一座计算机控制的天文馆。观众在那里可以看到从太阳系任何一个行星和卫星上所见的太空情景，可以看到地球的诞生和演化等等，好像亲临宇宙的怀抱。

种种实例表明，随着科学技术的现代化，博物馆也发展到了一个新的阶段。这个新阶段的特点就是：它们以实物加现代化的辅助手段来广泛深入地、能动地说明和表演世界及其历史，从而成为古往今来运动着的大自然和人类社会的综合缩影。尽管当前有许多博物馆还没有做到这一点，但是它们终将朝着这个方向发展，否则势必遭到时代的冷落。因此，现代意义的博物馆，总起来说，是搜集实物来浓缩、向公众展示世界（包括人类社会）及其演变规律的场所。分开说，各种各样的博物馆则是从不同方面搜集有关实物来部分地展示世界（包括人类社会）及其演变规律的场所。这种结构和运动方式，显示出它有多种性能：

一是无限性。博物馆，不论从人们对它们论述中看，还是从它的实践看，其内容的广度和深度都是没有限制的。1974 年的《国际博物馆协会章程》规定：博物馆应该“对人类和人类环境见证物进行研究、采集、保存、传播”。“人类和人类环境”实际就是宇宙，而宇宙是无限的。现在世界博物馆的不断扩展，就是无限性在实践中的具体表现。各个专题博物馆，从它的单位来说，似乎是有限的。但是它在研究、采集、保存、传播与本专题有关的见证物方面却是无限的；而它作为世界博物馆总体的一个组成部分，本身也体现着世界博物馆总体的无限性。这种无限性，就有可能满足人们不断发展的求知欲。

二是直感性。由于博物馆以实物为基础这种现代化的手段进行形象化的展示，就能使人们通过眼看、耳听、鼻嗅、身触，获得较完整的感性认识和直接经验，产生难以忘怀的深刻印象，而这是一切真知的基础。由于博物馆的直感性，还使它能让不同文化程度和从事各种专业的人都易懂，有着强大的说服力和广泛的普及力。

三是典型性。博物馆机体受空间的限制，它在搜集展示世界及其演变过程中所产生的各种实物时，只有选择其代表品，而不可能是所有存在物。因此，这种经过选择的代表品往往具有典型性和精华性，它不但能醒人耳目，而且能使人“窥一斑而知全豹”，举一反三，洞察世界。

四是科学性。现代的严格意义的博物馆的整个工作都贯穿着科学研究。它的展品一般地说多是原始真品（或严格按原貌复制的仿品或模型），展示的内容和方法又多体现现代科学研究所达到的水平，使观众不但看到客观世界（包括人类社会）的实物例证，而且还看到了世界的演变规律。从而有助于掌握真正的科学文化知识和技能，形成辩证唯物主义和历史唯物主义的科学世界观。

五是社会性。博物馆是人类社会的产物，又是向人类社会开放的，为人类社会服务的。它既受社会发展的制约，又能给社会以影响。由于它的社会性，在阶级社会里，就不可避免地带有阶级性，受一定阶级的支配和利用。在资本主义社会，为资产阶级的功利目的服务。在社会主义国家里，为社会主义和人民群众服务。

此外，各种类型的博物馆，还有不同的个性（如艺术性、娱乐性等等）。但不论哪种类型，都少不了上述几个方面的本质属性，这几方面的本质属性又是互相关联、互相渗透的，实际上是一种综合性。而这些综合性，又与它的功能联系着，失去了某些特性也就失去了某种功能。正是由于博物馆有这些综合特性和多种功能，为其他单位，如学校、图书馆、科学院、电影院及党政企业事业机构等所不能完全取代。因此，它成为社会不可缺少的一种机体而获得迅猛的发展。

当今一个国家和地区的博物馆状况如何，已成为衡量那里文明发达程度的重要标志之一。社会各界也就有越来越多的有识之士，热情地支持、参与兴办博物馆事业。世界博物馆事业的丰富实践，又推动了博物馆学理论的发展。

第三节 中国博物馆的历史渊源和近代博物馆

一、中国博物馆的历史渊源

我国什么时候开始有博物馆？这个问题，至今看法不一。比较一致的看法是：我国第一座博物馆的建立是在 1904 年。即 20 世纪初，清末实业家张謇以其经营企业的利润为后盾，所创办的南通博物苑。以前的所谓“博物馆”，只不过是文物收藏所。而文物的收藏在我国很早就有了，因此，作为中国博物馆的历史渊源，可追溯到很古的时期。

早在原始社会，人们由于种种需要，或出于迷信活动、或出于经济积累、或出于显示社会地位和社会声望、或是对群体的忠诚、或是对自然奥秘进行的探索和满足好奇、或出于对美的追求，就有所收藏。不过这还不能算是博物馆的源头。

作为中国博物馆的源头应从什么时候算起，有学者认为应该是河南安阳殷墟发现殷人保藏典册的府库。我国当代博物馆学家傅正伦先生认为，20 世纪 20 年代发现了殷府库，出土有“册六”兽骨刻辞，证明了当时典藏有序，故以殷代卜辞库作为中国博物馆之“源”。但也有的学者不同意这种看法。

根据考古学对殷墟的发现，毕竟给我们觅源提供了大量实物佐证。且不说解放前的发现，仅解放后在小屯南地，1973 年一次就发掘了甲骨 4411 片，其中有零散的，但主要是集中的。而大量出土集中的刻辞，几乎可以断定为有意识的贮藏。有多数是康丁、武乙、文丁时代的卜辞，少量是武丁、帝乙、帝辛时代的。卜辞内容包括祭祀、农业、田猎、征伐、天象、旬夕等，这么多的卜辞集中保存在一起，是否可作为中国博物馆的最早期的形态，很值得研究。

根据文献记载的追溯，《周礼》说：“春官之职，掌祖庙之收藏。凡国之玉镇大宝藏焉”；《春秋·桓公二年》说 ：“夏四月，取郜大鼎于宋，戊申，纳于太庙”；《史记》提到，在山东孔子的庙堂里，车、服、礼器，济济一堂；史书还记载隋炀帝曾筑二台，“东曰妙稽台，藏自古法书；西曰宝迹台，收自古名画。炀帝崩，归宇文化及”；《晋书·张华传》说：元康五年十月，武库失火，累代之室，尽被焚毁；南齐有描绘私人“于西邸起舍，多聚古人器服以充之”；唐贞观、开元之间，皇宫大肆征集书画，“有进献以获官爵”；宋徽宗时，建稽古、博古、尚古等阁，陈列文物；迄明、清两代有关著述就更多了。这些文献记载的，都具有博物馆的雏形。究竟何者为“源”，何时为“流”，这些问题还有待于我们认真去加以研究。

在我国古代，没有博物馆这一概念，更没有博物馆这个词，什么是博物馆当然是找不到的。但博物馆建立的前提，最重要的是文物藏品的征集和积累。在欧洲古代王宫、神庙和教堂收藏的奇珍异物，是博物馆开始建立的主要物质基础。我国保护和研究文化遗物的历史非常久远，而且又有丰富的文物珍品收藏，这就是我国近代以来博物馆产生和发展的前提，因此就不能说不是博物馆的历史渊源。

二、中国近代博物馆的产生

中国近代博物馆是随着中国近代政治经济的发展而产生并逐步发展起来的。

1840年后，中国逐渐沦为半殖民地半封建社会。这个过程是中国人民反帝反封建的过程，也是中国逐步近代化的过程。西方列强用鸦片和大炮叩开中国大门的同时，西方近代文化也蜂拥而来。这种先进的文化与中国传统文化交汇、撞击，诱发了新的文化设施的萌芽。博物馆的出现，就是中国近代文化变革的产物。在这一过程中，博物馆对古老的中国是个新事物。中国近代博物馆的产生不是从皇室或私人收藏室发展而来，它是伴随资本主义经济、文化的发展应运而生的。因为近代半殖民地半封建的中国社会，新兴的资产阶级不满于封建主义的束缚，要求发展民族资本主义。他们主张学习西方，实行新政，发展新式教育和文化。1898年曾经酿成著名的维新变法运动，博物馆的建立就是在这个时期提出来的。这正如马克思和恩格斯所说："历史活动是群众的事业"①。博物馆事业，就是人民群众的事业。

中国人接受近代博物馆这个新鲜事物，与接触西方博物馆文化有关。鸦片战争以后，中国人大致经过三个途径认识博物馆。一是清政府中一些办洋务的官员、出国的留学生，他们了解到西方的风土人情，其中包括参观博物馆。他们把参观情况写入其"游记"、"笔记"中，付梓刊印，广为流传。二是外国在中国

① 《马克思恩格斯全集》第二卷，第104页。

办的报刊。19世纪40年代以后，外国人在中国办报日益活跃，先后办了《中外杂志》、《中外新闻七日录》、《格致新报》、《申报》等报刊。这些报刊，“学了中国人口气”，专办给中国人看，除介绍资本主义国家的社会政治情况，也刊载博物馆信息。19世纪70年代初的《申报》、《万国公报》、《中西闻见录》等登载博物馆的信息就不少，如《英国水晶宫》、《英京书籍博物馆论》、《先行小试博物馆》、《东洋重设博物院》等，不仅有文字，还有图片、照片。这些信息使国人耳目一新。三是外国人在中国办的博物馆。欧美国家利用在中国取得的特权，早在19世纪60年代就开始在中国设立博物馆。如1868年，法国在上海创办徐家汇博物院，1874年英国人办亚洲自然博物馆等。这些博物馆都是西方博物馆在东方中国的移植，使中国人亲眼目睹了这一新的文化设施。

博物馆从外国介绍到了中国，具体过程大体如下：

1. 中国人对博物馆的初步认识

清政府中一些办洋务的官员、留学生出国，首先注意到近代博物馆的中国人是徐继畬。他1848年辑著的《瀛环志略》一书，介绍了各国地理、历史以及风土人情。其中“普鲁士国”、“西班牙国”、“葡萄牙国”各条，都提到那里有“军工厂”、“古物库”。当时闭关自守的清朝大臣有人不理解，认为：“葡萄有牙也可，西班何物，竟也发牙？显系该大臣妄奏，恳加以欺君之罪。”这是清朝某大臣参劾另一大臣在奏文中妄言“葡萄牙”和“西班牙”时所说的话，今天读来，让人笑掉大牙。

之后，于1866年，清政府第一次正式派出官员访问欧洲，以三品顶戴“总理各国事务衙门副总办官”斌椿为首，率领懂外语的同文馆学生张德彝、凤仪、彦慧等人，前往西欧各国游历，察访风俗。他们用三个多月的时间，先后游览了法国、英国、比利时、荷兰、丹麦、瑞典、芬兰、俄国、普鲁士等国，了解欧洲社会各方面情况，参观了博物馆。他们用“公所”、“行馆”、“万种园”、“画阁”、“军器楼”、“集宝楼”、“积宝院”、“集奇馆”、“积骨楼”、“禽骨楼”等不同名称，描述了参观过的各种类型博物馆。斌椿考察后所写的《乘槎笔记》中记述的博物馆约 15 个。张德彝所写的《航海述奇》中记载博物馆 20 个。在他们笔下，大都绘形绘色地描述了 100 多年前欧洲博物馆的概貌。

以后，王韬的《漫游随录》、志刚的《初使泰西记》、李圭的《环游地球新录》、郭嵩焘的《使西记程》、黎庶昌的《西洋杂志》、黄遵宪的《日本杂事诗》、陈兰彬的《使美纪略》、徐建寅的《欧游杂录》、黄楙材的《印度札记》等，都记载不少参观博物馆的印象。

《漫游随录》记载了英国、苏格兰、俄国等国的博物馆共 15 处；《环游地球新录》的作者李圭于 1867 年到日本、美国和欧洲不少国家，参观许多博物馆，该书对日本第一所国立科学博物馆的记述，是中国人对日本博物馆最早的记载；《使美纪略》的作者陈兰彬是中国第一位驻美使臣，他在该书中记述的美国首都华盛顿市西数里外一所美国第一任总统华盛顿纪念馆，最先向国内报道了关于外国人纪念馆的信息。

从 19 世纪 40 年代到七八十年代，我国人民对近代博物馆的认识还处于初期阶段。其特点是：对博物馆的认识，仅作为一般风物人情来了解，还不是对博物馆的专门考察和研究。但是这些对国外近代博物馆的介绍，开阔了国人的眼界，使国人初步认识到博物馆这一新事物及其社会意义，从而为我国近代博物馆的建立做了舆论准备。

2. 外国人在华创办博物馆

鸦片战争以后，随着殖民者的到来，传教士、商人进入我国，办博物馆的人也随之而来。外国人为了政治、经济、文化侵略的目的，在我国各地到处搜集历史文物和自然标本。在我国沿海的大城市办博物馆，第一个到中国办博物馆的是法国神甫韩伯禄，他1868年来华，在上海徐家汇办自然历史博物馆，后改称震旦博物院。开始为动植物园，以后增加历史文物，有青铜器、古文物等，有研究室、试验室、图书室、照相室、植物园，因此影响较大。

1874年英国人也来上海创办起了亚洲文会博物院，内设考古、动植物、古生物、地质等组，并对外举办展览和讲座。藏品虽不如震旦博物院多，但与外界联络多，特别是经常举办临时展览和公开演讲，故影响比震旦博物院还大。

1904年法国传教士又在天津成立了华北博物院。同年，英国传教士怀仁光在山东传教，也创立博物馆，定名为济南广治院。所收藏品有动物、植物、地理、社会风俗等标本。

1914年，法国传教士桑志华在天津筹办北疆博物院。美国人在成都华西协和大学筹办博物馆，收藏了较多的川康文物，特别是很有特色的少数民族文物，包括民族服装和生产、生活用具等。1916年，日本人在大连成立了满蒙资源馆、在青岛成立了山东产业馆。1926年又办南满铁道博物馆。这些外国人开办的博物馆，是掠夺我国自然资源、盗窃我国文物、对我国进行文化侵略的举措。但从另一方面来说，对启发中国人开办博物馆也产生一定的影响。

3. 维新运动和中国第一个博物馆南通博物苑的建立

戊戌变法运动造成了近代中国历史上知识分子第一次思想解放潮流。西方文化被大量介绍到中国，激发了中国知识分子研究西方新学的兴趣，打开了国人的眼界。西方博物馆的介入，给中国原有文化模式以深刻的影响，于是在当时的中国人民，尤其是在知识分子中，萌发了有关兴办博物馆的社会舆论。这时，正是维新运动掀起向西方学习的热潮，西方博物馆文化信息，也被随之传入中国，成了中国新政措施的一部分，这对西方博物馆传入中国，是一个有力的推动。

在维新运动中，一些主张向西方学习的人们“提倡西学”、“振兴实业”，于是开办博物馆的问题也被提了出来。博物馆的建设成为人们议论的问题之一，主张设博物馆的舆论强烈起来。郑观应、王韬等人都发表过自己的见解；康有为、梁启超把博物馆作为“新政”的一项内容加以倡导；赞同变法的光绪皇帝也把兴办博物馆作为“劝励工艺”的一项标准；清朝政府中的所谓“洋务派”也赞成创办博物馆。我国著名的立宪派、实业家、清末状元张謇（1843—1926）从中国历史典籍中找出根据，说明我国自古以来就重视文物的保存，而文物必须“公诸天下”。他借鉴外国经验，倡办博物馆。他把实业、教育视为“富强之大本”，主张“欲国之强”，当先办教育，而“欲兴教育”则“先兴实业”，1896 年在其家乡江苏南通创办纱厂。之后，又陆续举办通海垦牧公司、大达轮船公司、资生铁冶公司、淮海实业银行等企业，并以这些企业的利润来兴办教育和文化事业。1902 年他创办我国第一所师范学校——南通师范学校。1903 年他又赴日本考察实业与教育，参观日本的博物馆和博览会，深受启发。回国后，他倡导办博物馆，向张之洞和清朝学部分别递交《上南皮相国请京师建设帝国博物馆议》、《上学部请设博览馆议》。建议在北京建立国家博物馆，然后“可渐推行于各行省，而府而州而县”。他大声疾呼：此举“诚不可缓”。对他的呼吁清政府无动于衷，他没有因此而灰心，他认为“图地方人民知识之增进，亦必先有实现之处所”。于是首先从其家乡，以其个人财产购并民房 29 家、迁移荒墓 3000 余座，平土筑垣，兴建包括植物园、动物园、博物馆在内的博物苑这一学术文艺会聚之场所。他广泛搜集中外动植矿工之物，乡里金石，先辈文笔，并亲自制图设计陈列柜。历十年惨淡之经营，终于建成分为自然、历史、美术等部，收集藏品达 2900 多号，计 2 万余件之相当规模的博物馆，有力地配合了学校教育，宣传科学文化知识，在我国近代博物馆的发展史上产生了积极的影响。

就在南通博物苑建立的前后，各地也有博物馆的建立或举办陈列。如1902年天津考工厂设陈列馆；1904年河南省城成立劝工陈列所，广东学务处开办图书及教育品陈列馆；1904年直隶省设国货陈列馆；1906年湖南开办商品陈列馆，同年，农工商部设立劝工陈列所，并通饬各省工艺局工藏设立成品陈列室，罗列货品，以资研究，设立考工楼，搜集中外新奇制造，以备参考；1907年沈阳创办华产商品陈列所；1908年江西设立农工商矿总局陈列所；1909年江苏巡抚奏设商品陈列所；贵州巡抚奏设劝工陈列所；1910年6月，在南京举办“南洋劝业会”，内设教育、工艺、器械、武备、卫生、农业等专馆，展出名胜古迹模型、文物及海外引进的新奇物品，并有各省陈列馆40个，规模宏大，轰动一时。在此期间，清朝政府对博物馆事业的行政领导和监督，纳入政府教育行政管理的职责范围。光绪三十二年(1906)，学部奏定官制，分设五司一厅。专门司下设专门教务科、专门庶务科。专门庶务科，掌保护奖励各种学术技艺、学位及学堂与地方行政财政之关系，凡关于图书馆、博物馆、天文台、气象台等均归其管理。会计司下设度支科、建筑科。建筑科，掌学部直辖各学堂、图书馆、博物馆之经营建造是否合度，聘请技师等事。地方官制方面，根据学部奏定的《各省学务详细官制及办事权限章程》，各省学务公所分设六课（后改称科），其中图书馆职掌择审本省教科书、参考书，并管理图书馆、博物馆事宜。

三、1911—1949年间的中国博物馆

1911年到1949年，我国博物馆事业经历过相当曲折的发展过程。大约可以分为三个时期：

第一个时期是辛亥革命以后，中国博物馆事业开始缓慢发展。

1911 年，辛亥革命推翻了清朝政府，结束了中国两千多年的封建帝制。以孙中山为首的南京临时政府提出的施政措施中，就包括在中央教育机关设置社会教育司管理图书馆、博物馆、美术馆在内的通俗教育事项，使博物馆的社会作用进一步为世人所重视，博物馆事业开始缓慢地逐步发展。

1912 年，当时民国教育部决定，在北京国子监旧址筹建国立历史博物馆；1913 年，北京交通大学设铁路管理陈列馆，北平铁道管理学院博物馆亦同年建立；1914 年，北平古物陈列所建立，这是我国由政府经营办理博物馆的开端，是继 1904 年我国第一个私立南通博物苑之后的第一个国立博物馆；1914 年，江苏省政府在南京建立南京古物保存所，这是我国由地方政府设立的第一个博物馆，同年北平市卫生陈列所亦建立；1916 年，地质陈列馆在北京建立，这是我国第一个以地质矿产为内容的专门博物馆，同年由保定各学校和教育机关联合组织建立了保定教育博物馆；1918 年，河北省教育科及天津劝业所联合各级学校建立天津博物院；同年 9 月 ，江西省教育图书博物馆正式开馆；10 月山西省成立教育图书博物馆；1919 年，教育部在北京筹办教育博物馆；1922 年，北大研究院文史陈列室成立；1923 年，北疆博物院建立，岭南大学博物馆建立；1924 年，四川省合川县科学馆博物部建立。

第二个时期是中国博物馆事业的第一次大发展。

1924—1936 年，中国博物馆有了显著发展，博物馆的活动也相当活跃，博物馆事业受到了社会公众的日益重视，是中国博物馆事业的第一次发展时期，具体表现可以分四个方面：

1. 故宫博物院的建立

故宫博物院于 1924 年建立，这是我国博物馆史上的一件大事。故宫博物院的诞生，是对复辟势力的一次致命打击，也是我国文化艺术史上的一个伟大业绩。它将昔日帝王的宫苑禁区变为常人可以自由参观的场所，将几百年来仅供皇帝享用的珍贵文物变为全民族的共有财富。故宫开放不久，即以其宏伟壮丽的宫殿建筑和精美绝伦的古代艺术珍品闻名中外，成为世界著名的大博物馆之一，同时，它对我国的博物馆事业也是一个极大的推动。

2. 各类博物馆都有较大的发展

继故宫博物院建立之后，1926 年，苏州美术馆建立。1927 年，湖南地质矿产博物馆建立，河北省博物馆筹备处建立，两广地质调查所地质矿产陈列馆建立。1928 年，南京历史博物馆建立，郑州市博物馆建立，中央研究院自然历史博物馆也在浙江西湖建立，洛河图书馆金石陈列室建立。1929 年，国立北平图书馆金石部成立，浙江省立西湖博物馆建立，广州市立博物馆建立，首都国货陈列馆建立。1930 年，国立北平研究博物馆成立，天津市立美术馆建立，中国西部科学院公共博物馆建立，颐和园陈列馆建立。1931 年，北京静生生物调查所通俗博物馆成立，东苑博物图书馆建立，山东省国货陈列馆建立。1932 年，中原社会教育馆建立，私立华西协和大学古物博物馆建立。1933 年，南京政府筹备建立中央博物院，分自然、人文、工艺三馆，山东省进德会烟台分会博物馆建立，山东省立民众教育馆建立，厦门大学文学院文化陈列所建立，广西省立博物馆建立，上海市植物园建立，青岛水族馆建立。1934 年，南京国剧陈列馆扩充筹建中国戏剧音乐博物馆，上海中华医学会在国务大楼筹建中医医史博物馆，庐山森林植物园建立，广西植物园建立。1934 年，国立美术陈列馆建立，重庆民众博物馆建立。1936 年，上海市立博物馆建立，安徽省立图书馆历史博物部建立。

到 1937 年抗日战争全面爆发前，当时全国的博物馆一共建立了 77 座（根据当时博物馆学会 1936 年统计表）。

3. 中国博物馆协会诞生

由于当时全国各地博物馆日益增多，联系和研究博物馆的组织——中国博物馆协会应运而生。1934 年 4 月，中国博物馆协会在北京正式成立。协会“以研究博物馆学术，发展博物馆事业，并谋博物馆之互助为宗旨”，下设专门委员会，分工研究博物馆学术及与博物馆相关的各项事业。1936 年 7 月，在青岛召开会议，与会代表一致指出：博物馆极应设立，以补充学校教育，保存文化，提高学术。同时强调“欲建设现代式之国家，必须利用先进各国经验，取人之长，补己之短”。[①] 会上，先后作了《中国博物馆事业之前途》、《博物馆标签之改良》、《在欧洲所见之中国古物》的报告。与会代表还就“设立博物馆人员训练所”、“教育部指定国立大学若干所添设博物馆学系，造就专门人才”、“审定博物馆学名词”等问题提出 23 项议案。

中国博物馆协会的成立，促进了博物馆学的研究和博物馆事业的发展。

在这一时期出版了一些博物馆学的书，如费井雨、费鸿年的《博物馆学概论》，陈志瑞的《博物馆学通论》等，还翻译和介绍了一些外国博物馆的情况。当时，从政府方面，对中国的文物、博物馆事业也制定了一些条例，如名胜古迹的古物保存法以及规定古物范围、古物大纲、古物出口规则等。

4. 举办出国展览

1936 年我国第一次出国参加了英国伦敦举办的艺术展览会。当时除故宫博物院外，全国各大博物馆，如北平古物陈列所、中央研究院、河南博物馆都提供了展品，精选了各类文物参展。出国前先在上海预展，引起全国人士的关注，盛况空前。到伦敦展

---

① 《对于中华图书馆协会、中国博物馆协会联合年会的希望》，载《青岛时报》1936 年 7 月 21 日。

出，参观人数之多，为英国历来美术展览会所未有。回国后又在南京展出，参观者之踊跃，仍不减出国前的预展。

为何出国前后各展一次，这是因为首次文物出国，全国人民十分关注，怕远涉重洋出问题。如怕沉船、怕被盗、怕伦敦雾多大气潮湿等对古物不利。特别是当时人们怕国府无信，怕被以和睦邦交为名，行拍卖古物之实，使祖国文物遭受损失，所以对文物出国特别谨慎。工作者对出国文物在出国前都详细造册，记清大小轻重、附上照片，并在出国前和回国后各公开展出一次，以说明不损坏不丢失，让人民放心。同时，来往途中的保护措施也十分得力。去时于 1934 年 6 月 6 日，由教育部提库，将文物装上军舰，海军严加保护。该海军巡洋舰载重 9800 吨，舰上装有八寸炮八尊，四寸炮四尊，还有飞机、鱼雷等设备，由官兵 1300 人护航，从上海出发经新加坡、科伦坡、亚丁入红海，再经地中海，到英格兰军港。一共行程 48 天。在英国展出期间，从 1934 年 11 月 28 日至 1936 年 3 月 7 日，共计 14 周，观众达 420048 人次。英国皇后为此还特订制了中国蓝的服装，在此“中国热”达到了高潮。此次展览总收入 45000 余英镑，开销 28000 余英镑，盈利 12000 余英镑。其收入以半数给发起人，半数赠国内工艺院校，资助教育开支，收到了良好的经济效益和社会效益。

后来尽管抗日战争爆发，文物工作日益陷入困境，我国的文物还是再一次出国，到苏联参加展出，同样受到一致好评，大大增强了世界各国对中国文化的了解。

第三时期是抗日战争和解放战争时期的中国博物馆。

由于日本帝国主义的入侵，中国博物馆事业受到了巨大损失。据统计，1936 年全国有博物馆 77 座，抗日战争开始后第一年，1937 年降到 42 座，1938 年降到 37 座，1940 年降到 23 座，1942 年降到 20 座。到 1944 年，还在活动的博物馆仅剩下 8 座。

在战争中，日本侵略者夺走我国文物和破坏我国文物不计其数。据不完全统计，抗战期间，北平沦陷。1938 年和 1939 年，仅故宫太庙分院图书杂志先后被日寇劫走就有 3649 册，撕毁 4147 册，焚毁 3441 册。1944 年，又掠去铜缸 44 件，铜炮 4 尊，铜灯亭 9 件。据 1938 年 10 月出版的《时事月报》所载，《抗日战争以来我国教育文化之损失》一文，提到沦陷区和战区之中图书馆 2118 所，民众教育馆 834 所，博物馆 42 所，古物保护所 44 所，“以北平故宫博物院而论，古物损失 214 箱，文献 1737 箱，前秘书处 826 箱，颐和园 88 箱，共计 2984 箱，若以财产损失而论，估计损失就可知者，中央博物院 44 万元”①。又据 1944 年 10 月国民党“战时文物保存委员会”不完全调查所得材料统计，分类编成《战时文物损失目录》，计列书籍、字画、碑帖、古迹、仪器、标本、地图、艺术品八项，文物损失总共 3607074 件，又 1870 箱，741 处古迹遭日本侵略军损毁。

抗战八年，中国博物馆事业，或毁于日军炮火，或遭到敌伪的劫掠，或损失于被迫内迁辗转迁移的途中，其数无法统计。但在此期间内，日军未到的地方，也兴建了一些博物馆。总的情况是：中东南沿海地区的博物馆损失最大，内地日军未到之处损失较少。由于沿海的内迁，也促进了内地博物馆事业的发展。如重庆、兰州、桂林、贵阳等地，科学馆曾经有所增加。其中著名的有 1941 年在成都建成的四川博物馆，1943 年在重庆北碚由中央研究院动植物研究所、中央地质调查所以及中国西部科学院 12 个单位联合筹建的中国西部科学博物馆（后改为中国西部博物馆，分为工矿、农林、地质、地理、生物、医药卫生六馆），都为此时期所创建。此外，在中国共产党领导下的革命根据地和解

① 顾毓秀：《抗战以来我国教育文化之损失》，《时事月报》十九卷，第五期，1938 年 10 月出版。

放区也举办过一些陈列、展览。1939年，陕甘宁边区举办了规模巨大的工业展览会，展品有21000多件，观众达数万人。在延安有民众教育馆，每年都举办大规模边区劳动英雄及生产展览大会，其他的抗日根据地也举办这种类型的展览会。在国民党统治区，除少数博物馆外，也建立了一些民众教育馆，配合抗战形势进行宣传工作。这些民众教育的活动，对抗击日本侵略者做出了贡献。特别是解放区的民众教育馆是共产党领导的文化教育事业的一部分，工作内容同博物馆相似。因此，也可以说，民众教育馆是当时战争情况下的另一类型的博物馆。

1945年8月抗日战争胜利后，故宫博物院、中央博物院、河南博物馆先后恢复，各地博物馆也相继恢复了活动。可是不久，1946年7月，国民党发动全面内战，博物馆事业又陷入了困境。1948年冬，中国人民解放战争胜利在望，国民党政府各机关纷纷逃往台湾。国民党当局指令北方一些大博物馆将文物南运，同时决定将存留南京的故宫博物院文物、中央研究院历史语言研究所和中央博物院等处文物以军舰分批迁运台湾。共运走故宫博物馆文物2920箱、231910件，包括了故宫收藏的文物精粹；中央博物院文物842箱、11729件。这些文物图书运到台湾，就是今日台北故宫博物院的藏品。在解放区，抗日战争胜利后，延安成立了“陕甘宁边区革命历史博物馆筹备委员会”，积极开展征集革命历史文物和建馆工作。1948年，中共中央东北局决定在哈尔滨建立东北烈士纪念馆，陈列革命斗争史迹和革命烈士遗物。

以上是从1911年辛亥革命到1949年中华人民共和国成立前夕，包括台湾在内的全国博物馆情况。这个时期，博物馆发展的最高峰是20世纪30年代中期，最困难是抗日战争期间，尽管发展相当艰难曲折，毕竟还是从无到有，建立了一些博物馆，积累了一定的博物馆工作经验，同时，不少陈列、展览都弘扬了中华民族的优秀文化遗产，宣传了科学知识。特别是在学术研究方面，当时的博物馆工作者，在条件十分困难的情况下，征集文物、整理鉴定、开展研究，获得了一批有价值的学术成果、培养了一批业务骨干，他们在旧中国的博物馆默默无闻地工作，其中不少人已成为新中国的文物博物馆专家，这些都是值得庆幸的。

第四节　新中国成立以来的博物馆事业和少数民族博物馆的兴起

一、新中国成立以来的博物馆事业

新中国成立以来，我国博物馆事业的发展有很大成绩，其中发展比较显著的有三个大的阶段：一是从 1949 年到 1957 年，8 年中除了对旧中国遗留下来的 20 多所博物馆进行改造之外，还有计划地、稳步地发展到 72 座；二是从 1958 年到 1962 年，虽有曲折，但博物馆还是发展到了 200 多座。特别是我国的几个大博物馆：中国历史博物馆、中国革命博物馆、中国人民革命军事博物馆、民族文化宫等，都是在这个时期建立的，对全国影响很大；三是十一届三中全会以后经过拨乱反正，特别是改革开放以来，博物馆事业有很大发展。到 1992 年，庆祝中国博物馆学会成立 10 周年的时候，根据《博物馆通讯》和有关资料统计，全国博物馆已发展到将近 1400 座，年观众达 1000 万人次以上。

新中国建立以来，首先是显示出我国博物馆事业，已经形成了有一定规模的博物馆体系。在 1400 多座博物馆中，仅文物系统就有博物馆 1106 座（其中包括综合性博物馆 684 座，专业性博物馆 189 座，纪念性博物馆 233 座）。从全国看，达到 44 座以上博物馆的有广东、江西、山西、湖北四省，达到 20 座博物馆以上的有陕西、河南、四川、江苏、浙江、福建 6 省和广西壮族自治区，除个别省和自治区只有两三座博物馆外，其余都在10座博物馆以上。特别是有很大一部分博物馆已具有一定的规模，而且大型的、中型的、小型的都有。类型上也有很大的发展，而且填补类型方面的某些空白。并且已经出现了一些新型博物馆，如中国科学博物馆、航空博物馆、抗日战争纪念馆、北京大堡台西汉墓博物馆、四川自贡恐龙博物馆、四川凉山彝族奴隶社会博物馆、湖北铜绿山古铜矿遗址博物馆、山东长岛船舶博物馆、鸟类博物馆以及陕西秦始皇兵马俑博物馆、广东越王墓博物馆等。无论是从类型、规模、体系方面，都在向多方面发展。

第二是收藏和保护了一大批珍贵文物标本。据统计，仅文物系统博物馆收藏文物就有8391662件，其中一级文物41439件。这些藏品证明了我国历史悠久，文物丰富，延绵不断，从旧石器时期的元谋人及新石器时期的半坡遗址、大汶口文化、龙山文化直到夏、商、周、秦、汉、晋、隋、唐、宋、元、明、清各朝都有文物存留下来，说明我国有着相当丰富的文物。像我国这样能够延绵不断存留下文物的国家，在世界上也是少有的。尽管世界上有的国家古物比我们早，但是，像我国这样一个朝代接一个朝代连续下来的国家却没有。古罗马、古巴比伦、古埃及、古印度都中断了，而我们延绵不断的历史都有实物可供查证。我国博物馆收藏的这一大批文物，不光是过去的，还有现在的。不论是古代的、现代的都是我们博物馆的宝贵财富。

第三是博物馆显示出了极为重要的社会作用。据《中国博物馆通讯》统计资料①，仅1992年一年，全国博物馆举办陈列展览就有3401次，观众达9425万人次，其中外宾参观500万人次，博物馆的陈列水平在不断提高，内容丰富，涉及各个方面，从不同角度、不同方面传授给人们很多知识，还给人以艺术的享

① 《中国博物馆通讯》1993年第8期，第8页。

受。今后随着整个民族文化水平的提高，博物馆作用还会加强。事实充分表明，博物馆不仅在精神文明建设上发挥着重要作用，而且对物质文明建设也起了很好的作用。

第四是有一支熟悉业务的干部队伍。全国文物系统的博物馆到 1992 年底止，共有职工 24924 人。这当中已有一批学有专长、熟悉业务、素质较高的干部。博物馆干部有两种：一是业务专家；二是管理干部。有时这两者又是交叉的，既是专家，又是管理干部。我国博物馆有很多人才，如鉴定、陈列、设计、保管、修复等各方面的人才都有。还有从事青铜器、绘画、陶瓷器、古建筑、考古发掘的专家，许多专家具有一流的水平，而且还有不少自然科学、人类学、古生物学等方面的专家和人才。已经有了一支从事博物馆事业的专门队伍，在专业干部的培养提高方面，一部分高等院校设立了文物博物馆专业，还举办了各种专修班、进修班、短期训练班，使专业干部队伍得到不断的充实和提高。

第五是建立了博物馆事业基本管理体制。从中央到地方（省、自治区、市、县)，其中包括管理机构（如文物事业管理局)，一级对一级负责，这种体制主要是管理博物馆的发展规划，博物馆的机构设置，博物馆的政策法规、规章制度的制定，还有经费和干部的管理。除文化部门外，还有其他部门的博物馆，如教育部门、地质部门、科委和铁道部门及军队自己建立和管理的博物馆。博物馆由政府部门和各专业部门管理。这两大部门博物馆的共同性活动，在我国是由学术团体来承担的。如博物馆学会、文物博物馆研究所等。现在有全国性的博物馆学会，各省的博物馆学会，不必分是哪个部门办的博物馆，都参加这些团体组织的活动，举办学术讨论，创办刊物等，共同推动着博物馆事业的发展。

进入 21 世纪后，社会经济的发展造就博物馆市场的发展，博物馆市场的发展对提高整个民族的科学素养起着不可忽视的作用。据《科技日报》2001年12月27日《21世纪是博物馆的世纪》一文说，北京将在2008年之前投入巨资，兴建30座大型博物馆，使北京地区的博物馆从现在的118座，达到150座，增加的博物馆包括：国家博物馆、国家美术馆、首都博物馆新馆、电影博物馆、汽车博物馆以及科幻、环保、生态和玩具动画类博物馆和IT、气象、电话、老字号、四合院博物馆等。《新民晚报》引用专家的话称，这是继20世纪50年代“十大建筑”之后，北京出现的第二次博物馆的建设热潮，靠近奥运村的城北部地区，将形成博物馆群落。全国各地博物馆的建设和发展速度也很快，新建成的上海科技馆，作为APEC会议的会址。杭州的中国财政博物馆、上海的中国烟草博物馆、北京的国家自然博物馆、长沙的书院博物馆、长春的汽车博物馆、陕西的测绘博物馆、新疆的军垦博物馆、成都水井坊遗址等众多博物馆都在加紧建设的步伐。截止2005年5月18日国际博物馆日，据悉我国博物馆总数已经发展到2200多座，近年来平均每年举办的展览超过8000次，年接待观众达1.6亿人次。

中国人最早创办的第一个博物馆，是著名实业家张謇1905年创建的南通博物苑，距2005年正好是100年。解放前我国博物馆为数不多，新中国成立以后，出现了一个建博物馆的小高潮，第一个五年计划结束时，全国的博物馆达到72座，除个别边远省份外，大部分省、自治区、直辖市都建起了自己的博物馆。查阅我国近25年的国民经济和社会发展统计公报，不难发现我国博物馆事业发展的速度。在1979年的统计公报中，尚没有全国博物馆的数字统计。1980年，统计公报中首次披露全国博物馆数量为365座。而10年后，这一数字迅猛增加到1012座。到了20世纪末，中国的博物馆数量又增加到1373座。2004年统计公报显示，全国博物馆的数量已达1508座。到2005年，全国博物馆总数已达2300座。[①] 博物馆事业的飞速发展还体现在类型、藏品、内涵、功能的全面拓展上。除了原来较为发达的历史类、革命史类博物馆、纪念馆以外，艺术、科技、自然、地矿、民族、民俗等专业或行业性博物馆，如雨后春笋般出现，还出现了不少遗址类和景观型的博物馆。一些具有全新理念的生态博物馆，借助高科技的网络博物馆也崭露头角。

随着生活质量和人们素质的提高，中国的老百姓对博物馆的认识与兴趣与日俱增。我国蓬勃发展的博物馆事业，会让我们明天的文化生活更加多姿多彩。

二、少数民族博物馆的兴起

随着我国博物馆事业的发展，我国少数民族地区和少数民族博物馆事业也蓬蓬勃勃地发展起来了。

在国外，从19世纪70年代起，英、美、法、德等发达国家，搜集殖民地和附属国的民族文物并设馆展出，强调其所谓“劣等”和“落后”民族的原始性、野蛮性和固定性，以此作为重点宣传对象，抹杀各族人民在一定历史发展阶段的文化生活特点，为奴役被压迫民族服务，创立了一批民族博物馆。到20世纪初，十月革命后，为体现民族平等团结，发扬爱国主义和国际主义精神，苏联创立了一批民族博物馆。新中国成立后，我国以苏联为榜样，按照民族无论大小一律平等的精神，加强祖国的统一和民族的团结，宣传民族政策，1950年就在首都北京成立了中国民族博物馆筹备处，接着在中央民族学院、中南民族学院、西南民族学院成立了民族文物陈列室、少

---

① 据2005年9月24日，国家文物局局长单霁翔，在南通博物苑百年暨中国博物馆事业发展百年纪念大会上的讲话。载《中旺博物馆通讯》2005年第10期，第4页。

数民族文物陈列馆。

我国少数民族博物馆事业发展有一个曲折的过程。由于我国民族众多、历史悠久，在我国创立民族博物馆是很有条件的。早在 20 世纪 30 年代初，我国就有人开始注意到民族文物。在我国民族学先驱蔡元培先生的倡议和领导下，中央研究院曾设立了民族陈列室，当时一批学者如林惠祥、杨成志、潘光旦、吴文藻、吴泽霖、李家瑞等，为开拓民族文物工作付出过艰辛的努力。但是，由于时代的限制，工作极为艰难，民族文物馆始终未能建立起来。

新中国成立后，在中国共产党民族政策光辉照耀下，1950 年党和政府就邀请研究少数民族的学者，参加中央人民政府派往各民族地区的慰问团、访问团，代表党中央和毛主席，到全国各民族地区进行慰问，并调查和搜集民族文物。在中南、西南等大行政区，都举办了大规模的少数民族文物图片展览会。随之，在中央民族学院和西南民族学院建立了民族文物室，在中南民族学院建立了少数民族民族文物陈列馆。民族文物的重要性更得到进一步的认识，进而确定了它在民族工作中应有的地位。

1956 年，周恩来总理在“关于知识分子问题会议”上指示：“必须加强图书馆、档案馆和博物馆工作，为科研服务”。中央民族学院文物室主任杨成志教授，受上级有关部门之托，将民族教学和科研单位以及兄弟院校民族文物室和少数民族民族文物陈列馆的有关同志召集在一起，研究《关于民族博物馆发展问题》，并制定了民族博物馆 12 年发展的远景规划。之后，毛主席、周总理又批准在全国范围“抢救”少数民族的文化、社会、历史资料。先后组织有 1000 多人参加的全国 16 个少数民族社会历史调查组，到各民族地区进行大规模调查，拍摄反映少数民族社会形态的科教影片，征集大批少数民族文物。各级民委、民族院校、有关部门不少同志都参加了这一工作。1959 年，在北京民族文化宫举办了建国 10 周年全国民族工作展览，将各民族解放后的新生活同过去的封建农奴制、奴隶制和原始公社残余的情况，用实物资料进行对比展出，产生了巨大的影响。1960 年和 1961 年，国家文物局也组织人员到鄂伦春、德昂、独龙、傣、佤等许多民族地区，征集了两万多件民族文物，并举办了展览。民族文物事业出现了兴旺景象。“文化大革命”时期，因极“左”路线和十年动乱的干扰，正在发展中的民族文物、博物馆事业，曾备受摧毁、遭受严重损失。党的十一届三中全会之后，中央很重视民族工作，关心少数民族的文物、博物馆事业，民族文物事业又得到了迅速恢复和发展。

仅以首都为例，党的十一届三中全会后举办的展览，不仅是次数多、规模大，主办单位多，专题展览多，而且学术水平也不断提高。除国家民委主办的两次大规模的全国民族工作展览外，还有专题的：民族服饰展览、少数民族古文字展览、铜鼓展览、云南少数民族文物展览、赫哲族渔猎生活展览、内蒙古和新疆的民族民俗展览、海南岛黎族的传统文化展览、湘西土家族苗族民俗展览等，部分展览还被邀到国外展出。

值得特别提出的是，改革开放以来，很多民族地区，都纷纷建起了自己的民族博物馆。如凉山彝族自治州奴隶制博物馆、海南黎族苗族自治州民族博物馆、延边朝鲜族自治州、湘西土家族苗族自治州、鄂西土家族苗族自治州民族博物馆等等。贵州省是民族文物、博物馆事业的先进单位，曾得到文化部文物局的好评，使该省的名胜区和民族地区出现了一个完整的博物馆系列。即以贵阳为中心，分别沿交通、旅游热线向东、北 、西三个方向辐射。从贵阳到历史文化名城镇远的东线少数民族风情旅游线上，每近百里就设计有一座博物馆。仅从贵阳到福泉 100 公里的距离内，就有龙里冠山民族文物陈列室、贵定乡规民约碑陈列室、福泉古城垣博物馆。从福泉到镇远100多公里的范围内，就分布有9个博物馆：即黄平重安江古桥驿道博物馆、黄平飞云崖民族节日博物馆、施秉荣花湾历史与民族文物陈列室、镇远青龙洞民族建筑博物馆、镇远和平村文物陈列室、台江施洞口龙舟博物馆、台江文昌宫刺绣博物馆、雷山郎德寨民族村寨博物馆、凯里黔东南民族博物馆。在贵州北部有阳明洞张学良居室陈列、息烽集中营旧址、遵义酒文化博物馆。在西部风景旅游线，有红枫湖、黄果树、天台山、安顺龙宫、织金打鸡洞等。文化部门也都投入了力量，或建博物馆，或建陈列室，或竖起雕塑。从这些陈列中，既可以发现古代贵州境内各民族（汉族、苗族、侗族、布依族、彝族等）的政治、经济、文化、军事等各方面的发展轨迹，又可以从建筑、服饰、风俗民情等方面展示贵州各民族中的活文化。

在其他民族地区的一些县也建立了他们自己的民族博物馆，如广西融水苗族自治县就建起了苗族博物馆，靖西县建起了壮族博物馆，云南丽江县建起了纳西族博物馆；中川甘孜建立了藏族博物馆、茂汶建立了羌族博物馆。民族文物、博物馆日益成为各民族自治地方和各族人民所关心的事业，标志着我国的少数民族文物、博物馆事业已进入了一个飞跃发展的新时期。

贵州、广西都是多民族的省区，民族文物资源极为丰富，通过他们种种努力，民族文物工作得到了很大的发展，并且有一些值得借鉴的经验：

1. 利用某些文物保护单位创办与之相宜的博物馆。例如地处偏僻的广西壮族自治区忻城县，利用过去的“土司衙门”和“土司祠堂”办成博物馆。忻城县是壮族莫氏土司统治了500多年的地方，那里的“土司衙门”和“土司祠堂”至今保存完好，经修缮后，更加显示了当地土司衙门的“威风”，该馆陈列室吸引着大量观众。又如，在贵州以石雕艺术著称的全国重点文物保护单位之一的杨粲墓，就地建几栋古式建筑，再将杨粲墓周围的摩崖、碑碣、石刻、拓片和照片等集中在一起，建成一个反映黔北石雕艺术的博物馆，使其成为一个集收藏、展出、研究黔北雕塑艺术为一体的“中心”，效果也很好。

2. 利用丰富多彩的民族文物资源，创办具有民族特色的各种专题博物馆。例如，安顺县成立的一家村办地戏陈列馆。安顺县华严区蔡官乡人民盛行地戏，1986 年蔡官村地戏团一行 17 人，应邀到法国巴黎参加秋季艺术节演出，后又到西班牙马德里秋季艺术节演出，前后 21 天，共演出 13 场，受到外国友人的称赞。回来后，他们认真学习巴黎郭安博物馆的经验，在省、州、县有关部门的帮助下，依靠群众，自力更生，筹集资金，积极组织成立地戏博物馆。该馆就建在蔡官村的朝阳寺内，占地面积约 140 多平方米。在三间庙房内陈列着地戏面具 170 副，道具 20 多件，还有中外文地戏历史资料，及许多赠旗、奖品、纪念品、大型彩色照片等，对活跃农村文化生活，促进精神文明建设，并为旅游区增光添彩，得到了很好的经济效益和社会效益。又如贵州是个少数民族节日活动丰富多彩的省份，一年之中各种节日活动有 1000 多次（处），与民族节日有关的服饰、玩具、饮食以及音乐舞蹈等有形和无形的文物都很多，他们选择在黄平县飞云崖民族节日活动集中的场所，创办贵州民族节日博物馆，把全省各少数民族主要节日有关的各种文物都集中于此陈列。同时借助录像手段随时给参观者展现各民族节日的实况，参观者还可以在那里购买到各民族的节日礼品，同时可以品尝到各民族节日的饮食风味，受到各族人民的热烈欢迎。还有，贵州的布依族、苗族等民族的蜡染工艺品在国内外颇负盛名，历史也非常悠久，他们就以此为条件创办蜡染艺术博物馆，使之成为收藏、展出和研究这些民族蜡染艺术的“中心”，效果也非常好。

3. 利用某些典型的民族村寨创办露天博物馆。例如，以石头建筑为特点的布依族村寨，以吊脚楼为特点的苗族村寨，以鼓楼、风雨桥、凉亭为特点的侗族村寨等，把这些具有典型民族特色的民族村寨开辟为露天博物馆，这在我国博物馆史上还是一个新创。

典型的民族村寨，是各族人民在长期的历史过程中逐步发展起来的，它凝聚着民族文化的精华，具有浓郁的地方特色和民族风格，生动地反映了各族人民的历史文化创造才能，有重要的民族、民俗文物价值。找到典型村寨，要靠广泛和深入的调查。在这方面贵州省创造了较好的经验。他们对典型村寨的调查有具体的内容和要求：一是要历史比较悠久，至少有两三百年（十代人以上）的历史，并有历史见证可寻；二是要具有特点，有典型意义，能让人一眼看出是哪个民族的村寨，如侗族鼓楼、花桥；三是要有民俗特点，如吃、穿、用、玩、说、唱等等都有自己的特点，在婚丧嫁娶、衣食住行等物质生活和精神生活的各方面都有自己的好传统；四是要风景比较优美，山清水秀，景色迷人；五是交通比较方便，一般说，要与风景名胜、文物古迹相结合，便于参观游览；六是生活比较富裕，至少要有中等以上生活水平。对于调查的方法和步骤：一要有关单位事前开会研究，商量有关事宜，组织力量调查；二要取得调查资料（包括文字和照片）为鉴选提供依据；三要组织有领导干部、专家和民族代表参加的鉴选小组，深入自然村寨，进行比较研究；四要系统整理资料，提请各级政府公布为省、市、县级保护名单。对于保护措施和要求：一要在保护范围内不得修建与原有建筑物风格不相协调的新建筑物，如要新建，必须保持一定距离；二要对原有建筑物要作适当的整修，按照“恢复原状”的原则，发动群众整修，经济确有困难，国家可酌情补助；三要美化环境，如种树种花，修整篱笆，修桥补路，掏沟除渣，尽量使环境清洁、美化；四要在旅游参观的村寨，大力发展有地方特色和民族风格的旅游事业，因地制宜，经营民族工艺品，经营民族风味的特殊食品，由集体或个体开办旅社，接待游客；五要大力扶植民间文化组织、开展丰富多彩的民族文化活动，在有民族节日集会的地方，更应该积极开展内容健康的传统文化体育活动。总之要尽可能把具有地方特色和民族风格的民族村寨建成既有历史传统，又有现代文明的社会主义村寨，这样的文明村寨就是别具一格的露天民族、民俗博物馆。

4. 发挥地方优势，创办具有地方特色的专题博物馆。例如贵州的酒文化博物馆。贵州有“酒乡”的美称，在贵州创办一个酒文化博物馆非常适合。在酒文化博物馆里收藏的文物包括各民族酿酒的工具、盛酒的器皿、各种样式的酒瓶和酒杯、各种酒的商标以及各民族饮酒的方式和礼仪等，这样酒文化博物馆就很自然地成了研究酒文化的“中心”。该馆筹备的经过是这样：1988年元旦，先在贵阳市举办《贵州酒文化展览》，共展出各种酒器、酒具700多件，生动地反映了贵州酒的生产、发展、演变过程。其中特别是陈列了举世闻名的茅台酒的生产发展过程；同时还陈列了自商周秦汉以来在贵州出土的各种酒器具，这些酒具有陶的、青铜的、瓷的等各种材质，形制规格各不相同，通过陈列，充分显示了贵州酿酒工艺的发展进步以及工艺水平的不断提高。其中，特别展示了苗、布依、侗、水、彝等各族人民在酒生产中的一些实物和各少数民族的许多酒礼酒俗。如太平天国著名将领石达开路过贵州时喝过的咂秆酒，苗族的牛角酒（拦路酒、进门酒）、转转酒，水族的交杯酒，壮族的红桶酒等风俗，使这次展览生动活泼，充满浓郁的民族风情，为学术界、文化界提供了生动和形象的研究资料，因此很受欢迎，并且引起社会的关注和各级领导的重视，而后在此基础上进一步筹备成为贵州省的酒文化博物馆。

又如，梵净山享有盛名，在贵州省东北部江口、印江、松桃三县交界处。金顶山海拔高 2494 米，在江口境内，是武陵山脉的主峰。历史上，它是佛教徒的朝拜圣地。自 1978 年建立自然保护区以后，经许多专家多次考察，人们才进一步认识："梵净山自然保护区具有区域地质、生物区系的古老性；动植物资源的丰富性；生态系统的相对稳定性；环境质量的纯洁性；风景优美的吸引性；有许多保护价值的综合性。是一个条件优越的综合自然保护区。"因此贵州省决定在此建立梵净山博物馆，这无疑也是有着巨大的社会效益和特殊意义。

此外，贵州省还有许多其他的地方优势。就是根据这些优势，贵州省还准备建立另外具有地方特色的专题博物馆，如瀑布博物馆、溶洞博物馆、古建筑博物馆、蜡染博物馆、温泉博物馆等等。

用这种方法办博物馆，具有小型多样的特点。好处是：第一，能节省资金，便于与经济部门结合，以馆养馆；第二，可以使文物保护与博物馆建设有机地结合起来，两者既集中（指同类文物），又分散（指博物馆），改变了以往那种单纯地在大城市建博物馆的情况；第三，由于各种博物馆有计划地分布在全省的一些中小城市（镇），这就增加了这些中小城市（镇）的文化设施，同时扩大了旅游网点，促进了民族地区旅游业的发展。因为民族地区资金等条件有限，不宜建大型综合博物馆，而比较适合于发展小型多样化的博物馆。这样做才能加快民族地区文博事业的发展。

民族博物馆也是随着社会的发展而兴起并发展起来的，在我国整个博物馆事业迅速发展的形势带动下，民族博物馆事业必将越来越兴旺。我国的整个博物馆事业，近百年来从无到有，从小到大，从初创到具有一定规模，虽然经历了一些曲折的过程，但已经开创了一个新的纪元。在这样好的形势下，有了全国博物馆发展的经验，又有各民族地区经济、文化各项事业的迅速发展做基础，今后少数民族地区博物馆事业的发展必将更加繁荣。

第五节 民族博物馆的地位

我国是一个统一的多民族的国家，除汉族外还有55个少数民族。这些民族都有着自己悠久的历史，长期以来他们在各自不同的社会条件下，创造了本民族独具特色和风格的文化，充实和丰富了中华民族光辉灿烂的文化宝库。少数民族文物以其独特而浓郁的民族色彩，为我国社会主义博物馆事业提供了十分丰富的资源。因此，必须充分肯定各少数民族博物馆建设的地位和作用。

一、从我国多民族的特点出发，建立完整的具有中国特色的博物馆体系，不能忽视民族博物馆的建设

新中国成立以来，我国根据自己的特点，已经建立了一批以全面反映我国历史、文化特色的博物馆，抓准了我国历史悠久、文物文献丰富、具有革命传统的特点。

以国家级博物馆为龙头，省级博物馆为骨干，带动地方、行业及民办博物馆全面发展，形成了区域分布日趋合理的博物馆体系。全国博物馆已超过2300个，并以丰富的文物藏品、新颖的陈列展览、多种形式的社会教育活动、活跃的学术气氛、丰富的研究成果、日益提高的科学管理和现代化水平而享誉中外，形式和内容都更加丰富多彩。其中有一部分就是新近发展起来的民族博物馆，这是令人高兴的。但是，由于我国地域辽阔，各民族地区经济文化发展不平衡等多种原因，博物馆无论从类型还是分布地区，仍不尽合理。

我国少数民族人口虽少，但分布在全国各地，民族自治地方

占国土面积的64%。各民族在长期历史发展中，都逐渐形成了一定的居住区域。不仅如此，全国杂居散居的民族也很多。我国已有的博物馆，大多集中在东南沿海和江浙及中原发达地区，类型比较齐全。但在少数民族地区，博物馆的类型和数量、质量仍显不足。特别是在西南和西北边疆地区，尽管改革开放以来，博物馆从无到有，有了很大的发展，但与其所具备丰富多彩的民族文化资源相比，还有很大的发展空间。

博物馆事业落后，对这些地区物质文化遗存的保存和人们的智力开发，必然带来不利的影响。加强这些地区的博物馆建设，对于这些地区的发展和进步有积极的意义。少数民族地区经济不发达，主要是文化上比较落后，因此，仅仅对少数民族地区拨款救济是不够的，必须根据少数民族的历史、现状、民族习惯，用本民族的语言和形式，提高他们的文化科学知识。而所有这些，都可以利用博物馆这样的形式，发挥其社会教育作用，使各个少数民族人民受到直观的教育，从而开发其智力，促进社会生产力发展，加速经济发展的步伐，提高少数民族人民的物质文化生活水平，缩小同全国其他地区的差距。

因此，从社会发展需要出发，我们应当注意民族地区博物馆事业的发展。

二、少数民族地区文物资源丰富，具有建设各种类型博物馆的天然良好条件

我国少数民族地域辽阔，风光秀丽，民族文化丰富多彩，对发展多种类型的博物馆，有着得天独厚的条件。若能将博物馆发展起来，它定能以其独特而浓郁的民族色彩使我国社会主义博物馆的百花园更加绚丽多姿。至少有如下几种类型：

1. 单一民族型的博物馆

我国56个民族都有自己悠久的历史和文化特点，抓住这些

特点建立起来的博物馆必然有自己的特色。如果在首都北京建立一座国家级的综合性民族博物馆，在民族地区建立各自的民族博物馆，这样全国至少要建立几十座民族博物馆。实际上有的民族居住分散，分布在几个省区，而且每个省区内，都有他们的聚居区，并具有自己的特点，若分别设立若干座，这样博物馆数量还会更多。

2. 民族自治地方综合型博物馆

民族自治地方的面积占全国的国土总面积 64%左右。民族区域自治制度是我国的一项基本政治制度，2005 年 3 月国务院发表的《中国的民族区域自治》白皮书说，全国共有民族自治地方 155 个，其中包括 5 个自治区、30 个自治州、120 个自治县（旗）。如果每个县级以上的民族自治地方至少建立一座地方综合性民族博物馆，全国至少就有 155 座。白皮书告诉我们，截至 2003 年底，中国在相当于乡的少数民族聚居的地方共有 1173 个民族乡①。民族自治地方和一般地区不同，它们几乎都有自身的特点，反映民族自治地方的地方综合性民族博物馆，必然颇具特色。

3. 民族社会形态型博物馆

出于历史的原因，直到解放前夕，我国各民族还处在不同的经济制度和政治制度之下。但是从保护历史文物的角度，为了对子孙后代进行教育，建立各种不同社会历史发展阶段的民族博物馆还是必要的，这也能给我国的博物馆事业增添独有的特色。

4. 纪念和遗址型的博物馆

在近百年来的各个历史时期，各族人民积极参加的反帝反封建斗争，有许多事迹、遗址，都可建立其纪念馆、博物馆。同时，各民族中，还有一些著名的文物古迹、文化遗址，一些至今

① 见国务院新闻办公室 2005 年 3 月发表的《中国的民族区域自治》白皮书。

还很典型和具有浓郁的民族文化特点的民族村寨，如能开辟建设成为露天的民族民俗博物馆，其研究价值和旅游观赏价值也很大，博物馆的特色也很突出。

5. 物产资源型的博物馆

我国少数民族地区还蕴藏着丰富的自然资源。所有这些自然资源和物产，都是我国各族人民共同的宝贵财富，是我国进行现代化建设的物质基础。在少数民族地区建设自然资源方面的博物馆，不仅有其必要性，而且还有着很好的条件。

6. 科学型的博物馆

随着科学技术的发展，如今博物馆已日益变成科学家同广大群众沟通的桥梁，也成为大自然同人类社会联系的纽带。建立科学技术博物馆，可以展示科学技术发展的历史，介绍各种先进的科学技术成就，启迪探索科学奥妙的兴趣，普及科学技术知识。少数民族人民普遍掌握科学技术知识，是加快少数民族地区建设发展的保证。这方面的博物馆在少数民族地区也应当加速发展。另外，随着民族地区的开发，人口的增加，各种资源的利用，生态平衡的破坏，环境的污染，在少数民族地区已经成了日益严重的问题。各族人民只有认清自身在自然历史中的位置，才能把握住自身的命运。从前，伐木开采，刀耕火种，曾是各民族祖先为后代开拓生存领域的历史功绩，现在已经成为破坏生态平衡的犯禁行为；打虎擒蛇，曾是古代勇士为民除害的英雄壮举，现在已为保护自然的法令所不容；多子多福这些传统的观念，现在也早为控制人口和计划生育这些新政策所取替。因此，在少数民族地区建立科学型的博物馆、生态型的博物馆也非常必要。

总之，无论从我国多民族的特点和国情出发，还是从博物馆类型的条件考虑，或是从博物馆的宣传教育和经济效益、社会效益看，我国要建设具有中国特色的博物馆，宏观上必须要重视和加强民族博物馆的建设。

【思考题】

1. 什么是博物馆？什么是博物馆学？

2. 博物馆学理论对博物馆的实践指导意义主要表现在哪几个方面？

3. 中国博物馆的历史概貌？

4. 少数民族博物馆的兴起及其历史地位？

第二章　民族博物馆学的对象与任务

第一节　民族博物馆学的定义

正如我国老一辈民族学、社会学、民族博物馆学家吴泽霖教授所说："中国共产党是向以务实的精神处理事务的。它在对待民族这个问题上，理论联系实际，经过调查鉴别、互相协商，到目前为止，已确定在国内共有 56 个民族。各民族人口数虽大相悬殊，但在政治上是一律平等的，除汉族以外，其他的一律概称少数民族。而且，目前几已约定成俗，凡一个名词前面冠有'民族'二字的，指的就是汉族以外的少数民族。例如，民族政策、民族教育、民族地区、民族学校、民族事务委员会、民族代表、民族干部、民族区域自治、民族节日、民族音乐、民族文物等等，含义所指，都是国内的少数民族。根据这一理解，民族博物馆在今天的中国，指的是有关中国少数民族的一种专业性博物馆。"① 在文化部文物局教育处 1983 年出版的《文物博物馆专业基础课纲要》的《文物鉴定学》书中也说："民族文物一般指近代少数民族的文物。"② 这也说明对于"民族文物"这个概念，在我国已有了共同的理解。

在我国，既然"民族"含义"约定成俗"指国内的少数民

① 吴泽霖：《论博物馆、民族博物馆与民族学博物馆》，载《民族文物工作通讯》第四期，1985 年 10 月 19 日。

② 见文化部文物局教育处编印的《文物博物馆专业基础纲要》，第 335 页。

族。“民族文物一般指近代少数民族的文物”。民族院校的服务对象是面向少数民族地区和各少数民族，所培养的也是少数民族干部和少数民族地区建设所需要的各类人才，学校所开设的有关民族方面的许多课程，其内容也都是有关少数民族的。民族文物、博物馆专业在民族院校的开设，其目的也是为适应各民族地区文物博物馆事业发展而培养这方面的干部和专业人才的需要。根据这一现实，民族博物馆在今天的中国，指的当然就是国内少数民族的一种专业性博物馆或反映民族地区历史文化的一种博物馆，民族博物馆学指的当然就是专门研究少数民族和少数民族地区博物馆事业发展的科学理论、工作方法和技术的学科。

我国自古就是一个多民族的国家，各民族在长期的历史发展过程中经过演变，以致出现支系纷繁、族称众多的复杂情况。又由于中国各民族自秦汉以来就共同生活在统一的祖国大家庭里，因而各民族的发展变迁也增加了族别情况的复杂性。历史上多次的民族交叉式迁徙、移民戍边、朝代更迭和各族劳动人民为谋生以及避免惨遭民族压迫和镇压，常常成群结队地逃避天灾战祸，寻找安身立命之地，造成民族的迁徙和人口的流动，使中国的民族分布形成了汉族以内地为中心，少数民族则多居边疆或边远地区，各民族之间又聚居、又交错杂居的状况。这种各民族交流融合，互相影响，你中有我，我中有你，致使一些民族或其中的一部分人丧失了本民族的语言、文化上的特点也不明显，但仍自认为并且也被其他民族公认为单独的民族。还有些民族，甚至是历史上盛极一时的民族，在互相接触交流中经历了兴衰、消长、分合、流动，有的融合于其他民族，有的发展成为新的族体。这种民族之间的不断分合变化，造成了族体单位众多，支系复杂，族称殊异，历史渊源和民族关系都很复杂，也造成了族别情况的复杂化。新中国成立后，许多长期受压迫的少数民族纷纷提出确认自己的族称和公开自己的民族成分，要求承认为新中国多民族大家庭中的一员，故新中国成立初期，在民族识别以前，我国究竟有多少民族，无人能够知晓。1953 年全国陆续出现的民族名称就有 400 多个，其中有的是居住区的地名，有的是同一民族不同支系的名称，有的是同一民族的自称或他称，有的是同一民族的不同汉语译名等等。为了贯彻执行中国共产党的民族平等团结政策，结束旧中国遗留下来的民族成分和族称的混淆不清状况，国家组织大批科研人员和民族工作者，以马克思主义历史唯物论和民族问题理论为指导，从中国的实际出发，对各个族体进行调查研究，在尊重该族体人民意愿的基础上，科学地确定了各个族体的民族成分和族称。经过认真科学的民族识别工作，除汉族外，确定了 55 个少数民族的名称。少数民族人口虽少，但分布地区却很广。在各民族聚居的地区分别建立了“五个自治区、30 个自治州、117 个自治县、3 个自治旗”。此外，作为我国民族区域自治制度一种补充形式的民族乡，到 2003 年底，全国民族乡镇达到 1173 个①。在全国 31 个省、自治区、直辖市中，除上海、宁夏、山西外，都建有“民族乡”②，民族乡少数民族人口达 948 万多人，约占全国散杂居少数民族人口的三分之一。由于历史和自然等原因，我国民族乡一般分布在边、远、山、偏、穷地方，生产生活条件较差，经济文化发展相对比较落后和缓慢。国家和地方各级政府制定了较为全面的帮助扶持民族乡经济文化发展的政策、法规和措施，有力地保证了民族乡经济文化的发展。现在民族乡人民政府已成为我国基层政权的重要组成部分。群众生活实现了由贫困型向温饱型的转变，这说明民族博物馆的建立和发展有其充分的资源条件。

恩格斯在《辩证法和自然科学》一书中说过：“每一种科学

① 见国务院新闻办公室 2005 年 3 月发表的《中国的民族区域自治》白皮书。
② 见《中华人民共和国行政区划统计表》。

是分析单个的运动形态或一系列互相关联或互相转变的运动形态。”科学史的形成和发展告诉我们，科学是反映自然、社会和思维的客观规律的知识体系。科学又分为各个学科。每一个学科只是研究客观世界发展过程中的某个阶段或某一领域的运动形式及其内在规律，科学研究的区分，就是根据研究对象所具有的特殊运动形式及其内在规律。因此，某一现象领域所特有的运动形式和内在规律，就构成某一学科的研究对象。

定义是对于一种事物的本质特征或一个概念的内涵和外延的确切说明。针对我国少数民族、少数民族地区的实际情况和科学研究的分工，民族博物馆学主要是研究民族博物馆事业的发展，探索民族博物馆的理论、方法和管理上的问题。它除了对本学科的研究对象、任务和方法进行研究外，还要注重对民族博物馆的性质、职能、类型、发展历史及其民族文物的征集保管、陈列设计、科学研究、群众教育、组织管理、建筑设备、馆址选择等项工作的基本知识和技术进行研究。此外，与民族文物打交道，当然也要研究各民族的物质文化和精神文化，涉及生产活动、社会制度、生活习俗、文化艺术、科学技术等社会各方面的问题。

因此，民族博物馆学的实践性很强，绝对不能脱离少数民族和少数民族地区博物馆的实际和社会发展对民族博物馆不断提出的新要求。它的理论既来源于少数民族和少数民族博物馆的实践，并接受其实践的检验，同时又指导少数民族和少数民族地区博物馆的具体工作，为少数民族博物馆事业的发展提供理论依据。所以，民族博物馆学不能是纯理论性的研究学科，而是与少数民族和少数民族地区博物馆实际密切联系的应用学科。

半个多世纪以来，我国民族博物馆事业从无到有，逐步发展；随着博物馆学和民族学研究的深入，少数民族和少数民族地区经济文化事业得到逐步发展。现在民族学的学科已有很大发展，民族学系、民族研究所、民族学会都已建立，利用民族文物与民族研究相配合，已建立起了一批民族博物馆和民族学博物馆。民族博物馆与民族学博物馆“两者的性质是不同的。民族博物馆主要是为政治服务的，而民族学博物馆主要是为科学服务的，它是一种传播知识性的专业博物馆，是建立在民族学的基础上，同时也是依附于民族学而存在的”①。民族学作为一种科学，它的研究方向有两个方面：一是纵的方向，即对人们的共同体，从家庭、氏族、部落和民族的发展规律进行研究；二是横的方向，即从客观和微观的观点研究世界上有代表性的民族情况及其存在的问题。民族学的研究对象虽也是民族，但不只限于中国的少数民族，仅从一个国家、一个地区的民族研究中是得不出概括性的民族理论规律的。同样地，民族学博物馆的研究范围也不应局限于我国的少数民族，而应是在条件许可下，逐步扩大到世界民族的范围。此外，民族学的一切理论依据多半是从田野调查中获得的，而田野调查和文物收集也正是民族学博物馆建馆的重要基础。可见，民族学与民族学博物馆两者之间的密切关系，正如化学或物理与它们的实验室的关系一样，是一体中的两个部分，相互依赖、相互促进。实际上民族学博物馆就是民族学的一种间接的田野调查的基地，两方相互依存，形成了一种共生状态。每种科学负有两种使命：一是使本学科的知识理论不断深化更新；二是把已有的知识广为传播。在民族学科总的范围内，民族学主要承担了第一种使命，第二种使命则由民族学博物馆来肩负，这就是民族学博物馆所处的现实。

此外，民族地区还有许多有价值的村寨、遗址需要保存；建设发展又需要种种科技；而民族文化的丰富多彩、多种多样的民俗、悠久的历史、秀丽的风光和独有的特产，还可建设成为各种

---

① 吴泽霖：《论博物馆、民族博物馆与民族学博物馆》，载《民族文物工作通讯》第四期，1985 年 10 月 19 日。

各样的民族博物馆。

总之，随着民族地区经济文化的发展和科学技术的进步，民族博物馆这种多角度、多侧面、多层次、多线索的现象，也会产生更多的民族博物馆学分支学科。现在民族博物馆学实际上在实践中已经产生，无论是民族博物馆、民族学博物馆或民族地区其他类型的博物馆，在文物征集、陈列特点、馆舍形式和服务对象、教育方式都有所不同，对不同类别的民族博物馆也应该区别对待。民族博物馆学这一学科，从总的方面来讲，就是要研究和利用民族文物进行形象化教育，使其为各民族的共同繁荣，促进社会主义物质文明和精神文明建设服务。

第二节　民族博物馆学的性质和任务

目前，我国大多数的民族博物馆几乎都是地方的综合性博物馆，主要在民族自治区、自治州、自治县（自治旗）和民族乡等少数民族地区。我国《省、市、自治区博物馆工作条例》指出：省、市、自治区"博物馆藏品是国家宝贵的科学文化财产，是博物馆业务活动的基础。根据本馆的性质和任务，主要在本地区范围内通过考古发掘，接收、征集文物，采集标本以及馆际交换等手段积累藏品。征集工作必须坚持群众路线，必须在调查研究的基础上做好详细明确、科学的原始记录。既要重视征集古代历史文物，也要重视征集近、现代历史文物，特别是革命文物（包括社会主义时期的文物）和民族文物"。同时又指出："陈列是博物馆工作的中心环节，是衡量博物馆工作质量的重要标志。要认真办好与本馆性质和任务相适应的具有地方特点的基本陈列。地方综合性博物馆一般应以地方历史（包括革命史）为重点，有条件的博物馆还要办好自然部分的陈列，逐步形成具有特色的陈列体系。在搞好基本陈列的同时，也要重视搞好临时展览。”这就是说，一方面是要根据本馆的性质和任务，来搜集在本地区本民族范围内的藏品；另一方面，就是要认真办好与本馆性质和任务相适应的具有地方特点的基本陈列。

一、民族博物馆学的性质

民族博物馆学的研究对象是民族博物馆，它研究的是怎样做好民族博物馆的工作，提高民族博物馆的质量。研究民族文物的搜集、整理、保管、研究、陈列展出和宣传教育诸多方面的问题。从理论上讲，依民族学的角度看，民族博物馆学是民族学的一个分支学科。民族学研究各民族的起源和发展，中国民族学主要是研究我国少数民族的起源和发展，这些知识民族博物馆学都必须具备。从博物馆的角度看，民族博物馆学又是博物馆学的一个分支，中国博物馆在发展过程中的许多经验、基本理论、简要历史、工作的方式方法，民族博物馆学又必须充分了解。此外，民族博物馆的具体工作，以丰富的民族文物收藏为中心，利用陈列和其他形声手段进行民族宣传教育和相关的文化学术活动，所需要的相关的社会科学和自然科学方面的知识和技术更多。

民族，在一定历史时期内，作为人类求生存求发展的一种组合形式，一种社会群体，一种基本单位，可以说一个民族就是一个社会。要对一个民族有所了解，就必须对它所处的社会状况历史环境、自然环境和地理情况都要有所了解，并不是局限在社会生活的某一方面，而是涉及社会生活的各个方面。在多数场合，分布、群体规模和人种构成、历史渊源和社会状况、经济结构、政治制度、语言文字和文学艺术、宗教信仰和风俗习惯、价值观念和道德规范、生活方式和传统文化等方面都要进行考察和研究。而且，所有民族都不是孤立存在的，都要与周围的民族发生一定的关系和联系。各民族之间的关系，无论是友好互助、和平交往，还是压迫剥削、对抗敌视，也都不仅是表现在某一个方面，往往要涉及政治、经济、文化、语言、宗教、习俗等各个领域，盘根错节，十分复杂。民族博物馆既要展现各个具体民族，揭示他们的民族特点和社会生活全貌，又要反映不同国家和地区的民族关系；既要展现民族和民族关系发展的具体情况和过程，又要反映民族和民族问题发展的一般规律以及党和国家解决民族问题的基本原则和政策，并为宣传民族政策、加强民族团结、促进各民族的经济文化交流以及国内的民族工作提供科学依据。为此，它必须将经验研究和理论研究、微观研究和宏观研究、现时研究和历史研究、总结研究和预测研究、分科研究和综合研究、专题研究和对比研究、国内研究和国外研究、基础研究和应用研究很好地结合起来。

可见，民族博物馆学所包含的具体内容是相当广泛的，它要涉及民族社会生活的一切领域，绝非某个单一学科所能完成的，而必须有一个相当规模的科学群体才能胜任。这种学科群知识，除了要与社会科学的众多部门学科发生交叉，还要与一部分自然科学（如人类学、地理学、心理学）发生关系，要充分利用这些学科的基本知识和研究成果。此外，民族博物馆里的保管、陈列等项具体工作，还得使用自然科学中的许多知识和技术成果。但是，民族博物馆学绝对不是一门包罗万象、可以取代它所涉及的各个专门学科的“超级学科”，它只是从“民族博物馆”这个特定的视角和立场出发，而与这些专门学科发生局部交叉和渗透，并不影响它们的学科地位和原有归属。确实是这样，说复杂是很复杂，可是说简单，也简单。比如只展出一个小地区、小民族历史文化当中的某个方面。民族博物馆学之所以需要与一切有关科学建立边缘学科，只是为了从不同侧面揭示民族和民族关系的全貌，以便将民族和民族关系的整体研究建立在更加广阔深厚的分科研究基础之上，并将其研究成果做出形象化的展示。因此，应该说，民族博物馆学是一门相当综合性的学科。

在这里，需要加以说明的是：由于民族博物馆学目前还是刚刚起步，对于它的学科性质在学术界未能充分讨论。因此，还存在诸如“边缘科学”、“管理科学”“综合科学”等多种说法。民族博物馆学属于“边缘科学”，这种说法为数不少，影响也相当大。这种观点的提出，一般认为是把民族学的专业学科与陈列、保管等博物馆工作结合起来，于是就产生了一个从属于民族学的边缘学科。不同意这种意见者则认为，边缘是对中心而言，而学科是一种知识体系，故不能采用此种提法。况且民族博物馆还有多种类型，有的还不一定能与上述的那个模式去结合，于是就只有怀疑民族博物馆学的存在了，即使硬把那里的陈列、保管与民族学来个结合，也只是牵强附会。因此，这个提法不能认为正确。民族博物馆学属于“管理学科”，持这种观点的学者认为，民族博物馆仅仅是管理而已，算不了什么独立学科，文物搜集、整理、保管、陈列、参观接待都是一些很具体的工作，没有什么大的学问，即使有一些小经验、方法、技术也不多，所以只要加强管理、提高技术就可以了。这种意见否认民族学的基础理论，不承认民族博物馆学是一门科学，因此，也不可取。

其实，科学是反映自然、社会和思维的客观规律的知识体系。科学又分为各个学科，每一个学科只是研究客观世界发展过程中的某一阶段或某一领域的运动形式及其内在规律。根据这个原则，可以得出这样的结论：民族博物馆学是研究民族博物馆一系列运动的科学，是关于民族博物馆发生发展的科学。它是属于社会科学和技术科学的范畴，是一门综合性的学科。它除基本上属于社会科学与历史科学之外，还需要具有若干专门的自然科学与应用科学的知识、方法和技术。

二、民族博物馆学的任务

作为我国的民族博物馆学，它是在马克思列宁主义、毛泽东思想、邓小平理论和“三个代表”的重要思想指导下，探索民族博物馆事业的建立和发展，探索民族博物馆的理论、方法及管理上的问题，使民族研究和博物馆学有机地结合起来，更好地发挥民族文物的社会教育作用。它的具体任务：

第一，作为民族博物馆，它的主要任务是对民族文物的搜集、整理、保管、陈列和研究，而作为民族博物馆学，它的研究对象，除了这些内容之外，还要研究博物馆的发展历史、基本理论和方法以及博物馆的建筑、行政管理、业务领导和文物交换等。

民族博物馆在西方国家，主要是收藏与陈列各殖民地后进民族的民族文物，意在宣扬这些被压迫民族的落后面。至于西方国家的民族文物是收藏与陈列在民俗学博物馆内，不属于民族学博物馆的范围。中国是社会主义国家，我们的民族博物馆的任务和西方国家民族学博物馆的任务不同，它是搜集与陈列各民族文物资料的场所和研究机构。它的任务是发扬优良的民族传统，团结各族人民，为建设中国特色的社会主义事业服务，共同为祖国建设，为民族的发展、繁荣和富强而奋斗。

关于这一点，早在1955年，周恩来总理就说过：“我在欧洲也参观过几个民族博物馆，巴黎的、柏林的和英国的，我都参观过。我想了解一下各殖民地和附属国民族解放运动的情况。然而，我所看到的，却使我大失所望，他们全是宣扬殖民地、附属国各民族的落后面，从不展示这些民族反侵略斗争的英勇事迹，对于他们的优秀的民族文化和传统，也一概不提。我们将来也要建立民族学博物馆，就要反其道而行之，要有鲜明的阶级性。”①

这说明民族博物馆的任务，是随着国家性质的不同，目的和要求也不一样。

---

① 杨堃：《谈谈民族学博物馆学》，载《民族文物工作通讯》，1985年第2期。

我国是人类的重要发祥地之一，很早就有了人类的生存。到新石器时代晚期，各地就出现了具有不同经济类型的物质文化和风俗习惯的共同体：有从事采集和渔猎的，还有以农耕为主要生计的。自秦汉开始，历经两汉、隋唐、宋元明清等几个王朝时期，统一多民族国家进一步巩固和发展。其间，有些民族逐渐消失了，有些新的民族又兴起了，但是作为中华民族的主体华夏却一直在发展、壮大，他们同各少数民族在统一的多民族国家里交错杂居，和睦相处，互帮互学，荣辱与共，共同经历了漫长的岁月，共同缔造了我们伟大的祖国，在经济文化和政治上各有所长，创造了丰富多彩的物质文化，共同缔造了中华民族的历史和文化。

我国 55 个少数民族分布地区辽阔，保存着大量反映各个时代社会制度、社会生产和社会生活的具有重要历史价值、科学价值和艺术价值的古代文物和现代文物；保存着显示生物进化、人类进化和自然资源的大量的化石和标本；特别是现在仍可搜集到的一些反映原始社会制度、奴隶社会制度、农奴社会制度的实物。各民族现存的各种具有民族特点的实物，不但是民族博物馆业务活动的物质基础，也是借鉴和继承祖国优秀文化遗产、建设社会主义新文化不可缺少的宝贵财富。因此，搜集和管理、保护好这些文物和标本，并使之永久地留传给子孙后代，就成了民族博物馆的首要任务。

民族博物馆作为民族文物和标本的主要收藏机构，必须搜集和收藏民族文物、标本，并管理和保护好这些珍贵的文化遗产，使它们不致遭到破坏和散失，这是民族博物馆的职责。民族博物馆的工作人员，应具有对国家对人民高度负责的精神，坚决执行国家的文物政策和法令，同破坏、盗窃文物和标本的行为作坚决的斗争；同时要加强对文物和标本的搜集、管理和保护工作，防止自然的和人为的损坏，使民族物质文化和精神文化遗存长久地保留下去，就成了民族博物馆十分重要的任务。

民族博物馆作为一种宣传教育机构必须发挥思想政治教育、民族政策教育和传播科学文化知识的作用。要普及科学文化知识，进行民族政策教育、政治思想教育，并作为一种经常的任务。充分利用民族文物和标本，运用陈列、展览、讲座、报告会、出版物等向各族群众宣传社会主义，传播民族科学知识，向民族科研部门、学校等提供实物资料。还应从实际出发，开展各种活动，把各民族群众，特别是青少年吸引到馆内来，既要满足群众求知的需要，也要满足群众艺术欣赏的需要，丰富人民群众的科学文化生活。

民族博物馆作为科学研究机构，必须积极开展科学研究活动，要研究民族文物的搜集范围、搜集方法和藏品内容，研究陈列内容和陈列形式，研究宣传教育内容和群众教育工作方法。博物馆的搜集保管、陈列展览和宣传教育等业务活动的有机组合，体现着博物馆的特殊性能。从整体来讲，它们都是为满足人们的物质文明和精神文明的需要，都是为了进行爱国主义和社会主义教育；但就每一个组成部分而言，却又有着明显的不同。因此，民族博物馆的本身就是一个重大的研究课题。民族博物馆的各项业务活动都要在科学研究的基础上进行。民族博物馆要积极开展博物馆学和民族学的研究工作，要从本馆的实际出发，以民族文物为基础，结合调查和文献资料进行。研究的成果主要体现在陈列上，同时也出专门的著作。民族博物馆的科学研究活动具有十分重要的意义，它不仅可以保证民族博物馆搜集、保管、陈列和宣传教育工作的技能，而且可以锻炼和培养民族博物馆的专业人才，提高他们的工作能力和学术水平。因此，研究也成了民族博物馆的重要任务之一。

第二，当今是一个开放的世界，民族博物馆还要适应开放的需要。我国自改革开放以来，已经在两个文明建设中取得了显著的成绩，打破了长期以来封闭的状态，开阔了人们的视野，思维方式、生活方式等方面的变化，激发了人们改革、创新精神。

对外开放，不仅指经济领域内的开放，也应包括科学、技术、文化、艺术、体育等各方面的往来、交流。我国民族博物馆是社会主义文化事业的组成部分，文化的发展，同经济建设的发展一样，离不开对外交流，民族博物馆事业的发展当然也不例外。因为任何一个国家和民族，都不可能垄断世界文化的优秀成果，各民族文化发展中的优秀成果是全人类的共同财富。我们要发展我们民族的文化，就要学习和吸收世界上一切国家、民族优秀的历史文化遗产和当代优秀的文化成果，使之与我们的民族传统相结合，跟我们的时代相结合，跟我们的社会主义建设相结合，从而创造出具有我国民族特点和时代特点的社会主义新文化。民族博物馆是一个国家和民族地区科学文化水平的标志，是历史文化遗产和自然遗存、标本的收藏和宣传教育机构，它不仅对本国人民起着社会教育的作用，而且对外具有介绍中国、让国外人士认识了解中国、增进国际友好作用的功能。在当前日益频繁的国际交往中，参观民族博物馆已成为一种时尚，参观民族博物馆，可以用很短的时间，获得一个国家、一个民族或地区的历史、文化、物产、地理、风土民情方面的知识，开阔眼界，增进情谊，为日后进一步联系交往疏通渠道。

随着国际交往和旅游业的发展，国外各界人士、海外侨胞来我国内地洽谈贸易、参观访问、探亲会友、旅行游览日益增多，民族博物馆如何适应开放的形势，如何为开放服务，已经摆在民族博物馆的议事日程上。我国目前已经建成的民族博物馆还不多，如何加快民族博物馆的建立，如何把民族博物馆办好，以适应当今开放、改革时代的新潮流，这些都是民族博物馆学的重大课题。

第三，加快民族地区发展当前面临极其有利的重大历史机遇，实施西部大开发战略，就是要加快少数民族和民族地区的发展，这正是发展民族博物馆事业的大好时机。我国博物馆事业发展是不平衡的，这主要表现在两个方面：一是从类型上看，民族、民俗博物馆少，这与我国多民族和历史悠久的国家极不相称，甚至有的少数民族至今没有一个本民族的民族、民俗博物馆；另一方面从地域上看，现在，绝大多数博物馆都是分布在大城市和沿海地区，边疆和少数民族地区很少。博物馆事业落后，对这些地区物质文化和历史遗存的保留及人们的智力开发，必然带来不利的因素，加强这些地区的博物馆建设，对于这些地区的发展和进步都有积极的意义。因此，如何加快民族地区的博物馆建设，必然也是民族博物馆学研究的迫切任务。

新中国成立前，少数民族地区生产力水平低下，经济、社会、文化发展相当落后，几乎没有现代工业、现代教育和现代医疗，基础设施建设很差，文盲人口占绝大多数，鼠疫、天花、疟疾等各种传染性疾病流行。少数民族群众主要从事传统的农牧业，一些地区还处在“刀耕火种”的原始状态，部分地区铁器尚未得到普遍使用。群众的生活十分困苦，特别是广大山区和沙漠盐碱地区的少数民族，几乎每年都有几个月断粮。少数民族发展受到严重阻碍，有的民族甚至濒临灭绝。新中国成立后，特别是改革开放以来，民族自治地方的各族人民，在国家和发达地区的大力帮助和支持下，发挥自身优势，自力更生，奋发图强，不断增强自我发展能力。经过 50 多年的努力，如今中国民族自治地方的各族人民，生存和生活环境明显改善，经济和各项社会事业迅速发展，民族自治地方的各族人民与全国人民一道，分享着国家现代化建设带来的发展成果。国家西部大开发战略的实施、科学发展观的落实、构建社会主义和谐社会的要求，为民族地区的发展提供了新的契机。全国绝大部分民族自治地方都在西部大开发的范围之内。迄今为止，西部地区已陆续新开工 60 个重大建设工程，总投资约 8500 亿人民币[①]。国家还实施了“兴边富民”行动和扶持人口较少民族发展的工作，加大了对少数民族特困人口帮扶的力度。这些都大大改善了民族地区的基础设施建设，促进了民族地区的经济发展、社会进步和人民生活水平的提高。所有这些，都可以通过建立民族博物馆，通过文物、图片、资料，有声有色地来进行形象化的展现，对群众都将是极大的教育和鼓舞。

少数民族地区经济不发达，文化比较落后，人才缺乏。加快发展民族地区经济仅仅对少数民族地区拨款救济还是不够的，必须根据少数民族的历史、现状、民族习惯，用本民族的语言和形式，提高他们的文化科学知识，然后能更好地发展生产，而所有这些，都可用于民族博物馆的建立，发挥其协调作用和为社会服务的职能，使各少数民族人民受到直观的教育，而尽快开发其智力。

新世纪刚开始，2003 年时，胡锦涛同志就指出，“共同团结奋斗、共同繁荣发展”是新世纪新阶段我国民族工作的主题。这是在新的历史条件下，对民族工作的理论和实践进行的新概括，是马克思主义民族理论在中国的新发展，这已成为指导各族人民积极投身社会主义现代化建设、推进民族团结进步事业的指南。因此，在这样大好的形势下，如何抓住机遇发展少数民族地区的各类博物馆事业，也应该是民族博物馆学研究的重要课题。

第三节　民族博物馆学与相关学科的关系

民族博物馆的综合性和多功能及一系列技术，决定了这门学科需要多方面的知识，因此民族博物馆学和许多学科都有直接的

① 2005 年 5 月 30 日，牟本理在国务院新闻发布会上的讲话。

联系。

1. 与民族学的关系

民族博物馆学是继民族学发展之后，伴随民族学而诞生的新学科，它是民族学的一个相对独立的分支。国际上，“越是民族学研究比较发达的国家，越需要以民族学博物馆为其研究中心，而民族学博物馆的规模如何，正反映这一国家的民族学的学术水平。”① 就民族学博物馆来说，它是一个研究单位，但又像是民族学的实验室。这两个单位的任务是共同的，民族学从理论上和文字上加以叙述，而民族学博物馆则注重从实物上做文章。民族学的理论和重要成果，对民族学博物馆的工作有重要的指导意义。民族学博物馆有比民族学更多的具体任务，那就是它还要解决民族文物的搜集、整理、保管、陈列等一系列具体问题。因此，作为一般民族学家并不能单独地从事民族文物的研究，因为这关系到和实物打交道，需要相当经费和设备；整理、保存和陈列还需要工作间、库房和陈列室；解决这些问题仅依靠民族学的知识和方法也不够，还要侧重在物质文化和精神文化上下工夫，即还要采用民族工艺、录像、摄影、美术、绘画、模型制作、标本剥制等手段。这些也只有靠民族博物馆的工作才能够完成好。因此，民族博物馆学和民族学的关系最为密切。

2. 与博物馆学的关系

民族博物馆学又是继博物馆学发展之后，伴随博物馆学而诞生，它也是博物馆学的一个相对独立分支。博物馆学的诞生是从博物馆的实际工作中产生出来的，反过来又指导博物馆的实际工作。博物馆从综合性到专门性发展，民族博物馆学从博物馆学中派生。民族博物馆学的发展，毫无疑问将大大丰富博物馆学的内

---

① 杨堃：《谈谈民族学博物馆学》，《民族文物工作通讯》，第2期，1985年4月。

容，而博物馆学的日益发展将更好地指导民族博物馆事业的前进。可以说，博物馆学也是民族博物馆学的基础学科。因此，也可以说民族博物馆学就是民族学与博物馆的结合，是博物馆学的一个分支。

3. 与民族史的关系

民族博物馆学和民族史学关系也很密切。民族博物馆也是研究民族史和民族考古学的重要单位。无论是研究民族学，还是研究民族史和民族考古，都不能靠文献单独进行，特别需要实物。应该将文献和实物结合起来，进行综合性的比较研究。因为任何一个民族的社会生活都是立体的，既有纵的发展，又有横的展开，缺一不可。民族研究也是从纵横两个方面进行。纵的指人类的物质生产史上的生产方式及其文化遗产，横的指各个社会方面，或者各民族、各地区特点和互相交往。如果说民族学是研究横向社会的话，那么民族史和民族考古学则是纵向性研究。这种若干学科的结合，纵横研究的结合，一般在考古研究所或民族研究所是不好统一的。但在这里却是可以统一的，这也是民族博物馆的重要特点之一。

4. 与民族文物学的关系

随着民族文物、博物馆事业的发展，民族文物学也需要建立。民族文物是民族文物学的主体，是民族文物学的研究对象。现在民族文物学这门学科虽然还没有建立起来，但是在实际工作中我们已越来越感觉到它的重要。民族文物研究成果已日益得到利用，尽管这门学科体系还没有建立，但是，我们已觉察到它将越来越被人们所熟悉。民族考古学和民族史学也要研究文物，与民族文物学研究文物，有其共性。但是，在研究范围和研究目的方面是完全不同的。民族文物学所研究的各类文物，不少内容是民族考古学和历史学所涉及不到的。至于研究目的或者说研究角度，更不一样，民族考古学和民族史学研究文物，是为了解决本学科某些课题研究，以文物为实物资料进行一些理论和实践上的探讨。如民族考古学研究发掘出土的遗物，主要是作为断定遗址或墓葬年代、区分文化类型的依据。民族史学研究文物，着重从史料角度，用文物资料验证文献上的记载，判断某些历史事实，解决某些存在难题。民族文物学研究文物，一方面研究文物自身具有的历史、艺术、科学价值，向人们进行爱国主义、革命传统和历史唯物主义教育，丰富人民的精神生活，提高文化素养。同时，也向学术界、旅游事业、环境文化保护等提供研究资料。另一方面要采取先进的科学技术，根据文物的不同质地、环境和年代，进行有效的保护措施，使文物价值得以长期保存和使用。显然，由于研究目的的不同，这三门学科研究文物侧重点各不相同，相互不能替代。因此，光有民族史学、民族考古学还不够，民族文物学和民族博物馆学同样也应是一门独立的学科。民族博物馆学和民族文物学是一对亲兄弟，两者的目的，都是了解文物、保护文物。民族文物是各民族社会历史发展过程中留存下来的文化遗迹。民族文物研究的目的在于确定文物的时空坐标，最大限度地揭示文物的内涵、价值和意义，并通过对文物内涵的阐述来说明社会生产以及自然生活的某些现象，通过对文物系列的研究来探寻社会生活以及自然生活的某些规律，并由此了解当时的社会组织状况，这也是民族博物馆学正需要的。民族博物馆学要研究民族文物的搜集、整理、保管、研究、陈列和宣传教育，也正是为了运用文物和发挥文物的作用。因此，尽管两者在对象、目的、作用及性质上略有区别，但两者又是互为依赖、互相促进的。没有文物学，对文物不进行研究，文物只是一堆没有被认识的物质堆积，无法发挥作用；离开了民族博物馆学，没有文物的科学保护、科学管理、科学利用，同样不能很好地发挥文物应有的作用。因此，民族文物学和民族博物馆学的最终目的即在发挥文物的社会效益上是一致的。

5. 与其他学科的关系

在民族博物馆的实际工作和民族博物馆学研究的理论和实践中，还需要民族地理学、民族体质学、民族语言学、民族经济学、民族宗教学、民族心理学、民族人口学、民族法学、民族政策理论以及自然科学中的声、光、电、物理、化学、生物等学科知识。世界各国博物馆学研究表明，博物馆学与许多社会科学相互交叉和相互渗透，如教育学、心理学、社会学、美学的渗透。在实物的保护、保管工作方面，又与化学、物理学、生物学相交叉。国际上许多博物馆的开放和讲解，都包括研究观众的心理，即心理学，而博物馆的开放、参观、游览，都围绕一个中心，即群众教育。调查和研究成人观众和青少年观众的参观效果，特别是研究其中一些规律性的理论和方法。那种认为讲解工作就是"背讲解词"，讲解工作不需要提高和研究的看法，显然与实际不符，亟待纠正。由于现代电子学的普及，特别是关于计算机逐步深入到社会生活的各个领域，国际上各博物馆已经普遍推广使用计算机。计算机已经成为博物馆实物分类鉴定、观众统计、博物馆管理和研究工作等不可缺少的强有力的工具。民族博物馆与这些学科都有着相当密切的关系。

总之，从以上可以看出，民族博物馆学是一门新兴的独立学科，有相当的综合性，它和民族、社会科学及技术科学的许多学科都有直接的联系。它最核心的部分是民族学和博物馆学。从这个意义来说，民族博物馆学是民族学的重要分支，只是它的业务范围比一般民族学扩大了。

民族博物馆具有两大特点，一是民族性，二是博物馆性。它是一个科学研究单位，它是以丰富的民族文物收藏为中心，利用陈列和其他的形声手段进行民族宣传教育的文化学术研究单位，它的中心宗旨是专门搜集、保存和应用民族文物进行陈列展览和科学研究，为祖国改革开放现代化和各民族的繁荣富强服务。民族博物馆的这两大特点，决定了民族博物馆学的特点。因此，为了发展民族博物馆事业，为了建立和发展民族博物馆学学科，我们除了立足民族博物馆自身工作、认真总结提炼民族博物馆学的理论外，还必须广泛地吸取、借鉴其他相关的学科成果来解决民族博物馆工作中的特殊矛盾，推动和促进民族博物馆学的发展及民族博物馆事业的繁荣。

第四节　民族博物馆学的研究方法

民族博物馆学是一门年轻的学科，我国目前还只是刚刚起步。一门科学的方法论，对本学科具有普遍指导意义。方法论的科学化和成熟程度，决定着学科发展方向和成果的多寡。任何一门科学的每一重大进步，都是在其理论和方法论有了重大突破的前提下取得的。研究民族博物馆学，不能不重视方法论的研究。由于民族博物馆学尚在建立和发展之中，到目前为止，它还没有在把握了本门科学的基本规律之后，总结出的一套对于本学科具有普遍性的研究方法。现在，无论外国或我国，民族博物馆学运用比较多的基本上是借鉴社会科学的方法。所以从事这一工作要特别注意：

第一，学习和掌握辩证唯物主义与历史唯物主义。辩证唯物主义与历史唯物主义是最好的科学认识方法，这种方法能够使我们正确对待现象，认识那些支配现象发展的客观内在规律。这一认识论是民族博物馆学方法论的基础。我国的民族博物馆学研究，要坚持马列主义、毛泽东思想、邓小平理论和“三个代表”重要思想，坚持党的四项基本原则，以马克思主义哲学为指导思想，就必须坚持辩证唯物主义和历史唯物主义。

第二，用民族学的实地调查研究的方法，特别是用直观的方法，采用亲自问、亲笔记、录音、照相、绘画、制作模型等手段，同时还要亲自实践。譬如说，调查一个民族的生产工具，如果你自己不会使用这种工具，仅听别人向你介绍，是难以真正了解这一工具的使用方法的。如果能够亲自参加这种生产劳动，便能很好地掌握它的使用方法。再如调查一个民族的房屋建筑，必须自己对建筑并不外行，才能看出许多名堂来。民族学的调查方法，需要民族学工作者自己去亲身体验和操作，并能熟练地掌握这一技术，才符合民族学工作者的要求。而这也正是民族博物馆学工作者所要求的。

第三，吸收有关专门学科的科研成果。尽管民族博物馆学牵涉的学科很多，但其中有些已有专门的学科研究，有一套成熟的理论、方法，取得了重大成果，民族博物馆学未必再下很大工夫，另起炉灶，单搞一套，可以吸收和消化他们的科研成果，同时也利用馆藏的民族文物，发挥己长，去验证和发挥他们的成果。如一般博物馆学、民族史、民族考古就是这样。但有些内容则只有民族博物馆学单独来研究，如民族文物、民族文化史等，就应该列入民族博物馆的重点项目。民族博物馆所以能够成为博物馆，必须有足够的民族文物藏品。与此相适应，作为民族博物馆学来说，就应该研究民族文物学或民族器物学。

第四，重视基础理论，加强纵横联系。由于民族博物馆学是一门实践性很强的学科，工作人员很容易对本学科特点产生片面的理解，比较容易热衷于具体的方法技术的诀窍的追求，而忽视甚至鄙视基础理论的学习，致使业务能力的提高受到影响。要知道民族学和博物馆学的基础理论和基本技能，二者对于民族博物馆学是相辅相成的，没有基础理论，难以形成技能技巧。至于怎样学习其基础理论，这就要加强其纵横的联系。以横向而言，在系统掌握民族博物馆学基本理论框架的基础上，可以就自己感兴趣的方面或自己的薄弱环节，深入钻研，通过实践或理论学习，查阅专著、报刊有关文章，以期在这些方面，有更深入的理解。就是说，根据民族博物馆学这种多学科渗透的特点，对与民族博物馆学相关的学科，如民族学、博物馆学、民族考古学、民族史、民俗学、民族语言学、民族经济学、民族理论与民族政策等，应广泛涉猎，以拓宽民族博物馆学自身的知识面。

第五，抓住“问题导向”，进行择向突破。抓住现实遇到的具体“问题导向”，也是民族博物馆学的一种学习和研究的方法，因为问题往往是理论要素的突出的、激烈的反映，按问题去研究不但见效快，而且往往是应用科学的价值所在。比如对民族博物馆的发展规划、馆址选择、陈列主题的提出等等问题的亟须解决，怎么办？我们可以系统地分析各种条件、主客观原因，找出行之有效的解决办法。这样的研究，就是“问题导向”的研究。“问题导向”研究要求与问题有关的各种学科都有一定的了解，这样才能更全面，解决方法更加适用完整。因为客观世界都是互相联系的，要解决问题就必须“综合治理”。

第六，加强学习。鉴于我国目前一个全国性、正规或严格意义的现代化的民族学博物馆目前还未诞生，适当地介绍些国外民族博物馆的情况为参考，有条件争取派一部分业务人员到国外参观学习，结合我国的实际情况，总结我国民族博物馆工作的实践经验，也是开展民族博物馆学研究的一种方法。

民族博物馆事业要发展，就要求民族文物、博物馆工作者必须学习。通过学习，来发现和找到开创民族博物馆事业的途径，以开创民族博物馆事业的新局面。在这里，最重要的立足点有两点：

一是要立足于我国的少数民族，放眼于全国和全世界。民族博物馆事业是整个博物馆事业的一部分，当前在我国还是一个新兴的事业，民族博物馆为数尚少。博物馆遍布全世界，是一个世界性的文化现象，有一个完整的体系。我们学习和研究民族博物馆学，用以指导我们的民族博物馆事业，不放眼看全国，不放眼世界，不学习和研究国内外博物馆的来龙去脉，不研究国内外博物馆的优劣，那是不可能达到目的的。因此，对整个博物馆学的范围和体系应有所了解。在世界范围内，从最早出现的一批现代博物馆算起，至今已有三四百年了。在我国，从出现第一个博物馆至今，也有 100 年的历史。我们不了解西方国家几百年的办馆经验，不了解社会主义国家半个多世纪的办馆经验，不了解全国博物馆发展的经验，孤立单纯地学习和研究民族博物馆的经验是不明智的，世界的博物馆有几万座，国内的博物馆有两千多座，少数民族博物馆现在才几百座，我们对民族博物馆的研究，不放眼于几千座只注视几十座，当然不行。所以，学习和研究发展中的民族博物馆学，首先，要放眼世界，了解整个博物馆的体系。另一方面，博物馆作为一种文化现象，它是世界的，又是民族的。从文化的角度看，任何民族的文化，都首先是民族的，然后才是世界的。如同文学现象是世界的，但美国文学、英国文学、法国文学、日本文学等等是明显不同的，有鲜明的民族个性。博物馆的民族个性、国家特色不是太鲜明，这和许多国家博物馆的历史比较短暂有关系。我们目前还只能把各国博物馆区分为西方系统和东方系统等，我国属于东方系统，我们必须进一步努力创造有民族个性和中国特色的博物馆，有了民族个性，才能有世界地位。一个有创造力的民族，绝不会沦为外国文化的附庸。

二是要取其所需，立足于少数民族博物馆事业进行创造，要立足于中国，立足于中国的少数民族，不能自我封闭，要勇于创造，立足于中国少数民族博物馆事业的创造。

一般说，博物馆学的研究可以分为理论博物馆学、应用博物馆学、历史博物馆学等三个方面。

理论博物馆学主要是研究博物馆的基本概念、原理及其规律等基础理论，它对应用博物馆学的理论和实践起着指导作用。因此，我们必须努力开展高层次理论问题的探讨。在世界范围内，理论博物馆学的研究，西方系统和东方系统在观点上有很大的不同。西方系统以英、美为代表，而东方系统的日本，在这方面也有很大的进展，并且也有自己的特点。中国博物馆界对博物馆学的基础理论研究也是比较重视的，在20世纪50年代对博物馆的若干基本问题就已有较深入的讨论，如博物馆的性质问题、服务对象问题、特征问题及阶级性问题等。十一届三中全会后，关于博物馆的性质和职能问题的探讨又重新展开，博物馆效益的一元化和多元化的讨论也很热烈，东西方博物馆的比较研究，中国博物馆的现代化和法制化的研究都有所进展。当然，整个说来基础理论的研究还有待于继续提高，这也是一个长时期的任务，必须付出更艰辛的努力。但是，不管怎样，它总是给我们打下了一个良好的基础，为我们少数民族博物馆学的研究，开辟了道路，树立了榜样，创造了良好的条件。

应用博物馆学，我们应作为重点下大力气开展研究，特别是要注意立足于我国少数民族的实际，根据我们的国情，因地因时制宜，创造我们的民族特色。西方系统在应用博物馆学方面，他们无疑是领先的。从20世纪70年代以来，在新科学、新技术、新材料日新月异的形势下，博物馆的管理、组织与技术成就是令人瞩目和富有吸引力的，这是应用博物馆学的科学水平和理论水平不断提高的结果。例如，对物和人管理的数字化进程，就反映了管理学和数字结合的过程。因此，我们应该多注意西方应用博物馆学的理论成就，不要光盯着方法和技术。在吸收外国先进东西时，往往会经过一个照抄照搬的幼稚阶段。我们要及早认识到对任何先进的东西都不要照搬。因为模仿不是创造，模仿出不了中国少数民族的特色，出不了民族的杰作，没有民族杰作就没有国内外的地位。与先进地区和发达国家相比，我们受到物力、财力的限制，但物力、财力限制不了我们民族智能的发挥。重要的是创造，立足于我国少数民族的创造。近年来，在国内博物馆应用理论研究和技术研究也相当活跃。对陈列美学和陈列艺术设计理论和实践的探讨，对博物馆建筑理论及其实践的探讨，对藏品分类、保管和保护的研究，引进心理学方法和教育学方法研究博物馆观众，运用社会调查方法研究社会公众与博物馆的关系，引进社会统计学方法探讨博物馆统计方法，以及我国博物馆现代化管理诸问题的研究，新材料、新技术的研究和应用等问题在相当宽阔的领域中初步展开。一些单位的改革实践也具有启发意义。我国博物馆学在应用理论和实践上的进展是令人鼓舞的。在改革实践中，应用研究将会更加发达，最终将会导致我国博物馆界理论水平的普遍提升，这就给我们少数民族博物馆学的研究，提供了极大的方便。

在历史博物馆学的研究方面，我们要特别注意对我国少数民族博物馆工作实践的研究，尽管这方面我们的实践不多，历史也不长，但还是要从我国民族博物馆的实践经验中寻找规律，总结经验，使我国少数民族博物馆在我国社会主义的建设中发挥自己独特的作用，做出自己应有的贡献。近年来，在国内博物馆界，推出一批博物馆史的论文，对史料的考证整理，对历史的分析研究，其深度都在大大提高。在如今改革开放的潮流中，我国博物馆工作的改革、博物馆学科的建设将进入一个新的高潮，这对于我国民族博物馆学科的发展，无疑将是一个很好的推动。

第五节　民族博物馆与民族传统文化和现代化

如何在现有民族文化基础上搞现代化，是我们当前亟须要研究解决的课题。这个课题涉及的范围极广，在这里仅就民族博物馆与民族传统文化和现代化的关系，谈谈民族博物馆对继承民族传统文化和建设现代化的作用和意义。

民族博物馆是征集、收藏、陈列和研究民族的物质文化和精神文化的实物及自然标本，并为公众提供知识和欣赏的一种文化教育事业机构。

由历史沿传而来的生产、生活、思想、道德、艺术、制度等物质文化和精神文化，是各族人民在千百年长期历史发展过程中逐步形成的。但是，我国要搞四个现代化，民族要发展繁荣，传统的东西总是要改变，以适应不断变化着的新的情况。现代化与传统的关系，是继承的关系，融合的关系，而不是决然分离的关系。在现实中是找不到一个全然传统或完全现代化的，而是一种双元的复合物。民族要发展繁荣离不开改革、开放和现代化，没有我国社会主义现代化建设，就没有我们少数民族的发展和繁荣。民族要发展繁荣，也不能全部丢掉民族的传统文化。传统和现代化，不仅有对立和冲突的一面，还有传统如何适应现代化，现代化如何继承传统为现代化服务的问题。民族博物馆既可以反映民族的传统文化，又可以表现民族的现代化，还可以使民族传统文化和现代化之间的矛盾和冲突集中统一在博物馆的收藏和陈列之中。因此，民族博物馆和民族的传统文化及现代化的关系是很密切的。

关于这一点，从发达国家和地区在城市化、工业化、商品化、世俗化迅速发展，迅速改变过去的生产、生活方式及传统观念和习俗。蒸汽机、内燃机、发电机代替了人力、畜力；轮船、飞机、火车、汽车代替了马车、人力车、手推车；钢筋水泥、玻璃钢的高大建筑代替了矮小的砖瓦房；机械化的大生产代替了手工劳动；紧张忙碌的城市生活代替了悠闲自得的田园生活。正是在这样的形势下，西欧和北美保护历史遗址运动、露天博物馆运动、农家博物馆运动以及自然环境保护运动、生态博物馆运动相继出现。既反映了传统与现代化之间的矛盾，又出现了传统与现代化之间在新形势下的统一。

今天，在国内的少数民族地区，尽管历史条件和北美、西欧不同，但从民族传统文化与现代化之间的关系上看，同样出现了相类似的情况。我国少数民族地区在党的民族政策光辉照耀下，政治经济文化等各方面均获得了巨大发展，特别是近些年改革开放和现代化建设的推进，人民群众经济文化水平的提高，交通事业的发展，旅游业的发展，内外交流的增多，外来文化的输入，汽车、电灯、电话、电视等各种现代化物品的使用，人们有意无意地对过去物品认为落后而大量抛弃，很多传统的物品被现代化的物品所取代。城镇化、商品化扩大，传统的民族文化消失很快。在这种形势下，不少民族地区积极开展抢救民族文物的活动，进行民族文物普查，确定文物保护单位，征集流散在民间的民族文物，拍摄民族文物及民族风情照片，积累民族文物资料，同时还对民族典型村寨进行重点调查，有的还利用某些文物保护单位创办与之相宜的博物馆；利用丰富多彩的民族文物资源，创办具有民族特色的各种专题博物馆；利用某些典型的民族村寨创办露天博物馆；发挥地方优势，创办具有地方特色的专题博物馆。数年时间，在我国边远的少数民族地区，博物馆纷纷地建立起来。如贵州省，建立了民族刺绣、建筑、节日文化等专题博物馆十余座。四川省凉山建起奴隶制博物馆。甘孜建起藏族博物馆，茂文建起羌族博物馆。云南省建起纳西族博物馆。广西建起融水苗族博物馆，靖西壮族博物馆。延边州建起龙井民族、民俗博物馆。湘西土家族苗族自治州永顺县建起土家族民俗博物馆。与此同时，在一些旅游城市还建起民族园林，如云南昆明建起傣族风格和白族风格的园林各一座，广西柳州兴建了大型自然公园民族公园。以少数民族风情为基调，构筑少数民族的村寨、竹楼、鼓楼、风雨桥、吊脚楼。设置秋千、绣球、斗牛场、斗马场等等。说明在工业发展和社会现代化的形势下，人们对原始质朴物品的珍视，对民族历史文化遗产的珍惜，表现出机器制品越精致、越普遍，人们对原始粗糙的旧品热情越高的心态。把自然景观、自然环境纳入博物馆，正是对这种趋势的适应。事实同样证明，在我国少数民族地区，民族博物馆同样解决了传统与现代化之间的矛盾和冲突，使现代化得以继承传统并更好地为现代化服务。

民族博物馆是以研究和反映我国各民族的历史发展过程、发展规律以及在历史中的重要民族人物和重要事件为主要内容的博物馆。在这种博物馆中，又可细分为多种形式，有大小不同的专题馆。从范围上说，可以是世界性的、全国性的、地方性的。从民族来说，可以是全民族的、某一地区民族的或者单一民族的博物馆。从学科来说，可以是民族史、民族学或者包括自然、民族史和民族学在内的综合性博物馆。

从民族博物馆的职能来看，民族博物馆具有多种职能。

第一，搜集民族文物和标本。

搜集民族文物、标本，才能把民族文化集中于一室，便于保存。若对民族文物置之不理，听其自然，流散民间，随着社会发展，必然是散乱无章，自生自灭。若搜集起来，集中保存，就能井井有条，一目了然。这样，才能继承优秀的民族历史文化遗产，保存少数民族历史文化的继承性、连续性，不使少数民族传统文化丢失或中断，使每个历史阶段的民族文化遗产都能保存。

第二，保管民族文物和标本。

保护和管理好文物、标本，不仅是避免自然损失和人为损坏，而且还有许多工作要做。如对搜集来的文物进行鉴选，不是所有的东西都永远保存，要经过鉴选才能成为藏品入库。入库保管还必须严格进行分类、登记、编目、制卡、造册，弄清每一件实物的面貌及其有关的资料。而且还要不断改善库房存放文物的条件，有一系列的保护技术和措施及一整套严格的管理制度。这些任务，只有博物馆才能完成。

第三，研究民族文物、标本。

研究搜集有价值的民族文物、标本，对过去传统的民族生活方式、要理解和尊重，并阐明其得以存在的客观条件；研究每一件民族文物的价值，不仅要揭示它的过去，还要说明它遗留给现在的影响，并把各种具有民族文化传统继承性价值的资料记录传给后代；研究如何把民族文物保护好，保证永远不受损坏；研究如何把展览搞好；研究宣传教育工作如何搞；研究如何继承和传播优秀的民族文化；研究如何将民族文物为社会主义物质文明和精神文明服务。

第四，展出民族文物、标本。

通过民族文物和资料、图片、图表、模型、音响等方面，形象地把整个民族的面貌表现出来，使人一目了然。进行形象而又具体的宣传教育，给人以影响，促进民族文化交流，增进民族之间的了解，以加强民族团结，起到有助于形成人们的共产主义世界观的作用，扩大人们的知识领域，提高科学文化水平，激发革命建设热情，培养社会主义道德风尚。

第五，进行群众教育工作。

民族博物馆以陈列展览为主要阵地，认真地组织观众、讲解、举办讲座、配合学校教育、编辑出版宣传资料及其他服务工作，传播文化科学知识，起社会教育机构的作用。

此外，民族博物馆还有一些职能，包括旅游、娱乐等，能使人得以休息、心情舒畅、轻松愉快，得到美的享受。

民族博物馆由于具备上述多种职能，它既是民族精神、民族文化的象征，又能与社会发展和现代化相适应。因此，在民族地区改革开放的今天，民族博物馆对继承民族传统文化和我国现代化建设至少有以下六个方面的作用和意义：

1. 民族博物馆可以集民族传统文化于一室，便于学习参观

我国少数民族的文化资源十分丰富，各民族地区特别是各民族聚居区本身就是一个民族文化的宝库，是一个个天然的、巨大的民族博物馆，尤其是典型的民族村寨，是少数民族在长期的历史发展过程中逐步形成和发展起来的，它凝聚着民族文化的精华，具有浓郁的地方特色和民族风格，生动地反映了少数民族的历史文化和创造才能。民族博物馆集中民族文化于一室，能更好地为学习参观提供条件。

2. 民族博物馆可以使民族传统文化得到很好保存和保护

民族文化是随着人们的生产活动和社会历史的发展而产生、形成和演变的。它受人们的物质生活和不同历史时期的思想意识所制约，也作用于人们的物质生活和文化生活的发展。随着社会的发展，民族文化的特点也会不断地变化和发展，有的可能逐渐消失了，有的还会继续发展下去，特别是人们吃、穿、用、玩的各个方面，随着我国社会主义现代化建设步伐的加快，各民族经济文化水平的提高，不断发生着巨大的变化。从抢救民族文物的角度看，民族博物馆能将民族文物较好地“抢救、保护和保存”，至少可以把现有的东西及时搜集起来，并很好地保存或展出，为子孙后代永远地留下一笔珍贵的物质财富。

3. 民族博物馆有利于保持和发扬少数民族的优良文化传统

保持民族文化特性的问题，是关系一个民族存亡的大问题，全世界任何民族都是如此。一个民族得以生存，是因为它有着自己深厚的文化传统。在历史发展过程中，不知有多少民族都消失了。所谓消失，不是真的没有了，而是被同化了。同化的是什么？正是文化方面的东西。民族博物馆将民族文化永远陈列和保存，这对发扬少数民族的优良传统，提高民族的自尊心、自信心是大有好处的。同时，我国少数民族地区随着改革、开放政策的实施，先进的科学技术大量引进，引进大量外

资，引进大量人才，发展旅游业，国外的包括一些不好的东西势必也要带进来。这时候，我们决不能丢掉自己的优良传统，而是应当加以保护。民族博物馆正是保持和发扬优良民族文化传统的有效场所之一。

4. 民族博物馆有利于促进民族之间的相互学习和文化交流

我国各族人民在数千年的历史长河中形成各自的传统，构筑着各自民族文化的艺术宝库。如民族各种手工制品质朴豪放、雅而不俗，各种编织品中的棉织、花带、竹编、藤编，利用自然材料制作的各种用品等，制作精巧，颜色艳丽，民族特色浓厚而颇享盛名，很受各族人民的欢迎。在我国少数民族中，至今还存在着许多文化特征。对于我国文化人类学、社会学、民族学、民俗学、文化学、宗教学、民间文艺学、民族博物馆学等，都是十分难得的宝贵资料。民族要发展繁荣，民族文化还要交流，不能闭关自守，必须学习先进，吸收一切好的东西。民族博物馆是民族文化最集中的表现场所，体现着民族文化的精华，这对促进各民族的彼此了解，互相学习交流，必然起到极大的作用。

5. 民族博物馆有利于少数民族地区的开放、建设与经济繁荣

当今和平环境，人民生活水平提高，衣食富足后要旅游，想开阔眼界，提高精神享受，人们不满足于自己所在的小天地，要求扩大知识面，要求走出本地区、本民族甚至出国，了解异民族文化，成了新的追求和享受。因此，民族博物馆格外受到欢迎。外国人来中国旅游，主要想看中国的民族文化，特别是对中国少数民族文化，他们更感兴趣。少数民族地区，秀美的山水、奇特的溶洞、浓郁的地方风情，加上民族博物馆丰富多彩的民族文化的陈列展出，吸引了更多的观众，促进旅游、交通、服务等项事业的发展，促进了民族地区的开发、建设和经济繁荣。

6. 民族博物馆有利于我国的改革开放

改革开放是强国之路，必须坚定不移地贯彻执行。民族博物馆是改革开放时代的产物。千百年来，少数民族一直在自给自足的自然经济中生活，传统的民族文化从观念到实际，都处于封闭状态，因此，一直没有博物馆出现。现在，人类社会已进入信息时代，我国实行改革开放，民族博物馆应运而生，民族博物馆成了民族文化的窗口，成了民族地区科学文化水平的标志。它不仅对本民族、本地区、本国人民起着社会教育的作用，而且对外国朋友具有介绍我国民族情况，宣传民族传统文化，增进国际友好合作的功能。同时，它也可以介绍外来文化，传播先进科学技术，吸取国内外各民族优秀的历史文化遗产和当代优秀的文化成果，跟我们的民族传统相结合，与时代相结合，从而创造具有我们民族特点和时代精神的社会主义新文化。在这方面，民族博物馆起着桥梁和纽带的作用。

民族博物馆不仅收藏和保存民族文物，发扬少数民族优良文化传统，促进民族之间的相互学习和文化交流，促进少数民族地区的开发、建设和经济繁荣，促进我国的改革开放，而且还可以在传统的民族文化的基础上，不断实现新的形式和组合，为民族文化由传统化向现代化转变，为实现现代化奠定思想文化基础。

【思考题】

1. 什么是民族博物馆学?

2. 如何正确理解民族博物馆的性质?

3. 当前民族博物馆学应包括哪些主要任务?

4. 当前进行民族博物馆学的研究可采用哪些方法?

5. 为什么说我国民族博物馆学发展的前景，关键在于我国民族博物馆事业发展的需要? 如何从实际出发理解民族博物馆学发展的前景?

6. 民族博物馆与民族传统文化和现代化的关系怎样? 如何正确理解民族博物馆对继承民族传统文化和建设现代化的作用和意义?

第三章　民族博物馆的类型

民族博物馆是一个大的概念，凡是属于民族方面的内容，利用民族文物和标本作为传达信息的主要手段，有专门的房屋、设备和业务干部，有收藏的民族文物、标本，有经常向群众开放的陈列展览，都是民族博物馆。我国的民族博物馆从誕生之日起，就以民族学为基础学科，并贯彻于民族博物馆的整个发展过程中，现在作为一种专门的博物馆类型在全国各民族地区，已经形成网络，人和物都已形成了一定的规模。

民族博物馆包括种类繁多、内容各异的大小博物馆，目前正在崛起，尽管暂时数量还不多，但日后会成倍增长。如不分类，势必感到数量较大、性质复杂，而不便比较、研究和掌握。如何科学区分民族博物馆的类型，对发展民族博物馆事业也有其实际的意义。

第一，可以使不同类型的民族博物馆工作人员更好地认识和掌握自身工作的特点和工作规律，使工作方法明确、目标清楚、便于管理，在馆内的各项业务活动中，最大限度地发挥自己的特长，取得更好的社会效益。

第二，可以看出民族地区博物馆事业的强弱环节，有利于规划、调整、明确发展方向，合理布局，逐步形成内容丰富，类型齐全的民族博物馆网，使我国的民族博物馆事业获得迅速、稳步、协调的发展。

第三，便于开展国内外的学术交流活动。当前国内外的博物馆事业发展都很快，不断创新，好的经验不断出现。学术交流活动必须注意相同性质的对口交流原则。划分民族博物馆的类型，对于有效地开展学术交流活动更有好处。

民族博物馆作为一种事业机构，可以从不同的角度、不同的需要，划分为不同的类别，这当然不是绝对的。为了叙述方便，把它分成中央综合性民族博物馆、地方性民族博物馆、民族学博物馆、专题性民族博物馆四类，现分别介绍如下。

第一节　中央的综合性民族博物馆

凡旨在综合介绍全世界或全国的民族风貌的民族博物馆就属这一类型。而且，地区的范围不等，可以是世界性的，也可以是全中国的。一般包括各民族的人口和民族分布、政区划分、自然资源、历史、古迹、名人、名胜、建设成就等方面。也就是说，综合性博物馆是多种内容的博物馆，它包括自然、民族、历史和现状方面。当然，任何一个综合性民族博物馆又不可能是包罗万象的，而是要有它自己的重点。这里应当指出，每一民族国家或地区与其他民族的国家和地区相比，既有共性，又有个性。所以，应该是博而专。博是多学科的内容，是基础，专是发挥自己的优势，办出自己的特色。

中央的综合性民族博物馆在较发达的国家中十分普遍，如英国的大英博物馆、日本的国立民族学博物馆等均是。这样的中央综合性的民族博物馆，目前我国还没有。在这里，仅就日本国立民族学博物馆作一简单介绍，以资借鉴。

日本国立民族学博物馆位于大阪近郊万国博览会纪念公园内，占地面积 4 万平方米，建筑面积 1 万平方米，陈列面积 5732 平方米，创建于 1974 年，开放于 1977 年。该馆收藏有关世界各民族历史、语言、宗教、艺术、工艺、家庭结构、住所、织物、食物、器具以及手抄资料、照片、胶卷、档案、磁带、唱片等文物资料共约11万件。按大洋洲、美洲、非洲、西亚、东南亚、中亚、北亚、东亚8个地理区域展出。展出的第一部分，以大洋洲展品为开始，按地球向东方向转动顺序进行区域展览。最后部分是东亚，包括日本。通过参观，使人们对世界文化和日本文化有一个了解的机会，并可以从中对日本文化和其他民族的文化进行比较，有哪些相似之处，哪些不同之处。更值得介绍的是它作为“研究博物馆”，它的资料收集、调查研究以及成果公开后所显示出的多种功能。

日本文部大臣亲自任命各方面专家、学者组成智囊团，协助博物馆馆长工作。其中评议委员会负责向馆长提出经办博物馆方面的建议，运营协议委员会则专门解答馆长的咨询。博物馆有民族学、文化人类学、语言学、民族艺术等60多名专家，他们以全世界为研究对象，分为5个研究部。“特别研究”课题是由博物馆规划组织的，这是一种考察目前的研究现状后所确定的需长时期进行共享研究的重要课题。“特别研究”有“亚洲·太平洋地区民族文化的比较研究”和“现代日本文化的传统与变化”。前者是在日本民族文化源流比较研究的基础上，再扩展到相邻亚太地区诸民族文化比较研究的广阔视野中，从而分析日本民族的基层文化及在诸民族文化中的位置；后者是就日本自明治以来直到二战以后的六七十年代，对社会、文化、生活方式的变化进行研究。这些变化最显著的是在食住的物质生活，以及与物质文明相应的社会构造、人际关系以及精神生活方面发生的变化。这项研究就是通过对现状的综合把握、记录、分析，弄清所发生的变化，并由此预测日本文化发展的方向。博物馆还组织社会上众多的不同专业的研究人员，选择与其专业共通的课题进行共同研究，博物馆自身的全体专业人员和馆外研究员都参加共同研究班的活动。这样，博物馆就成了全国从事民族学研究人员共同进行研究工作的机关，也成为日本唯一的民族学研究中心。为了推动这一研究活动的广泛开展，博物馆还吸收全国的研究者作为该馆的研究协助员。博物馆的每位研究人员都有各自的研究领域，各自选择的研究课题，只需博物馆批准即可进行。由于民族学的特点决定了它必须进行国际性的研究与交流，因而该馆还多次邀请国外学者前去共同研究并举办国际讨论会。

日本国立民族学博物馆，还起着世界各民族的社会与文化的综合资料馆和情报中心的作用。自建馆以来，他们每年都有计划地组织研究人员去世界各地收集资料，同时也收到不少赠送的民族学资料。其中有反映世界各民族衣食住方面的标本资料，如法国的生活用具、印度的娃娃和盖骨杯、台湾高山族的服装以及各地的用具、渔具、乐器等。还有声像资料，如照片、电影胶片、录像带和声音语音资料、民族音乐唱片及录音带等，此外，他们还收集文献图书资料，并使用了多组计算机对这些资料进行处理和分析。情报检索和情报处理系统可以根据馆内外研究者提出的要求检索，还可以进行语言资料的解析和统计资料分析。音乐系统可以进行对世界各地收录的民族音乐、语言情报进行音乐样式、语句词汇等方面的比较研究。画像情报系统有通过卫星拍摄的照片研究地表生物分布和土地利用的地图系统，也有对各民族的纹样等进行色彩分析的情报系统，还有标本资料的自动计测自动画像装置以及与检索装置连动的标本的彩色照片、幻灯片、胶片等图像数据的处理系统。这些都可以通过计算机系统为馆内外研究者提供所需要的研究资料。

日本国立民族学博物馆的陈列采用了“世界之窗”的形式，这样使公众易于了解世界诸民族的文化，并从中窥视其生活与历史。展出的方式有两种：一种是以大洋洲、美洲、欧洲、非洲、西亚、东南亚、中亚、北亚、东亚等大的地域划分为中心的地域性陈列。另一种是以不受地域限制的语言文化、民族音乐等专题陈列。由于研究者直接参与陈列的设计与实施，因而展览能充分反映最新的研究成果，做到了研究与陈列的一体化。该馆还举办特别展览，系统地介绍特定题目和内容的研究成果。最具特色的还是该馆首创的录像视听陈列，这种陈列通过计算机与机器人组合成的映像系统选出参观者所需的图像、音响资料予以合成，并配以对各民族社会与文化的解说，使观众观其景、闻其声，如临其境。

日本国立民族学博物馆设有研究生院，有地域文化学和比较文化学两个专业，同时还根据各大学的要求提供对研究生的教育，实施研究指导。至于该馆普及民族学知识的方式，则是举办多种多样的由专家来讲授的“民博专题讲座”，每月一次，听众包括学生和一般公众。该馆每年还要举办多次“民博电影会”，即将该馆所藏的图像数据配以研究部编辑的解说词向公众放映。“国立民族学博物馆之友会”向会员发布《月刊民博》、《季刊民族学》等杂志，还组织会员参加以研究者为中心的民族文化的考察旅行，使一般民众也能了解到民族学的最新研究成果，从而大大提高了民众的民族学素质。日本国立民族博物馆的成功经验很值得我们学习与借鉴。

以上就是国外大型的中央综合性民族博物馆的一个实例。

在我国，目前这样大型的中央综合性民族博物馆虽然还未建立起来，但实际上中国民族博物馆的蓝图早在新中国成立初期就已绘制。在中央领导同志的关怀下，1950年8月，国家文物局召开筹备民族博物馆座谈会，同时成立了中央民族博物馆筹备处。一大批专家学者也一直不遗余力地呼吁和推动中国民族博物馆的建立。1983年，国家民委邀请有关方面的专家学者以及中央统战部、文化部等部门的负责同志座谈研究，一致赞成提请党中央、国务院批准筹建中国民族博物馆。1984年11月，由文化部与国家民委共同召开的全国少数民族文物工作会议，会上传达了中央的决定，要在首都北京筹备。接着，中国民族博物馆筹建组成立。1995 年，中国民族博物馆正式挂牌。其后，中国民族博物馆继续筹建。2000 年，国家民委专门成立的中国民族博物馆基建领导小组，加强对中国民族博物馆建设的领导。多年来，在中国民族博物馆的建设问题上，各级领导倾注了大量的心血，国家有关部门给予了高度的关注。作为国家和民族象征的中国民族博物馆的建设，已成为全国各族人民的共同愿望和共同事业。

对于这座未建成的综合性民族博物馆，根据各国综合性民族博物馆的经验和我国的具体情况，应该怎样建立，经专家讨论，认为应该是比较全面的综合性民族博物馆，它主要包括：（1）民族史；（2）民族志；（3）现代化中的各民族。也就是说要既有纵的历史的发展，又要有横切面的介绍。“这座博物馆不仅是我国最大的收藏民族文物的中心，也是从事民族研究和有关宣传教育的重要阵地。”① 特别是我国学术界民族学和博物馆学的老前辈教授、专家，呼声一直很高，有的还提出筹备世界民族博物馆的具体方案。

尽管目前这样大型的国家综合性民族博物馆还未建立起来，但几十年来随着民族工作的开展，举办全国性民族工作展览、民族文化展等，民族文化宫应该是最大的一座。

民族文化宫博物馆建于 1959 年，是中华人民共和国成立之后建立的我国第一个国家级大型民族博物馆。迄今已搜集、收藏全国 55 个少数民族的文物及实物资料约 5 万件，藏品数量之多、种类之全，名列国内同类博物馆前茅，并拥有一支由多民族组成的专业科研队伍，编辑出版了民族文化研究专著《中国苗族服饰》、《中国彝族服饰》、《中国少数民族面具》、《中国西藏社会历史资料》等。民族文化宫博物馆致力于民族文化的挖掘、整理、

① 宋兆麟：《民族博物馆学》上册，1984 年油印本，第 18 页。

研究、保护、宣传。建馆以来举办了各种类型的民族文化展览和陈列，其中一些展览曾在美国、日本、前苏联、马来西亚、韩国等国家成功展出，将我国绚丽多彩的少数民族优秀传统文化带到了世界舞台，为促进中外民族文化的交流做出了积极的贡献。民族文化宫博物馆分别于1981年、1985年加入中国博物馆学会和北京市博物馆学会。1995年成为北京市首批登记注册的55座博物馆之一。

随着旅游业的发展和客观实际的需要，类似的设施，在首都北京实际上已经出现。如北京中华民族博物院（中华民族园）①，也具有类似这种大型的中央综合性民族博物馆的性质和功能。

北京中华民族博物院（中华民族园）是一座复原、收藏、陈列和研究中国56个民族文化、文物、社会生活的大型人类学博物院。它的建成和开放，填补了中国没有大型人类学博物馆的空白，标志着首都文博事业和精神文明建设取得了长足的发展；标志着首都拥有了目前全国最大的民族文化保护、展示和交流的基地；标志着首都又有了一个充分展示党和国家民族政策、民族团结和民族进步崭新的窗口。

该院（园）是国家奥林匹克公园的文化活动中心，占地50公顷。园内规划建设我国56个民族博物馆分馆和景区，现已建成40余个民族的博物馆分馆和景区、百余处民族景观、200余座民族建筑、主展馆2处。其余部分将于2008年之前全部建成。该院（园）的建设，被列入北京市"八五"建设和新中国成立50周年大庆的重点工程，自始至终得到北京市委、市政府的直接领导和支持，得到各级民族地方政府和群众的热情帮助与参与，得到海外爱国侨胞的全力资助。

该院（园）于1992年开始建设，1994年6月28日北园建

① 据2005年4月28日网上资料。

成开放，2001 年 9 月 29 日南园建成开放，并由北京市委、市政府主持，举行了隆重的开幕仪式。

在北京市委、市政府的领导下，在全国各民族干部和群众的支持下，在海外侨胞和港澳同胞的帮助下，经过全院各民族员工的共同奋斗，该院（园）取得了令人瞩目的成绩。先后举办过北京市政府外国使节招待会，国家旅游局“中国民俗旅游年”开幕式，第 30 届国际地质大会“民族园之夜”欢送晚会，全国妇联第一、第二、第三届“心系新人”大型集体婚礼，第 20 届世界建筑师大会闭幕式，第 6 届全国少数民族传统体育运动会北京市政府招待会，中国友好城市国际大会闭幕联欢会，北京国际旅游文化节闭幕式，第 21 届世界大学生运动会“中外大学生联欢活动”等等。荣获国务院授予的“全国民族团结进步模范集体”、团中央和国家旅游局授予的“青年文明号”、国家旅游局授予的“AAAA 级旅游景区”、中央国家机关工委授予的“中央国家机关思想教育基地”、北京市精神文明办公室授予的“文明景区”、北京市园林局授予的“一级公园”、北京市爱国主义教育领导小组授予的“爱国主义教育基地”、北京市民委授予的“中小学民族团结教育基地”、第 20 届世界建筑师大会组委会授予的“保护民族建筑文化奖”等等。

该院（园）作为国家奥林匹克公园规划中第一个完成项目，是宣传“新北京、新奥运”的重要基地，充分展现“人文奥运、科技奥运、绿色奥运”的主题。

作为国际博物馆协会和中国博物馆学会的重要成员，该院（园）的宗旨是：展现民族建筑，保护民族文物，传播民族知识，研究民族遗产，弘扬民族文化，促进民族团结。现收藏文物 10 万余件，复原陈列展览涵盖建筑、环境、人文、文物等四个方面。社会教育围绕爱国主义主题，扩展到众多领域。走进生活，走进历史，走进文化，走进自然，让世界了解中国，让我们认识自己——这就是北京中华民族博物院（园）建设的新理念、发展的新方向、陈列的新形式。

第二节　地方性民族博物馆

地方性民族博物馆，指某一民族地区的民族博物馆。民族自治地方的民族博物馆，一般就具有这类性质。不过，有的挂牌称之为民族博物馆，有的也未挂民族博物馆的牌。地方民族博物馆的业务范围，主要介绍当地的历史沿革，民族状况，有条件的则举行史志陈列。这些陈列，有断代史，也有专史，有介绍一个民族，也有介绍几个民族的文物陈列。

我国的五大自治区，都有博物馆，虽未挂上民族博物馆的牌，但都是反映了该民族自治区的民族情况。在西藏自治区，有藏族、门巴族、珞巴族、回族等；宁夏回族自治区有回族、东乡族、保安族、撒拉族、土族、满族等；广西壮族自治区有壮族、瑶族、苗族、侗族、仫佬族、毛南族、回族、彝族、水族、京族、仡佬族等；新疆维吾尔自治区有维吾尔族、哈萨克族、达斡尔族、回族、柯尔克孜族、乌孜别克族、蒙古族、锡伯族、塔吉克族、塔塔尔族、俄罗斯族、满族等；内蒙古自治区有蒙古族、满族、回族、朝鲜族、达斡尔族、鄂温克族、鄂伦春族、锡伯族、俄罗斯族等。在这些博物馆里，都展出有这些少数民族的历史文化及生产生活文物，具有了民族博物馆的性质，完全可以称之为民族博物馆。如：

1. 内蒙古自治区博物馆①

位于内蒙古自治区呼和浩特市，是自治区地方综合性博物

① 据中华美术网 2005 年 8 月 19 日资料。

馆。1955 年筹建，1957 年 5 月 1 日开馆。该馆是一座富有民族特色的建筑，馆顶塑有蒙古民族喜爱的奔驰的骏马。建筑面积 5000 平方米，陈列展览面积 3500 平方米。该馆藏品 56475 件，其中一级藏品 635 件。绝大部分是历史上出土的各个北方民族的文物和近现代的民族文物。珍品有：战国时期匈奴文物鹰形金冠饰，高 7.1 厘米，重 192 克。金冠带（一套 3 件），重 1022.4 克，由 3 条半圆形金条组合而成。这两件文物于 1972 年在伊克昭盟杭锦旗阿鲁柴登出土。还有元代文物钧窑香炉，刻有“己酉年九月十五小宋自造香炉一个”铭文，高 42.7 厘米，1970 年在呼和浩特市东郊白塔村窖藏发现。

该馆的基本陈列有“内蒙古古生物陈列”、“内蒙古历史文物陈列”、“内蒙古民族文物陈列”、“内蒙古革命文物陈列”。

“内蒙古古生物陈列”展出有内蒙古各类化石，概述内蒙古各地质年代的主要化石类群及化石“名胜”，重现内蒙古地区生物演化的历程。

“内蒙古历史文物陈列”，介绍了旧石器时代早期的“大窑旧石器制造场”以及大窑文化和河套文化，介绍历史上活跃在内蒙古自治区境内的民族匈奴、东胡、乌桓、鲜卑、突厥、契丹、党项、蒙古 8 个民族的文物，及举世瞩目的“草原文化”。

“内蒙古民族文物陈列”，陈列了近现代蒙古族、达斡尔族、鄂伦春族以及鄂温克族的生产生活、文化艺术、宗教信仰等方面的文物。

“内蒙古革命文物陈列”，通过陈列各种有关文物反映 1921—1949 年内蒙古各族人民的革命斗争史。

该馆的“中国内蒙古北方骑马民族文物展”，曾到日本的东京、大阪、名古屋、京都、北九州等城市展出。“内蒙古民族民俗文物展览”，曾到四川、云南、贵州、湖南、浙江、广西、福建等地巡回展出。此外，该馆还组织了“馆藏明清瓷器展览”、

"馆藏出土钱币展览"、"鄂伦春族装饰艺术展览"等专题展览。

2. 宁夏回族自治区博物馆[①]

集宁夏历史文物、革命文物、民俗文物、传世文物收藏、陈列于一体，是自治区级地方性综合性博物馆。该馆先后举办过"宁夏出土文物展览"、"红军西征在宁夏"、"宁夏文物普查成果展览"、"固原北周李贤墓出土文物展览"、"历代货币展览"等临时展览。1988年新建四栋展厅后，又举办了"宁夏历史文物展"、"西夏文物展览"、"回族民俗文物展览"、"宁夏革命文物展览"和"中共宁夏地方党史展览"以及"贺兰山岩画展览"等。

"宁夏历史文物陈列"，以宁夏地区历史文物为主，从远古至明清，依宁夏历史发展阶段按时代顺序分为：原始社会、商周、秦汉、隋唐、宋元、明清等几大部分。主要陈列了历代宁夏遗存下来的文物，共计405件组，这些珍贵文物形象直观地反映了当时的历史，真实、简明地展示了宁夏历史发展的基本状况。陈列展品重点突出了水洞沟原始牛头化石，鸵鸟蛋化石和有显著特征的石器，马家窟文化的彩陶，秦汉南北朝至隋唐时期边疆各民族的历史文物，反映了自古以来宁夏地区就是一个多民族聚居的地方。是中原与边疆各民族文化交融汇合的地区，是华夏各民族共同制造的历史文化。

"西夏历史文物陈列"，以出土的西夏文物，结合历史文献资料，集中反映了西夏历史发展的基本线索。银川市是西夏王朝都城所在地，贺兰山东麓是埋葬西夏王、妃、贵戚的陵区。展品中以西夏陵区出土的大量建筑材料、墓葬发掘出土的随葬品以及良武西夏古瓷窑址出土的西夏瓷器等共计157件文物，反映了西夏、党项族的历史、文化、艺术、建筑、政治制度。其展品中大型鸱尾、鎏金铜牛、石马、石狗、雕龙石柱、石龙头、剔刻花瓷

---

① 据中华美术网2005年8月18日资料。

器等，具有浓厚的民族文化特色。

“宁夏回族民俗陈列”，从回族早期形成的历史以及回族宗教、建筑、手工艺品、服装、饮食、娱乐生活文化、婚丧嫁娶、礼仪风俗、新老家庭复原式组合缩影等，真实系统地反映了回族的生活习俗，是一独具地方民族特色的陈列，使观众对回族历史、文化生活、风俗习惯等有一个基本的认识和了解，对加强民族团结有重要意义。

“中共宁夏地方党史陈列”，以宁夏地区早期地下党各级基层组织及其主要领导人传播马列主义活动的资料以及革命烈士的英雄事迹为主线，真实系统地展示了宁夏党组织从无到有、从小到大，逐步发展壮大，在党中央的统一领导下，为全国的胜利做出了不可磨灭的贡献。

贺兰山岩画展览，以大量丰富的贺兰山岩画拓片和部分实物，配合彩色灯光、图片，展示了北方草原游牧民族祭祀、狩猎、放牧以及当时动物群等场景。粗犷、豪放、形象多样的图案，把观众引入远古时代，给人以遐想及美好的享受。

此外该馆还举办临时专题展览，不断探索与邻近兄弟省区博物馆横向联展与交流，以促进博物馆事业的发展。

为促进国际间文化交流，宣传我国灿烂的古代文化，该馆联合固原博物馆和宁夏各县文管所先后两次赴日本，一次赴香港展出，受到日本及香港各界人士的欢迎。1991 年配合在宁夏召开的国际岩画学术讨论会举办的贺兰山岩画展览，吸引了中外研究岩画、美术的专家学者和友好人士前来参观。

宁夏博物馆现有藏品分出土历史文物、回族民俗文物、传世文物几大部分 8 个类别，总计近 1 万余件（组）。最具有特色的文物有北方草原文化的动物铜牌饰，西汉错金银铜羊，唐代胡旋舞石门扇，西夏鎏金铜牛、石马、石狗、雕龙石柱、石龙头、大型鸱尾，西夏剔刻花瓷器、扁壶、唐卡，元明之际鎏金铜佛像等。

3. 新疆维吾尔自治区博物馆[①]

1953年筹备，1963年10月1日正式开馆，位于乌鲁木齐市西北路，是省级综合性历史博物馆。

该馆藏品3.2万件，其中一级品288件。有丝毛棉麻织物（包括锦、绮、绫、罗、纱、缦、绢、印染、刺绣等大量汉唐丝织品及毯、毡、绦带、刺绣等古代毛织品），多种文字（汉文、回鹘文、佉卢文、吐火罗文、梵文、古和田文、吐蕃文、阿拉伯文、粟特文等）书写的文书、简牍，晋唐时期木雕、泥塑俑像及纸本、绢本人物，花鸟绘画，具有斯基泰文化特征的青铜器以及新疆各兄弟民族的服饰与工艺品，构成了独具一格的藏品特色。此外，还有部分古生物化石和古尸标本等。

该馆基本陈列有“新疆历史文物”、“新疆民族民俗”。还举办过“中国原始社会”、“魏晋南北朝隋唐时期的高昌封建社会”、“伟大祖国丝织工艺”、“新疆原始社会”、“汉唐时期的新疆”、“新疆石窟壁画（摹本）”、“新疆出土文物”、“祖国锦绣”、“新疆古尸”及“出土文物”、“馆藏书画”等专题陈列和展览。“新疆民族民俗”、“新疆古尸及出土文物”、“新疆石窟壁画”等陈列曾先后应邀到北京等地展出。1986年“中国新疆文物”先后在日本长岛、东京、冈山、仙台等地展出。1988年“新疆民族民俗文物”、“新疆维吾尔族工艺品”分赴澳门、香港展出。

该馆科研工作以馆藏文物为重点。在泥塑俑像的修复与复制，古尸处理与保护，以丝网加固法修复残破的栽绒鞍毯（76×74厘米），以自建传统小窑复制陶器，揭裱古代书画等方面都已取得不同程度的效果。在古代丝织品研究方面突破了前人“唐代纬锦”说的局限，对唐代印染工艺，尤其是久已失传的“夹缬”

① 据中华美术网2005年8月19日资料。

工艺做了恢复并使之再现。在回鹘文文献与吐鲁番出土汉文文书的整理研究方面，都取得了引人注目的成就。科研人员（包括与外单位人员合作）完成的论著先后分别在全国或自治区专业刊物或结集发表，有的以专著问世，其中有的论著曾分别获1983年自治区哲学社会科学不同等次的优秀成果奖。

该馆出版有《丝绸之路——汉唐织物》、《新疆出土文物》、《吐鲁番出土文书》（录文本，共10册）、《回鹘文弥勒会见记》(1)、《新疆维吾尔自治区博物馆》等。

4. 广西壮族自治区博物馆①

广西壮族自治区博物馆位于广西南宁市民族大道34号，该馆陈列大楼是一幢颇具南方特色的现代建筑。内设置六个展厅，其中四个展厅举办五个固定陈列："广西历史文物陈列"、"广西革命文物陈列"、"太平天国革命在广西历史陈列"、"古代铜鼓陈列"、"广西民族民俗展览"。

"广西历史文物陈列"，展出广西地区自原始社会到鸦片战争前各个历史时期的574件文物，反映地方文化与中原及周邻地区文化交流、融合、发展的历程。

"广西革命文物陈列"，以丰富的文物、文献、照片、图表和有关资料813件，系统地介绍了1921年至1949年这一历史阶段，广西地区共产党人、革命志士及人民群众为民族独立、为创造新中国而进行的英勇斗争。

"太平天国革命在广西历史陈列"，以132件文物展示洪秀全领导的太平天国革命运动，在广西金田起义前后的斗争史实。

"古代铜鼓陈列"，展出了春秋至清代八大类型铜鼓的代表作品51面以及文献、图片和模型，系统地介绍了铜鼓的产生、分布、类型、作用和现代使用铜鼓的民族、铜鼓的纹饰图案等方面

① 据2005年9月5日网上资料。

的知识。展厅中最引人注目的是广西北流县出土的一面云雷纹铜鼓，面径165厘米，重达300公斤，是迄今世界上发现最大的铜鼓。

“广西民族民俗展览”，反映居住在广西地区的壮、瑶、苗、侗、仫佬、毛南、回、京、彝、水、仡佬11个少数民族的“服饰”、“织锦”、“蜡染”、“刺绣”、“民族风情”等内容。展览通过776件文物和造型、照片、录音、录像，展现广西民族服饰与民族工艺品的巧妙配合而呈现出色彩斑斓的世界，展现广西各族妇女精湛的手工工艺以及她们独特的审美情趣。同时再现了壮族“三月三”、瑶族“盘王节”、苗族“跳坡节”、侗族“过年节”、彝族“跳弓节”、仫佬族“走坡节”、京族“唱哈节”等丰富的民俗风情。民族文物苑是民族民俗文物室内陈列的延伸和扩展，主要陈列极富特色的少数民族建筑。馆藏的各类文物有4万多件。民族文物中，铜鼓最具特色，共有300余面，含八个类型，无论是数量之多，还是类型之全，在国内外博物馆同类藏品中均居首位。

5. 西藏自治区博物馆①

坐落于拉萨市西城区，与罗布林卡毗邻，是西藏有史以来的第一座现代化博物馆，始建于1992年。1994年7月，中央第三次西藏工作座谈会将其建设作为重点社会发展工程，正式列为西藏自治区成立30周年大庆62项援藏工程之一，由国家直接投资9600余万元兴建。1999年10月5日，在中华人民共和国成立50周年、西藏民主改革40周年之际，该馆落成并正式向社会开放。

西藏自治区博物馆占地面积53959平方米，建筑面积23508平方米，展厅面积10451平方米。建筑规模宏大，精巧壮丽，馆

① 据西藏博物馆简介和中国西藏信息中心网上资料。

区中轴线上依次坐落着序言厅、主展馆、文物库房以及办公大楼和各种技术用房，整体结构严谨，布局合理，具有鲜明的藏族传统建筑艺术特色。馆外环境布局亦颇具匠心，芳草鲜美，佳木成荫。既有现代文体活动适用的大型表演场地，又有以西藏民俗苑和庄园楼为主体的文化景观，还有多功能厅、文化长廊、工艺品商店等服务设施。

该馆文物馆藏丰富、特色浓郁，诸如各种类型的史前文化遗物，历代中央政府颁赐的各色玺印、诰敕、公文档案，千姿百态的佛教人物造像，卷帙浩繁的手写藏文典籍，五彩纷呈的唐卡，特色鲜明的民间民俗用品，以及来自中原的珍贵瓷器、玉器等等。其基本陈列“西藏历史文化”，以史前文化、不可分割的历史、文化与艺术、民俗文化四个部分的千余件珍贵历史文物向观众直观地展示了西藏悠久的历史和灿烂的文化。2001 年推出的“藏北自然资源专题展”，通过藏北地区种类繁多的矿藏以及野生动植物标本，生动地展示了西藏丰富的自然资源和奇伟壮丽的自然风光。2002 年推出的“明清瓷器精品馆”，在体现我国精美制瓷工艺的同时，更无可辩驳地昭示了西藏地方与中央政府密不可分的隶属关系。为迎接自治区成立 40 周年大庆而献礼的“元、明、清玉器精品馆”，更把该馆珍藏的近百件鲜为人知的精美中原玉器首次近距离地展现在世人面前。2005 年 8 月 28 日开幕的“辉煌 40 年——庆祝西藏自治区成立 40 周年成就展”，分为六个单元：“中央关怀，全国支持”、“新旧对比话沧桑”、“经济跨越发展”、“社会的全面进步”、“人民当家作主”和“富裕起来的西藏人民”。以图片、文字、实物和声光效果的形式，展示了西藏自治区成立 40 年来在社会、经济、文化等各个方面的建设成就。展示了西藏人民充分行使宪法与法律赋予的当家做主、参与管理国家和地方事务的权利。

近年来，西藏自治区博物馆还充分利用馆藏文物，积极与有关方面合作，先后在北京、上海、南京、广州、香港以及韩国、比利时、加拿大和美国的洛杉矶、纽约等地举办了大量的巡回展出活动，这些展览不仅展示、弘扬了藏民族的优秀传统文化，而且在正确宣传西藏、有力地肃清和驳斥国际反华势力在国际上散布西藏文化“毁灭论”方面，起到了积极的作用。

除了上述基本陈列、专题陈列以及巡回展出这些主体陈列之外，西藏博物馆还推出了大量切合时事、群众喜闻乐见的临时展览。有效地宣传了党的方针政策，极大地丰富了人民群众的精神文化生活，而且充分发挥了博物馆作为各种文化汇聚、交流、沟通的桥梁作用。

该馆集文物收藏保护、学术研究和社会教育诸功能为一体，采用现代化科技手段和设施、设备提供服务，确保安全和实施管理。该馆作为西藏历史文化的缩影和当代西藏的窗口，将以开放的姿态，迎送八方来客、四海宾朋，与各族各界共同开创21世纪更加美好的未来。

有的省虽然不是民族自治地方，没有建立省一级的民族自治区。但省内少数民族众多，因而建立了专门性的民族博物馆，这些馆均突出地反映了当地少数民族的历史和文化。如：

1. 云南民族博物馆①

位于昆明海埂，与云南民族村相邻。场馆占地面积13万平方米，建筑面积6万平方米，分为展示区、收藏区和科研办公区。馆内有16个展室，展出面积达6000平方米，还配有设备齐全的报告厅、会议室、接待室等，是目前国内规模最大的民族博物馆。博物馆于1995年11月9日建成开馆，设有8个专题陈列展览：

（一）“云南少数民族社会形态、改革与发展”陈列，通过云

---

① 据2005年9月5日昆明世博园网上信息。

南各民族立体多维社会形态，有西双版纳傣族村封建领主制、怒江傈僳和独龙族原始公社制等，特别是小凉山彝族奴隶制向社会主义过渡的历程，深刻揭示这一历史性的社会变革。展览由6个单元组成：（1）阳光普照云岭高原；（2）跨越历史阶段的足迹；（3）砸碎奴隶制的枷锁；（4）封建主制的变革；（5）各民族社会发展巡礼；（6）迎接新世纪的霞光。

（二）“云南少数民族服饰与纺织工艺”展览，分为两大部分：服饰部分由原始服饰（有火草、麻、羊毛、棉织品）、祭祀服装、盛装组成。纺织部分由纺织原材料、纺织机具、织锦、蜡染和扎染组成。

（三）“云南少数民族节庆乐舞”，展馆面积920平方米，分为上、下两层楼。一楼为节庆乐舞，有37块版面和4个转柱柜，展出图片400余幅；二楼为民族乐器陈列组合，展出乐器700余件。

（四）“云南少数民族民间手工艺品”，展览分饰品、挎包绣件、民间器具3个专题馆，展厅面积410平方米，有各种民族手工艺实物1000余件。

（五）“云南少数民族民间美术”，展厅分为上、下楼两个部分，展馆面积近1000平方米。一楼陈列云南民族民间立体造型艺术，分设吞口面具、神桩祭台、屋饰标志等3个小专题；二楼陈列云南民族民间平面造型艺术，分设神兽偶像、甲马、剪纸、织绣挂图、故事图画、画牌祭图等6个小专题。陈列展品完全出自民间，具有较强的乡土气息。

（六）“云南少数民族生态农业”，展馆面积760平方米，分为3个单元。第一单元主要展示各民族狩猎、渔捞和采集的场面和渔猎工具；第二单元展示各民族从事农业生产活动的场面和劳作工具；第三单元展示各民族的生产生活机具。展馆采用了大量的雕塑、模型、舞台景观、壁画、图片、灯箱和实物，力求将云南的自然生态和生产生活活动展现给观众。

（七）“云南少数民族古籍文献”，展馆分为5个单元：借物表意与刻木结绳、岩画、文身、金石铭刻、民族古籍（含民族古籍整理的成就）。

（八）“东方珍宝奇石”，展馆面积800平方米，陈列我国传统奇石分类中的景石、类石、晶石、化石、琼石和禅石6个大类，共1800件展品。展出格调高雅，展品精美，富有科学内涵，颇具地方文化风采。

2. 海南省民族博物馆[①]

坐落在五指山腹地、少数民族聚居的五指山市北面牙畜岭上，是一座以贮藏、陈列、研究海南省历史和黎、苗、回族历史传统文化为中心的综合性博物馆。占地面积56亩，1981年秋筹建，1985年冬竣工，1986年10月1日开馆。该馆的前称是“海南黎族苗族自治州民族博物馆”，海南建省后，改称为“海南省民族博物馆”。馆内有黎、苗、汉各族员工50余人。

该馆的馆藏文物有7000余件，设有黎族、苗族、回族民族风情录像播放等8个展厅，展示悠久的海南历史、海南各族人民的革命斗争史和黎、苗、回族的传统文化。

历史展厅，陈列大批出土黎族先民新石器时代各类石器工具；父系社会图腾“石且”；早期贝币和陶器；同大陆文化特征有密切关系的青铜器、彩陶器、瓷器、五铢钱石币；汉代辖属海南岛的“朱庐执卦”玺印；回族早期迁居本岛的穆斯林珊瑚石古墓碑；各朝代的海南历史文物及历史人物如伏波、马援、李德裕、鉴真、苏东坡、黄道婆、海瑞、冯子材等在海南活动的实物和资料。

革命史展厅，陈列中国近代海南各族人民光荣革命斗争的历

① 据2005年9月5日网上资料。

史文物，特别是在中国共产党的领导下，进行土地革命、抗日战争、解放战争的实物和资料，展示琼崖军民在冯白驹将军的领导下，坚持孤岛奋战，艰苦卓绝的光荣业绩。

黎族展厅，告诉人们黎族是海南岛最早的民族，人口有110万。黎族劳动人民开发海南岛有悠久历史和文化，该厅展出了刀耕火种的农耕工具，狩猎、捕捞的竹木工具，露天烧陶、钻木取火、结绳计数、漂渡的独木舟和葫芦瓜、藤竹草类的各种织器物，具有该民族特色的骨簪雕刻、黎锦、服饰、织绣和扎染工艺品，丰富多彩的口头文学，多姿多彩的舞蹈，独特的乐器和宗教道具等大批具有研究价值的民族展品。

苗族展厅，告诉人们海南苗族人口有5万多，苗族迁居海南岛已有400多年历史。该展厅展出苗族农业、狩猎、捕捞和家庭生活各种竹木器工具、苗族医学草药、婚俗、服饰、织绣和蜡染工艺、银器、绘画、雕刻等。

回族展厅，使人了解到海南的回族有5000余人口，进入海南岛始于7世纪。该厅展示回族在海南的文物，擅长经商和渔业的实物以及宗教文化习俗等各类展品。

还有民俗录像播放厅，播放黎苗丰富多彩的民间歌舞；民族服饰照相室，出租黎、苗、回族特色的男女服装；商场向游客出售各种纪念品。

3. 青海省博物馆①

隶属于省文化厅的公益性事业单位，承担着全省文物的征集、收藏、保管、科学研究、宣传教育、陈列展览等工作。

1957年，首次成立省博物馆筹备处，1962年撤销。1978年8月29日，省博物馆筹备处再次成立。1986年9月26日，青海省博物馆正式建馆并对外开放。该馆位于西宁市西关大街58号，

① 据中华美术网2005年9月6日资料。

占地面积 17000 平方米，建筑面积 20800 平方米。内设主侧展厅 9 个，展出面积 9146 平方米，是集展区、办公区、文物库房区为一体的具有现代化功能的大型博物馆。

青海地处江河源头，历史悠久。地上、地下蕴藏丰富的文化宝藏，是中华古代文明的重要组成部分。已出土的文物逾 20 万件，青海省博物馆自筹备起，就致力于地方历史、民族文物的搜集整理，如今馆藏的各类文物已达 47000 余件，不少珍品是举世瞩目的国之瑰宝，其中国家一级文物 150 余件。

该馆目前推出了“青海史前文明展”、“青海民族文物展”、“青海藏传佛教艺术展”和“可爱的青海”四个专题陈列，基本上以时代先后为序排列，以实物的形式集中反映了青海不同历史时期发展的概貌，又分别自成体系，各具特色。“可爱的青海”展览以图片为主，辅之以沙盘模型，动物、矿物标本及先进的声、光、电手段，集中展示了青海的自然风光，丰富的矿藏、水电、石油、天然气等自然资源，尤其是改革开放之后，青海在工、农、牧等各行业取得的辉煌成就及显示出巨大发展潜力。

在西部大开发的今天，依托良好的软硬件环境，利用丰富的馆藏，轮换举办不同形式、内容的专题展览，努力反映青海人文历史资源和青海在经济建设和社会发展方面取得的新成就。

有的省虽然不是民族自治地方，没有建立省一级的民族自治区，但省内少数民族众多，都建立了专门性的民族博物馆，这些馆均突出地反映了当地少数民族的历史和文化。

我国地方综合性的民族博物馆以自治州和自治县（自治旗）两级为最多。如西双版纳傣族自治州博物馆、迪庆藏族自治州民族博物馆、湖北恩施土家族苗族自治州博物馆、文山壮族苗族自治州博物馆、贵州黔南布依族苗族自治州民族博物馆、黔东南苗族侗族自治州民族博物馆、湖南湘西土家族苗族自治州博物馆、甘肃临夏回族自治州博物馆、甘南藏族自治州博物馆、新疆博尔塔拉蒙古自治州博物馆、巴音郭楞蒙古自治州博物馆、青海海南藏族自治州博物馆、伊犁哈萨克自治州博物馆、昌吉回族自治州博物馆、内蒙古哲里木盟博物馆、内蒙古包头博物馆、广西右江民族博物馆、赤峰市博物馆、鄂尔多斯博物馆、广西桂林博物馆、宁夏固原博物馆、楚雄彝族自治州彝族博物馆、大理白族自治州白族博物馆、百色民族博物馆、五指山市民族博物馆、溪州土家族民俗博物馆、福建闽东畲族博物馆、广西融水苗族博物馆、靖西壮族博物馆、四川茂县羌族博物馆、新疆木垒哈萨克民族博物馆、内蒙古鄂伦春民族博物馆、鄂温克民族博物馆、莫力达瓦达斡尔族博物馆、黑龙江同江赫哲族博物馆、吉林伊通满族民俗馆、贵州三都水族博物馆、广西三江侗族博物馆、罗城仫佬族博物馆、环江毛南族博物馆、孟连傣族拉祜族佤族自治县博物馆、岫岩满族自治县博物馆、逊克县鄂伦春博物馆、湖北咸丰县民族博物馆、恩施县民族博物馆、广东连山壮族瑶族自治县民族博物馆、乳源瑶族自治县民族博物馆、融水苗族自治县民族博物馆、都安瑶族自治县民族博物馆、防城各族自治县民族博物馆、凌云县民族博物馆、上部德苗族村寨博物馆、台南市文物馆、九族文化村、金秀瑶族博物馆。乡一级民族博物馆，如内蒙古敖鲁古雅鄂温克族狩猎博物馆、鄂托克旗查布苏木（乡）博物馆、黑龙江黑河市新生鄂伦春乡民族博物馆等等。有的在博物馆的名称前加了“民族”二字，有的则没有加。不管加与未加，在少数民族地区，它们反映了当地少数民族的情况，故也都应算入民族博物馆之列。

1. 大理白族自治州博物馆[①]

大理白族自治州博物馆是一座以南诏、大理国的历史文物和白族民族文物为基本陈列内容的综合性博物馆。1986 年 11 月兴

① 参考中国博物馆通讯 2002 年第 7 期有关资料。

建，主体建筑采用大理古代的殿堂楼阁，与白族民居“三方一照壁”、“四合五天井”相结合的建筑形式，融大理古代建筑、白族民居、园林为一体，具有浓厚的地方民族建筑风格。全馆占地面积 60 亩，建筑面积 8800 平方米，展出面积 6400 平方米，馆藏文物 1 万多件。

馆内共有“青铜文物陈列室”、“南诏、大理国历史文物陈列室”、“南诏、大理国石刻艺术陈列室”、“南诏、大理国绘画艺术陈列室”、“陶瓷艺术陈列室”、“大理石精品陈列室”、“大理近现代革命事迹陈列室”、“白族展厅”8 个陈列室。

“青铜文物陈列室”展示的是近几十年来，在大理地区发掘出土的青铜文物。有生产工具、生活用品、乐器、艺术品等文物。其中，较为珍贵的是具有地方民族特色的典型器物。如铜棺、铜鼓、编钟、山字形格螺旋形柄剑、柳叶形曲刀刃矛、几字形纹钺、尖叶形曲刃锄、长条形刃锄等。众多精美青铜文物的展出，反映出大理古代各民族共同为祖国创造的灿烂的青铜文化。

“南诏、大理国历史文物陈列室”、“南诏、大理国石刻艺术陈列室”、“南诏、大理国绘画艺术陈列室”、“陶瓷艺术陈列室”、“大理石精品陈列室”、“大理近现代革命事迹陈列室”以丰富的文物展现了南诏、大理国的历史和文化。

唐宋时期，大理地区曾建立过两个从属于中央王朝的少数民族地方政权——南诏、大理国。在长达 500 多年统治时间里，大理一度成为云南政治、经济、文化的中心，对于推广先进的中原文化和生产技术，促进西南边疆少数民族地区的统一，均有积极的推动作用。

南诏国的建立，加强了云南边疆各民族的团结，促进了民族文化艺术的发展。到了大理国时期，文化艺术步入一个繁荣兴旺的阶段，留下众多的文化艺术遗址、遗物。“南诏、大理国石刻艺术陈列室”和“南诏、大理国绘画艺术陈列室”将唐宋时期大理地区石刻艺术和绘画艺术展示出来。石刻艺术主要介绍剑川石钟山石窟、巍山龙屿图山石刻造像。剑川石钟山石窟是唐代至宋代数百年间开凿的石窟群，是南诏、大理国时期白族工匠的艺术杰作，被誉为“南国瑰宝”。巍山龙屿图山石刻造像内容丰富，造型艺术风格独特，是研究南诏、大理国时期的宗教、雕刻艺术的重要实物资料。南诏、大理国时期的绘画艺术以“南诏图传”和“大理国梵像卷”为代表性的杰作。这两个画卷都是以佛教为题材的长卷，无论是创作思想、艺术构思和绘画技巧，都达到了很高的水平，不愧为唐宋时期西南边疆民族绘画艺术的精品，也是研究南诏、大理国历史、文化、艺术、民俗、宗教等方面珍贵的文物资料。“陶瓷艺术陈列室”专题介绍了大理地区从新石器时代至元、明、清陶瓷艺术的发展历史，展出了各个不同历史时期的陶瓷品。有颇具地方特色的东汉陶质干栏式房模和建筑宏伟高大的双楼凉台房模；有造型自然逼真、栩栩如生的东汉抚琴俑、吹箫俑、听琴俑；有高大奔放的东汉陶马；有大理国、元、明、清初的各式陶瓷火葬罐及元、明、清时期珍贵的青花瓷器。这些精美别致、造型独特的陶瓷艺术品，向人们展示了大理地区陶瓷业发展的水平，观众也可以从中了解到当时的民族服饰、生活习俗、音乐、雕塑、民族风情。

白族是我国西南边疆有着悠久历史和文化的民族之一。早在3000多年前，在白族生活的这块土地上，就已出现了辉煌一时的青铜文化和稻作农耕技术。在漫长的历史过程中，伴随着对汉文化和中原先进的生产技术的广泛吸收，白族社会经济迅速发展，同时创造了丰富多彩的白族文化。

“白族展厅”展出有近千件白族民族民俗文物，系统介绍了白族的生产、生活、文化、习俗、宗教等内容。陈列展品有：各式农耕制作工具、猎具、渔具、纺车、织布机、扎染工具和工艺流程；各式桥梁模型、白族民居建筑模型；各种制银、制铜工艺工具；木雕家具和木雕工艺品；水碓、水磨等水力动力机械；白族不同地区和不同支系的服饰、刺绣；明代木版印刷雕版和木版印制的家谱；清代白族戏剧“吹吹腔”的脸谱；白文手抄本的白族叙事长诗；白族家庭房屋和室内陈设；白族婚俗礼仪；各种民俗活动中使用的实物及图片资料；雕像、神龛和祭祀的白文祭文。这些丰富的展品，展示了白族社会的总体情况，显示了白族人民的聪慧及创造力。

2. 延边朝鲜族自治州博物馆

位于吉林省延边朝鲜族自治州首府延吉市，1960 年筹备，1982 年建成。建筑面积 3100 平方米。

该馆馆藏文物 1 万多件，其中包括古代历史文物、革命文物、朝鲜族民俗文物。一级品 11 件，其中有唐代渤海贞孝公主墓墓碑和壁画（临摹本）、室相纹铜镜、双系釉陶罐等，也有反映延边人民革命斗争历史的苫被单、延吉炸弹、抗日树标等文物。

该馆陈列展览有“延边古代历史文物展览”、“延边人民革命斗争史陈列”、“中国共产党的优秀党员、忠诚的共产主义战士、杰出的朝鲜族政治活动家——朱德海同志生平事迹展览”。“延边古代历史文物展览”展示自旧石器时期一直到清代的延边地区历史发展面貌，突出原始社会和唐代渤海国及金末东夏国时期的文物，既反映位于祖国东北边疆的延边地区历代文化发展与中原文化的密切联系，又具有鲜明的地方特色。“延边人民革命斗争史陈列”，反映延边各族人民在旧民主主义革命时期，尤其是在抗日战争和解放战争中所进行的反对帝国主义、封建主义、官僚资本主义的斗争，以及他们对于开发边疆、建设边疆、保卫边疆做出的贡献。

该馆陈列展览版的文字使用朝、汉两种文字，讲解使用朝鲜语和汉语两种语言。

3. 鄂伦春民族博物馆

位于内蒙古自治区鄂伦春自治旗（阿里河镇）中心地带，建筑面积2800多平方米，分设有鄂伦春民族博物馆、鄂伦春自治旗50年成就展馆和鲜卑民族博物馆。

鄂伦春民族博物馆内，分为林海猎民、攫取经济、传统工艺、物质文化、精神文化五个部分，以实物形式直观地展现了鄂伦春族在定居前的生活模式及狩猎文化。

鄂伦春自治旗50年成就展馆，用鄂伦春自治旗成立50年里各阶段发展变化的图片，一目了然地把鄂伦春自治旗50年来取得的巨大成就展现出来，每张照片均配有文字说明，同时为鄂伦春自治旗今后的发展规划出蓝图。

鲜卑民族博物馆里陈列着鲜卑民族的生产生活用具，再现2000多年前鲜卑民族的生产、生活方式及经济状况。鲜卑属东胡一支，秦末汉初之际，匈奴与东胡发生战争，东胡败。一支退居乌桓山，历史上称为乌桓族；一支退居到大鲜卑山，称之为鲜卑族。经考证，大鲜卑山即为现在的大兴安岭。

第三节　民族学博物馆

民族学是历史科学的构成部分，其任务在于用直接观察、科学记述和历史分析的方法，来研究世界不同的族群在人种和民族特征上、变迁发展上的文化和生活的特点，从而解决各族起源问题，使他们的迁移史和分布史得以复现。民族学博物馆为民族学研究提供实物资料，而博物馆的民族文物陈列虽然和民族学专著、论文和书籍有所区别，但它不可能离开民族科学而在单独的理论道路上发展。相反地，民族文物陈列只能在它依据民族学的重要理论的时候，才能成为科学的东西。因此，民族学博物馆是和民族学研究紧密配合的一种博物馆。

这种博物馆在国外不少，如前苏联科学院人类学和民族学博物馆，前苏联国立民族学博物馆。在我国，从20世纪20年代末开始，在蔡元培等老一辈民族学先驱的积极倡导下，中央研究院和少数几所大学，如厦门大学、华西大学，抗日战争时期由内地迁到西南的大夏大学、清华大学、辅仁大学、浙江大学等，都曾搜集过一些少数民族文物，想办这样的博物馆，但是没有建成。解放后，在党的领导下，随着科学研究和高等教育事业的发展，在一些民族学院校和个别大学这样的博物馆有一定的发展。具体情况如下：

1. 厦门大学人类博物馆①

厦门大学人类博物馆，是一所人类学（包括考古学和民族学）的专科性博物馆，也是考古学和民族学的专门研究机构。

人类博物馆虽是解放后正式成立的，但它的办馆历史沿革已久。早在1926年秋，鲁迅先生在厦门大学参与举办考古文物展览会，后来就在厦门大学国学院成立文化陈列所。1934年秋，厦门大学人类学教授林惠祥创办厦门市人类博物馆筹备处，发掘和整理我国东南亚地区和东南亚的考古、民族文物，对外展出，兼供厦门大学师生参考。解放后，林惠祥教授将自己花费一生心血收集的文物和专用图书全部捐赠厦门大学。王亚南校长接受后呈函华东教育部，1951年，经中央教育部批准，集中校内原有文物，加以充实补充，于1951年春成立厦门大学人类博物馆，任命林惠祥教授为馆长，陈中强助教为秘书，1953年3月16日正式开放展出，供校内师生员工及校外各界参观。该馆成立后，在国内外，特别是东南亚各国重要报纸杂志都有报道和介绍。厦

---

① 陈国强：《厦门大学人类博物馆》一文，载《中国博物馆通讯》1984年第4期。

门大学创办人、爱国华侨领袖陈嘉庚先生也多次到馆，鼓励办好人类博物馆，为人民服务。

人类博物馆原设在生物馆成义楼三楼，即鲁迅参加举办考古文物展览会和国学院文化陈列所的旧址。后因规模扩大，迁移到博学楼现址。1958 年林惠祥馆长逝世，叶国庆教授继任馆长。一直到 1966 年“文化大革命”期间，该馆被迫关闭，当时共收藏有关考古、民族的文物 462 号，专用参考书 4699 号，“文化大革命”后，在校系各级有关领导的支持关怀下，经过一年的清理馆舍，于 1981 年 4 月 6 日在厦门大学校庆 60 周年纪念时恢复展出，除一楼、二楼有 34 间陈列室外，还新建“碑廊”陈列古代碑刻。

林惠祥馆长在《厦门大学人类博物馆陈列品说明书》中这样写道：人类博物馆“是专门博物馆，即专门搜罗陈列有关人类及其文化发展的文物的博物馆，在时间上是自有史以前至现代，在地域上是世界性的”，“陈列的目的是要说明人类本身的起源演变及其生活文化的发展途径，以供现代人的借鉴，为创造未来的幸福世界参考”。

厦门大学人类博物馆陈列的文物，反映了人类和文化的起源发展以及各族人民的聪明才智。内容可分为人类的起源和发展、文化的起源和发展、中外民族文物等三部分。

在人类的起源和发展部分，包括“从猿到人模型”和“旧石器时代”等几间陈列室。在本馆自塑的从猿到人发展路线全景模型中，表现了从人类动物祖先的森林古猿、地方古猿发展到猿人、古人、新人三个阶段的古人类以及新石器时代人、今日不同的人种和现代类人猿，反映了劳动创造人类的过程。还塑有等身大的爪哇猿人、北京猿人、尼安德特人、克罗马农人和山顶洞人以及华北新石器人、东南地区古越族等模型，反映各阶段人类体质的发展。为了说明古人类文化的生活，还有旧石器时代和新石器时代的五个全景大模型。并陈列有各阶段古人类和动物化石以及复原象。还有各阶段古人类所创造的旧石器和其他用具，旧石器中尤以马来亚洞穴旧石器较独特，这是林惠祥教授抗战期间避难南洋时，在马来亚调查考察几个洞穴所发现的。

在文化的起源和发展部分，考古文物按各时代分室陈列。新石器时代中有石器、陶器的发明和发展模型，有各地的彩陶、黑陶和各类新石器，尤以台湾和福建出土的石锛、有段石锛、有肩石斧等和印纹陶最为宝贵。台湾新石器是林惠祥教授1929年、1935年两次发现的，是台湾与大陆密切的历史渊源的见证。在各个历代陈列室的甲骨、铜器、明器、玉器、货币、瓷器、字画、武器等文物以及社会仪式品、宗教品、雕塑品等，从不同侧面反映了人类文化的发展过程和成就。其中，福建出土的明器，福建的建窑、德化窑古瓷及外销瓷，泉州大海船模型，泉州地区出土的古伊斯兰教石刻、古基督教石刻、古印度教和其他宗教石刻，民族英雄郑成功军队使用过的火药罐、铁锚、饮马石槽、制火药石臼，厦门明代抗倭石刻和明墓，清代鸦片战争时期的大铁炮，以及东南亚出土的新石器、贝壳化石等，更引人注目。

在中外民族文物部分，分室陈列着国内华北和西南民族、畲族、高山族以及南洋、印度、澳大利亚的民族文物。畲族的祖杖和祖图，反映了他们的图腾崇拜和祖先活动的历史，畲族妇女的服饰既美丽又有民族特色，她们头戴凤凰冠，身穿右衽上衣，衣领边均有美丽的刺绣图案，下穿裙裤、脚带和绣花布鞋。台湾高山族文物是林惠祥教授到台湾调查采集留下的，武器有泰雅刀、排湾刀、雅美短剑等，鞘上有人面形和蛇形图案。他们用的双连杯、木勺、烟斗，穿的麻布衣和贝珠衣，木雕人面形和蛇形图案，这些艺术品，都反映了高山族的文化生活特点。南岛民族武器中除各类蛇型剑、镰形小刀外，还有婆罗洲猎头用的大刀。澳大利亚飞去来模型，也很独特。印度文物有原始性崇拜的石磨，神猴哈奴曼象、贝叶经等。这些中外民族的文物，可以帮助了解各地人民的历史，也反映了各地人民的聪明才智。

作为一个科学研究机构，厦门大学人类博物馆把科研、教学和社会教育作为自己的三项任务。

在科学研究方面，开展人类学（包括考古学和民族学）的研究工作。在考古研究方面：主要是对我国东南区（福建和台湾）和东南亚新石器时代研究，泉州港海外交通史迹的调查研究，福建窑、德化窑和外销瓷的研究等。在民族研究方面：主要是对我国东南地区民族（古越族、畲族、高山族）和东南亚民族的研究，曾调查研究福建少数民族和惠安长住娘家风俗。1958 年参加全国少数民族社会历史调查，主编《高山族简史》、《百越民族史论集》，参加编写《畲族简史》，并出版《林惠祥人类学论著》、《郑成功与高山族》、《高山族神话传说》等专著，还有考古、民族论文多篇。1981 年 5 月，全国成立“中国民族学会”，会址设在馆内。

在教学方面，该馆提供有关教学参考，并开设《考古学通论》、《原始社会史与民族志》课程。1972 年成立考古专业，利用该馆文物进行教学。历年来培养出来的学生分配在中国社会科学院考古研究所、民族研究所、高等院校以及文博等部门工作。1981 年该馆还招收人类学研究生，1983 年招收人类学出国留学预备生。

在社会教育方面，该馆一直公开对外开放，节日期间每天多达数千人，参观者包括各界人士及中小学生、港澳同胞、华侨和国际友人等。厦门市中小学师生经常来馆参观，作为唯物主义和历史教学的直观教学场所 。1957 年中共广东省委第一书记陶铸同志在参观后题词：“厦大博物馆是我所看到大学博物馆中最好的一个。”归国华侨也颇感兴趣，他们看到这里陈列的祖国文物，更感到祖国历史悠久和文化的光辉灿烂。新加坡华侨观光团题词："使我们看到许多从未见到的东西，也给我们留下很好的印象。"1962年中国科学院郭沫若院长来馆参观后，还特地题词留念。1981年傅振伦教授参观后写道："贵馆收集的历史文物和人类学资料很丰富。不仅对同学是重要的教学资料，也是对社会进行人类学知识教育的好场所。"美国人类学家黄树民教授题词："收藏丰富"。上海市召集青年赴闽学习团在参观有关台湾和大陆的新石器和其他文物后，满怀深情地写道："中华民族，渊源深长，炎黄子孙，不分离。"

2. 民族院校的民族博物馆或民族学博物馆

随着民族院校的建立，为了配合教学和科研，不少民族院校都十分注重对民族文物的搜集，其中从20世纪50年代初就正式建立起文物室和文物馆的有中央民族学院、中南民族学院、西南民族学院（原来的文物室或文物馆，现在都发展成了民族博物馆或民族学博物馆），这是我国建立最早的一批民族文物、博物馆单位。具体介绍如下：

(1) 中央民族大学民族博物馆

中央民族大学是国家重点建设"211工程"和"985工程"的大学之一，是一所极具特色和风格的综合性研究型大学。中央民族大学民族博物馆，其前身为中央民族学院研究部文物室，成立于1951年，第一任室主任是我国著名的民族学、民俗学、民族博物馆学专家杨成志教授。1982年改为中央民族学院民族研究所文物研究室。1988年9月经国家民委批准正式成立中央民族学院民族博物馆。1993年11月更名为中央民族大学民族博物馆。

中央民族大学民族博物馆，占地面积1500平方米，建筑面积4800平方米，展览面积1200平方米，是我国规模较大、历史较长、藏品较多的民族学专业博物馆之一。馆藏有全国56个民族的革命文物、各类锦旗、土特产品、生产工具、服装、皮毛、古器物、历史文献、珠宝器、武器、乐器、宗教用品等 14 类文物，以及国外部分国家和民族的瓷器、钱币、图片等文物，共 1.8 万余件。上述藏品的特点：一是族属、内容全面丰富，反映全国 56 个民族历史、文化、精神风貌的各类文物几乎都有收藏。二是以各民族民间传统服饰、首饰居多。大部分服饰都具有几十年、几百年的历史。这些服饰充分反映了各民族人民在纺织、印染、刺绣、鞣制皮革等方面的卓越才能和精湛技艺。三是许多藏品都具有重大的政治和历史纪念意义，如解放初期达赖喇嘛和班禅大师献给毛主席、各地少数民族人民献给毛主席、党中央的大量珍贵礼品。这些藏品生动真实地记录和体现了党对少数民族的亲切关怀以及广大少数民族人民对党中央、毛主席的衷心拥护与爱戴之情。四是不乏具有很高历史与艺术价值的珍品。如新旧石器时代的石器、商周时期的青铜器、秦汉以来的铜镜、铜鼓、陶俑、瓷器、古钱币、字画，元明清时期的古扇，蒙古、藏等民族贵族阶层使用的金银器皿，藏族的唐卡、黎族的龙被、畲族的祖图、藏传佛教和伊斯兰教的珍贵宗教器具和典籍，藏、傣、彝、纳西、水等民族的古籍等。五是高山族的文物数量多、精品多。很多藏品都是民族学、历史学研究的宝贵资料。另外，保存各民族历史文化的图片资料也不少，图片均按照政法、财经、文教卫生等各总类分出 20 余个纲目，存取十分方便。该馆从 1974 年开始至 1979 年，就曾花过大的力量与北京市特种工艺公司合作，专门搜集各民族的人物形象、服饰照片，并分族分类、分装成册，底片、照片编号登记，按号存放，为各民族服饰文化和民族形象的研究提供了方便。

中央民族大学民族博物馆先后举办了多次展览。早在 1953 年 12 月至 1954 年初，文化部在劳动人民文化宫举办全国民间美术工艺品展览，文物室就以少数民族工艺品 300 多件参展，曾单辟了一个陈列馆，受到了社会各界的重视。数万观众前往参观，宣传了我国少数民族的勤劳勇敢和聪明才智。

1954 年 6 月，根据上级指示和形势的要求，该馆在研究部大楼内，举办了“高山族文物图片展览”，共展出高山族文物 200 余件、图片 150 余张，介绍了高山族的历史和文化，得到了好评。

1955 年至 1956 年，该馆的基本陈列是介绍国内少数民族的基本情况，共布置了五个馆，反映各民族物产、资源、社会、历史以及解放后民族工作的成就和各民族的建设发展情况。陈列有各民族的生产工具、生产用品、服饰、工艺品和乐器等，并配以各民族的风情照片。

1957 年 12 月，为了庆祝中华人民共和国成立 10 周年，国家民委筹备“民族工作十年成就展览”，该馆调去了数百件文物参展。

“文化大革命”后，从 1973 年 11 月起，该馆比较早地恢复了民族文物的清库工作和展览工作，先后根据形势和学院的需要又举办了多次展览。

从 1981 年至今，该馆先后在国内外举办过多次大的“中国少数民族服饰展览”。1981 年在日本七城市展出三个月；1988 年春在澳门展出一个星期；1990 年受亚运会委托，在北京智化寺展出一个月；1992 年 5 月，应首届中国服饰文化博览会邀请，又在北京展览馆展出；1991 年在广东湛江市博物馆展出一个多月；2000 年在昆明举办“首届中国民族服装服饰展”；2000 年在韩国阳市举办“西藏民俗文化展”；2002 年 2 月在北京东岳庙举办“老北京民俗文物展”；2004 年 11 月赴英国伯明翰中英格兰大学艺术与设计院，举办“中国少数民族视觉艺术展览”，进行学术交流，受到评价，各界人士认为展览主题突出，内容丰富，意义重大，效果良好。许多英国的参观者对中国少数民族精美绝伦的服饰艺术赞叹不已，将其纳入中国驻英国大使馆举办的“中国文化年”系列主题活动和英国第五届伯明翰珠宝首饰年系列活动之中。应中国驻英国大使馆和英方要求，将展期从11月24日至12月3日延长到12月17日。在校内“中国各民族服饰文化展”、“馆藏部分精品展”、“中国民族服饰文化及校史展”作为其基本陈列一直向全校师生展示。

自2004年秋新馆装修改造工程结束，重新布展并投入使用后。该馆汇聚民族遗产，展示传统文化，馆内常设展览为“中华民族传统文化展”，包括北方民族服饰文化、南方民族服饰文化、生活文化和宗教文化4个展厅。

北方民族服饰文化厅主要展出东北、华北和西北地区的满、朝鲜、赫哲、蒙古、达斡尔、鄂温克、鄂伦春、回、东乡、土、撒拉、保安、裕固、维吾尔、哈萨克、柯尔克孜、锡伯、塔吉克、乌孜别克、俄罗斯、塔塔尔、汉22个民族的服饰。他们多生活在冬季寒冷、四季及早晚温差明显的高原或山区，多数民族曾经长期从事畜牧业、渔猎业或农业生产。复杂的生态环境、多样的生计方式，形成了其传统服饰以长袍长裤及配套完备的鞋帽手套为主要款式、季节变化明显、防寒保暖功能强、适应骑射生活等特点。共展出上述民族清代、民国及现代的服装、首饰、鞋帽、手套等90多件套。

南方民族服饰文化厅主要展出西南、中南和东南地区的藏、门巴、珞巴、羌、彝、白、哈尼、傣、傈僳、佤、拉祜、纳西、景颇、布朗、阿昌、普米、怒、德昂、独龙、基诺、苗、布依、侗、水、仡佬、壮、瑶、仫佬、毛南、京、土家、黎、畲、高山34个民族的服饰。多雨湿热的生态环境，相对稳定的农耕生活，以及各民族独特的审美心理、价值观念、宗教信仰等自然与人文因素，共同构成了其传统服饰以衣裤或衣裙型短装为主要款式，衣料轻薄，透气性好，刺绣、蜡染等装饰工艺应用广泛，首饰佩物丰富多彩，文化底蕴深厚等特点。共展出上述民族清代、民国及现代的服装、首饰、鞋帽、背孩带、织锦、刺绣工艺品等 100 多件套。

生活文化厅针对我国幅员辽阔，十里不同风，百里不同俗的情况，各族人民在不同的生态环境中繁衍生息，形成了多彩多姿的生活方式和习俗。展览分期分批展出汉、满、蒙古、朝鲜、回、维吾尔、藏、彝、傣、高山等民族的炊具、餐具、茶具、酒具、烟具、灯具、寝具、室内陈设用具、盥洗用具等生活用品和图片资料。

我国各民族的宗教文化形式多样，内容丰富，既有本土的，也有传入的；既有自然宗教，也有人为宗教。我们党和国家的政策是宗教信仰自由，提倡爱国护教。宗教文化厅共展出藏、傣、回、傈僳、瑶、纳西、水、壮、蒙古等民族的宗教文物 150 余件。其中既有系统化的藏传佛教、南传佛教、伊斯兰教、基督教、道教的法器、经籍、佛像、佛塔等器物，也有不同民族、不同历史时期的部分原始宗教器物。

此外，专题展将陆续推出“台湾少数民族文物展”、“中央民族大学校史展”、“馆藏古扇展”、“少数民族背孩带艺术展”等馆内外、国内外各种类型的专题展览。“台湾少数民族文物展”主要展出高山族阿美、泰雅、排湾、布农、鲁凯、邹、达悟（雅美）等族群的服装、首饰、生活用品、宗教器物及照片等。“中央民族大学校史展”，以文字、图片和实物相结合的形式，系统展示 50 多年来学校在教学、科研、学科建设、人才培养等方面所取得的辉煌成就。除文物的收藏、展示和研究工作外，民族博物馆还开设了“民族服饰设计与表演”专业，利用馆藏服饰优势，将服饰设计和表演人才的培养与民族服饰的静态展览、动态展示、宣传推广相结合，正在探索一条新的办馆之路。以“发挥民大优势，培育时代英才”为宗旨，培养社会急需的服饰设计与表演方面的专门人才。

50多年来，中央民族大学民族博物馆展览室所接待的中外宾客，有世界各国代表团和友好人士，有国内的各民族代表团、访问团、各机关干部和大中小学校的师生，他们看了展览陈列后，对我国的少数民族都有进一步的了解。展览室的陈列，对增进各国各民族人民的友好往来和相互了解，促进民族团结，起了积极的作用。

该馆在为教学、科研服务方面，也做了大量工作。它为院内和全国各地、各机关学校、团体个人，提供文物、图片和资料，便利了这些单位在参考、创作、出版和展览等方面的迫切需要。馆内学术成果也不少，如《中国少数民族头饰馆》、《中国服装通史》、《中央民族大学民族博物馆馆藏台湾少数民族文物及民族学价值》、《从中央民族大学民族博物馆馆藏实物看中国少数民族传统酒器》、《中国少数民族饰及生活用品展》、《中国少数民族头饰文化》等等，都是从该馆的实际出发，具有本馆特点的学术成果。

该馆一直重视民族文物和博物馆的工作，并有这方面的优良传统。在这里值得特别提出的是杨成志和吴泽霖两位老教授，他们早在20世纪30年代就注意到民族文物，新中国成立后，1950年参加中央访问团搜集大批民族文物，数十年间，一直为此尽心尽力。

（2）中南民族大学民族学博物馆

中南民族大学民族学博物馆，是我国少数民族博物馆中建立较早的一座。早在1950年和1951年，当中央、中南少数民族访问团到中南各少数民族地区访问时，搜集了一大批少数民族文物。1953年由中南民委组织，在武汉市的汉口中山公园举办了大型的中南地区少数民族文物图片展览会。随后将全部文物财产搬到中南民族学院校园内，建立中南地区少数民族文物陈列馆，

1954年改名为中南民族学院文物馆。民族文物的藏品主要有中南地区苗、瑶、侗、壮、黎、畲、土家、高山、仫佬、毛南、京、回、傣13个少数民族地区的文物，共1万多件。到“文化大革命”前，该馆经过10多年的积累，文物加上相应的图片和资料，已达3万余件。种类繁多，共有13个大类50多个小类，内容丰富。其中古老的壮族、苗族铜鼓，高超的艺术品，苗族凤冠、接龙帽，各民族银饰、服饰齐全。还有反映各民族悠久历史和光荣传统的旧石器时代的化石和新石器时代的石斧、石锛、石锤、石铲等。反映清代乾隆、嘉庆年间湘西苗族起义的文物，邓小平、韦拔群领导的广西左右江各族人民起义的文物等。“文化大革命”期间，1970年，该馆曾随着中南民族学院的被迫撤销而撤销，到1980年又随着中南民族学院的恢复而恢复。1985年9月17日，经上级批准更名为中南民族学院民族学博物馆，现更名中南民族大学民族学博物馆。

中南民族大学民族学博物馆创建的50多年来，几经周折，其历史大致可分为三个阶段：

第一阶段是从1953年创建到1966年“文化大革命”前的14年。这一时期，特别是20世纪50年代，由于领导的重视，博物馆的发展，无论是规模、速度、质量，在我国民族院校的博物馆中，居于前列，可以说是该馆的早期黄金时代。

当时，该馆坐落在武昌洪山脚下东湖之滨的原中南民族学院校内，与中南民族学院各部门相通，又单独另开大门以便直接对外迎接外宾参观。馆舍结构为两层民族式建筑，上盖绿色琉璃瓦，分主体和两翼，中间高，两边低，馆楼全部为钢筋水泥结构，水磨石地面，建筑质量之高，居中南民族学院建筑之首。被称为中南民族学院的“三大法宝”之一。

在展览布置上，根据该院教学和科研需要及更好为对外宣传服务，该馆共分八大陈列室，俗称八大馆。即：①民族概况馆：介绍全国和中南地区少数民族的基本情况，内容有全国民族分布大挂图、语言系属表、各民族分布的大模型，各民族服装模特以及各民族的民族工艺品、乐器等；②民族地区物产资源馆：陈列有全国民族地区的物产资源分布大挂图，几个主要民族自治地方的物产资源模型，各种矿产、药材、木材、楠竹、皮毛、渔猎产品的标本和照片等，以充分表现各民族地区的地大物博资源丰富，是建设社会主义物质文明的重要条件；③民族发展成就馆：占两大陈列室，介绍解放以来，党的民族平等团结政策的实施所取得的伟大成就，各民族地区在政治经济文化和生产贸易、工业交通、文化教育卫生、邮电等各个方面所取得的成就，充分展现了各民族的新生活、新面貌；④民族历史馆：有各民族地区远古时代的化石、石器、陶器，各民族在历史上，经济文化交流的大模型和示意图以及有关历史文物、图表等；⑤革命斗争馆：介绍各民族的光荣革命传统，特别是在中国共产党领导下各族人民的反帝反封建斗争。如湘鄂西革命根据地在贺龙同志领导下，广西左右江地区在邓小平、张云逸、韦拔群等同志领导下，海南岛黎族人民在王国兴、陈斯德同志领导下以及黎、苗族人民的抗日反蒋斗争等；⑥学校概况馆：占两大陈列室，介绍中南民族学院的基本概况及其发展。

该馆整个展览以馆藏文物配合图片、资料、图表和模型等，较全面和形象地展示了在党的领导和民族政策的光辉照耀下，各族人民共同缔造祖国历史和创造的灿烂文化以及社会主义建设中的伟大成就，也展示了该校的历史、现状和发展远景。它集中中南各少数民族乃至全国各少数民族的历史文化于一馆，成为中南地区少数民族乃至全国各少数民族历史文化的一个重要宝库，为民族科研和教学提供了极为重要的资料。凡外宾到中南民族学院参观、联欢，与各族师生进行文化交流活动，都要到该馆进行。

该馆自建成开放到“文化大革命”前的10多年中，据不完全统计，先后接待了来自国内22个省、市、自治区的民族参观团以及49个国家的外宾共5万余人次，对宣传党的民族政策，增进各民族的团结，巩固祖国的统一；对加强国际友人同我国各族人民友好往来和增进了解，都起到了良好的作用。

第二阶段是从1966年“文化大革命”开始到1982年。特别是其中一段时间，由于中南民族学院撤销，博物馆留下4位①留守人员，业务经费全无，艰难地坚守在保护文物的岗位上，朝不保夕，是该馆历史上最困难时期。

在此阶段，遇到社会上刮起否认少数民族的冷风，说什么“都社会主义了，还有什么民族不民族”。把文物当成“四旧”和“封资修的黑货”。因此，这些宝贵文物，倍遭践踏。1970年中南民族学院被撤销，校址被别的单位占用，民族博物馆连房子都没有了，到处找不到落脚点，文物财产和图书资料都面临散失的困境。经留馆人员竭力抢救。先是搬到湖北大学校外东区的90间阴暗狭小的空房中，两年后又搬回中南民院老校址，但仍不容存放。最后经国家民委接收，于1973年11月搬到北京的中央民族学院，方免遭损失。直到中南民族学院恢复，博物馆房子重新建成，1986年才将文物收回，故其陈列展览和对外开放前后共停顿了近20年之久。

第三阶段是中南民族学院博物馆的重建和新生。即从中南民族学院恢复重建以来至今，处在重建和重新发展阶段。博物馆的名称也由原来“中南民族学院少数民族文物陈列馆”改为“中南民族学院民族学博物馆”，现又改为“中南民族大学民族学博物馆”。整个面貌，焕然一新。

从1982年5月恢复中南民族学院，建立民族研究所，下设

① 留守人员为容观琼、郑冠珍、伍湖、石建中四位同志。

民族文物馆起。由我国著名的社会学、民族学和博物馆学老专家吴泽霖教授亲自主持，重新组建。重建后的中南民族大学民族学博物馆坐落在该院东南隅伸出南湖的半岛上，三面环水，依山就势。馆舍按我国传统建筑艺术而构建，高阁凌空，重檐叠翠。有民族服饰、民俗、民族工艺品、民族文化等展室。藏有中南、华东、西南 29 个民族的 1 万多件文物及图片，或古朴粗犷，或典雅玲珑，或装饰华丽，或构图洗练，不少堪称珍品。举步之间，便能领略我国南方民族丰富多彩的传统文化和风俗民情，有志于民族学、人类学、文化学者，更可登堂入室，寻根溯源，探究我中华民族文化精神的真谛。自对外开放以来，已接待 100 多个国家的文化人士和参观游客，国内参观者更是络绎不绝。不少客人为本馆的特色和收藏而惊叹，并以宝贵的题咏留下永久的纪念。重建馆后的 20 多年来，又走过了辉煌的光荣历程。1989 年 9 月被中共武汉市委、武汉市人们政府授予“武汉市爱国主义教育基地”称号；1997 年 12 月 8 日被湖北省人事厅、湖北省科委、中共湖北省委宣传部、湖北省科协授予“湖北省科普工作先进集体”称号；1998 年 9 月被武汉市委宣传部、武汉市科学技术协会、武汉市科学技术委员会、武汉市教育委员会、武汉市环境保护局授予“武汉市青少年科技教育基地”称号；被中南民族学院授予“大学生爱国主义教育基地”称号；被中南民族学院附属小学授予“学生爱国主义教育基地”称号；1990 年 3 月 31 日至 4 月 8 日应邀参加“上海中国民间艺术博览”并获收藏大奖。现在，建制上隶属于原来的历史系、民族学系、民族研究所、民族学博物馆的基础上成立的二级学院——中南民族大学民族学与社会学学院，该馆密切配合教学与民族研究，也直接对外开放参观，深受校内广大师生和社会各界人士的欢迎。

（3）云南民族大学民族博物馆[①]

正式建立于1981年，该馆紧紧围绕学院的教学、科研和对外文化教育交流的需要，遵循着征集、收藏、研究和陈列云南少数民族文物的办馆宗旨，成为学院师生的第二课堂和向社会传播普及民族历史文化知识，反映民族平等、团结、进步和繁荣的重要场所和对外开放交往的窗口之一。

云南是我国少数民族最多的省份，在人类历史发展的漫漫长河中，她孕育了丰富多彩的民族文化。从20世纪50年代起学院就注意收集少数民族各类文物，历经两代人的努力，使得如今这座博物馆以藏品丰富、展品精美而著称。加之设计者的匠心独运，在陈列的格局上突破常见的表现手法，大胆创新，以一种全新的思路，在1000多平方米的三个展厅内，以淳朴自然、真实和独特的风格向观众展示了反映云南各少数民族灿烂的传统文化、宗教习俗、经济生活等社会形态诸方面的历史风貌，共有各族各类文物5000多件。

一进展厅，迎面而立的是一块醒目的标牌，标牌上依次用汉、彝、纳西、藏、景颇、傈僳、拉祜、佤、傣等民族的11种文字（傣文有西双版纳傣文与德宏傣文之分）镌刻的"云南民族文物陈列"字样，标牌下放置着一架古朴的脚踏木碓以及临近处的一盘石磨，设计者以少数民族"碓磨开天"之说拉开了该馆陈列的帷幕。这亦是第一展厅"生产工具与生活器用"——反映云南少数民族社会生产、文化创造步履展示的开头一景。

云南是古人类的发祥地，已知的古人类遗址、新旧石器遗址以及青铜文化遗址等大多为少数民族分布地区。从陈列的那些发掘和征集于原产地和使用地的石器、骨器、青铜器、铁器以及大

① 黄民初：《云南民族大学民族博物馆》，载《中国博物馆通讯》1998年第7期。

量的原始竹木器，可以看出各族先民为开拓云南，从遥远的年代起就留下了鲜明的足迹。过去云南大多数民族地区经济发展迟缓，采集、狩猎、渔猎、刀耕火种的生产方式在其社会中较长久地保留着。为反映这一经济形态，在展厅中央，有一个用矮木墩圈围地表铺上沙石的大沙盘，沙盘中央竖立着一个新颖的以“大地、创造、收获”为主题的大型木结构文化柱架，在纵横相交的柱架上和沙盘中展示着各族人民古往今来使用的不同质地和形制的锄、犁、耙、刀、斧、弓、箭等生产工具、生活用具，以象征收获和智能结晶的葫芦、瓜果、玉米、稻谷等，通过这些看似普通并且残旧的器具和物品，将他们几千年的经济形态、演进足迹用充满文化情韵的“大地、创造、收获”的主题原汁原味地展现给观众，引发人们的联想和深思。

少数民族服饰是民族文化中最绚丽多姿的部分，很多人认识少数民族首先是从那五彩缤纷的服装开始的。该馆陈列的服装全是少数民族妇女地道的手工制品，有的已有一二百年的历史。这些服装做工精细、形制各异、色彩绚丽，有着浓郁的乡土味和生活情趣。如纳西族妇女的七星披肩，彝家姑娘的鸡冠帽，景颇族的织花筒裙，满缀银饰的哈尼族、德昂族服装，妩媚秀美的傣族、白族和织绣精美的苗、瑶、基诺族服装以及古朴简洁的佤、拉祜、傈僳、阿昌、独龙等民族的各式服装。这些服装绚丽多姿的色彩和自然天成的设计制作，可以透视出很深的文化内涵和史诗般的神话传说。人类初始的服装是基于御寒保暖以维持生存的需要，美化并作为装饰是后来的发展进步，少数民族的服装也不例外，这里还专门陈列了一些民族在过去的较长时期曾经用过直接取之于自然的“衣物”——稻草衣、树皮衣、树皮帽、树皮被、火草衣、羊皮褂、蓑衣、麻毯以及他们传统的木制纺织机具和煮染布料的工具原料，这些真实地反映了他们的历史印迹。少数民族妇女的服装更是少不了饰品饰物相伴。从她们头上戴的，颈上身上挂的，手上套的，腰上系的到腿上箍的，几乎遍身上下都有各种形状繁多的饰品饰物。其质地除金、银、玉、玛瑙、象牙、红绿松石等高档品外，更有不少是直接用自然物制作的，如傈僳族的素珠果项链，彝族的绒草、藤丝耳环，景颇、傈僳、拉祜、佤、布朗、阿昌、德昂等民族用的藤篾腰箍、肩箍、腿箍，海贝、兽牙也是他们常用的饰品，这些都反映出他们利用自然追求美、创造美的质朴心灵。而其中质地较高的镀金银质龙凤喜冠、银质镶珠龙凤项圈、耳环、手镯等饰品其用料之精、琢工之细，使观众无不叹服。

在这一展厅的中心有一幅引人注目的大型丙烯壁画，即该馆的主题壁画——“在人类丰饶华美的广阔大地上”，这幅壁画以一片沃土为依托（丰饶华美的云南大地），根据文献记载与考古材料，选择古代云南少数民族历史文化的若干断面用单元分割又整体联系的传统壁画手法，对云南古代各民族的综合概貌进行了写实的意想性描绘。时间涵盖石器时代、青铜时代、唐代南诏国、宋代大理国直至近现代。内容涉及彝语支民族的“洪水葫芦故事”，古哀牢国“九隆神话”，苗、瑶民族的“盘瓠神话”，南方“羽民国”、“尾濮国”鹤拓大理的故事和人们劳作、歌舞、婚丧节庆等民风民俗及多种宗教活动。壁画设计者精深的构思和画家娴熟的画笔，将古代云南少数民族的历史文化与创世传说水乳交融地结合起来，达到了内容与艺术的完美统一。

与壁画相对的大型陈列柜中，放着云南25个民族的彩色泥塑，泥塑高40—50厘米，每个民族一组（一男一女）共25组。泥塑以本民族真人为原型，将云南25个民族的形象、服饰和日常生活劳作的神态栩栩如生地表现出来，使整个服饰馆的陈列产生一种动态的效果，并开创了我国少数民族泥塑的群雕艺术。

宗教曾经是长期维系少数民族精神世界的重要支柱，因而在他们的社会生活中出现了不少价值很高的宗教用物和艺术品。在该馆的文化宗教艺术展厅，通过实物、典籍、图片扼要介绍了云南少数民族的宗教概况，有大乘佛教、藏传佛教和南传上座部佛教的寺院、佛塔、经籍、法器、摩崖石刻；道教石刻；伊斯兰教的微型《古兰经》。原始的泛灵信仰是云南一些少数民族宗教信仰的一大特色，如纳西族的东巴教，彝族的毕摩教，独龙族、佤族的"椎牛祭祀"、"祭木鼓"等原始宗教活动，既有宗教意识的表象，又有传统文化的内涵。其间陈列的一对巨型的佤族原始木鼓，既是佤族人民的一种打击乐器，也是一种传统祭器，作为一种典型的有代表性的宗教与文化艺术兼容的实物珍品，能很好地反映出这种民族传统文化的多元性。

云南是少数民族文字、典籍种类最多的地区，如果说该馆陈列的古彝文、纳西族的象形文字、傣文、藏文、汉字白文、汉字瑶文等经书典籍已反映出民族文字的特性，那么还有它独家展出的景颇族、布朗族的"树叶信"，独龙族、佤族的刻木结绳记事，更使参观者兴趣盎然。看到那一封封姑娘小伙含情脉脉的情书以及一件件借贷文书、战争檄文、各种文告，竟是用一片片树叶，一束束草根，一根根针线、纽扣、辣椒、火炭、竹片等物来代言记事的趣闻，它既生动地反映出这些民族为传达信息、交流思想、联络感情而长期保存的这一文化习俗的一个侧面，也唤起参观者的共鸣，在文字符号面世以前人类所共同经历的这一历史。

少数民族的音乐舞蹈是民族文化中的又一瑰宝，他们的音乐歌舞是源于生活的典范，其最早的音乐舞蹈就是产生于日常生活、生产活动之中。口弦、芦笙、葫芦笙以及三弦、月琴、皮鼓、木鼓、象脚鼓、铜鼓到树叶、竹片、竹筒等吹拉弹奏之物和傣族的孔雀舞、马驴舞，阿昌族的耍白象，白族霸王鞭等等乐舞器具都一一陈列着。看到这些人们不难联想到《孔雀公主》、《五朵金花》、《阿诗玛》、《芦笙恋歌》等文艺作品的动人情节和他们节庆活动中的大三弦、芦笙舞、木鼓舞、弦子舞、竹筒舞等热烈奔放的场面。

珍品是馆藏的精粹，对博物馆的地位、分量、知名度有着直接的影响。该馆不乏稀世奇珍。如馆藏的战国早期型小铜鼓，在省内外未见二例；明代西双版纳宣慰仪仗队铜鼓；原始的木锄、木耙、木柄石锛，是难以复得的粗放工具，映现着农耕训始的雏形；清代傣族土司龙袍，西双版纳召片领（最高统治者）宫扇，清代彝族男女土司官袍，纳西族木氏土司宦谱（从元代至民国共三十五世）。此外，古代的大象皮甲，苗族地弩，哈尼族银泡马甲，藏传佛教密宗的人头骨欢喜佛等。文物珍品不是单纯以金银、玉器的质地来衡量，而是综合地决定于它的特殊意义和超凡的价值，若是一家独有，其分量自然就非同寻常了，而少数民族文物尤其是这样。这座堪称云南少数民族文物宝库的博物馆陈列的每件器物都来自云南各民族地区，孕育于云南这片丰饶华美的沃土，在这片沃土中滋生的少数民族文物十分丰富，涵盖很广。

云南民族大学博物馆的收藏和陈列反映了它的方方面面，既全面又集中统一，是一座不可多得的民族学、人类学的综合性博物馆。

第四节 专题性民族博物馆

这是一种比较单一的民族博物馆，它以社会科学或自然科学不同学科体系为表现内容，既可以全面反映社会科学或自然科学的发展进程，也可以反映社会科学或自然科学的一个部分，由于反映的内容不同，又可以分出不同类别。现就几种常见的类型介绍如下：

一、历史类

这类博物馆目前在我国少数民族地区还不是很多，但在我国目前汉族地区的博物馆中，历史类占的比重确实不小。全国通史（如中国历史博物馆）、地方通史（如南京博物馆）、专史（如南京太平天国历史博物馆）、历史遗址和遗迹（如西安半坡遗址博物馆、西安耀州窑古陶瓷博物馆、赤壁古战场博物馆、黄崖关下的长城博物馆、杭州古塔陈列馆）、古陵墓（如北京定陵博物馆、洛阳古墓博物馆、秦俑博物馆）、地主庄园（如四川大邑县地主庄园陈列馆）等多种博物馆。它们根据自身的专业特点，搜集研究全国的、地方的或某一个特定的范围的历史文物资料，组织通史、专史或地方史的陈列。通过调查研究和科学发掘，收藏历史遗存，特别是收藏那些反映科学文化发展的历史遗物。遗址类博物馆还要保存有关的遗址、遗迹原貌或进行必要的复原，组织辅助性陈列。

历史性的民族博物馆，在我国大有可为。我国民族众多，历史悠久，无论是古代的、近代的或现代的都可以建立。如古代的，江浙可建吴越史博物馆，南方可建百越史博物馆，东北可建渤海史博物馆，云南可建南诏博物馆，宁夏可建西夏博物馆。可建单一的民族史博物馆，也可建地区性的民族史博物馆，还可建全国性的民族史博物馆或民族关系史博物馆。

二、纪念类

这类纪念馆是纪念重要历史人物和重大事件的专业民族博物馆，它一般要以特定的纪念遗址、遗迹的原貌作为办馆的条件。不同于其他博物馆，这是一种特殊类型的博物馆，它的特点，在于纪念对象属于少数民族历史上一致肯定的重大事件和杰出人物，这些事件和人物在不同程度上都为民族做出了贡献，推动了历史车轮的前进，他们在人民群众中有深远的影响，因此，值得永远纪念。

这类纪念馆，目前我国已建立了不少。除少数是纪念古人的（如杜甫草堂等）之外，绝大部分是纪念近、现代历史事件和伟大人物的。其中又以纪念中国共产党所领导的新民主主义革命以来的重大事件和伟大人物的为多。

纪念馆要在有关这些重大历史事件或人物的活动遗址或地点上建立，通过反映历史面貌的复原陈列和辅助陈列来介绍历史事件的真实情景和历史人物的经历、生活、斗争情况。使人们参观时产生“如临其境、如历其事、如见其人、如闻其声”的感受。从而受到形象和真实而又深刻的革命传统教育、爱国主义、社会主义教育。因此，这类纪念性民族博物馆，应慎重选择那些为人民群众所熟悉和敬仰的人物、事件、遗址、遗迹，在不脱离原建筑的原貌基础上来建立。属于一般性的遗址、遗迹，如某一历史人物路居此处或视察过的地方，就不要或不都要建立纪念馆。当我们宣传个人时，要坚持实事求是的原则，绝不能夸大，不能虚构，不能带个人迷信色彩。

纪念性博物馆的任务，除了通过原状陈列及辅助陈列，以进行革命传统教育之外，还必须认真地保护好纪念性的建筑物，不使其遭受任何损毁；同时，要把调查征集作为经常性的工作之一。凡与纪念对象、人物有关，与纪念建筑相联系的重大事件有关的文物、纪念物或资料（包括革命回忆录、日记、传记等），均应深入调查、征集或访问、记录，以便不断充实和改进陈列的内容。

已建立起的许多纪念性博物馆，都可作为纪念类民族博物馆。各少数民族人民都参加了全国各个历史时期的革命斗争，并都有重要贡献，涌现出重要历史人物不少，重要战场和战役各民族地区都有。如回族的马本斋，彝族的小叶丹，壮族的韦拔群，黎族、苗族的王国兴和陈斯德、都可以根据遗址状况，建立纪念性的民族博物馆。清代的苗民干嘉起义，领袖人物有石柳邓、石三保、吴八月、吴天半等，以及抗日运动的战场，也都可以建成纪念性的民族博物馆，对子孙后代都是很有教育意义的。

三、社会形态类

建立社会形态类的民族博物馆，不仅对我国民族学研究是个重要贡献，对民族史研究也是个重要贡献，而且对中国历史学也是一大贡献。

由于历史的原因，直到解放前夕，我国还有不少少数民族处于不同的社会形态。约有400万人口，主要包括藏、傣、部分维吾尔、哈尼等民族的地区，存在着封建农奴制度。约有100万人口，主要是四川和云南交界一带大小凉山的彝族地区，存在着比较完整的奴隶制度。约有60万人口包括云南省的独龙、怒、傈僳、景颇、佤、布朗和内蒙古地区的鄂伦春、鄂温克等族以及海南岛黎族的一部分地区，还存在着浓厚的原始公社制的残余。凡是在解放前保留一定的社会形态的民族地区，都可以选择最典型的地方创办这类社会形态的民族博物馆。如云南永宁纳西族母系家庭，独龙族的父系家庭公社，拉祜族的母系家庭公社，佤族的家长奴隶制，凉山彝族奴隶制，藏族、西双版纳傣族和南疆维吾尔族的农奴制等等，都可以建立这种专题博物馆。现在，这种类型的民族博物馆，在有关民族地区，有的已经建立了起来。这对进行社会发展史教育，历史唯物主义教育以及宣传党的民族政策，都有积极的意义。尚未建立的还可以继续建立。

现在，在全国率先建立了这类博物馆的是四川凉山彝族自治州，已经建立起了彝族奴隶制度博物馆[①]。

四川凉山彝族奴隶制博物馆，于1985年8月4日落成剪彩。该馆的建立，对征集彝族文物、整理彝族史籍、研究凉山彝族奴隶制、陈列展现凉山彝族奴隶社会的原貌，对广大群众进行社会发展史的教育，宣传党的民族政策，增进民族团结，培养民族博物馆专业干部，为科研提供宝贵的实物资料，都有其重要的作用。该馆坐落在凉山彝族自治州的首府西昌城南6公里处的风景区邛海之滨的泸山小寺坪上，占地面积60亩，建筑面积4450平方米。背倚林木葱郁的泸山，面对银波涟涟的邛海，景色秀丽，环境幽静，是别具一格的参观场所和理想的从事科研之地。整个馆建筑是按风景区的要求，依山地高差的庭园式建筑群和彝族的传统风格进行设计的。高达2.5米的鹅卵石堡烘托着红檐黄壁的馆舍，似一山寨的古老城堡。门廊前的平坝上，耸立着一座7米高的深棕色仿花岗岩石塑像“凉山之鹰”。大门两侧，是一对雄的石虎。凉山彝族有崇虎的习尚，远古时虎是其祖先的图腾之一。门廊两隅，是具有彝族建筑特点的塔楼，楼顶正中立有代表彝族文化特征的酒壶“撒勒勒”造型，四角是抽象化了的向外伸展的鹰翅，而建筑色彩也保持了凉山彝族惯用的红、黄、黑三色的基调：淡黄色的墙壁，橘红色的檐柱、挑方，黑色的门边窗柜，色调和谐美观。挑方的造型，吊檐瓦上的图案，均是按照凉山彝族漆器、服装上的传统纹样设计的，如鸡冠、羊角、火镰纹等。后门和望海阁、迎宾室的额梁、小梁和花饰，则是典型的凉山彝族的传统风格，那是用鲜艳的红、黄、黑三色间隔绘制的口弦、挑方、羊角等图案，具有浓郁的民族风格。修建所用的材料如铺石梯的花岗石，门廊地面的大理石等，皆为凉山特产，又表

① 冯敏：《凉山彝族奴隶社会博物馆》一文，载《中国博物馆通讯》1985年第6期。

现了地方特色。全馆共有七个展厅、一个电影录像放映厅，陈列面积 19143 平方米。附属建筑有接待室、迎宾室、会议室、望海阁和服务部。长达 200 多米的游廊把散布的各厅连为一体，便于观众沿廊进入展厅。走廊的一侧是供观众小憩的水磨石长条凳，廊外是一个小庭园，有月季园、玫瑰园、杜鹃园、竹园、池塘流水、茵坪翠柏等。

“凉山彝族奴隶社会陈列”有六个展厅和一个电影录像放映厅，面积 1667 平方米。陈列内容分为三部分：第一部分陈列凉山的自然概貌和凉山彝族简要的历史沿革；第二部分陈列民改前的凉山彝族奴隶社会，是陈列的主体部分，这部分陈列从社会生产力、等级、家支、习惯法、婚姻、宗教和习俗八个方面向观众展现凉山彝族奴隶社会的原貌；第三部分陈列奴隶们的反抗斗争和伟大的民主改革。整个陈列既揭露了奴隶社会的黑暗和落后，又讴歌了奴隶们的智能和创造力，反映人民推动历史前进的伟大真理。在陈列手法上，除实物外，还用了浮雕、图表、景箱、绘画等辅助手段。由于博物馆陈列实物性很强，一些部分，如婚丧、礼俗等实物有限，为了加强陈列和形象化效果，陈列中还采用了现代视听设备，即电影录像。在参观过程中配合放映 1956 年拍摄的纪录片《凉山彝族奴隶制》和 1982 年拍摄的风情片《欢笑的凉山》。

该馆在厅外的林区还修建一座露天自然彝族寨，可谓之“馆中园”。园中按彝族建筑的原貌修建各等级的住宅，陈列各等级的房屋原貌。其中诺伙等级的住宅就是拆迁了凉山美姑县维其沟区斯干普乡黑水普什匿的原房，在园中重建，其他等级的房屋也一切按原样布置，家用什物，寨外的道路、桥梁等等，景物结合，别开生面。室内有穿各自等级服装的人，进行各自等级的活动。一切就像生活在奴隶社会中，观众参观至此，如入彝寨，身临其境，对凉山彝族的等级、生活原貌一目了然，给人以自然、真实、形象的印象，增加了时代气息，强化了参观效果。

凉山彝族奴隶社会博物馆收藏彝族文物2000余件。有生产工具、生活用具、服装、佩饰、兵器、法具、经书、彝族老红军的遗物，中央慰问团的奖旗、纪念品等，其中以漆器见长，表现了凉山彝族的文化特征。在该馆筹建的同时，请了几位通晓彝文的毕摩和专家翻译整理了失传的彝文古籍，约100多万字，其中涉及彝族的历史、政治、宗教、习惯法、典故等内容，拟编译出版，为民族学研究提供珍贵资料。凉山彝族奴隶社会博物馆已成为彝族文化的宝库。

该馆的建立引起了国内外新闻界、历史、民族等学术界极大的兴趣和重视，也为我国少数民族社会形态类民族博物馆的建设树立了榜样。

四、民族、民俗类

在我国少数民族地区和少数民族中，发展民族、民俗类民族博物馆，有极丰富的资源和雄厚的基础。各民族的风俗习惯都有自己的特点，它是在长期的历史发展过程中逐步形成的，反映着各民族古往今来的社会生活和文化创造的精神面貌。由于我国少数民族分布地区广，一般是大分散小聚居，而且跨界的民族也很多，从西北的新疆到东北与苏联接壤，西南与缅甸、老挝、越南、泰国等东南亚一些国家相接。民族的交错杂居，风俗习惯的相互影响，不仅仅是“千里不同风，百里不同俗”，甚至一山一水之隔，风俗也有全然不同。如苗族就分布在贵州、湖南、云南、四川、湖北、广西、广东、海南等省区，有的甚至从历史上形成迁出远居国外。由于在历史上早就与各民族的交错杂居，相互影响，在民族风俗和文化上就更加丰富多彩，可以建立有特点的民族、民俗类博物馆的地方就不少。

我国各少数民族的传统文化和民族风情，引起国内外观众极大的兴趣。20世纪80年代以来应邀到北京展出，如贵州苗族人民生活习俗和风情的贵州苗族风情展览，展出的300多件文物和100多幅图片，生动地再现了贵州苗族的历史文化以及丰富多彩的民族风情习俗；又如云南民族民俗展览，以傣族竹楼、28米长的彩色龙舟以及铜鼓、木鼓、戎芦竹笙等西南少数民族乐器，在民族文化宫展出，让首都人民领略了云南少数民族各具特色的生活习俗，民居建筑，绚丽多彩的服饰和古朴迷人的乐舞；再如海南黎族传统文化展览，展品中具有较高文物价值的雕画皮鼓、竹刻契约、取火钻木、刀耕火种的器具，黎族传统的家庭住房“船型屋”，显示黎族人民高超创造才能和艺术造诣的黎锦、黎单、竹编织品和独木器皿等，把观众引向对黎族传统文化的回顾。这些临时性的巡回展览，不仅为民族民俗博物馆的建立创造了条件和奠定了基础，而且也生动地说明我国民族民俗博物馆的建立是大有前途的。

少数民族地区五彩缤纷的民族风情，奇丽多姿的自然风光，早已吸引着中外客人。例如黔东南是苗族和侗族聚居的地方，每年有135个民族节日。每逢苗族的芦笙节、龙舟节、姐妹饭节、四月八节、踩鼓节、苗年和侗族的林王节、斗牛节、祖母节、三月三、吃新节、平安节等传统节日集会，少数民族群众穿戴各种工艺精湛的银饰及图案秀丽的刺绣蜡染服装，载歌载舞，活动内容奇特丰富，场面壮观，深受国际旅游者赞赏。结构精巧、技艺高超、雄伟壮丽的苗族村寨的吊脚楼、侗族的鼓楼和风雨桥，招来成千上万外宾，令人叹为观止。美国、日本、英国、法国、奥地利、意大利等20多个国家和地区的客人，纷至沓来，有的客人参观访问苗寨侗乡时，受到“拦门酒”的款待，激动不已。他们称赞这里的民族风情“是一颗藏在深山的明珠”。日本民族学会会员金丸良子在两年中八次到黔东南观光，她说：“黔东南少数民族地区真是看不够，看不厌，我还要再来!”美国友人露茜夫人也七次到黔东南游览，不少外宾还投书询问少数民族节日情况。民族、民俗类的民族博物馆，正是保存和展示这些风情的最好场所。

贵州省文物主管部门与民族工作部门通力合作，广泛展开民族、民俗文物的普查。在黔东南苗族侗族自治州、黔南布依族苗族自治州和10个自治县，组织了400多人参加的民族文物普查队伍，调查了不可移动的民族文物2500多处，征集流散在民间民族民俗文物1万多件，拍摄民族文物及民族风情照片1万多张，积累了民族文物资料1500多万字。同时，对8个民族的30多个典型村寨进行重点调查，编写了近百万字的调查报告，绘制100多幅民族建筑实测图，为筹建各种类型的民族民俗博物馆做了必要的准备。在此基础上，他们还办了“贵州侗族建筑及风情展览”、“贵州省抢救民族文物汇报展览”、“贵州民族节日文物汇报展览”、“侗寨古楼图片展览”等专题民族民俗文物展览，都得到了广大群众的好评，为贵州省各种类型的民族民俗博物馆的建设创造了条件，也为全国民族博物馆的发展树立了榜样。

现在，少数民族地区民族民俗博物馆已在纷纷建立。如在广西壮族自治区靖西县已建立了壮族博物馆、融水县建立了苗族博物馆等等，都吸引了国内外许多观众的极大兴趣。又如在湖南省西部湘西土家族苗族自治州的永顺县，建成的“溪州土家族民俗博物馆”，使来自全国各地的观众和外国朋友，看了土家族民俗博物馆民俗文物的复原陈列，都一致认为展览突出了土家族的特色，形式新颖，内容丰富，乡土味浓，值得一看。再如贵州省的民族节日博物馆也在黄平县风景区飞云崖建成。贵州省一年之内有各民族传统节日集会1万多次（处），参加人数达800万人次以上。节日集会上展现的服饰、工艺、歌舞、乐器、饮食等，反映出各民族的不同风俗习惯。该馆收藏贵州省各民族传统节日的文物、文字、图片和声像等资料，并研究和介绍其民族传统节日文化，也引起国内外观众极大的兴致。所有这些都同时受到本民族人民的一致欢迎。

在少数民族地区，民族、民俗方面的陈列展览更是大量涌现。如白马人民俗文物陈列室在四川省平武县建成并正式开放。白马人，又称白马藏族，人口约1万人，主要分布在四川的平武县、南坪和甘肃的文县。是一支尚待认定族属的民族，有学者认为可能是氐族的后裔。该室陈列的200多件实物和30多幅彩色照片，反映了白马人的历史和民族文化。

与此同时，民族民俗露天博物馆也在各民族地区出现。民族民俗露天博物馆，大致可分为两类：一类是民族地区固有的典型村寨，经组织加工辟为民族村寨博物馆，展现民族的文化和习俗。作为旅游点对外开放，使观众领略到当地的民族工艺、音乐、舞蹈并与村民一道生活，体验其民族风情。另一类是在旅游城市建的民族园林。例如，昆明已建成两座民族园林：一座是傣族风格的园林“春漫”。“春漫”系傣语“园蕊”的音译。这座游园占地面积3000多平方米，主楼翠羽轩等均系傣族风格的竹楼式建筑。这组建筑与翠竹、芭蕉、棕榈等20多种花木交相辉映，别具情趣，宛如一幅清新秀丽的傣族风情画。另一座是白族风格的园林，此园林以白族建筑为主体，并有山茶园、杜鹃园、蔷薇园和兰花园等。又如柳州兴建的大型自然公园民族公园，以少数民族风情为基调，构筑少数民族的村寨、鼓楼、风雨桥，设置瑶族秋千、壮族绣球、斗牛场等，亦属这一类。还有武夷山的仿宋街，这条街建筑设计全部仿制宋代建筑格调，飞檐斗拱，筒状瓦垄，屋脊兽，竹帘垂户，绿纱掩窗，古风淳朴，也是这种类型。

五、生态博物馆

生态博物馆在我国少数民族地区，是1998年以来新诞生的一种博物馆类型。近几年来发展的势头比较迅速。最早出现在贵州苗族地区，随之，迅速传播到广西、内蒙古等其他少数民族地区。

此概念于1971年诞生在法国。以后，在欧洲、拉丁美洲和北美洲等许多国家和地区已成为一个重要的博物馆概念，并产生着重大的影响。

1971年，联合国教科文组织首次推出了“人与生物圈计划”，包括我国在内的100多个国家结成了国际环境同盟。生态博物馆这一新的概念开始传入我国。20世纪90年代，生态博物馆才开始落脚我国，在贵州先后建立了苗、布依、汉、侗四个民族的生态博物馆。我国政府引入这一新的文化保护理念，以期望通过生态博物馆这种全新的保护措施，来保护其民族社区文化的原生性，并在保持现状的基础上，适量地对民族的原生文化进行恢复。与以往发达国家不同的是，我国生态博物馆建设的初衷，不是保护或复原已经逝去的某种民族文化形态，而是因为这种民族文化还存在，而且相对还保存的比较完好。我国生态博物馆生长的土壤，是发展中的我国各民族地区，并且民族文化保存比较完好的村寨，基本都是处于比较封闭、偏远的山区，经济远远低于平均水平，偏远和闭塞是这种文化得以完好保存的屏障，自然也就成为经济发展的制约因素。

我国现有第一批七个生态博物馆的诞生，其经过如下。

梭嘎是贵州省乌蒙山腹地的一个苗族村寨，地处六枝特区境内。那里生活着一个苗族的分支，至今仍延续着一种古老的、以长角头饰为特征的独特的苗族文化。这种文化非常古朴，有原始的平等、民主风尚，有丰富的婚恋、丧葬和祭祀礼仪，有别具风格的音乐舞蹈和十分精美的刺绣艺术，仍过着男耕女织的农耕生活。为了保护和延续这支独特的苗族文化，1995年，经中国和挪威文博专家考察后，根据国际生态博物馆的基本观点和要求，认为梭嘎苗族社会不论从自然环境、社会结构、经济生活和精神生活仍然保存在一种比较完整的文化生态中，是一个难得的、活生生的文化整体。尤其可贵的是这支苗族在世界上只有 4000 余人，这个文化整体，已成为世界文化遗产的一部分，具有很高的历史价值，撰写了《在贵州省梭嘎乡建立中国第一座生态博物馆的可行性研究报告》，并获得国家文物局和贵州省政府的批准，正式列入了中挪文化交流项目。1997 年，国家主席江泽民和挪威国王哈拉尔五世、王后宋雅在北京人民大会堂出席了中国博物馆学会与挪威开发合作署《关于中国贵州省梭嘎生态博物馆的协议》签字仪式，决定在中国建立第一座生态博物馆。根据协议，按照国际生态博物馆的概念要求，1997 年，梭嘎生态博物馆资料信息中心建设工程破土动工，挪威政府为此项工程提供无偿援助 88 万挪威克郎（折合人民币 80 万元），用于场馆建设和征集实物。梭嘎苗族社区是一个完整的生态博物馆，资料信息中心则是博物馆的一个信息库，它记录和储存着本社区的文化信息，如通过录音记录下口碑历史，存放相关的文字资料、具有特殊意义的实物、文化遗产登记清单和其他本社区内的遗产等，通过陈列展览向观众介绍即将参观的文化的基本情况，并对观众提出行为要求，这些都通过视听媒介的综合介绍来完成。1998 年 10 月 31 日，正式开馆，并对外开放。

梭嘎生态博物馆的建成和开放，引起了挪威政府极大的兴趣和高度的重视，为使这一项目得到发展和延续，1999 年 3 月 16 日，挪威环境大臣古露·弗耶兰与我国国家文物局局长张文彬出席了《关于中国贵州生态博物馆合作意向书》签字仪式。随后，挪威政府官员又多次到贵州进行实地考察。1999 年，贵州省人民政府正式批准建立花溪镇山、锦屏隆里、黎平堂安三座生态博物馆。2000 年，龙超云副省长率贵州省政府代表团出席了中挪文化合作项目，中国贵州生态博物馆群的签字仪式。于是，贵州的三座生态博物馆，又分别代表布依族、汉族、侗族等民族，不同的民族特征和不同的文化个性。

按照中挪文化合作项目协议，镇山布依族生态博物馆、隆里生态博物馆和堂安侗族生态博物馆，于 2004 年底建成。

当贵州省在六枝梭嘎苗族地区建成中国第一座生态博物馆的消息传出后，广西有关部门敏锐的感觉到，作为少数民族主要聚居区之一，广西各民族文化资源极为丰富，很有必要对多种博物馆模式进行探讨和实践，作为文化主管部门，广西文化厅开始把生态博物馆的建设纳入今后的工作计划。2001 年，广西文化厅领导亲赴贵州考察，而这时，内蒙古自治区也建成了一座蒙古族的生态博物馆。

随着广西壮族自治区在南丹县的白裤瑶族聚居地，兴建起广西的第一个生态博物馆，即瑶族生态博物馆。紧接着靖西壮族生态博物馆、三江侗族生态博物馆又相继兴起，这三个博物馆将形成广西第一批生态博物馆群。自治区文化厅还将计划在下一个五年内，在广西各地陆续建成开放的生态博物馆，包括京族、仫佬族、毛南族等各民族在内，建成后将成为即将建立的广西民族博物馆的工作站和研究基地，成为各地各民族文化研究的中心，为广西 12 个少数民族文化发掘和保护探索出一条新路。

在北方，内蒙古自治区从反映内蒙古特色文化的角度出发，合理有效利用包头地区的人文资源和自然资源，遵循生态保护和文物保护并重的原则，强化古城的文化特征和生态特性，尊重蒙古族的文化传统。由敖伦苏木民族嘎查、生态保护区和敖伦苏木古城遗址三部分组成。将敖伦苏木古城及古城周边保存了目前国内为数不多的元代文化遗址，其区域内人类活动可追溯到 1 万多年前的旧石器时代晚期的历史遗址，区域内有蒙古族著名的汪古部政治、经济、军事、文化中心遗址，古城内保存着亚洲最早的罗马教堂遗址。敖伦苏木古城生态博物馆建成后，将有效保护古城的文化遗产和周边的生态环境，同时可以带动本地区旅游事业的发展。这是中国北方地区的第一座生态博物馆，其社会和文化意义也非常大。

至此，我国目前现有的七个生态博物馆全部建成。七个生态博物馆的情况如下①：

1. 梭嘎苗族生态博物馆

1998年10月建成，位于贵州省西部六盘水市六枝特区境内的一座深山上。距离省会贵阳208公里，居住着一支具有独特文化的苗族分支，称为“箐苗”。村寨仍然处于男耕女织的自然经济状态，由寨老、寨主和鬼司共同管理，寨老是最高领袖，鬼司是精神领袖，寨主是行政领袖。信仰山神，每年3月隆重祭山、祭树、祭祖先。没有文字，刻竹记事。但文化生活丰富多彩，有独特的婚嫁、丧葬和祭祀仪式，有别具风情的音乐舞蹈，十分精美的刺绣艺术。这是中国第一座生态博物馆，在中挪博物馆学家和地方政府帮助下，村民建起了资料信息中心，收集了一批文物，开展了记忆工程，对有形遗产和无形遗产进行全方位的保护。对村中10座百年以上的老屋进行了保护和加固。引水上山、引电上山，改善了村民的生产和生活条件。梭嘎生态博物馆开放后，接待了许多国家的人类学、社会学的研究和旅游观光客人。梭嘎村民正在摆脱贫困，融入主流社会，又努力保护着自己传统民族文化的精华。

2. 镇山布依族生态博物馆

位于距贵阳21公里的石板镇花溪河的一个半岛上，三面环水，与直插天空的半边山相对，风景奇特优美。村寨民居全以石板为建材，远处眺望十分壮观，别具一番景色，是贵阳郊区的旅游胜地。生态博物馆的建立，有力地保护了自然环境和人文环

① 《中国博物馆通讯》2005年第7期。

境。明万历年间，李仁宇将军进驻镇山，依山傍水构筑了城堡，至今仍保存着400年前的屯墙和屯门。李将军与布依族班姓女子结婚。汉族与布依族联姻至今已传至17代。汉族姓李，布依族姓班，两姓和睦相处，相互尊重民族文化传统。村寨内的武庙、土地庙和民居布局、室内装饰、供奉的神位都属于汉文化；而在生活中布依族文化占主导地位。布依族的情歌和神话传说异常丰富。崇拜山、石、古树，每年六月六日为祭拜神树节日，还进行家祭祖先。布依族的饮食独具特色，很受宾客欢迎。该馆2002年建成。村中的资料信息中心，内设文物资料室、展览厅，收藏和展示布依族的实物和村寨历史。

3. 隆里古城生态博物馆

位于贵州省东南部锦屏县内，距贵阳480公里。古城建于明洪武十九年（1386），是屯兵驻军的兵营。城内完好地保留着规整的“三街六巷”，居民按统一规格建造，重要遗存有千户所遗址、龙标书院、城墙、护城河、宗祠等。居民都是军队后裔，全系汉族。来自陕西、安徽、江苏、湖南等几省，有72姓。各姓都有自己的宗祠和家谱。居民传承汉文化，说汉语。他们有自己的知识分子，出版了古城的历史著作和传说、故事、歌谣集等。他们有一个讲史茶座，老年人在此交流口碑历史。演汉戏，讲故事，文化生活很丰富。隆里的龙舞，气势磅礴，变化多端，是迎宾的重头戏。隆里基本保持古城的建筑风貌，城门、城墙维修加固，城内原建水道流畅、合理，是一座规整的汉族文化古城。2004年10月，800平方米的资料信息中心建成，正式开馆。

4. 堂安侗族生态博物馆

位于贵州东南部，黎平县肇兴乡南5公里的山头上，距贵阳610公里。堂安寨形成于明初，距今有近700年的历史。堂安背靠原始森林，珍奇树种，众多鸟类，自然遗产丰富。大面积开垦的梯田从寨脚到寨顶跨度3公里，有1500多丘，田埂用青石砌成，弯弯曲曲，层层叠叠，形成罕见的农田工程。鼓楼和风雨桥是侗族的标志性建筑，造型典雅别致，是公众聚会活动的中心场所，也是跳舞、唱歌文化活动中心，迎宾送客也在这里举行。侗族音乐十分丰富，有民歌、大歌，大歌是多声部合唱，有叙事大歌、抒情大歌、伦理大歌、童声大歌、礼俗大歌等驰名中外，曾应邀到欧洲演出。舞蹈有踩歌堂和芦笙舞。踩歌堂是一种集体舞蹈，主要用于迎送宾客，热情隆重。堂安侗族生态博物馆资料信息中心，设有文物保管室、资料室、展厅，并设有研究室，为前来的专家、学者提供研究服务。

5. 南丹里湖白裤瑶生态博物馆

在广西南丹县苍翠的大山深处，居住着瑶族的一个极具神奇色彩的支系——“白裤瑶”。“白裤瑶”因其男子常年身穿白裤而得名，人口 3 万左右，是民族文化保留十分完整的一个民族，被外界称为“人类文明的活化石”、“民族文化的精神家园”。南丹里湖白裤瑶生态博物馆位于广西壮族自治区南丹县里湖乡怀里村，是广西壮族自治区的第一座生态博物馆，于 2004 年 11 月建成。

由于历史、传统和自然环境等方面的原因，目前白裤瑶仍然保存和延续着极为独特和丰富的传统文化。服饰是民族最明显的标志，白裤瑶的染织服饰极具特点，非常精美，在服饰上刺绣的图案花式抽象而蕴意深远。白裤瑶是一个能歌善舞的民族，他们的铜鼓乐舞粗犷豪迈，细话对歌温柔甜美，正好形成鲜明对比，是其民族文化丰富多彩的写照。葬礼是白裤瑶社会一项十分重要且规模盛大的人生礼仪活动，砍牛送葬是仪式中最关键的，也最惊心动魄。在白裤瑶居住的地方还有奇特的岩洞葬遗址，至今仍是学术界争论不休的一个谜。另外，还有白裤瑶别具匠心的民族建筑、古朴浑厚的民族乐曲，紧张刺激的赛陀螺等，这些都是宝贵的民族文化财富，使得国内外热爱民族文化的人们趋之若鹜，陶醉其中。

南丹里湖白裤瑶生态博物馆所在地的自然环境、社会结构、经济状况和精神生活，仍保存在一种比较完整的文化生态中，具备建立生态博物馆的必需要素，是一个难得的、具有很高保护价值的文化整体。生态博物馆由一个展示中心和蛮降、化图、化桥三个瑶寨的原状保护组成。展示中心设在进入蛮降、化图、化桥村寨之前的公路一侧，与村寨有一定的距离。这里是一个集白裤瑶文化展览、工作人员办公、研究人员住处、餐饮商店、盥洗服务空间为一体的综合性建筑，包括具有本地民族特色的大门，有介绍瑶族概况、历史、民俗、服饰、用具、工艺品等内容的展示厅，有工作人员办公、接待的相应空间，还有具有民族特点的宾馆式的国内外研究人员接待站等。生态博物馆同时是正在积极筹备兴建的广西民族博物馆的外部延伸，作为民族博物馆的一个工作站。整个展示中心的布局适应地势，绿树环抱，建筑外观与当地瑶寨的建筑风格相一致。生态博物馆的另一个重要内容是瑶寨的原状保护，这要求房屋由其所有者继续使用，不改变其建筑功能，重点保护古遗址、古墓葬、古道路、谷仓、水井及自然环境等，力求做到保存原汁原味的民族文化生态环境。

南丹里湖白裤瑶生态博物馆的建设以民族文化为特色，更好地保持和展现了广西少数民族别具一格的传统文化，使生态博物馆与旅游、休闲业相结合，使保护和开发相协调，成为一个旅游的新亮点，同时也对拉动当地经济的发展，提高当地人民的生活水平产生直接的影响，达到了“双赢”的良好效果。

6. 广西三江侗族生态博物馆

三江侗族自治县位于广西北部，地处桂、湘、黔三省交界处，三江侗族在历史发展过程中创造了光辉灿烂的民族文化，成为南部侗族文化的典型代表。广西三江侗族生态博物馆于 2004 年 11 月建成，其保护范围所在的三江县独峒乡盂江上游侗寨，是一个文化生态保存完整、文化内涵典型的地方。

三江侗族生态博物馆以坐落在县城的原三江侗族博物馆为"展示中心"，固定陈列"三江侗族文化展"，展示内容包括古老的侗寨、侗寨建筑与工匠、古朴的习俗、三江侗族服饰、织锦和刺绣、侗乡文艺、生态博物馆等九个部分，全面地展示侗族文化，成为宣传侗族文化的重要窗口。三江侗族生态博物馆还是广西民族博物馆的侗族研究工作站，是侗族资料搜集中心和侗族文化研究中心。生态博物馆保护范围是独峒乡孟江上游沿岸 15 公里的座龙、八协、平流、华练、岜团、独峒、牙寨、高定、林略九个侗寨。在保护范围内，峰峦叠嶂，山水奇秀，环境优美，集侗族民居、寨门、鼓楼、风雨桥、民间艺术、民风民俗以及田园风光为一体，人与自然和谐相处。这里侗乡风情多姿多彩，"月也"、"斗牛"、"月堆瓦"、过侗年等传统习俗淳朴，"款"、"扑腊"等制度文化尚有遗存，"多耶"、大歌、芦笙踩堂等侗族歌舞美不胜收。侗族妇女个个心灵手巧，能织善绣，她们亲手制作的侗族服饰、侗锦、刺绣精美绝伦，加上华丽的银饰把侗家姑娘打扮得花枝招展。以风雨桥和鼓楼为代表的侗族传统建筑是侗族文化的精华，也是孟江上游侗族文化中最负盛名的文化代表。这里共有风雨桥 13 座，鼓楼 26 座，其中岜团桥设有人畜分道二层桥廊，古朴雄伟，匠心独具，被列为全国重点文物保护单位。

广西三江侗族生态博物馆立足于保护范围内丰厚的文化底蕴，采用"馆村结合"、"馆村互动"的保护方式，做好保护范围内民族文化保护的宣传工作，调动侗族群众对自己文化保护的认同感、使命感和自豪感，在每个侗寨中选出"侗族文化户"，组成"民族文化保护小组"，对每个侗寨进行整体性规划及保护。三江侗族生态博物馆具有保护范围较广，保护范围与展示中心异地的特点，这也是生态博物馆在中国本土实践的又一个新模式。

7. 内蒙古自治区敖伦苏木生态博物馆

蒙古族是一个历史悠久的民族，繁衍生息于中国北方广袤的草原上，足迹遍及欧亚大陆，号称马背民族。敖伦苏木古城位于北纬 40°40′，东经 110°28′，跨百灵庙（旗政府所在地）30 公里，距呼和浩特 167 公里，距包头 160 公里，是成吉思汗与历史上汪古部“世婚世友”的地方，先后有 16 位蒙古公主下嫁此城首领，元朝封汪古部首领为赵王（也叫赵王城），其辖地北至大漠、南至黄河、西至中亚、东接大海，是草原丝绸之路主要的城市，是中西文化交汇的枢纽，当时城中六种语言文字并用，多种宗教并存，成为政治、经济、文化、军事、交通的中心。

敖伦苏木生态博物馆现有居民 15 户，他们主要是以蒙古族为主，居住在方圆 30 平方公里的牧点，户与户之间相隔几十里地，他们以户为单位，独立进行生产，以传统的手工作坊从事简单劳动，畜牧、制作奶食品、奶酒、民族服饰、民族用品及举行民族文化活动和宗教活动。每年的农历五月十三是牧民传统的祭敖包日，这天牧民们衣着整齐，备好祭品，一般是全羊（也叫“乌查”）。首先喇嘛念经、焚香柏、洁净敖包，再上供品，敖包主人给精心挑选的马戴上神符，然后诵经放回自然，众人绕敖包三圈，每个人向苍天、向敖包许下心愿，最后开展民族体育比赛和娱乐活动，主要有摔跤、赛马、射箭和民间歌舞表演。

该地所有的民俗婚嫁、丧葬、祭灶、庙会、献哈达、敬酒，都保留了传统的文化。他们与大自然和谐相处，没有在现代文明的冲击下丧失传统，他们热爱和珍视自己的历史，在漫长的游牧生活中用劳动和智能，创造出特有的游牧文化。蒙古族热爱自然，关心自然。

在上述生态博物馆建成之后，新疆、宁夏、西藏、云南、四川、重庆、湖南、海南等民族地区，目前都有生态博物馆在积极的酝酿筹建之中。

传统的博物馆是将文化遗产搬移到一个特定的博物馆建筑中，与此同时发生的是，这些文化遗产远离了它们的所有者，远离了它们所处的环境。而生态博物馆是建立在这样一个基本点之上，即文化遗产应原状地保护和保存在其社区及环境之中。从这种意义上讲，社区的区域等同于博物馆的建筑面积。与传统博物馆不同，生态博物馆具有明显的保护和传承优秀民族文化的功能，强调文化遗产原状地保护和保存，在其所属社区和环境中保护鲜活的文化整体。生态博物馆向社会提供的是一个正在生活着的社区环境和经济、文化的整体，是一个正在生活着的社会的活标本，也为人类学、民族学、民族语言学等学科研究提供了活标本。加强生存环境的治理和保护，保护村落的风格和建筑特点，保持语言环境、服饰和生活习惯，不要为迎合大众旅游而刻意装饰，保存原生文化的特点，生态博物馆的建设，对此十分有效。"对本社区文化遗产尽可能原状地保存"，是生态博物馆首创的理念，成为吸引观众走进生态博物馆参观的理由。如今，追求经济、社会与生态环境的协调和可持续发展，已成为我国少数民族地区发展战略的模式和目标。随着全球旅游重心向亚太转移，我国的旅游规模必将达到空前水平，无论是国际旅游，还是国内旅游均将跃居世界前列。目前，旅游业已成为我国少数民族地区最强劲的经济增长点。由于常规旅游对旅游资源的过度开发以及给环境带来的负面影响，旅游业可持续发展问题已受到各地政府部门的高度重视。生态旅游业的兴起既符合少数民族地区持续发展的要求，又满足了少数民族地区旅游业持续发展的需要，其发展前景，可想而知。

六、其他形形色色博物馆

少数民族和少数民族地区还有许多特点，可以建立博物馆的资源很多，如筹建专门反映自然资源、森林矿场、土特产品以及生产工具、经济、文字、绘画、书法、摄影、雕塑、陶瓷、铜器、工艺、美术、音乐、舞蹈、文学、戏剧、科技等方面的博物馆，许许多多都还是尚待开垦的处女地，还没有先例，但却大有作为。如岩画是古代先民们记录在石头上的形象性史书。它描述了从远古的狩猎时期到现代的原始部落人类生存活动的连续性篇章，从多方面揭示了古代人们的政治、经济、社会生活以及哲学思想、宗教信仰、审美观念的丰富内容。目前，科学调查发现全国已有 14 个省（自治区）的 50 个县（旗）有岩画，它们分布的范围包括东起黄海之滨，西达昆仑山口，北抵牡丹江畔，南到广西右江沿岸。具体有：宁夏龙江的牡丹江；内蒙古白岔河、乌兰察布、阴山山脉；宁夏的贺兰山；甘肃黑山和祁连山；青海湖畔；新疆的天山南北和昆仑山口；西藏的阿里地区；四川的珙县、昭觉；云南的沧源、耿马、麻栗坡和怒江；贵州的盘江沿岸、清水江边；广西的左江流域；福建的华安；江苏的连云港以及山西的吉县等。也就是说，我国岩画绝大部分都发现在边疆少数民族地区或古代少数民族聚居地，大都是古代少数民族所作，与这些岩画有关的民族，北方有匈奴、羌、大月氏、鲜卑、突厥、回鹘、党项、蒙古等，南方则有属于古代百越和濮僚系统的民族。研究我国古代岩画，不仅对了解我国古代人们的审美意识的形成和发展，丰富我国古代美术史有极其重要的意义，同时对我国民族史、民族学、民俗学、原始宗教史等学科也有十分重要的价值，在这方面不少地方还可以创办岩画博物馆。

我国广大的少数民族地区，还有众多的石灰岩分布，岩溶地形十分发育，优美的石林和岩洞很多，如湖南省桑植县的九天洞，洞内有上、中、下三层，36 个大厅，厅厅景色各异，石柱、石花呈 6 种颜色，洞内总面积为 250 万平方米，洞中还有 3 个湖泊、12 条瀑布、3 条阴河、5 座自生桥、9 个天窗。其景色之丰富，气势之磅礴，为国内所罕见。这就是旅游和博物馆的很好资源。在有些溶洞堆积中，蕴藏着丰富的古生物、古人类化石和古文化遗物，是科研不可多得的宝藏。现在随着旅游业的发展，不少溶洞已逐步被人们发现，并开发为旅游胜地，这类洞穴博物馆就可在这些地区逐步建立起来。

这类博物馆可以建立的种类很多，由于比较专门和独特，在这里，我们可将它称之为形形色色的博物馆。建设这类形形色色的博物馆也能给人以知识，陶冶和启发人们热爱家乡，热爱祖国，热爱文化，热爱历史，并有学术研究、观赏和旅游价值。这类博物馆目前在我国少数民族地区已经建成的有：广西白莲洞穴博物馆，贵州省安顺县华严区蔡官乡地戏陈列馆、镇远市青龙洞内民族建筑博物馆、台江县文昌宫内的刺绣博物馆、雷山县郎德寨苗族村寨博物馆、大方县的彝碑文陈列室、安顺地区的蜡染博物馆、遵义地区的酒文化博物馆、福泉的古城屯堡博物馆、关岭晒甲岩半山上露天崖画博物馆、兴义的民族婚俗博物馆、遵义地区的杨粲墓博物馆、大方城郊的奢香墓博物馆、织金的砂器博物馆、龙里的民族葬俗博物馆、贵定的乡规民约碑博物馆、清水江的苗族龙舟博物馆、黎平的鼓楼文化博物馆、黄果树的碑林博物馆、布依族村寨博物馆、铜仁的傩戏博物馆、石阡的温泉博物馆、思南的乌江博物馆、岩溶博物馆、梵净山博物馆、黄平的古桥驿道博物馆等等。

当今世界各国对博物馆事业都极为重视，把博物馆看成是民族历史的纪念碑，民族自尊和骄傲的象征。一些发达国家不惜花费巨资，大力发展博物馆。一些不发达国家和地区独立后，往往也以巨额资金，建造博物馆。随着经济的迅速发展，世界上的博物馆事业呈现出一片空前繁荣的景象，名目繁多的博物馆犹如雨后春笋般出现。在我国这类形形色色的博物馆和体现各民族传统文化的设施也出现了不少，而且还在不断的发现，不断地发展和建设之中。为了便于利用这部分例子作借鉴、参考，启发和促进我们利用类似资源发展我国的民族博物馆事业。现根据近年来国内报刊和网上资料所载，特介绍以下形形色色的博物馆。

江永女书博物馆

几近销声匿迹的湖南江永女书受到国际学术界热烈关注。由于女书传人的相继去世与女书资源的流失，如何抢救与保护女书也一直是社会关注的焦点。“江永女书生态博物馆”建在女书的原生地和原生环境——湖南江永上江圩镇普美村中，将其自然风貌、建筑物、生产生活用品和所在地妇女的日常文化生活方式集中在一起，并将女书的传承贯穿其中，作为女书生态环境部分的永久性展示。与传统意义上静态的博物馆不同，“江永女书生态博物馆”是一座活动的立体的博物馆，人们在这里不仅可以看到资料性的女书作品的陈列、介绍，更进入一个集中了女书、女友、女歌、女红等独具特色的女性社会生活景观和文化生态环境。

贵州台江刺绣博物馆

该馆在贵州省台江县文昌宫内。台江及毗邻的雷山、剑河、凯里等县市的苗族同胞以及布依族、侗族、彝族、水族、瑶族等兄弟民族的刺绣、挑花等手艺相当高。此馆展示了贵州少数民族的刺绣成就，包括刺绣的手法与风格，绣品的用途与功能，特别是各种绣品丰富多彩的文化内涵，弘扬和揭示了刺绣在民族学、民俗学、考古学以及工艺美术等领域的重要地位。

施洞口苗族龙舟博物馆

清水江畔每年农历五月二十七是苗族龙船节集会地点。在上下 60 公里的这一地段内，有个独特的苗族文化圈，称之为“苗族独木龙舟文化圈”。在这个文化圈内，有 40 多条独木龙舟。其龙舟的造型、竞渡的方式、胜负的标准以及围绕龙舟活动所反映的一系列社会结构、文化观念、经济生活等方面，具有极高的研究价值与开发价值。近年来，欧美特别是日本等国的专家学者接踵来此参观考察，颇有点国际文化艺术节的味道。文物部门已在此做过调查并拨款维修县级重点文物单位“苏公馆”（即苏元春的公馆）。以其为馆舍，建立苗族龙舟博物馆。

镇远民族建筑博物馆

在贵州省镇远市全国重点文物保护单位青龙洞内，有一座民族建筑博物馆。青龙洞古建筑群，依山就势而建，贴壁凌空而立，具有典型的山地建筑风格。其木雕、石雕、砖雕、泥塑，技艺精湛，巧夺天工，本身堪称山地建筑博物馆。该处展有苗族的吊脚楼，布依族的石板房，侗族的古楼、花桥，彝族的土司庄园，水族的水上屋，瑶族的圆包以及各种水碓、水磨、水碾、水车、船廊、凉厅、戏楼、月堂等，具有地方特色和民族风格的民族民间建筑的照片、图纸、模型、沙盘等，还有大量精致的木雕、石雕、砖雕、泥塑等建筑构件，内容相当丰富。

民族节日博物馆

在贵州黄平飞云崖，1988 年元月建成我国第一座民族节日博物馆。该馆收藏了贵州民族节日文物 1000 多件，有各民族的节日盛装、乐器、饮食器皿、祭器及节日活动的图片、文字及音像资料。贵州一年之中，有各民族节日集会 1000 多次（处），参加人数达 800 万人。该馆集民族节日文化之精华于一身，使观众充分饱览各民族丰富多彩的民族节日文化，它又是研究贵州民族节日文化的中心。

苗族村寨博物馆

贵州省雷山县郎德寨是一个历史悠久，民族文化丰富的苗族村寨，距凯里 27 公里。该寨山清水秀，竹木葱茏。寨里吊脚楼鳞次栉比，具有典型的苗寨风格。被称为“苗岭山区的桃花源”。民风古朴，热情好客，游人到此，常被迎之以拦路酒、拦路歌，并被邀至铜鼓坪上踩铜鼓、跳芦笙。晚上还可以在游方场上欣赏苗族青年男女对唱情歌。客人在此留宿，住在吊脚楼上，比住宾馆还有趣。此处已辟为露天民俗博物馆。

地戏陈列馆

贵州省安顺县华严区蔡官乡有一家村办的“蔡官地戏陈列馆”。该馆建在村西头的朝阳寺内，占地面积约140多平方米，馆门是轿子顶式的木构建筑。在三间庙房内陈列有地戏面具172面，道具20多件以及其他资料和照片。

彝文碑陈列室

设在贵州省大方县文物保护管理所内。大方县是彝族活动的中心地带之一，县内保存有许多古彝文碑，现集中了几十通碑及碑的拓片在文管所内展出。碑文内容十分广泛，是研究彝族历史文化的重要实物资料。

佳山民俗博物馆

在四川省安江县夕佳山，1988年建成一座民俗博物馆，占地面积4900多平方米。有厅、堂、居室、书房、绣楼、琴房、戏台、经堂、碉楼等，大小房舍共108间。院内有荷池、假山、小桥流水，四周覆盖大片的桢楠古树林。在房间的门窗、梁柱上雕刻有丰富多彩的人物、花鸟、戏剧传说图案。整个建筑布局精巧，完整地保持原来的风貌。该馆以反映汉民族生产劳动、生活习俗、民间工艺等地方民俗为主。辟有“民俗文物室”、“生产工具室”、“佛堂”、“婚俗室”、“民俗文物室”、“民间木器室”等专题，陈列着各类文物200多件，具有浓郁的川南地方特色。

蜡染博物馆

“贵州蜡染文化展览”于1988年先后在北京、天津、济南、淄博、许昌等地展出后，1989年又在南京、苏州等地展出。1989年秋，贵州省级重点文物保护单位安顺府文庙大成殿维修竣工后，将此展览移至安顺府文庙长期展出，在素称“蜡染之乡”的安顺府地区建立起蜡染博物馆，格外受到重视。

酒文化博物馆

内蒙古酒文化博物馆是一座古典风格的建筑，走进博物馆，立刻有一股夹杂着历史味道的酒香扑鼻而来。该馆占地面积2800平方米，有1500平方米的展厅，馆藏文物350余件，以“我国和内蒙古的酒历史及河套酒业50年奋斗历程”为主题，展示了内蒙古各民族4500年来内蒙古草原的酿酒技术和酿酒器具、饮酒器具，展现出其沿革情形，以及饮酒风俗风情。在酒文化博物馆里，也展出了历史上奶酒的酿造工具和工艺流程，令人耳目一新。

民族葬俗博物馆

贵州省境内有许多崖洞葬，一洞之中少则几棺十几棺，多至数百近千棺。在平坝、长顺等地清理过几棺。获得不少珍贵文物。其中的宋代点蜡幔及彩色染衣裙，堪称稀世珍宝。龙里境内的崖洞葬，其规模十分可观。以龙里的崖葬为依托，在县级重点文物保护单位龙里冠山举办有关崖洞葬的文物展览，对研究贵州少数民族的葬俗有重要意义。在此基础上，充实内容，还可建立民族丧葬俗博物馆。

乡规民约碑博物馆

贵州省各地有许多乡规民约碑，其内容涉及家庭婚姻、社会治安、护林防火、水利分配、市场管理等社会生产、生活的各个方面，有汉文、苗文、彝文、满文以及用汉文标注等多种表现形式。对研究当地少数民族的历史文化、风俗习惯，特别是研究原始的民间法规，具有重要价值。贵定是保存古代乡规民约碑较多的县之一，也是十分注重制定新的乡规民约的县之一。有关部门集中展出贵州境内有代表性的乡规民约碑及碑的拓片，用县级重点文物保护单位贵定城隍庙作馆舍，建立乡规民约碑博物馆。

古城屯堡博物馆

贵州境内的各种防御性建筑设施，诸如城墙 、营盘 、碉堡、战壕、关隘、烽火台等等，不仅是古代军事斗争的遗存，也是民族关系、文化交流、经济发展的历史见证，具有多方面的研究价值。以结构奇特的省级重点文物保护单位贵州省福泉古城垣为依托，将有代表性的各种军事设施的照片、图纸、沙盘、模型及有关的建筑材料、修建碑记、出土文物等，在维修后的县级重点保护单位福泉“大夫第”内陈列展出，并系统整理有关资料供研究，建立古城屯堡博物馆。

云南民族村

坐落在昆明滇池之畔，这里有一座座少数民族村寨，有傣族、白族、彝族、纳西族、佤族、拉祜族、布朗族、基诺族等民族的远古文化形态，有博览、度假、娱乐、水上活动等各种设施，云集了云南 26 个民族的民情、民俗、文化音乐、舞蹈、宗教风俗为一体，可以看到妙趣横生的婚俗礼仪，多姿多彩的民族节庆，优美动听的民族音乐、舞蹈，更可以看到一处处造型各异的民族建筑和五彩缤纷的少数民族服饰。

承德“野风寨”

在避暑山庄 1 公里处，占地面积 12.3 万平方米，山高林密，风光旖旎，融苗、蒙古、维吾尔、哈萨克等多民族风情于一寨。山坡上茅屋幢幢，花丛中苗寨座座，蒙古包掩映在绿树之中。草深林密处有鹿、獐、狍、狐、猴、山鸡、乌鸡、丹鹤、雕等野生动物 20 多种。服务人员多是能歌善舞的少数民族青年，寨中执勤人员不穿警服不配枪械，而以树叶、兽皮为衣，手持刀枪剑戟巡逻在寨子四周。为了给中外游客创造一个尽情娱乐的环境，寨内不仅备有丰富多彩的民族舞蹈，还有能充分体现民族风情的摘仙桃、抬花轿、拦路酒、投绣球、献哈达、撑伞滑翔、骑马射箭等民族体育项目。寨中饮食以山珍野味为主，还备有武大烧饼、武大豆腐、烤全羊、奶茶、奶酪等具有民族特色的餐饮。“野风寨”突出野风、野情、野味，使人们寻找到从喧嚣的都市投身到大自然的美好感觉。

武陵源自然遗产博物馆

在湖南武陵源筹建。自从联合国教科文组织批准武陵源风景区列入《世界自然遗产名录》，湖南省武陵源区人民政府决定投资1255万元建立一个“武陵源世界自然遗产博物馆”，具体将包括三个功能馆。即以峰林地貌发育初期的天子山、神堂湾风景区为核心，内设地质环境观测站；武陵源珍稀植物博物馆，以索溪峪天然植物园为主体，内设珍稀植物园、植物标本馆、植物研究室等；武陵源珍稀动物博物馆，以索溪峪天然动物园（白虎堂景区）为主体，内设珍稀动物驯养殖场、动物标本馆、动物研究室等。三个功能馆均按整个武陵源风景区的地质地貌、自然景观及野生动植物的分布特点构筑。

彩灯博物馆

中国首座风格独特的彩灯专业博物馆在四川省自贡市彩灯公园正式开馆。该馆总建筑面积6000平方米，整体建筑以乳白色为基调，馆体造型以灯为主题，宫灯型角窗和墙面的圆形、菱形灯窗构成一组巨大奇特的彩灯群，造型新颖，主体鲜明。馆内有灯史厅、自贡彩灯厅、风情厅等展厅。

云烟博物馆

云南曲靖市每年种植烟草3亿多株，年烟草收购量近90万担。为了充分发挥这一优势，曲靖市筹建一座云烟博物馆。这个博物馆是一个工农业文物型博物馆，其主要功能是传播烟草种植、加工的常识和历史知识。旅游者可以了解烟草种植、加工的常识，了解烤烟种植业与卷烟业的发展历史。

醋博物馆

中国唯一以醋为主题的专业博物馆即阆中保宁醋博物馆，馆内与醋相关的文物古迹及“古装酿醋”令人耳目一新。阆中古称保宁，是一座具有2300多年历史的文化名城。古城区大都保存着清乾隆、康熙年间的原貌，城内数十条老街纵横交错，古街古院幽深莫测。阆中古城还是中国著名的“醋城”，早在战国末期，阆中的“巴醯”（醯即醋之古称）就扬名天下，此后醋房、醋香遍布市井。阆中保宁醋与山西老陈醋、江苏镇江香醋、福建米醋并称为全国四大名醋。阆中的醋博物馆浓缩了我国特别是阆中的酿醋文明，由醋文物陈列室、酿造手工老作坊、松花老井等三部分组成。醋文物陈列室由一唐代建筑改建而成，古色古香、风景清幽，收藏了历朝历代酿造醋的生产工具、盛装器具、店铺匾额等醋文物1000多件，其中，宋代醋壶、醋碗、醋碟，明末盛醋陶罐，清代四耳盛醋陶罐、醋缸等文物甚为珍贵。在手工老作坊中，工作人员穿古装全面展示酿造醋的道道工序。松花老井是酿醋的水源，系唐朝开凿。

珠算博物馆

我国最大的珠算博物馆建在浙江临海市，该馆占地140平方米，设展室3间。馆前陈列的铜铸仿古算盘，7珠9档，重589公斤。馆内有我国最大的木算盘，长6.52米，高1.68米，25档，算珠直径达20厘米。还有一把国内最长的算盘，225档，可供15人使用。国内最小的算盘也陈列在这里，它打在金戒指上，7档，共42颗珠，每珠直径约1毫米，档比发丝粗些。还有来自日本、美国等国的算盘。

火山博物馆

位于黑龙江省五大连池市境内，在近100平方公里范围内，集聚着30万年前喷发形成的14座火山和80平方公里火山熔岩，大跨度的火山群和丰富的原始火山地质地貌及火山矿泉、天池、堰塞湖、地下森林、熔岩水洞、冰洞、风洞及数不清的熔岩景观。山秀、水幽、泉奇、石怪、洞妙是火山博物馆的特色。

钱币博物馆

1988年8月21日在江苏吴江建成“吴根生钱币博物馆”。

吴根生系江苏省著名钱币收藏家，有几十年钱币收藏历史，他将自己的宿舍腾出一部分，开设钱币博物馆。该馆展出了上迄春秋时期，下至现代的各类钱货币 5000 余件。

古脊椎动物化石博物馆

我国第一座县级化石博物馆 1988 年 11 月在山西榆社县落成，正式对外开放。榆社早在 1961 年就被国务院和山西省列入古脊椎动物化石重点保护区。这座古脊椎动物博物馆，是由国家和山西省有关部门联合拨款兴建的，总建筑面积为 700 平方米，展厅共展出化石标本 258 件，分爬行类、长鼻类、肉食类、啮齿类、鱼类、奇蹄类、偶蹄类等。

露天崖画博物馆

贵州省的重点文物保护单位红崖古迹（红崖碑）在关岭晒甲岩半山上。明清以来，中外学者对其作过许多研究，终未取得一致认识。由于年代久远，版本颇多。近年来，有人认为红岩古迹（红崖碑）可能与崖画有关。因此，将“红岩碑”的几种版本及省内已经发现的十几处崖壁画，在离黄果树瀑布附近的晒甲岩天然崖壁上复制出来，建一露天崖画博物馆，既可提供研究，又丰富了黄果树风景区的游览内容。

民族婚俗博物馆

少数民族的恋爱、婚姻与家庭是个政策性、科学性、知识性、趣味性很强的研究课题。在滇黔桂三角地带，利用已经维修的贵州省级重点文物保护单位兴义下五屯刘氏庄园的新老宗祠举办少数民族婚俗展览，进而建立内容丰富、别具一格的民族婚俗博物馆。

个人藏筷博物馆

中国唯一的个人藏筷博物馆于 1988 年 7 月 23 日在上海永寿路 70 号建立。博物馆的创办人是蓝翔，他收藏的古今中外的珍贵筷箸达 300 多件。从制作材料上分有金、银、铜、铁、铝、钛、牙、骨、木竹、塑料、玻璃和不锈钢的。从用途上分，有宾馆专用筷、旅游纪念筷、农村用的染布筷、蒙古族筷子舞的道具筷、古代做兵器的铁筷和养马用的鸟筷等。

杨粲墓博物馆

离国家历史文化名城遵义市 10 多公里的南宋沿边安抚使杨粲墓，是全国重点文物保护单位之一。这是一座少见的大型双室石室墓，以手法多样、技艺精湛的墓室雕刻见长，堪称古代石刻艺术博物馆。现已在墓地修建陈列室，把贵州全省各地有代表性的石刻可适当集中在此展出。

奢香墓博物馆

大方城郊的明初贵州宣慰奢香夫人墓是全国重点文物保护单位之一。奢香，彝族，是位有远见的女土司，在巩固祖国统一、维护民族团结、开发贵州特别是“水西”地区（即今鸭池河以西的广大地区）等方面做出了卓越的贡献。以奢香为代表的彝族人民，在开发这一地区的长期历史发展过程中，创造了光辉的历史和灿烂的文化。留下了许多十分珍贵的文物。诸如彝族文碑刻、彝文文献、古桥、驿道、衙门遗址等，对研究彝族历史具有重要价值。现在墓地修建陈列室，展出彝族的文化遗物，使奢香墓博物馆成为收藏、陈列、研究彝族历史文化的一个中心。

汉墓博物馆

设在江苏省扬州市。汉墓博物馆系西汉中晚期广陵王家族的墓葬，距今已有两千余年，对研究西汉社会制度、建筑特点和生产水平等均有重要意义，陈列从汉墓中出土的文物，同时还有“黄肠题凑”的复原工程。

砂器博物馆

织金史称平远，平远砂锅闻名遐迩，远销海外。迄今织金县城还有一砂锅街，几乎家家户户都沿用传统工艺制作各种砂器。

砂器实为砂陶器，贵州各地都有生产砂器的作坊，贵州各族人民至今仍然十分喜爱使用砂器。作为一种仍有广泛使用价值的传统工艺，砂器生产值得很好保护和开发。有关部门将利用正在维修的省级文物保护单位织金财神庙作馆舍，建立砂器博物馆。

盐业历史博物馆

设在四川自贡市，该馆搜集了大量有关盐业的历史文献和档案材料以及钻井、治井工具。陈列突出表现以深井钻凿技术为中心的古代盐井工艺，体现了历代劳动人民的伟大、智能和创造才能，形象地说明了我国钻井技术的发展。

昆虫博物馆

在武汉青山，有一座我国首家民办的昆虫博物馆。馆主周世根是武汉青山剧院职工，10 多年来他利用节假日到深山老林捕捉昆虫，从而获得巨大丰收。馆内昆虫标本总记二十几个目，品种近 3000 种，博物馆免费向群众开放。

林业资源博物馆

锦屏是贵州的主要林区之一，锦屏县城坐落在清水江畔。古往今来，贵州的大宗木材及与林业有关的各种资源，从这里源源运往内地。据史料记载，北京的故宫、十三陵，有些大柱是从贵州运去的。作为我国南方重要林区之一的贵州，林业资源十分丰富，有关部门拟用已经维修的省级文物保护单位锦屏飞山庙作馆舍，建立锦屏飞山庙林业资源博物馆。

鼓楼文化博物馆

贵州的黎平、从江、榕江是我国侗族地区鼓楼最集中的地方，而其中尤以黎平为最。侗族鼓楼不仅造型优美、工艺独特，它还是研究侗族历史、社会及文化的宝贵实物资料。有关部门拟利用已经维修的省级重点文物保护单位黎平南泉山，或用正在维修的县级重点文物保护单位黎平两湖会馆作馆舍，建立鼓楼文化博物馆。

风筝博物馆

设在山东潍坊市白浪河东岸，这是我国第一座大型风筝博物馆，也是世界上最大的风筝博物馆。该馆占地面积 13000 平方米，建筑面积 8100 平方米，整个建筑分为三层，共有大小展厅 12 个，分综合馆、中国馆、潍坊馆、友谊馆四部分。还有一个 1600 平方米的室内模拟放风筝大厅。建筑造型选取了潍坊龙头蜈蚣风筝的特色，其设计风格在国内独树一帜。该馆又是一个文化、旅游、娱乐和风筝贸易中心。

洞穴博物馆

设在广西柳州南郊白莲洞内，故又称白莲洞洞穴博物馆。该馆展出白莲洞内及全广西的石器时代出土文物与模型，陈列有关洞穴地质科学的展品，建有名人碑廊，人们在碑廊里可以看到在古人类学和古生物研究上有成就的学者的名言和手迹。

碑林博物馆

位于贵州国家重点风景区黄果树瀑布附近的碑林博物馆，是正在建设中的一座露天博物馆。它利用天然岩石，镌刻古往今来与贵州有关的名人文字，由省内知名书法家书写，并多方征集党和国家领导人的墨迹。

恐龙博物馆

四川自贡市素有“恐龙之乡”之称，位于市郊的大山铺恐龙群窟，是众多恐龙化石点中尤为引人注目的一个，具有埋藏集中，数量、品种丰富和保存化石完好的特点。1979 年以来，当地发掘、清理出恐龙、翼龙、蛇颈龙等 100 多个个体。其中被命名为“太白华阳龙”的恐龙，今鉴定，为世界珍贵的剑龙化石标本。为保护大山铺恐龙埋藏遗址，国家兴建了这个我国第一座恐龙博物馆，完整地展示史前动物化石群的独特风采。

布依族村寨博物馆

位于黄果树滑石哨，是个风景优美、民风古朴的布依族村寨。贵州省文物部门曾拨款资助整理村容，在此建立民族村寨博物馆，作为黄果树的一个旅游点，向中外游人开放。

傩戏博物馆

贵州铜仁地区人称“傩戏之乡”，傩戏是一种极为古老的民间艺术，被称为“戏剧的活化石”。铜仁地区各县收集了大量的傩戏资料及文物，并于 1988 年底举办过傩戏文物展览。省级重点文物保护单位铜仁东山维修竣工后，在此建立傩戏博物馆。

航海技术博物馆

1986 年 8 月在山东长岛县建成我国首座航海技术博物馆。该馆内藏有实物、模型、图书资料 100 多件，为研究中国古代和现代航海技术的发展提供了有价值的实物和史料。

温泉博物馆

贵州各地多温泉，石阡地下有热河。有关部门将收集省内各地的温泉资料，在县级重点文物保护单位石阡府文庙举办展览，为建立温泉博物馆做准备。

竹类博物馆

我国第一个专门介绍竹类生长、培育和综合利用的科普教育陈列馆，设在四川长宁。该馆位于长宁方圆 50 公里的竹海之中，总建筑面积 2300 平方米，设有 6 个展厅，有竹类 300 多种，是一个公园式活标本园。

乌江博物馆

乌江博物馆以全面征集、收藏乌江流域文物，研究、宣传乌江，达到共同开发、利用乌江，使乌江为民造福为宗旨。博物馆以实物、模型、图片等宣传乌江流域的文物史迹，历代各族人民的开发活动，乌江全程的风景名胜和民族风情，特别是流域内的丰富物产资源和开发利用乌江的成果。

岩溶博物馆

贵州岩溶地貌占全省总面积的 70%以上，1984 年在北京举办的“中国贵州溶洞奇观摄影展览”，引起了学术界、旅游界极大的兴趣，在国家重点风景名胜区安顺龙宫附近建立岩溶博物馆。从人文景观和自然景观两个方面，将贵州的岩溶文化、岩溶资源集中在此展示出来。

梵净山博物馆

位于江口、印江、松桃交界的梵净山，被联合国列入“人与自然保护圈”，其科学价值无与伦比。为了将梵净山的自然资源、文物古迹、风土人情集中展出，让人们从不同的角度认识这座万宝山，从而积极保护它，合理开发它 。经有关部门确定 ，计划在印江或江口建立梵净山博物馆。

茶史博物馆

中国第一座茶史博物馆 1987 年 4 月在四川盆地西部蒙山建成。已有两千多年茶史的蒙山，各种名茶和细茶以细嫩多毫，香味纯正，汤色表绿而著称。该馆展出了蒙山茶史资料、历史上制茶和饮茶的器皿、蒙山各类名茶以及为少数民族生产的边茶样品。

茶叶博物馆

建在杭州著名产茶地龙井，总面积约 5.5 公顷。一号陈列楼，内设茶史厅、茶萃厅、茶事厅、茶具厅、茶俗厅等。中国茶的发展，茶文明、茶文化的概况在这里基本上得到了展现。观众可以看到各种复制品及照片，如距今已有 900 年的云南大茶树的照片，陆羽所著《茶经》古版复制本；有各个历史时期，各地各民族不同的饮茶用具。我国出产的绿茶、红茶、乌龙茶、白茶等 6 大类均有样品陈列。二号楼是多功能楼，有外宾接待室，学术交流厅，中国茶文化研究机构也附设在这里。三号楼为风味茶楼，参观者可在此品各种名茶。四号楼为茶艺游览区，它复原了国内外典型的饮茶场景，表现各类不同形式的茶艺、茶道、茶俗，参观者可以参与和品茗，该馆周围遍植茶树，观众可以观看并参与采茶、制茶的各种过程。

古桥驿道博物馆

贵州高原有各种各样的桥，诸如竹竿桥、篾索桥、铜索桥、板凳桥、风雨桥及“保爷桥”等等，仅列为省级重点文物保护单位的铁索桥就有三座。重安江铁索桥是其一，该桥横跨在旅游重要景点黄平重安江上。文物部门计划在此建立古桥驿道博物馆，将该省各地有代表性的古桥、驿站的照片、模型、沙盘等在此展出。让人们了解贵州各族人民怎样在蜀道一样难的贵州高原上修桥铺道和创造文化的。

民族音乐资料馆

一座以保存音乐文化资料，倡导学术研究风气，培养优秀学术研究人才为目的民族音乐资料馆在中国台北正式成立。该馆主要收集中国传统的乐谱、乐书、乐器、乐艺及一切有关中国民族音乐的文物资料，确保中国传统民族音乐在世界音乐史中的学术地位，促进国际文化交流。

莱花湾舞阳风情博物馆

在施秉、镇远境内的舞阳河风景区，是国家级重点风景名胜之一。施秉莱花湾是地处舞阳河景区入口处的一个苗族村寨，其地又有省级重点文物保护单位诸葛洞纤道。利用这一有利地位，在莱花湾建一民族形式的陈列室，较为全面地介绍舞阳河的自然资源，历史掌故，风土人情，使游览舞阳河的游客不单饱览舞阳河的自然景观，还能在莱花湾小憩时了解与舞阳河有关的各种知识。

手工纸博物馆

在四川乐山市建成我国第一家纸业博物馆，该馆珍藏有文物资料 1200 余件，还有部分传统造纸工具以及一些著名书画家试用夹江纸的作品。展览介绍了数百年来该县手工纸的历史发展沿革，显示手工纸旺盛的生命力和广阔前景。除实物资料陈列外，还设有一个现场表演厅，以增强人们对这一传统工艺的实感。

印江严氏宗祠书法陈列室

著名的书法家严寅亮是贵州印江人，此外，印江还有许多书法高手，在该省颇有名气。有关部门拟利用县级重点文物保护单位印江严氏宗祠书法展览，将其办成收藏、研究贵州书法艺术的一个中心。

唐代艺术博物馆

由中日合建的我国第一座断代史艺术博物馆——西安唐代艺术博物馆于1988年6月建成。该馆有六个展厅，前四个展厅展出西安出土文物260多件。第五展厅为中外文化交流专设，将不定期举行学术活动和多种形式的展览。第六展厅为艺术创作表演厅，可供艺术家们在这里进行艺术创作表演，使人们直接目睹艺术创作过程。

越剧博物馆

我国第一家越剧博物馆在浙江绍兴市的嵊县兴建，该馆建筑面积2270余平方米，落成后将成为收藏、保管、研究、陈列、展览越剧文物、史料和标本的中心。

戏曲博物馆

该馆设在江苏省苏州市，苏州市是古老的昆曲的故乡，又产生了具有浓郁地方特色的评弹和苏剧。为了继承和弘扬这些传统的戏曲艺术，丰富人民的文化生活，苏州市人民政府组织修建了这座戏曲博物馆。在这里人们可以一边品茗，一边欣赏苏州评弹隽永的韵味和不同流派唱腔。还可以看几段昆曲或苏剧传统戏的录像。

苏绣艺术博物馆

建在苏州著名的明代古建筑王鳌祠堂内。苏绣是闻名于世的中国四大名绣之一，该馆主要收藏、复制、整理和展出历代苏绣艺术珍品，同时还开展苏绣艺术理论的学术研究和交流。

古陶瓷博物馆

设在陕西省铜川西南 15 公里的黄堡镇漆水岸，那里古代窑系分布密集，系古代生产著名瓷器的重要基地之一。1959 年以来，那里先后发现了唐、五代、宋、金、元时期的窑炉及作坊遗址，是我国目前发现的保存最完好的古瓷窑遗址，其本身就是一座罕见的古陶瓷博物馆。

吉林陨石展览厅

在我国吉林市博物馆有一个吉林陨石展览厅，展出陨石总重量为 2600 公斤以上，其中超过 100 公斤的陨石有三块。吉林一号陨石净重 1770 公斤，是今天世界上当之无愧的“陨石之王”。

赤壁古战场陈列馆

“赤壁之战”的遗址位于湖北省蒲圻市西北 36 公里的长江南岸，在刻有“赤壁 ”二字的巨型石壁上，雕有各种文字、印记、诗赋和画像。陈列馆就建在赤壁金鸾山麓，展出赤壁大战模型、赤壁地区出土文物兵器、参战三方主要人物蜡像，再现公元 208 年赤壁大战惊心动魄的场景。

邮票博物馆

中国邮票博物馆 1985 年 7 月成立于北京。它的藏品有：清代、民国的中央和地方政权档案、资料、文物；满蒙伪政权以及近百年来帝国主义侵华机构的邮票资料、档案、文物；土地革命、抗日战争、解放战争时期各个根据地、解放区的邮票资料；爱国人士捐献，解放后国家征集、收购的邮标资料；通过万国邮政联盟交换来的世界各国邮票以及通过国际市场购进的台湾当局邮票。

陶瓷历史博物馆

地处江西景德镇，1980 年建成。有古瓷陈列，展出最新出土的明代御窖和永乐、宣德年间的大批精美瓷器。书画院中展出古瓷都美术界的佳作和字画。简朴的手工坊内，150 位老人生动表演传统制瓷工艺过程。

山西民俗博物馆

设在山西丁村，博物馆以晋南为主，介绍了历代民间腊八、春节、元宵、清明、端午、中秋的风情及婚嫁、丧葬的礼俗。并展出流传于晋南的刺绣、雕塑、蒲剧、皮影、木偶等实物。

齐国古都博物馆

中国第一个古城堡式博物馆，齐国古都博物馆，于 1987 年 9 月在山东淄博市建成并对外开放。博物馆的主体建筑外观上是一座巍然浑厚的古城堡，内看则是布局严谨、结构精美的文物陈列馆。

炮兵博物馆

中国第一家炮兵博物馆 1987 年 7 月 3 日在河北宣化解放军炮兵指挥学院正式开馆。该馆分 8 个展室，采取实物模型和图片结合的形式，展出了从火炮的鼻祖抛石炮到现代各类火炮，展示了火炮发展的历史演变和人民炮兵 60 年走过的历程。

茶具博物馆

在上海有我国首家以个人自办的陈列馆——“四海茶具博物馆”。该馆共陈列展品 300 件，均为宜兴紫砂茶具，其中有明清以来的名家古壶，也有当代工艺师的杰作及主办人自制的茶具。展品形态各异，工艺精湛，反映出宜兴紫砂茶具高超的技艺。

书法博物馆

绍兴市投资 50 万元，新建的兰亭书法博物馆，1989 年农历三月初三（绍兴市书法节）在我国书法圣地、浙江省重点文物保护单位兰亭落成并对外开放。新建成的兰亭书法博物馆依山傍水，建筑面积为 725 平方米，书法馆内辟有书法陈列厅、藏书室和书法艺术交流室。

近代文物博物馆

南京以拥有众多的近代文物古迹而闻名。新中国成立以来，这些文物古迹得到妥善保护，在精神文明建设中发挥着日益重大的作用，从而被誉为中国近代史的一座活化石博物馆。南京作为鸦片战争以来我国重要的政治舞台，一系列重大的历史事件，留下了数百处文物古迹。中山陵、雨花台革命烈士墓、梅园中共代表团住址等，都是名传海内外的历史瑰宝。

汉画像石艺术馆

徐州汉画像石是汉代人雕刻在墓石、祠堂四壁上的装饰画像，盛行于西汉至东汉、魏晋年间，是研究汉代历史的珍贵文物资料，被誉为“绣像的汉代史”。现建成的汉画像石艺术馆占地15亩，建筑面积1600平方米，是一座仿唐宋建筑。馆里还陈列了现代雕塑，是艺术家取材汉画像石创作的彩色蜡像、泥塑。

汉墓竹简博物馆

山东省临沂市银雀山汉墓竹简博物馆建成开放，该馆建在银雀山汉墓群遗址上，占地15亩，主体建筑由汉墓厅和竹简陈列厅组成。汉墓厅陈列了出土的帛画、漆器、陶器、铜器等珍贵文物。竹简厅以陈列《孙子兵法》、《孙膑兵法》简书为主要内容。

蝴蝶博物馆

坐落在南京市少年宫内，该馆设有标本室、蝶艺室、研究室、科教室和蝴蝶繁殖园。馆藏蝴蝶标本600余种共1万多枚，蝴蝶书面作品、工艺品3400多件，有关蝴蝶资料400余份。

李时珍药物馆

坐落在李时珍的故乡湖北省蕲春县。由全国15省市医药局、200多个药厂、医药公司及个人捐款兴建的。建筑面积1946平方米，设四个展厅，有“博大精深的中医药学”、“我国丰富的医药资源”、“繁荣昌盛的医药事业”和“祖国医药走向世界”四个基本陈列。通过历史文献、药材标本、成药样品、医疗器具、制药机械以及图片资料，突出地反映祖国医药光辉灿烂的历史和祖国医药对中华民族繁衍及人类卫生保健事业的伟大贡献，展现我国医药发展的巨大成就。

古船博物馆

陈列我国目前发现的最长古船的登州古船博物馆，在山东省蓬莱县建成。该馆坐落在中外著名的名胜古迹蓬莱阁下，为雕梁画栋式的仿古木结构建筑，总建筑面积为 1305 平方米，主要陈列展出 1984 年 6 月在古登州港出土的一艘大型古代沉船。该船为三桅木帆船，长 28.7 米，宽 5.6 米，有 14 个舱位，经有关专家鉴定该船是元朝军用战船。在船型、船体结构、制造工艺等方面有独到的先进性，属于我国首次发现，填补了船史研究的空白，具有重要的历史研究价值。登州古船博物馆同时还展出登州港出土的日本“宽永”铜钱，朝鲜李朝瓷器，我国历代陶瓷器船用铜炮、铁炮以及石碇、木碇、铁锚等珍贵历史文物。

窄轨铁路历史陈列馆

云南窄轨铁路始建于 1895 年，是我国早期铁路之一。窄轨铁路历史陈列馆在开远市火车站大楼二楼，展出面积为 450 平方米。内容有历史照片、文物实物、各类模型等。

龟鳖博物馆

坐落在南京乌龙潭公园内，我国人民历来把龟、龙、凤、麒麟合称为“四灵”，作为吉祥的象征。目前在我国已知的龟只有 27 种，为收集珍贵稀有龟鳖，该馆人员收集了 30 多种、100 多只活龟鳖。其中名贵的有陆龟、夹壳龟、六脚龟、黄喉龟、大头龟等，最大的有 10 多斤，最小的才几克重。新建成的龟鳖自然博物馆，具有明清建筑风格，面积为 220 平方米，内设中国龟、外国龟、海龟池，还专门建了“放生池”，以满足游人尽善意愿。

胡庆余堂中药博物馆

建在杭州，由创建于 1874 年的胡庆余堂为基础发展而形成，占地面积 2700 平方米。分五个展室：一是药学概况，介绍中药的起源、发展、中外交流，历代名医生平事迹和中药在世界上的地位、作用、影响；二是“江南药府”胡庆余堂，介绍其创建人胡雪岩严谨的经商风格；三是“药苑撷英”室，介绍全国著名中成药厂；四是中药标本及中成药室，陈列有各种稀有动物、山林、海洋等药物及目前全国著名生产厂的名优特中成药产品；五是中药兴趣作坊厅及兴趣室，在此可看到老药工在现场水泛丸、吊蜡壳和药物切片的操作表演。在兴趣室，参观者可以自己动手操作。

香港海事博物馆

位于香港赤柱，2005 年 9 月 8 日对民众开放，占地面积约 500 平方米，分为“古代馆”和“现代馆”，是一座展示我国从古至今航运发展历程的博物馆，极具历史价值。“古代馆”展示我国历朝海上交通的兴衰起伏，让参观者了解我国与邻邦以至西方贸易国家共同塑造出的亚洲航运历史。“现代馆”则主要介绍香港在历史因素和华人创业精神影响下创造出的骄人海事成就。展出展品超过 500 件，包括多件古代和现代的船舶模型以及一系列早期航运贸易货品、载货单据、乘客名单，还有有关画像等，诉说着人与航运之间的历史故事。展品中历史最为悠久的是四川出土的东汉陶船模型。该船客舱上层结构、船舵和船锚等各部分清晰可见，展示了中国船只的最早期面貌。其他重点展品还包括“郑和宝船”模型、全馆最大的模型——中国帆船“耆英号”等。

【思考题】

1. 什么是民族博物馆？民族博物馆为何还要科学划分其类型？它对发展我国的民族博物馆事业有何实际意义？

2. 什么是综合性民族博物馆？并简单举例说明。

第四章 民族文物与民族文物的鉴定

民族文物是民族博物馆一切活动的物质基础，没有民族文物就没有民族博物馆。各民族文物种类繁多，从时间上讲，从古到今，从横断面看，政治、经济、文化、上层建筑、经济基础，无所不包。至于什么是民族文物，是哪个民族的文物，其品名、质地、质量、数量、意义和用途以及民族文物的分类和搜集范围、民族文物的鉴定等问题都至关重要，都是我们在工作中常遇到的问题。

第一节 什么是民族文物

为了弄清民族文物的定义，确切地回答什么是民族文物的问题，首先应从一般文物的概念讲起。

简单地讲，文物是人类活动的遗存。一切通过人类劳动所创造的物质的或精神的文化遗存均可称为文物。文物又是遗存在社会上或埋藏在地下的历史文化遗物，它是具有历史、艺术和科学价值的实物。文物作为人类自然和社会活动的实物遗存，无论最初它们是精神的还是物质的，先进的还是落后的，都是历史文化的载体，都有其特定的内涵和意义，都应该成为研究的对象，发挥多方面的作用。各类文物所揭示的历史现象，都从不同的领域和侧面体现了历代先民的思想道德和科学文化水平。任何一个民族，都会通过本民族的历史文化遗产认识本民族，也都会通过其他民族的历史文化遗产来认识其他民族。离开了文物，对于没有文字记录、过去的历史文化遗产，就难以认识。至于什么是文化，则有广义和狭义两说。从广义来说，文化指从人类社会历史实践过程中所创造的物质财富的总和。从狭义来说，指社会的意识形态以及与之相适应的制度和组织机构。文化是一种历史现象，每一社会都有与其相适应的文化，并随着社会物质生产的发展而发展，作为意识形态的文化，是一定社会的政治和经济的反映，又给予巨大影响和作用于一定社会的政治和经济。随着民族的产生和发展，文化具有民族性，通过民族形式的发展，形成民族的传统。文化的发展具有历史的连续性，社会物质生产发展的历史连续性是文化发展的基础。所谓文化遗物，就是指上述历史现象所遗留下来的实物，即历史的见证物。

我国《文物保护法》规定，在中华人民共和国境内，下列具有历史、艺术价值的文物受国家保护：（一）具有历史、艺术、科学价值的古文化遗址、古墓葬、古建筑、石窟寺和石刻；（二）与重大历史事件、革命运动和著名人物有关的，具有重要纪念意义、教育意义和史料价值的建筑物、遗址、纪念物；（三）历史上各时代珍贵的艺术品、工艺美术品；（四）重要的革命文献资料以及具有历史、艺术、科学价值的手稿、古旧图书资料等；（五）反映历史上各时代、各民族社会制度、社会生产、社会生活的代表性实物。具有科学价值的古脊椎动物化石和人类化石，同文物一样受国家的保护。这就是我国对文物的科学定义和分类。

但由于民族传统、具体国情的不同，世界上一些国家和学者对于文物的科学概念也不尽相同。

以上指的是一般文物的概念。至于什么是民族文物，在我国也有我国的具体情况，有我们自己的理解。

我们每一个人都属于一个具体的民族。民族又是一个历史范畴，它不是从来就有，也不是一成不变的。每一个民族都有自己的产生、形成、发展和变化的历史，其间所留下的实物资料，都是该民族的文物。我国历代各民族遗留下来的反映物质文化和精神文化，虽有共同之处，但又不能完全画等号，民族文物有它鲜明的民族特点。

民族文物也有广义和狭义之分。广义指从民族产生至各民族的各时代所遗留下的实物资料，其中包括考古发掘品、传世文物和近代民族正在使用的文物。狭义主要指近现代各民族所使用具有民族特点的实物资料，正如文化部文物局教育处编印的《文物博物馆专业基础纲要》一书中所说："民族文物一般指近代少数民族的文物。凡是反映少数民族物质文化与精神文化，具有一定历史、科学和艺术价值的实物资料，都属民族文物，它一般属民族学范畴。属于民族史范畴的，一般归入历史文物。民族文物的学术价值主要在于说明我国少数民族的社会历史发展和对祖国的贡献，弥补考古和文献的不足。"[①] 这就是我国对什么是民族文物一般的理解。

少数民族文物与一般文物有其共同点，也有其不同点。共同点是：作为民族传统文化的一种载体和人类历史发展进程的实物见证，可以从不同的侧面真实地反映各个时期各个民族的社会制度、社会生产和社会生活，其科学意义和价值都是非常重要的。不同点是：由于人们长期以来对民族文物及其相关的一系列问题缺乏认识，甚至在文博界，有的专家学者也仅把民族文物当成普通的民俗资料，在一定程度上否定了民族文物的价值及存在的必要性，加之日新月异的社会变化和人们生活的改善，现实中民族文物的流失或消失较快。如果将少数民族文物与考古遗物比较一下，就会发现，两者之间有以下的差别[②]：

① 见文化部文物局教育处编印的《文物博物馆专业基础纲要》，第 335 页。
② 宋兆麟：《民族博物馆学》1984 年油印本。

（一）考古遗物多残缺不全，不会“说话”；少数民族文物则比较完整，因为它还在使用着，有其生动的情节，容易知其用途和来龙去脉，故称为“活化石”。如民族文物中的石斧、纺轮、弓箭都是完整的。藏族为什么用水桶背水，而不用肩挑水？藏族认为有两种命运之神，男神附在男子右肩上，女神附在左肩上，命神在肩即生，去则亡，所以男人右肩不能负物，这就是该族背水不挑水之故。

（二）考古遗物基本埋藏在地下，在一定程度上受到地层的保护，而少数民族文物则在地上，留存在民间，极易损坏、消失。

（三）考古遗物以无机物为主，如石器、陶器、铜器等，少数民族文物系以竹、木、皮、毛等有机物为主，易于发霉、虫蛀，难以长久保存。如鄂伦春族文物中，无机物占12％，有机物占88％。云南佤族文物中，有机物占80％，无机物占20％。

少数民族文物的这些特点，不仅说明它们有珍贵的学术价值，也表明它们难以保存，处在不断破坏和消失之中。因此，抢救民族文物又是极为迫切的任务。

少数民族文物的种类繁多，其中生产工具占突出的地位。由于各民族发展不平衡，各民族的经济类型不同，有捕鱼型（赫哲族、京族）、狩猎型（鄂伦春族和部分鄂温克族）、畜牧型（蒙古族、藏族、哈萨克族等）、农业型（汉族、满族、傣族、壮族、布依族、朝鲜族、苗族、瑶族、黎族、侗族、独龙族等），各种类型的经济都使用不同的生产工具，如果将各种生动形象的生产工具集中于一室，进行比较研究，谱写出一部生动形象的生产工具发展史一定不成问题，特别是其中的钻木取火工具、飞石索、投石器、脱柄鱼叉、尖木棒、木耒、木铲、鹤嘴锄、木犁、木耙、制陶工具、纺织工具等等，更为考古学家所陶醉，因为这不仅为他们解开某些考古疑团，而且使他们对许多问题得到了证实。

在社会关系和家庭制度方面，如永宁纳西族的母系家庭，独龙族和基诺族的父系家庭公社，珞巴族的家长奴隶制以及处于半殖民地半封建社会的少数民族都留下许多珍贵文物。这些文物，对研究不同社会形态的私有制、生产关系、阶级和政治制度和社会制度等，都有着十分重要的意义。

少数民族文物分布地域性、代表性强。它体现了少数民族人民在长期的历史发展过程中，善于利用自然，就地取材，充分发挥自己的聪明才智，创造自己的物质文明和精神文明。不同的自然条件和经济类型，在各个民族的物质文化，尤其是衣食住行方面打下了深刻的烙印，表现出不同的特点。以衣饰为例，就是多种多样，绚丽多彩。赫哲族的鱼皮衣服，鄂伦春族的狍皮衣服，游牧民族则以羊皮和毛纺织品作衣服，农业民族则普遍穿纺织品，如麻纺、丝纺、棉纺等等。苗、瑶、彝、侗、哈尼等族内部，由于支系较多，各个支系的服饰也千差万别，都各具特点。以苗族为例，由于历史悠久，分布面广，几千年在祖国辽阔领土上辗转流徙，先后与10多个兄弟民族交错杂居，彼此互通有无，互相学习，共同生活，各自所处的自然条件不同，受其他民族的影响也不同，政治、经济、文化发展的不平衡，迁徙使各部分各支系之间彼此隔绝，从而导致相互间出现较大的差异，形成支系多、方言差别更大、服装类型更加多样的特点。苗族服饰不仅有性别、年龄之不同，而且还有着较大的地区差别。种类之多，不下百种，居全国之冠。根据实地调查并参考苗族方言区划，历史上对苗族的俗称和经济文化的发展状况，大致可区分为湘西型、黔东型、川黔滇型、黔中南型及海南岛型等五大类型。有些型内还可再分为若干式。湘西型妇女着无领大襟衣、长裤，喜用折枝花鸟图案装饰，风格素雅。黔东型多为深色大领右衽和大领对襟衣、百褶裙，喜用变形和合体图案装饰，盛装艳丽，节日佩戴大量银饰。川黔滇型多以麻布为料，服装色调较浅，多穿对襟和大襟衣、蜡染裙。喜用几何形图案装饰，节日银饰较少。黔中南型多为大领对襟衣，用料和风格兼有黔东型和川黔滇型的特点。蜡染裙，喜用几何形图案装饰，节日银饰较少。海南岛型为右偏襟长衫、蜡染布裙，尚黑、红色、花饰少。在工艺上，黔东南的刺绣，湘西的织花带，威宁、赫章的纺织编织，黄平、丹寨、安顺、叙永的蜡染，贵阳、安顺、贞丰、文山等地的挑花，都闻名遐迩。苗族服饰保持着独特的艺术风格和许多远古遗风，富有浓郁的乡土气息，是反映苗族人民风情的动人画卷。人们可以从中看到苗族在历史上迁徙和发展的轨迹，看到与其他民族在经济、文化上的密切联系。对于在历史上未能形成本民族文字的苗族来说，苗族服饰在一定意义上可以说是没有文字的历史文献，是我们了解和认识这个民族的"绝好史料"。

各民族的炊具、餐具、酒器、家具等，也都充分利用各种自然物，加工精心，别具匠心。如鄂温克族、鄂伦春族的桦树皮工艺品，蒙古族、哈萨克族的皮革制品，彝族、土家族的漆器，黎族、傣族、壮族的竹编织品、独木器、藤编，佤族、高山族和朝鲜族的制陶工艺品，藏族的铜器，傣族的银器，形制精美，器型多变。不仅反映了各民族不同的风俗，也是他们善于手工制作的反映。

在房屋建筑和交通工具方面，也多种多样，各自都有不同的风格和特色。建筑因民族和地区的不同而各有特点：游牧民族多住帐篷，干燥的地区多为地穴建筑，南方各族多干栏建筑、土木结构房屋、船型屋等等。交通工具的种类也很多，如冰雪地区有爬犁、滑板、冰床，草原地区有马、骆驼、牦牛，平原地区有车、马，水域有各种各样的船，如独木舟、木板船、竹筏子、龙舟、牛皮船、羊皮船、葫芦船、桦皮船、筏子、皮筏子等等。

在精神文化方面，各民族的文物也不少。藏族、维吾尔族、蒙古族、满族、朝鲜族都有本民族的文字。彝族的音节文字、纳西族的象形文字有贝叶经、普米族的刻划符号、独龙族的结绳和刻木记事，揭示了文字的发展过程。少数民族的绘画也很丰富，如鄂伦春族的桦皮画、高山族的鹿皮画、黎族的皮鼓画、佤族的壁画、蒙古族的岩画，古朴生动，形象逼真，其中的动物线条流畅，栩栩如生，给人以见其形如闻其声之妙，说明猎人和牧人对动物认识得那么深刻。藏族的“唐卡”、傣族的佛画、畲族的祖图以及种类繁多的百苗图、苗民图、苗图、百夷图等等，都达到了较高的水平。少数民族的雕刻艺术也相当丰富，鄂伦春族以桦树包子（菌类）雕刻的鹿、犴、狍子，景颇族的竹雕，高山族的木雕、贝衣，水族的石刻，都是我国雕刻艺术中的艳丽花朵。此外，民族乐器、舞蹈器具、各种道具、文具纸张、文书、工艺品、体育用品、玩具、医药、器械、天文历算和宗教文物等，都有较高学术和艺术价值。

在革命历史和革命文物方面，自 1840 年鸦片战争开始到全国解放期间，我国少数民族为反对外国侵略、反对封建统治和民族压迫所进行的革命斗争。少数民族的近代革命、太平天国时期少数民族农民革命、近代各族人民反对外国侵略保卫祖国疆土的斗争、各族人民反对外国教会的斗争、资产阶级民主革命在少数民族地区的兴起和发展、五四运动和少数民族现代革命的兴起、土地革命时期的少数民族革命运动、抗日战争时期少数民族的反帝反封建斗争、少数民族为争取解放和实现民族自治而进行的斗争等，各个时期的少数民族革命运动都轰轰烈烈，为祖国做出了重要贡献。我国是一个多民族的国家，自秦汉以来，就以其统一而强盛的姿态出现在世界的东方。到了近代，我国社会发生了巨大变化，少数民族面临反对外国侵略、反对封建统治和民族压迫的多重任务。作为中国革命的一个重要组成部分，我国少数民族革命运动在我国革命的历史进程中，做出了不可磨灭的贡献，在许多革命的紧急关头，少数民族对于革命的延续和发展，起着重要的作用。正是各民族的革命斗争接受了整个中国革命的影响、带动和引导，获得了自己的独立和解放，最终走向今天的发展繁荣。少数民族北至黑龙江，南至广西、海南，西至新疆、青海。一个强大的中国，必有各民族的强大，就要有人了解少数民族的革命历史，了解少数民族地区经济社会发展的基本规律。要创造一个繁荣进步的少数民族社会，必然要有一个团结奋进的历史进程。少数民族的革命斗争的历史表明，在不同的历史阶段，少数民族追求美好生活的坚毅信念，促使他们敢于打破一切反动的、外来侵略势力，求得生存，从而最终走向胜利。只有社会主义，才能彻底铲除民族压迫和剥削的根源，给予少数民族平等的权利和地位，消除民族差别和事实上存在的不平等关系。少数民族只有自强不息，增强凝聚力，不断探索，才能获得全面进步，实现小康社会的奋斗目标。

新中国成立以来，由于党和政府对我国少数民族文物的重视，有关单位，搜集了大批文物，取得了空前的成绩。但是，与我国整个民族文物的宝藏来说，也只是挂一漏万，微乎其微。我国丰富多彩的民族文物，是各民族人民生产生活，勤劳和智能的结晶，它可以使人们认识自己的历史和创造力，提高民族的自尊心和自信心，激发人们的爱国热情和革命精神。总之，少数民族文物的范围非常广泛，从经济基础到上层建筑，从物质文化到精神文化，从科学到宗教信仰，可以说涉及社会生活的各个方面，民族文物是各民族所创造的全部物质财富。正如鲁迅先生所说："一切文物，都是历来的无名氏所造成"。

第二节　民族文物的分类和搜集范围

从民族的角度，凡是“反映历史上各时代、各民族社会制度、社会生产、社会生活的代表性实物”都应该是民族文物，这样大的时空范围和数量，不便操作，所以应当有所分类。民族文物的分类同其他物品的分类一样，都是我们正确认识事物的方法。分类，具体讲即两个任务：一是“分”，二是“类”。“分”是手段，“类”是目的。分，就是将许多器物按既定的原则分开，然后又将它们撮合成一类或多类。所谓“类”即是有机的、有层次的、系统的。正如恩格斯在《自然辩证法》中所指出的：“每一门科学都是分析某一个别的运动形式或一系列运动形式本身依据其内部所固有的运动形式的，因此，科学分类就是这些运动形式本身依据其内部所固有的次序的分类和排列，而它的重要性也是在这里。”

之所以要分成不同的类别，这是因为：民族文物品类繁多，门类复杂。从质地来说，有金、石、骨、竹、木、陶瓷等，几乎包括迄今为止的人们所利用过的一切无机物和有机物；从年代讲，有出自几万、几十万年前原始人类的遗物，也有昨天的新产品；从用途来说，更是囊括了人类社会生产和生活的各个领域；形状体积又千差万别，很难用一个统一尺度来衡量；数目之多，一时还难以统计。如不分类，堆积一处，必是杂乱无章，没有头绪。为了有效地进行征集、保管和应用，必须进行具体分类。

至于如何分类？民族博物馆的藏品能不能有一个统一的、科学的分类办法，目前还有着不同的意见。一种意见认为：博物馆藏品门类繁多，品类复杂，要求做统一分类是不可能的。另一种意见则认为：随着博物馆事业的发展、博物馆学研究的深入，完全有可能制定一个完整的、科学的分类办法。

鉴于目前民族博物馆方兴未艾，正在发展之中，各个博物馆特点不同，有南方的，有北方的，有渔猎经济的，有游牧和农业经济的，反映在物质文化上也很不一样。如鄂伦春族博物馆，文物以兽皮和桦皮制品为主；傣族以木竹和棉织品为主，这两个民族一北一南，自然环境迥异，它们的分类办法就不相同。必须因地制宜，积极摸索，不断总结经验，创造一套或数套分类方法。科学分类不断发展，随着生产水平的提高，博物馆设备日趋完善，保管和使用文物日益频繁，电子检索技术的应用，分类方法不断完善，制定统一的科学分类方法也是有可能的。

目前，分类方法很多，对此看法也不一致。众多的分类法是客观存在，这也是允许的。每个民族博物馆都有自己根据本馆拥有民族文物的具体情况，为了便于保管和提取使用的方便，确定自己本馆的分类方法。现把我国拥有民族文物比较早的一些单位，已有的几种分类法介绍如下，以供参考。

1. 按用途划分法，类中再分族

根据文物的功用来分类，这种分类法在征采和使用文物时比较方便，但不利于文物的保藏。20世纪50年代中央和各大行政区民族文物单位多用此分类法。

2. 按质地划分法，类中再分族

按质地划分法，最大优点在于保存文物，按质地性质的不同存放，对温湿度的掌握、放杀虫药品等都较方便。所以将同样质地物品集中在一起，分若干大类，存放在不同的库房或柜内，然后每个库房或柜内又按民族、地区用途加以区别，分开保存。故比较流行，不少博物馆采用这种办法，主要有以下13类：

（1）石器类：有石斧、石凿、石钵、石铲、石杵、石臼、石碾、石磨、石范等等。

（2）玉器类：有玉玦、玉璧、玉管、玉串珠、玉烟鼻壶、玉碗等等。

（3）漆木类：有木碗、木盘、木盒、木箱、木柜、木梳、木茶几、木板凳、木椅、木桌。

（4）牙骨类：有骨针、骨锥、骨鹤嘴锄、骨饰、象牙筒、象牙筷、象牙刀柄、兽牙饰。

（5）皮革类：有皮带、皮帽、皮靴、皮鞋、皮囊风箱、皮筏子、皮口袋、皮手套、皮衣、皮围子、皮笼头、皮鞍垫、皮胎漆器。

（6）竹器类：有竹口琴、竹筐、竹斗笠、竹饭盒、竹箱、竹雕、竹篓、竹衣、竹凳、竹耙、竹背篓等等。

（7）砖瓦类：有历代的杉皮瓦、石片瓦、长瓦、筒瓦、长砖、方砖等等。

（8）织绣类：有各种服装、织绣品、挑花、刺绣、花带、壮锦、傣锦、侗锦等等。

（9）书画类：有各种文字文献、经典、水书、太文书、纳西象形文书、藏文书、蒙文书、满文书等等。

（10）铜器类：有碗、壶、锅、鼎、盆、铜梭子、铜墨盒、铜洗手壶等等。

（11）印章类。

（12）碑帖类。

（13）货币类。

此种分类法，对保藏文物最为有利，是保管上行之有效的方法。在文物入库时，要具体问题具体处理，如有的文物由几种质地组成，要从有利于保管出发，按其主要保管的成分而定，或者另放，给予特殊照料。有些种类文物较少，可在同库不同柜里保存，或者合并。如有些文物过多，其中还可细分。遇到某些文物有成龙配套的组合，彼此有不可分割的关系，应该尽量放在一起，但其中有些质地互相排斥，也要分别存放，可制几种卡片，以便提取使用。

3. 按民族分类

先按民族分类，然后再按质地或用途分类，这种分类法按民族找东西比较方便，对研究整个民族的物质文化有重要意义，但不便于保管。一般不可取，但可以按民族制一套卡片，集中排列。

4. 按学科分类

一般分为下列四种学科：

（1）自然标本类：有动物、植物和矿石标本。

（2）考古文物类：以考古发掘为主，也有少量传世文物。

（3）民族文物类：以解放前后的民族文物为准。

（4）革命文物类：以近现代各民族的革命斗争为主。

5. 按可移动性分类

如工具、兵器、刑具、用具、衣服、艺术品、档案等等，可以移动，能征集到博物馆库房内保管。称可移动性文物或库文物。

另外，还有一种是不可移动性文物，如民族村寨、墓地、佛寺、各种遗址等，又可称为保护单位类文物，与库藏文物相对应。

除以上五种分类方法外，还可以有其他的分类方法，但各种方法对各个馆的适应情况不同，表现出来的缺点也不一样。在比较之下，第一种方法适应性较强，它在文物的征集和使用上占有头等的地位，但是不便于保管。第二种方法，有利于保管，但不便于征集和应用，如按第二种方法分类，则需编制按民族、按用途两套卡片，以解决便于征采和提取文物使用的问题。第三、第四、第五三种分类方法，是保管工作和研究工作可以把握的，一般只能以卡片柜存放卡片以区别之，以方便提取使用，但本身难以做到有专门存放文物的库房或柜架。

笔者在 20 世纪 50 年代初，参加中南民族学院民族文物馆的筹备工作。当时中南民族学院已有各族各类民族文物 1 万多件，这些文物来自四面八方，有接收来的、赠送来的、有学院组织人力去购买的。分类登记的办法也不一样，有统一的分类，也有成批的流水登记的办法，各账本分类登记也不相同。这样多的民族文物堆积在一起，如何才能整理好，达到妥善保管和提取方便的目的。通过吸取其他博物馆的经验，专家学者、领导和具体工作人员一起反复的集体研究。1954 年 2 月制定出民族文物分类编目法，其办法大体相当于上述五种分类法中的第一种，即“按用途划分法，类中再分族”。所以如今中南民族大学民族学博物馆民族文物的分类仍然是：生产工具、土特产、生活用具、服装、革命文物、武器、艺术、娱乐器具、文字文献、古器物、特殊个人用品、宗教用品、杂类十三大类。每个大类又分成四个小类。即：

（一）生产工具类：1. 农具；2. 渔猎工具；3. 纺织工具；4. 其他手工业工具。

（二）土特产类：1. 农产品；2. 渔猎产品；3. 矿产；4. 其他土特产。

（三）生活用具类：1. 饮食烹饪具；2. 家具；3. 交通用具；4. 器皿什物。

（四）服装类：1. 日常服装；2. 特种服装；3. 一般编织物；4. 其他穿着物。

（五）革命文物类：1. 武器；2. 文件；3. 旗帜；4. 其他。

（六）武器类：1. 兵器；2. 旗帜徽章；3. 标帜物；4. 其他。

（七）艺术类：1. 染织刺绣；2. 装饰品；3. 雕塑建筑；4. 其他。

（八）娱乐器具类：1. 乐器；2. 玩具；3. 舞蹈竞技用品；4. 其他。

（九）文字文献类：1. 历史文献；2. 经典谱牒；3. 语言文字；4. 其他。

（十）古器物类：1. 石器；2. 陶器；3. 古化石；4. 其他。

（十一）特殊个人用品类：1. 武器；2. 衣饰；3. 日用品；4. 其他。

（十二）宗教器物类：1. 武器；2. 衣饰；3. 日用品；4. 其他。

（十三）杂类：1. 锦旗（主要是礼品）；2. 商业用具；3. 字画；4. 其他。

具体编目时，每件文物都给两个号，即一个分类号和一个总登记号，以便知其全部文物的总数和各族各类的文物数。

民族文物分类编目法制定出来后，编目中除族别用字轨表示外，大类细目均以阿拉伯字母代表之，族别以该族字首表示，如：壮，即壮族；苗，即苗族；黎，即黎族。十三大类的代表符号，即依原分类先后的次序排定：即 01 为生产工具，02 为土特产，03 为生活用品，04 为服装，05 为革命文物，06 为武器，07 为艺术，08 为娱乐，09 为文字文献，10 为古器物，11 为特殊为个人用品，12 为宗教器物，13 为杂类。大类下的细目所用代表符号，亦按其在大类下的次序排定。在某一文物完整的分类下，上述各编目符号的先后是：族别——地大类——细目——该文物在细目中所属的件数。大类与细目之间用“——”来区分。细目与属于该细目的文物间加点“．”。分类号与总登记号之间用斜线“/”来划分，以利检查。例如：湘西苗族织带机一件。编号为：苗 01—3．12/00085。即苗为族别，01 为生产工具，—3 为生产工具中的纺织工具，12 为生产工具里的纺织工具中的第 12 件，00085 即织带机在总登记册上的号数。文物概以件为计算单位，所称一件是以一完整文物为准。如遇一完整文物中又有若干小件（只、片），即分别于总登记册和分类编目时注明。有的完整文物不论含有多少件（只、片），可以分别贴上号签。如湖南苗族妇女花鞋一双，作一件计算，在登记编目时则写作：苗 04—3．21（2—1）/00021，与苗 04—3．21（2—2），然后再将两个号签，用针分别缝在两只花鞋上。有的完整文物内又分若干小件（只、片），但分小件（只、片）的实物连在一起，可用一个号签的办法。如海南黎族妇女的项圈，一串有 12 件，在登记编目时，应写作：黎07—2．15（1—12）/00085。附于某一文物上的物料（用作衬托或支持的座架等，本民族的除外），如铜鼓木架不作文物计件，只列为馆内的“财产”项内。

分编后，文物全部按类分族按号序排列入库上架，除个别特殊件外，排列有序，绝不能乱。这样查找账册，一索即得。入库提取，一找就到手。妥善保管，提取使用，都比较方便。保管者和使用者都一致感觉良好。同时，全馆 1 万多件民族文物的总数和分族分类的各种具体数，一目了然，何类多，何类少，多的可以对外交换，少的就知道怎样去继续收集。

1973 年中南民族学院博物馆合并到中央民族学院。当时中央民族学院的文物室也面临“文化大革命”后的文物清理。加上重新整理民族文物又是杨成志教授多年来的愿望，从 1956 年他主持召开的“1956 年到 1967 年民族博物馆发展的远景规划”起，就一直规划要对文物室的文物做一次系统全面的整理，即改过去分批登记造册的做法为按类分族统一分编的做法。但是由于种种原因，未能实现。中南民族学院博物馆的民族文物和工作人员到来后，他一方面称赞中南民族学院博物馆清库的民族文物分类编目的办法，另一方面提出中央民族学院文物的全面清理问题。

从 1973 年 11 月起，中央民族学院文物室动员、集中全部的人力和物力，人人参加清库。这次清库总结了本室多年工作的经验，也吸取了中南民族学院博物馆民族文物分类编目的办法。基本上也是“按用途划分法，类中再分族”。所不同的是：根据中央民族学院现有民族文物的情况，将馆藏的全国56个民族的近两万件文物，按锦旗、革命文物、土特产、生产工具、服装、皮毛、古器物、历史文献、珠宝器、武器、乐器、宗教用品等分为14大类。在大类方面比中南民族学院博物馆多了一个大类。在小类方面又做了一些调整。另外在计件方面，考虑到科研和展出提取的方便，增加了一项成套服装和单件服装的区别。比中南民族学院原来的博物馆又更进了一步，其余的情况，大体相当，其分类和编目的办法也就比较完善了。

以上是民族文物的分类，民族文物的分类和民族文物的搜集范围有十分密切的关系，在民族文物的分类解决之后，具体到某一个民族博物馆要搜集什么文物，搜集的范围怎样，根据该馆的目的和具体要求，继续搜集文物的范围也就更为明确。

第三节　民族文物的鉴定

民族文物，是反映历史上各时代、各民族社会制度、社会生产、社会生活的代表性实物，具有重要历史、科学和艺术价值。在人类历史上，不仅五彩缤纷，相互交流，你中有我，我中有你，而且出于各种目的，也会制作其复制品或赝品。在我们所遇到的“民族文物”中，就会真假相间、鱼目混珠，对它难以正确认识，因此在应用文物前，首要任务就是鉴定。文物鉴定是文物管理工作的基础和技术前提。

民族文物与普通文物相比，其最大差异就在于它显著的民族特点及其独有的民族成分。鉴定，是民族文物工作中很重要的一个环节，也是民族博物馆的重要工作之一，它关系到库藏文物质量的提高，关系着藏品的保管和使用，只有将鉴定工作落到实处，才能使保管工作、陈列工作以及科研工作有一个科学基础。

民族文物的鉴定，是一个大的课题，有专门的文物鉴定学科，做好这一工作，需要有很广泛的知识和经验。这里只能从民族博物馆的实际工作中常遇到的问题出发，就一般性的知识，从民族文物鉴定的必须性、科学依据、一些具体方法及注意事项等加以探讨。

一、民族文物鉴定的必要性

由于种种原因，大量的民族文物如果不经科学鉴定，面目不清，就难以利用，同时还会使它丧失和不断丧失应有的价值，使之成为废物，无法再加以利用。经过鉴定可以揭示民族文物内涵及其价值，对民族文物的鉴定，其重要性、迫切性和它的现实意义就在这里。

鉴定民族文物的艰难，在于除了原始社会早、中期的文化遗物外，世界上绝大部分文物都有民族属性，都是由一定民族的人民所创造的，但是，有的时候遇到有的文物，我们看上去并不能一目了然，“其主要原因”[①] 是：

（1）有些民族文物距今年代久远，文物主人早已不清楚，要认识这些文物，很不容易，必须依靠考古学的研究和科学鉴定。如东南地区出土的几千年前的靴形骨器，东北地区出土的各种环形石器，西南地区的铜鼓和悬棺葬，其族属如何，是做什么用的，就要经过研究才能鉴定。

（2）有些民族文物是随主人或流动到其他地区，这些文物在新地区成了奇特之物。如有些博物馆收藏一些鹿皮画、羊皮画、皮鼓画和其他民族风俗画，其中有不少不知其源流，不能使用，

① 宋兆麟：《民族博物馆学》，1984 年油印本。

也需要进行鉴定工作。

(3)有大批民族文物，本来是很珍贵的，但由于没有民族文物管理机构，无人把关，这些文物被外贸部门收购去了，并且当成工艺品出国。目前我国外贸部门就积压了数十万件的民族文物，决定是否可以出口，或者应归文物博物馆收藏，也必须进行鉴定。

(4)有些民族文物由于征集时就缺乏必要的科学记录，或缺乏必要的保管条件，几经周折，造成资料散失，实物破损面貌更不清，不能提供使用，也要进行鉴定。

(5)历史上还存在有些人为了某种目的，仿制和伪造民族文物，出现以假乱真的现象，如古代陶瓷、字画、青铜器等都有此问题，也需要进行鉴定。

民族文物的鉴定，不仅是一种学术研究工作，也涉及经济工作和外贸工作，民族博物馆对民族文物的鉴定负有特别重要的责任。

鉴定少数民族文物，有其具体的要求，但总的来讲必须做到下列五点：

(1)要确定民族文物的真伪，文物与非文物一定要搞清。

(2)要确定民族文物的质地、结构、制作工艺和使用方法。

(3)要确定民族文物的时间性，是什么时候产生的，流行于什么年代，并且要确定它的时代背景和历史价值。

(4)要确定、流行于哪个地区，属于哪个民族或哪个民族支系等问题，进而弄清由什么人制作、使用和收藏。

(5)要确定民族文物的民族关系和经济往来。如有的民族文物是本民族制作和使用的，就是本民族的文物；有的文物是外民族制作的，本民族仅是使用；还有的民族文物是本民族仿制外民族的；是个别现象或是普遍情况以及前后年代的不同变化情况等都应有一个明确的鉴定。正如蔡元培先生指出的那样："比较的民族学是举各民族物质上行为上各种形态而比较它们的异同。异的，要考虑他们不同的缘故……同的，又要考虑他们是否地域相近，而一方面乃出于模仿，究竟哪一族是先驱者。”①

总而言之，民族文物的鉴定是一项严肃而又认真的科学工作，要对民族文物的名称、质地、结构、用途、族属、时代、地区和意义都做出科学的鉴定，阐明其历史、经济、学术和艺术价值。在鉴定过程中，还应根据有关标准，把民族文物分为若干个等级，每级有一定特点。每件文物必须有单一的分类卡片，详细档案，其中包括照片、拓片、绘图、有关学术著录等方面的工作都应当做好。

文物鉴定是一门科学，在我国有悠久的历史。早在春秋战国时期，《韩非子·说林下》中有“齐伐鲁，索逸鼎，鲁以其雁品”的记载。《吕氏春秋》对周鼎纹饰的考证。从汉代开始利用铭文鉴定文物，晋代开始鉴定竹简，两宋时文物鉴定学大发展，著有《考古图》、《宣和博古图》、《洞天清录》等书。明代伪品流行，鉴定学也更发展，除对金石鉴定外，开始重视器物鉴定，从事辨伪工作。如《格古要论》、《遵生八笺》就是重要的文物鉴定书。清代乾隆、嘉庆时考据之风更兴，文物鉴定更是活跃，又出现一批重要的作品，如梁诗正的《西清古鉴》、《守寿古鉴》，阮元的《积古斋钟鼎彝器款式》等，标志文物鉴定水平新的发展。到民国时期，出现《鉴定古物细则》，使文物鉴定制度化，学术水平也有所提高。中华人民共和国成立后，文物鉴定又有新的发展，出现了许多文物鉴定家，文章发表了很多，还酝酿了文物鉴定学的出版。尽管这样，对于少数民族文物的鉴定，还是没有注意到，民族文物鉴定这门学问，至今仍是空白。1986 年 3 月 5 日，国家文物鉴定委员会，经文化部批准在北京正式成立。原计划分

---

① 见《蔡元培选集》，中华书局 1979 年版，第 258 页。

设铜器、陶瓷、书画、货币四个组，后来又增加了一个少数民族文物鉴定组，说明国家文化部门已经开始重视民族文物的鉴定工作。

二、民族文物鉴定的科学根据

民族文物为什么可以鉴定呢？从理论上讲，因为世界是可知的。物质世界的一切，从微观世界到宏观世界，都处在永不停息的运动变化之中。任何一件文物，都是在一定的历史条件下产生的，都不能离开时间形式而存在。它在历史的进程中，总是按着自己所固有的发展顺序，持续地变化着。正是这样，文物作为物质运动的结果，才成为历史的见证物。如超时间、超空间地再造一件与某文物完全相同的物品，是根本不可能的。文物是不能复制的，今天所说的“复制”，只是摹制或仿制，它是通过对人的感官产生相似感觉，而达到特定目的。因此，从理论上讲，任何赝品、“复制品”都是可以鉴别的。

可是具体来说，就不那么容易。不过，民族文物之所以能鉴定，还是有下列四个方面的“科学依据”①。

第一方面，由于人类发展有共同的规律，世界各民族的历史发展规律大同小异，即由低级向高级发展，经历了不同的社会发展阶段。正如摩尔根所说：“人类智能的活动，在人类进步的一切阶段中都是一致的……由于这个原则的力量，所以人类能够在同样的情况中制造出同样的工具和器具，做出同样的发明，而且能够从思想的同样原有萌芽发展出同样的制度。”② 拉法格也有同样的说法：“在同一纬度上自然环境有差不多相同的植物和动物，同样经济生产方式相似的人为环境在人们的习俗上，在他们

① 宋兆麟：《民族博物馆学》，1984年油印本。

② 摩尔根：《古代社会》上册，商务印书局1971年版，第478页。

的家庭和政治上和组织上，在他们的宗教和哲学上都表现出很大的相似之处。”[1] 这些历史的共性，必然在生产工具、住宅形式、器物用具、服装和其他文物上打下相同或相近的烙印。这就为文物鉴定打下了坚实的基础，使各地区、各民族的文物进行比较，互相印证。如以甲民族的石斧制作去研究乙民族的石斧复原，以近代丙民族的弩机去解释丁民族的古老弩机等等。从这些文物的鉴定中，找到依据。

第二方面，虽然各民族的历史发展有统一性和共同性，但各民族往往是不同步的，即因地、因时、因具体条件而发展，其步伐也不完全相同，各有自己的物征和个性。如我国南方多河湖之水，北方多干旱地，反映在交通工具上就大不相同。根据水陆的不同情况，南方多乘船，北方多乘车。南方的船也不一样，有葫芦船、独木船、皮船、竹木筏或皮筏，反映着不同的条件和被不同的民族所使用。再如南方多干栏建筑，各地也不一样，有竹楼、木楼；高脚楼、矮脚楼；船形屋、人字型屋；茅草屋、杉皮屋；石板房、木板房等等。这种差异对文物鉴定十分有利，如发现一幅画上有船形屋，即知此画是描述海南黎族的；如果在画面上有若干竹楼，就知道可能是云南西双版纳地区的民族建筑。只要具备这方面的知识，就能解决另一方面的问题。

第三方面，每种文物制度，都有一个发生、发展和消亡的过程。不同时代的文物，有不同的时代特征。它是以时间、地点和条件为转移的。当我们看见桦树皮器皿，就会想到是北方少数民族的生活用具。在东起大小兴安岭，西至新疆境内，都生长有桦树林带，居住在这一地区的民族是以其皮制作工具、用具和船。在缝制桦树皮器皿时，不同的时代用不同的材料，如先是用狍筋

---

① 拉法格：《唯心史观和唯物史观》，三联书店 1965 年版，第 143 页。

线、狴犴筋线，后来改用棉线、麻线，近现代又使用尼龙线，从这一些质地也可以鉴定出桦树皮器皿的年代。又如，我们许多民族都佩戴手镯，质地有银、铜、金、木、竹、铝、塑料等，从这些质地也可以鉴定出文物的年代，塑料手镯必然是当代的产品。服装和文件也是如此，不仅是从形式和内容上可以得知它们的情况，而且可以从布料和纸张区别出它们的年代来。这又从另外一个角度，解决这方面的问题。

第四方面，有许多文献记载也可作为鉴定文物的根据，各民族古代使用的文物保留到今天的不多，文献记载也有限，但这些文献很珍贵，能够为我们提供十分重要的佐证。以马具来说，我国马镫有两种形制：一种是圈状，把脚尖插入；另一种是小龛状，只将脚尖插入，但露不出来。后一种形制见诸于文献记载。《桂海虞衡志·志器》："蛮鞍，西南诸蕃所作，不用鞍，但空垂二木橙。橙之状刻如小龛，藏足指其中，恐入榛棘伤足也。后秋旋木如大钱，垒垒贯数百，状如中国骡驴秋。"这种马具至今在四川凉山彝族地区还在使用，而在凉山昭觉发现的博什瓦黑唐宋石刻画像中，骑鞍上也是上述一类马具，从而有助于鉴定画像的民族属性。

三、民族文物的鉴定方法

民族文物的鉴定是一项复杂的科学研究工作，从事这项工作的人员，除了要有丰富的民族文物工作经验，对民族文物多见、多闻，同时还要有雄厚的多学科的专业知识，包括考古学、历史学、民族学、文化史等学科的知识。在此基础上再掌握些必要的方法，才可顺利地进行。

鉴定民族文物一般讲，有下列五种方法[①]：

---

① 宋兆麟：《民族博物馆学》，1984年油印本。

1. 分类法

把混同相间的各种文物分为互相排斥、互不兼容的不同类群，找出文物之间的异同点，达到认识和掌握的目的。孤立的单件文物，除了我们熟悉它，或卡片和账册上有明确的记载，否则是不好鉴定的。如果将一群文物，杂乱地堆积在一起，有的面貌清楚，有的面貌不清楚，没有具体分类，要把不清楚的部分鉴定清楚，也会有一定困难。如果将一群民族文物分为若干组，每组有自己的特点，各组之间互相排斥，从中找出异同，从而解决某些文物的鉴定问题，许多问题就可以比较容易地得到解决。如发现若干少数民族文字的文书，我们可以根据掌握的古今文字资料，把上述文书分开，是藏文还是蒙文？是满文还是契丹文？是水书还是壮文？是纳西文还是彝文？最后才从中发现是一种耳苏文，确定是耳苏人的文字。除文字不同外，还可根据文书的纸张、墨色、版式、装帧、刻工、字体、避讳及其他特点进行鉴定，这不仅能断代，也能辨伪。

分类鉴定的关键要把握住各个民族文物的特征，才能有效地进行。它适应性大，如生产工具、生活用品、器皿杂物、服装、装饰品、古器物、挑花、刺绣、图花纹等等，均可进行分类鉴定。

2. 比较鉴定法

根据已知的标准物，把彼此有某种联系的文物加以对照，找出相同或相似之处，从而确定与标准物的异同，进而对鉴定对象各个方面的内部矛盾和联系进行系统的研究和比较，以做出定性判断。

在民族博物馆里，各族各类的文物都有，遇到个别不知其面貌的文物，完全可以和同类文物比较，确定其异同，从而对该件文物做出可靠的判断，从而做出准确的鉴定。特别是文物展出的过程中，由于不慎等原因，把标签掉了，实物无法入库，一方面可以通过账册寻查。另一方面则可通过与同类文物比较，做出正确的结论。对于新发现或新收的文物也是如此，在一个单独的环境，发现一件单独民族服饰或头巾，由于年代较早，人们不知它的历史面貌了，只要拿到民族博物馆里来，找相似的同类物品进行比较，不难找到答案。

举个成功的例子，非常有趣。20 世纪 60 年代初，河南省博物馆收藏了一幅人物画像，经报刊介绍后，即认定为《红楼梦》作者曹雪芹画像，从而被社会广泛使用。当时学术界有人说真，有人称伪，曹雪芹画像真伪的论战，引起国际红学界的关注，可谓众说纷纭，莫衷一是。徐邦达先生结合考证，对“画像”进行了鉴定。他在《掉红影议》一文中写道：当时我看了这插图画像之后，就产生了一系列的怀疑之点：（1）像上五行叙文的书体，不够乾隆时代的风格（与乾隆时期书体的时代风格相比），推断不是当时所写。（2）题字的部位行款极不得势、得体，说明作书者是没有多大题画常识的。按例画家自己落款，不致外行到如此地步（与书画题字的常规相比，与画家通常落款方式相比，推断画像与题记者并非一人）。（3）我所见到过的这一类的明清小画像，画家自己都不作长行题跋，至多写上下款（被画者与画者）寥寥数字而已。即使著名小画像家也无不如此。此幅写上了五行小叙，却是出了格的（与明清通常小画像相比，推断出此画与时代习俗不符）。（4）陆厚信之字“艮生”一印，其篆法、刀法颇有乾隆末期到嘉庆、道光以来极流行的浙派的陈鸿寿、赵之琛等人的风格，不能在曹雪芹生前（乾隆中期以前）即有之（将印章的时代风格与曹雪芹在世时间相比，推断出此画所用印章不对）。通过以上四项比较，得出的结论是：陆厚信的题印是后添的。徐先生又鉴定了画像的纸张、墨迹、印色、装潢等方面，肯定小像题记是伪作的。通过比较，鉴定出小画像的原系俞翰，不是曹雪芹。

3. 辨识鉴定法

在实践经验的基础上，用调查、考证和科学检验等不同方法，按鉴定对象及其同类品的规律，考察文物的本质，通过理论思维、概括和抽象的作用，达到明辨和认识的目的。

这种方法是根据各种知识，对文物进行考证，找出文物的属性，从而确定真假、年代。以绘画为例：各时代所用的绘画材料是不同的，什么时代用什么纸，唐宋用双丝绢、硬黄纸，宋代用麻纸，澄心堂画纸，其纸白而有硬光，明代纸比清代纸硬，清初纸有榜纸，内有棉花絮，其中晚期多用净面宣纸。唐代用元印，宋、元、明为水印，清代为油印。除原料外，各代有各代风格，如南北朝的画以人物为主，环境陪衬，没透视感，“人大于山”，唐代始有皴墨法，有立体感，山水独立成画。每个人的画也有不同风格，此外还可根据跋、签章等因素鉴定。这就要求我们有美术史方面的知识。

绘画的辨伪，必须掌握其制伪画的各种手法，据以往的材料，基本有七种：

（1）脱骨：有些绢地古画，往往墨落衬纸，揭开以后，在衬纸原迹上施加笔墨，制成伪作品。

（2）移款：古画已残，但题款较好，把此款移往其他画上。

（3）改款：在某些古画上，挖去无名氏的原款，伪加名家名款，形成伪作。

（4）假帮手：伪造名家题跋，掩饰伪品破绽。

（5）移款改残：把古画残破部分裁去，移款就画，拼凑成画幅。

（6）假款：在无名氏的画上，伪填名家款和印记。

（7）移花接木：把有引题、尾跋长卷加以裁割，加上跋，使名画有真有假，鱼目混珠。

认真分析识别伪作方法，对辨伪十分重要。

又如青铜器，在古代和近代都有仿造和伪造三代、秦、汉青铜器。

（1）全器皆伪的，过去作假铜器的人，在作假器物之前，要先找个器物样子来照着做，他们常仿《博古图》内的器物，所见鸟兽尊一类器物其中许多都是假的。三代秦汉器无论某种器物在造型、花纹、铭文等方面都有它的特点，而宋、元、明、清几代的仿古器，对稍有青铜器常识的人，就可分辨出来。

（2）器物是拼凑的，俗话说"驴唇不对马嘴"，有时一望便知。例如：利用真器上半部的甑，在下面再加上三足，便成为鼎。有的利用缺三足的鼎体，在下面加上豆把和圈足，便成为豆。真器真铭合成一器的。例如：录尊是卣内的铭[①]，后改嵌入尊内。

（3）器物是真的，铭文或花纹是后刻的。也有真器上残存有一部分铭文或花纹，造伪者再嵌进后刻的一部分铭文或花纹。

（4）器伪而铭真，真铭嵌入伪器内。

（5）器形与铭文或花纹在时代上有矛盾。真器在时代风格上是一致的，而伪器则矛盾百出。例如：战国无铭的兵器上，作假者由于缺少一些战国文字的基本知识，常将商周的铜器刻在战国兵器上。

（6）在伪造技术上，伪造的铜器花纹与铭文，没有真器的那种雄伟浑厚的气韵。商周青铜器上的铭文，一般都是铸字，字体匀整，大小深浅如一。在伪作时，必须有凿刀痕，刀口沿一般是不平整的，作伪者常用铜刷去刷，结果又出现刷痕，有时使字的笔画模糊不清，真假器物多进行比较，便看出伪器的花纹与铭文的呆板无生气、作风不自然。真器在花纹上，底花一般是平整的，而伪器的主题花纹或衬托花纹显得鼓凸，散而无生气。

---

① 容庚：《善斋吉金录》第九卷，第9页。

（7）在铜锈上，真器由于入土千年，它的锈不是浮在器物的表面，而是已渗透到器的内里了，如果把外面的锈弄下来则是粉末状。又因为是表面上的一层假锈，所以锈一下来，就露出了新铜，原形毕露。

总之，在知道作伪铜器的基本方法后，只要多实践、多观察、多比较，善于总结规律，自然熟能生巧。

4. 现代科学鉴定方法

随着科学技术的发展，现在已有一些现代科学技术的鉴定。如碳 14 鉴定年代、古地磁方法、热释光方法、光谱分析、金相鉴定、X 光射线等等，在认识文物质地和年代都有重要作用，这都是文物鉴定方法的现代化技术。

一般的自然科学知识对鉴定文物的质地，也很有用。民族文物中的首饰、装饰品，有许多金银制品，鉴别它们的真假，就可依赖这样的知识。根据现在的科学技术手段，对金、银器质地的鉴别已能做出比较精确的测定。比如器物金银含量的成色测定，对金银器内所含其他金属的成分及其含量的测定，甚至对一件金银器不同部位的金银含量，都能分别做出测定。对金银器的材料质地的鉴别，亦积累了一些简便易行的方法：

（1）金的密度大，一般说来，对于相同体积的金属品，金制品要重得多，太轻的制品必是伪品。

（2）金银的硬度小，质地软，延展性强。若用金属物在金银制品上轻轻划试，一般留下凹痕是真品，留下划痕的是伪品。

（3）金、银的化学性质较稳定，特别是金，在空气中不易氧化，而铜铁制品均易氧化生锈，金在酸性液体中（如稀盐酸、硝酸等），其颜色不变，而铜制品只要触及硝酸，便会失去光泽。如是镀金，表层镀金容易脱落，不仅脱落部分易生锈，即使镀金表面也易被铜覆盖。

5. 民族学调查方法

民族学调查方法，既是征集文物的方法，也是鉴定文物的方法。遇到需要鉴定的民族文物难以识别时，携带有关文物或照片等形象资料，到民族地区进行核实、验证，以群众为师帮助鉴定，这对解决解放前后征集的近现代民族文物的鉴定，有着十分重要的意义。或者，请少数民族群众到馆内来鉴定也行。民族文物的鉴定是一项很细致的科学研究工作，在博物馆里最好有一常设的文物鉴定委员会，以便组织专家，群策群力，定期开会，互相讨论，百家争鸣，同时还可请本民族的知识分子参加，以便更好地进行文物鉴定工作。

四、鉴定后的民族文物，“民族”栏的填写要注意的问题

民族文物经过鉴定后要将其确定的内容填入卡片和账册。对于文物的民族成分，一般讲，从形式到内容，从制造者到使用者，从作者到作品内容按理都应该是一致的才对。我国自古就是一个统一的多民族的国家，历史悠久，从传说时代起，各民族的先民就繁衍生息在祖国这块土地上，各民族之间在政治、经济、文化各个方面的密切联系和交流及其相互影响。反映在文物上，其民族成分，当然也就会错综复杂，难以确认。所以下面七个方面的问题值得注意①：

一是古代民族和现代民族的关系。如唐蕃会盟碑（又称舅甥会盟碑）的拓片，在作为民族博物馆的藏品时，其民族成分是清楚的。“蕃”是本民族的自称，“藏族”是近现代汉语称谓，填写时只要注明就可以了。但铜鼓在古代南方少数民族地区普遍流行，遇到这种文物其民族成分就不那么好确定了，这样在考证族属时，就应考虑到历史上民族的迁徙、融合、发展、变化等情

① 秦晋庭：《民族文博研究》，辽宁民族出版社 2003 年 5 月版，第 33 页。

况。古代民族与现代民族之间尽管存在着千丝万缕的联系，但不加分析地以古代今，或以今代古，都不合适。以 20 世纪 50 年代初广西出土的一面汉代冷水冲型铜鼓为例，历史记载，汉代乌浒人，亦称乌浒蛮，是西瓯、骆越人的一支，曾分布于今广西左江流域及钦州、合浦、玉林一带，为今部分壮族的先民。汉代乌浒人的地理分布、好击铜鼓的习俗，与这件铜鼓的出土地区、时代考证相吻合。因此，这件铜鼓的民族成分确定为“乌浒”，并用括号标注“壮”，与简单地登记为壮族相比，就更具有其科学性和说明力。

二是政权与民族的关系。历史上一些少数民族曾建立过地方政权，其中有的不仅建立称雄一时的地方性政权，而且还建立了统一全国的中央政权。这些政权的名称与民族名称有的是一致的（如契丹族首领阿保机称帝时，国号曰契丹；蒙古族首领铁木真被推举为大汗时，国号曰蒙古），但多数是不一致的。这样我们在处理文物的族属问题时，就必须注意：如重修护国寺感通塔碑的拓片，是西夏的珍贵遗物，两面刻字，一为汉文，一为西夏文。西夏是以党项族为主体民族建立的地方政权，对于这件文物的族属就不应简单的填“西夏”，而应填“党项羌”（西夏），这样才能既正确处理政权与民族之间的关系，又符合历史的本来面目。

三是制造者与使用者的关系。如阿昌刀，由于它的工艺精湛、质地优异，美观耐用而闻名。阿昌刀不仅为本民族所喜爱，而且作为商品行销云南各地，并远销西藏、青海、四川等地；不仅是一种随身携带的劳动工具、护身武器，而且是显示英武刚强的装饰品。这种刀在打制时，制作者也考虑了使用民族的习惯，而将使用民族的习惯、喜好等因素注入到了商品之中。一般讲，如其齐头长刀为景颇族所喜爱，尖头长刀为傣族所喜爱。由于制造者和使用者民族不同，民族博物馆作为藏品搜集时就要注意正确处理好制作者和使用者的关系。

四是作者与作品（内容）的关系。这要根据搜集收藏的目的来作为民族成分的依据。一般讲有四种不同的处理方法：①作者本人是少数民族，作品内容反映本民族的题材，二者一致，毫无异议；②作者是甲少数民族，作品内容反映乙少数民族题材，一般可将后者作为第一民族成分登记，前者作为第二民族成分登记；③作者是汉族，作品取材于少数民族的生产生活、历史传说、文化艺术等，根据作品的民族成分登记，而作者的民族成分，可在作者简介中标明，在民族栏中可不登记；④作者是少数民族，而作品内容与少数民族没有直接的关系，那就根据作者的民族成分登记民族栏。因为搜集收藏的目的，是确立藏品民族成分的主要出发点，民族博物馆搜集收藏其作品，主要是从作品内容出发的，故作品所反映的内容（题材）无疑是登记作品民族栏的主要依据，而作者的民族成分已降到次要的、从属的地位，甚至到无关的地位，一般在作者简介中标明即可以了。至于作品与少数民族无关，但作者是少数民族，民族博物馆之所以搜集收藏，主要是从作者的民族成分出发，为了在陈列中作为实物资料反映少数民族的聪明才智和富于创造精神，无疑作者的民族成分是确立作品民族成分的主要依据，而作品本身所描述的内容（题材）的民族成分，降到次要的、从属的地位，甚至无关紧要的地位。

五是多民族和各民族的关系。在民族文物中，有些是不属于某一民族所独有，必须是属于两个或两个以上民族的，就应该给它填在“各民族”栏内。如反映党和国家解决民族问题政策的纪念品、中央民族访问团的大旗、中南湘西访问团的大旗、广西壮族自治区成立各民族自治地方送的锦旗、中央的民族区域自治实施纲要等等，都属两个或两个以上乃至于更多的民族成分，为了工作的方便和叙述的方便，均可称之为各民族。

六是非正式称谓的标注。我国尽管花了很大力量进行了民族识别的工作，国务院正式公布了55个少数民族的名称。尽管如此，一些民族的自称、他称、支系名称在现实生活中还存在。因此，在民族文物登记中，非正式的称谓非常有必要作为资料保存下来，这对于考证、鉴定、研究民族文物，具有一定的旁证价值。

七是民族不详的酌情标注。有些藏品，由于种种原因，或者不详或失传，鉴定不清，其民族成分栏实在无法登记，则应给以恰当的标注，以便日后作进一步的深入考察和研究。

【思考题】

1. 为什么说民族文物一般指近代少数民族文物？它一般属民族学范畴，它的学术价值何在？

2. 鉴定民族文物的必要性和具体要求是什么？

3. 鉴定民族文物具体讲有哪些科学依据？

4. 鉴定民族文物有哪几种通用的方法？

第五章　民族文物的搜集与整理

第一节　搜集工作的意义和作用

我国自古就是一个统一的多民族国家，中华各民族，不仅共同缔造了中国的悠久历史，还创造了丰富多彩的物质文化和精神文化，遗存了极为丰富的各民族文物。然而民族文物的搜集在西方国家，早在其资本主义上升时期就进行了，可是过去在半封建、半殖民地的旧中国，不可能做这项工作。正如毛泽东同志在《农村调查》的序言和跋中所指出的那样："一般地说，中国幼稚的资产阶级还没有来得及也永远不可能替我们预备好关于社会情况的较完备的甚至起码的材料，如同欧美日本的资产阶级那样，所以我们自己非做搜集材料的工作不可。"社会要发展，民族要振兴，优秀历史文化传统要发扬，国家经济文化事业飞速发展，民族文物的搜集必然会成为一项十分重要的工作。

搜集工作的意义和作用，在于将民族文物搜集和集中起来，保藏到博物馆里，以便为陈列、研究和宣传教育工作服务。搜集民族文物是建立和发展民族博物馆的头一件大事，之所以必须这样，是因为：

（1）文物藏品体现着各种类型民族博物馆的本质和特征。民族博物馆本身就是民族文物和标本的收藏机构。没有一定数量和质量的民族文物，就不可能成为真正的民族博物馆。这个道理很清楚，离开民族文物的积累，去讲民族博物馆的建立和发展，只能是一句空话。

（2）文物藏品制约了民族博物馆的一切业务活动。民族文物是民族博物馆的一切业务活动的物质基础。民族博物馆里的陈列展出，是在一定的思想指导下，用民族文物藏品说明一定问题的科学与艺术的组合；民族博物馆的科学研究，是对民族文物藏品内涵及其运用方面的研究；民族博物馆的出版物，是对民族文物藏品的科学研究工作成果的结晶；民族博物馆的社会教育工作，成效如何，都受民族文物藏品数量和质量的制约。

（3）藏品数量的多少、质量的高低以及研究利用程度，是衡量一座民族博物馆发展规模、科学价值、工作水平及社会威望的主要标志。世界上任何一个有名望、受社会敬重、仰慕的民族博物馆，关键并不在于它有高大而华丽的建筑和齐全的设备，而在于它有通过长期努力所积累起来的丰富、珍贵的收藏。所以，抓住藏品的积累，才是抓住博物馆首要解决的问题。能否在多项事务工作中，抓住藏品积累这根链条不放，并确实做出成效，则是一座民族博物馆管理水平高低的重要表现。

（4）开创我国民族博物馆事业的新局面，建设有中国特色的民族博物馆体系，就要从我国的各民族实际出发，大力提高民族博物馆的科学质量和管理水平，扩大民族博物馆的类型品种，发展民族博物馆的数量，以适应社会主义物质文明和精神文明建设的需要。为了达到这样的目的，必须有与其相适应的厚实的藏品基础，就是说要积累起数量更多、门类更广、质量更高、内容更新的藏品，没有这个基础或者这个基础薄弱，要开创这个工作的新局面是不可能的。

当前，随着我国社会主义建设事业的发展，民族博物馆从无到有，从小到大，要求民族博物馆事业在数量上、品种上、质量上都需要有一个大的发展和提高。作为民族博物馆自身活动基础的藏品，更需要大力的抢救和搜集。而且还应越快越好，特别是在我国经济文化事业快速发展的今天，民族文物的搜集更面临着两个挑战：

一是来自同行的或非同行的竞争。改革开放以来近20多年间，全国从中央到地方，建立了相当数量的各种类型的民族博物馆。负有同样或者说是相同和相近使命的博物馆，它们之间在征集文物方面的竞争在加强，这有利于对民族文物的抢救和保护，有利于民族博物馆事业的发展，有利于调动多渠道、多方面、多层次征集工作的积极性。文物不管收藏在哪所博物馆都有利于文物的保护，尽管《文物保护法》规定了文物主管部门有权批准博物馆之间藏品的调拨和交换，但不宜轻易使用这种权利，因为它将挫伤文物收藏者的积极性。面对这种竞争，博物馆只有不断地改进自己的工作，以求自我发展。这种对工作的改进只有加强调查研究，信息灵通，愈早掌握文物信息越主动。一旦有了文物信息就立即出动，周到细致地工作，把文物所有者本人和家属的工作做好。当然一定的经济付出也是非常重要的，在不断走向市场经济的今天，现在人不少已经认识民族文物的价值，与20世纪50年代大不相同。尽管过时的用品，有的也作为传家宝，不轻易拿出。有的就其经济价值来说，也值不了几个钱，但他们着眼于文物的社会价值，即文物在精神文明建设中的重要作用。没有一定的钱来换取也是不行的，有偿征集逐渐成为征集的主要形式。博物馆如果没有一定的经济力量，将会是很困难的。

二是随着时代的进程有的民族文物极易消失。民族文物和历史文物是不同的，古代的历史文物长期葬于地下，有机会再通过考古发掘还可以面世。民族文物主要是民族的生产用具、生活用品、头饰服装、宗教礼器和民族歌舞，是活的文物、活的宝贝。随着生产、生活方式的变化，少数民族青年脱下民族服装穿起了西装，打上了领带；村寨拆掉了阁楼、吊脚楼，盖起了小洋楼；

日常劳动和起居用品或付之一炬、或弃之不顾；流行歌曲、现代舞盛行，民族歌舞少人传习。随着社会的发展，生产生活方式产生一定的变革是不可避免的，也是应该肯定的。但保护和利用民族文物，对于传承文明、发展经济同样有重要作用。民族文物在消失的同时还会流失。不少文物贩子大量廉价收购民族文物，有的购买民族传统物品在国外市场高价贩卖。这些文物本身具有很高价值，不能任其消失和流失。同时，许多少数民族居住区受条件限制，很难发展其他产业。所以，保护和利用民族文物发展旅游业是行之有效的路子。随着社会的发展，人们不用了的东西即会消失，一旦消失就无法再生。人们对于现代文物的观念是薄弱的，而现代文物往往是需要一定时间，让历史来沉淀才会被人们认识。越是近现代人们正在使用的物品，人们越不认为它是文物，就越轻视这一点，因此，人们的衣食住行许多物品常不会被人们认为是文物。在各民族地区生活和工作过的都亲眼看过这样的现实，刚解放的时候，许多很有民族特点的文物，在民族地区随处可见，伸手可得，可是现在变化确实是太大了，衣食住行，各个方面无不如此。发展是好事，可是从保存民族文物的角度，是必须实时抢救的。正如我国著名的文物专家、国家历史博物馆宋兆麟教授所说：他“在40年前曾赴大兴安岭鄂伦春族自治旗搜集鄂伦春族文物，那时文物很多，随手可得，共搜集了1000多件，藏于中国历史博物馆。30年后即1991年作者又重返大兴安岭，寻找民族文物，已是大海里捞针。当时鄂伦春族自治旗创办了一个博物馆，没有文物，只好从历史博物馆借展，然后复制一套，作为永久展出。黑龙江民族博物馆建成后，也缺乏基本藏品，展出活动受到很大限制。北方是这样，南方也好不了多少。除海南建设一座通什民族博物馆外，没有为每个民族搜集一套民族文物，近些年再进行搜集已感到难于上青天了。”[①]面对我国少数民族文物的这些情况，他很感慨地说：“当然西南有些地区对民族文物还是抓得好的，如云南省投资建成了云南民族博物馆，地州也有一些民族博物馆，各有特色，成果卓著。不过‘外行看热闹，内行看门道’。乍看起来，云南民族博物馆建筑宏伟，形式新颖，展品丰富，观众赞不绝口，这是好的方面。但内行一看就发现展品中不少是新做的，当属‘赝品’，难入民族文物之列，据说此举也是出于无奈。目前在云南搜集民族文物也很困难了，这再一次向我们敲起了警钟，抢救民族文物迫在眉睫，绝不能让东部地区的教训在西部重演！”[②]

可是，由于种种原因，征集藏品的工作，没有得到应有的重视和相应的加强，有的甚至被削弱和忽视，这就是摆在我们面前亟待解决的问题。这些问题的主要表现，大致有下列几种情况：

一是一些老的民族博物馆，情况较好的单位，新藏品增加的也不多，其中大部分还是兄弟单位在 20 世纪 50 年代所拨交，自身主动的、有计划的征集为数还是很少，靠吃老本过日子。这种状况，已经给馆内的陈列展览的提高与更新，科学研究的扩展与深入，带来一定困难。使这些博物馆出现后劲不足，基础越来越弱，社会的舆论也越来越不满意。

二是新建起来的民族博物馆，有的就遇到先天不足，藏品匮乏，缺乏经费，见到民族文物也无钱征集，更谈不上举办陈列展览，致使民族博物馆门庭冷落，起不到应有的社会教育作用。由于我国目前对博物馆的建立、注册、认可的条件，包括在藏品方面的要求，还没有法律上的明文规定，一些地方不太具备必要的藏品条件，个别的地方甚至在基本上没有藏品的情况下，也挂牌

① 宋兆麟：《西部开发与民族文物》，载《中国民族杂志》，2001 年第 5 期。
② 宋兆麟：《西部开发与民族文物》，载《中国民族杂志》，2001 年第 5 期。

建馆，搞起了一些名不副实或有名无实的“民族博物馆”。这些博物馆要回过头来积累藏品，任务繁重、困难重重或无法开展业务活动。

三是我国民族文物的征集，到目前为止，尽管已经取得很大成绩，是解放前的数百倍。许多民族的古籍、经典、文学资料和语言资料，还难以计算在内。但它和我国这个多民族的、历史悠久、文化灿烂、幅员辽阔、物产丰富的国家相比，很不相称，和世界上一些先进国家的民族博物馆收藏相比，相差也很远。我们还应该看到，在一些民族博物馆单位现有藏品总数中，还有一个不很小的虚数，例如记录不完全、鉴定不确切、分级不标准、统计不科学等，除此之外，其中在历史、科学、艺术方面利用价值大的又仅占一个很小的比例。再就是由于管理上的问题，各个博物馆的藏品互不交流的现象也比较突出，余中有缺，缺中有余，利用率很低，这也是藏品的征集和管理上应该注意的问题。

四是由于种种原因，特别是当前民族博物馆普遍遇到的问题，是具有民族特点代表性的实物藏品越来越少，如果国家不收购，商人、文物贩子就去收购，他们以低价收购，又以高价出卖，甚至到大城市如广州、成都、北京等处设点，卖向国外，如一些唐卡、铜佛、经卷等，就是如此。现在征集工作的难度越来越大，上下左右争夺藏品的矛盾时有发生。

在民族文物、博物馆事业蓬勃发展的今天，要开创民族博物馆藏品收集工作的新局面，还必须解放思想、与时俱进，勇于革新，还必须从一些老观念、老框框、老办法的束缚中走出来。这就是：

第一，要去掉狭隘的观念。就是过去一提到博物馆就认为是历史博物馆，一提到文物藏品就认为是历史文物。这种观念的产生根源于我国现代科学文化不发达、闭塞自守，缺乏对外交往，眼界不开，这种观念不完全符合我国民族博物馆这一事物本身的实际。民族博物馆是少数民族物质文明和精神文明遗存或自然标本的收藏、研究、教育机构，它不仅是包括古代的，也包括近代的和现代的，不仅包括社会历史的，也包括民俗的、艺术的、自然的及科学技术的等各个领域的内容。古代历史类仅是其重要组成部分之一，也是我国博物馆的突出点和优良传统之一，但它不是全部。随着社会经济文化、科学技术的高速发展，越来越要求博物馆向多样化、专业化、现代化方面发展。上述观念所造成的后果，不仅影响民族博物馆向大范围、多品种、丰富多彩的方向发展，而且也直接影响到社会历史类博物馆的藏品的积累。

第二，近视的眼光。对待藏品征集工作缺乏远见，主要表现为：一是当博物馆刚刚建成、本馆陈列初步完成之后，即认为征集工作大功告成而停顿下来；二是在修改陈列或筹办专题展览时才忙于组织征集，临阵磨枪、临渴掘井，一时突击，往往收效甚微，甚至劳而无获；三是把征集的目标、范围仅局限于“眼下”是否“实用”，缺少长远打算和通盘考虑，许多该列入搜集范围的没有列入，该征集的不征集，抓不住社会历史发展的大好时机，常常是时机过去，后悔莫及。

第三，狭窄的路子。征集民族文物藏品的路子过窄，基本上还是限于运用调查采集、接受捐赠、收购或考古发掘这套传统的方法。当然，这些方法都是必要的和行之有效的，但路子过于狭窄。仅如此，已不能适应民族博物馆形势发展的要求，而且存在着一定的机会性和盲目性，常常是需要的收不到，收到的用不着，各馆相互间又是只进不出，互不交流，以致保管的负担很重，利用率却不高。从历史文物来说，由于它是不能再生产的，其总趋势是越来越少，而不是越来越多，加之外贸出口和文物走私盗运出境严重，藏品来源日益紧张，而我们在藏品征集方面又未能及时研究新办法，打开新路子，还是只照狭窄的路子走下去，只能越走越窄，越来越困难。

为了解决民族博物馆藏品征集工作中存在的种种问题，必须充分认识，当然也可以从领导机关在政策上做些规定，如从政策法令上明确规定藏品是博物馆的基本要素，对各种类型的民族博物馆分别规定必须达到藏品的数量和质量标准，凡经审查未达到标准的，国家不予承认，不予批准挂牌、不得享受作为博物馆应有的一切待遇；也可以实行鼓励博物馆扩大藏品积累的政策，规定把扩大藏品数量，提高藏品质量作为考核一个博物馆及其领导工作成绩的主要标准之一，成绩显著者要予表彰和奖励；还可以从计划指导上调整民族博物馆的结构，有领导、有步骤地限制、缩小历史文物类博物馆的发展及其在全部博物馆中的比例。提倡扩大民族民俗、自然科技及各种专业博物馆的发展以及在全部博物馆中的比例。鼓励、引导社会上各个部门办馆，各个方面，国家、集体、个人，从而开阔博物馆的藏品征集范围。从经济上保证民族博物馆藏品征集所需要的费用，提高征集用款在博物馆全部事业经费中的比例，做到专款专用，并逐步有所增加。在机构人员设置上做到大馆有专门藏品征集机构，小馆有专职藏品征集人员；从严控制珍贵文物、标本出口，严格打击文物走私活动，以推动藏品征集工作的发展。

为了打开民族博物馆藏品征集工作上的新局面，还需要开动脑筋，广开门路，利用各个馆现有的条件和资源优势，发挥各个民族博物馆的特长。如：

（1）在相互信任和自愿的基础上，开展民族博物馆之间或者为私人收藏的文物标本服务活动。服务活动项目可以包括：代为复制、装修、保养、鉴定、收藏，提供科学保管技术、材料、设备，帮助进行研究、出版、展出、代为出租、出借、出售、交换等等。这些服务项目都必须有严密的手续，博物馆可以收取适当的劳务、设备材料和场地等费用。通过各项服务活动，密切博物馆之间或与私人文物所有者之间的关系，保护好珍贵的民族文物和标本，充分发挥私人收藏在社会主义建设事业中的积极作用。对于公共单位收藏的珍贵民族文物标本，在需要和可能的情况下，也可以开展这项服务活动。

（2）设立民族博物馆藏品咨询服务中心，通过服务中心，建立起联结各馆、各有关方面的广泛的协作纽带，达到加强藏品征集、保管、利用的目的。这种咨询服务中心至少可以在以下几个方面发挥作用：①信息服务。搜集储存各文博单位和社会各有关单位与个人民族文物、标本的收藏以及余缺需求等情况的信息资料，并通过内部资料、函电、会议等形式向各博物馆提供信息、交流情报。②征集服务。组织博物馆之间，博物馆与有关方面之间的藏品交换、收售、租借、复制等活动。③技术服务。提供藏品科学管理、保养、修复等方面的新知识、新技术服务。④制作服务。代为制作藏品的照片、录像资料和复制、复印品以及囊、匣、盒、托、架、柜等保管设备。

（3）建立民族博物馆之间，民族博物馆与其他文物、标本收藏单位之间在藏品交流方面多渠道、多层次，广泛灵活的协作关系。这种协作关系可以是各式各样的，如交换、借用、租用、有价转让、委托收购、联合发掘、采集，代为复制、国家调拨等等，做到互通有无，调剂余缺，充分发挥藏品的作用，提高藏品的利用。

（4）打开国际间藏品征集的渠道，改变以往民族博物馆征集藏品只局限于国内，对外不相互往来的局面。逐步做到面向世界，有目的、有组织、有重点、有计划地从世界各地征集我们所需要的藏品，以扩大中外文化交流，吸收世界优秀文化遗产和先进科学技术知识，为我国社会主义事业服务。为了做好面向国外的藏品征集工作，有几点是值得注意的：①加强调查研究工作，建立起国内外有关的情报信息系统，做到有目的、有对象地进行；②统一领导，建立相应的工作组织的联系渠道；③掌握重点，严格把关，主要是为国家重点民族博物馆征集珍品和填补空白；④周密计划，量力而行。先行试点，积累经验，逐步开展。在方法上可以采用交换、收购、接受捐赠、租借等多种灵活形式。

总之，民族博物馆的藏品，是宝贵的科学文化财产，它是民族博物馆开展一切业务活动的物质基础。没有搜集工作，民族博物馆就失去了民族文物藏品的来源，就建立不起民族博物馆。民族博物馆建立之后，如果停止或放松了搜集工作，那么，各项业务活动就得不到新的文物和标本的补充，就不可能迅速地发展和提高。所以，民族博物馆必须把搜集工作作为一项经常的重要的工作任务。只有充分认识搜集工作在民族博物馆全部工作中的地位和作用，并且切实认真地做好搜集工作，民族博物馆的藏品才能不断得到补充，民族博物馆的各项活动才能得到顺利进行。搜集工作的意义和作用，在任何时候都是不容忽视的。

第二节　搜集工作必须注意的问题

民族文物广泛流藏于民间，多数掌握在少数民族群众手中，甚至有的在人们的生产、生活中还使用着，要将这些珍贵的有代表性的文物系统地搜集起来，是一件很不容易的事。这既是一项科学性较强的学术活动，又是一项耐心细致的思想政治工作。要做好民族博物馆藏品的搜集工作，不仅要对本馆性质和任务有深入的理解，而且要掌握本馆藏品的空白、研究工作的进展情况、陈列展览的现状以及对各民族的历史文化和习俗等方面都要有一定的了解，同时还要熟悉有关政策法令。为了做好民族文物藏品的征集工作，以下问题需要特别加以注意：

一、尊重民族文物的所有权

群众手中的民族文物所有权属于个人，特别是在由计划经济逐步走向市场经济的今天，这是千万不能忽视的问题。本地区要建立民族博物馆，经过大力宣传，讲清道理，从民族振兴的高度，深入细致地做好思想政治工作，其中有的人会把珍贵的民族文物主动送到民族博物馆里来，提供陈列展出。但大多数情况，需要民族博物馆的搜集人员登门拜访才能获得。对于主动送上门来的，不论是否收留，都应热情接待，赞扬其爱护文物和热爱民族博物馆的精神，并且有一定的奖励。登门去搜集时，一次不宜去人太多，要尊重对方的民族风俗习惯，一定要听取对方的意愿和要求，谦虚谨慎，态度和蔼。对自愿捐赠给博物馆的，应视其物品的数量和质量，给予适当的精神鼓励或物质奖励。对于出售给博物馆的文物，不可因为生人和熟人的不同，而压低或抬高其收购价格。为了避免个人决定收购价格的毛病，最好设立专门小组，集体决定，以掌握收购原则，给予恰如其分的报酬。对于暂不愿交给博物馆的个人心爱或亲人留下的纪念品，一定要尊重持有者的意见，绝不可强行搜集，更不可以作“动员”为名，纠缠不休。如商妥借用复制、拍照时，不仅要保证文物的安全，而且必须信守约定的时间，主动送还，否则会给收藏者以不良的印象，而堵塞了搜集工作的道路。绝不要忽视一个人在社会上的作用，如果我们的工作做好了，就会使他们成为博物馆搜集工作的一个义务宣传员。对于群众生产劳动中得到的古文物，则稍有不同。按国家文物法令的规定，其所有权应当属于国家，在处理上，与前面谈到的方法有所区别。但也要考虑到群众发现及对之的妥善保存，在讲清道理之后，可视其文物的价值和数量，与当地政府商量，给予适当的精神或物质奖励，不可以买卖的方式处理，以免造成不良后果。

二、体谅有关单位的具体情况

搜集工作除与民间和个人发生关系外，还要和许多部门单位发生联系，要得到有关部门单位的支持和协作，因而在和外单位打交道时，不仅要按有关政策法令办事，使对方认识到也是他们的任务之一，应共同做好这项工作，而且还要体谅有关单位具体情况，以便团结协作，共同做好这一工作。民族博物馆搜集工作和社会上发生关系的部门很多，具体讲按其性质，可概括为如下四个方面。

1. 搜集工作者和兄弟单位的关系

任何一个民族博物馆，它的存在，和上下左右各兄弟馆有一定的关系。拿自治区级博物馆来说，有和中央馆的关系及省内自治县、自治旗馆的关系；还有和省内外兄弟单位的关系。博物馆要做好搜集工作，也必须处理好这几个方面的关系。从纵的关系看，作为省级博物馆对于中央馆所需要的文物、标本，应从国家的整体出发，必须按上级的指示办事，有困难时，只能说明情况和提出恰当的解决办法，绝对不能讨价还价或拒绝调拨。而对省区内的市县馆则应考虑其藏品情况和陈列的需要，在一般情况下，不宜采取行政命令的办法，强行上调，最好是采用协商、复制、暂借等方式。作为搜集者，一定要从思想作风上注意，绝不可人为地把关系搞紧张，以保护基层单位工作的积极性。对新发现的文物，在对方尚未研究成熟没有正式发表之前，不可抢先发表。在和省外博物馆发生关系时，搜集工作者要胸中有数，不可盲目地到处伸手。更不应以“张口三分利，不给也够本”的市侩哲学对待兄弟馆。应当以诚相待，有往有来，在可能的情况下，主动向对方交底，说明本馆藏品的空白点和重复品情况。在双方商谈中不可点名要人家数量很少的典型文物，使对方为难。如双方同意交换一些有地方特点的文物时，在互通有无的基础上，要给对方选择一些人家可用的文物资料，不可好坏搭配，把自己的

“包袱”推给兄弟馆。

2. 搜集工作者和科研部门的关系

民族博物馆的藏品包罗万象，既有社会科学，也有自然科学方面的文物标本。根据本馆的目的要求和陈列、科研的需要，必须有目的、有计划地开展工作。在搜集工作中，除依靠本馆的专业人员外，有时还需要和大专院校、科学院、研究所等学术团体进行合作。在这类工作中，除认真履行双方事先商定好的人力、经费、时间等方案外，对获得文物、标本、资料的分配和有关文章、报告编写的分工，则是能否搞好合作工作中的一个关键问题。对于这样的问题，要具体情况具体分析，不论是田野考古发掘，自然标本的采集或流散文物征集，除按双方签订的合同办事外，还有一个不可忽视的问题，就是直接参加合作者的思想品德问题。博物馆的搜集工作者如果不善于与人合作，就很难搞好双方合作的关系。不能把发生的矛盾看成是一个单位、一件事、个别现象，它会使博物馆在整个学术界造成不良影响，以致涉及今后和其他单位的合作关系。所以我们在处理问题时，应当以整体利益为大前提，同时也要顾及博物馆搜集工作的长远性。

3. 搜集工作和收购部门的关系

在社会上与文物有关的收购部门中，有废品公司、银行、造纸厂、古书店以及外贸等收购部门。除此以外，常发生联系的还有海关、公安、财政等部门。从国家的整体看，有关部门对保护祖国文化遗产都有共同的责任，但以职责分工看，文物管理机构则应负主要责任。因此，除按有关法令条文办事外，还必须和上述各有关部门处理好工作关系，理解对方的工作情况，主动为有关单位创造方便条件。如送样品照片、图像、宣传材料或举办小型展览，讲解文物的意义和有关常识。在接洽处理工作时，为了不影响对方的工作，最好商定鉴选文物的时间，诸如此类的琐事，不可有所忽略。至于如何办理转交手续和费用，除按国家规定的办法处理外，不要给对方单位增加工作上的负担或经济上的损失。

4. 搜集工作者和工程部门的关系

这在民族文物的搜集工作中，虽然遇到的情况较少，但也不能忽视。在建设工程中，有时也会遇到一些古代民族文物或遗址，按国家法令的规定，在其工程用地的范围内，都要事先经过文物部门组织人力进行调查、清理发掘。在这方面工作中应重视的问题：一是每年要主动和有关部门取得联系，了解工程情况，以便纳入博物馆的田野工作计划；二是抓紧时间进行调查、清理和发掘，以保证工程的按时开工，除临时发现重要的遗迹外，不应找借口影响施工进度；三是实事求是地提出发掘经费预算，不应虚立名目扩大预算或借机捞一把；四是双方发生矛盾时，应多体谅一下对方的具体情况，协商解决，不能以个人一时气愤，有意扩大矛盾，致使文物遭受损失。

三、不可乱挖乱捕

在民族博物馆的搜集工作中，不仅要和人打交道，而且在田野工作中必然要和自然界发生关系。在野外工作中，不论是考古调查发掘或是自然标本的采集，首要的是必须遵守有关法令和规定。作为野外工作者，对于中央和地方的法规，都必须熟知，以免发生违反法令和规定的事件。

考古调查发掘也是民族博物馆藏品来源之一。各地由于文博机构设置情况的不同，田野考古工作任务落在哪个单位也不一样。不管在什么情况下，博物馆要想进行考古发掘，也要按规定申报发掘的学术目的，发掘面积、范围，主持发掘者的专业水平及业务准备和保护措施，履行必要的批准手续。作为考古工作者来说，能否按计划方案办事，也是一个值得注意的问题。在发掘过程中，可能出现一些意料不到的情况，要改变原来的计划，擅自扩大发掘范围。这样做可能因业务力量和各种准备不足，仓促从事，给重要遗址造成破坏，出现记录不准确、方法不科学、层位混乱以及保护措施跟不上，致使出土的文物遭到不应有的损失。在田野考古发掘中，不仅不能随意扩大发掘范围，就是在一个区域内，如不是生产建设需要的地点，还能够继续保存的，也不可挖光挖净。因为我们这一代的科学水平，毕竟受到时代的限制。不一定能够对发掘现象全部认识深透，所以在一个区域内，应有意识地保留下一部分或大部分。这样做，从长远的观点看是有益处的。在发掘完毕之后，应清理现场，做回填工作。此外，在调查时，把甲地文物标本，带到乙地随意抛弃，这也是田野考古工作者所忌讳的。在田野考古中，根据研究工作的需要，必须到临省区去调查时，应先取得联系，不能认为不会被发觉，就悄悄地去调查采集，这种不正当的行为，会影响两省区之间的关系。

四、建立长远的搜集关系

民族博物馆的搜集工作，不仅领导者要有长远的规划，而且搜集工作者也要有和社会建立广泛的、持久的业务联系的思想和方法。如果我们没有恰当而又细致的工作方法和良好的思想品德，搜集工作则难以进展。

民族博物馆靠什么去开展搜集工作，主要靠有关政策法令和有关部门的党政领导；其次就是凭借搜集工作人员和社会上有关人士、有关部门建立的长远关系。如何建立长远关系，首要的就是要求搜集工作人员必须根除那种“一锤子买卖”、“人一走茶就凉”的旧思想。这种思想反映在搜集工作中，就是在产权未归属博物馆之前，对人家还有一定热情，待东西一到手，便成陌路人，这是搜集工作者的致命要害，必须彻底克服。再者就是耐心、细致的工作方法，用我们谦虚、诚恳、任劳任怨、人民公仆的态度去感染人，使他们愿意和我们打交道，并支持我们的工作。为了保持搜集工作的连续性，不间断和外界的联系线索，博物馆的搜集工作人员也要相对稳定。如因工作需要必须变动时，工作人员之间在工作上也必须有个交代，原岗位人员应毫无保留地向新到岗者交代清楚自己过去所掌握的线索和有关资料，绝不可记在个人的本本上，一走了事。

在制度上一定要健全，为了保持搜集工作的持久性，搜集工作要建立好卡片。把出售者、捐赠者、野外调查向导、提供文物线索者、有关单位的联系人，分别制成卡片、卡片内容有姓名、单位、职业、年龄、通讯处、电话号码、与之有关搜集品的类别和每次联系的日期、情况的简记等项目。把这样的卡片根据工作的需要和查检方便的要求，或按姓氏笔画、或按部门、或按搜集品的类型分别排列。有了这样完整的卡片，不仅可以避免因为搜集人员的变动而中断了搜集线索，而且可以为搜集工作的持久开展打下坚实的基础。搜集工作要和社会上建立广泛而又长久的联系，除了搜集当时给予转让产权者相应的报酬和精神鼓励外，在陈列展出时，应在该件的说明牌上，注明捐赠者的姓名。对于成批捐赠者，除报纸、广播宣传外，条件允许时应举办专室展出。这样做，既是对捐赠者的一种感谢形式，也是为博物馆本身扩大搜集工作的宣传。还有的捐赠者来馆需要看自己捐赠的物品或拍照，应热情接待，给予方便条件。这些工作虽然琐碎，但搜集工作者如不注意，就会给人们造成不良的影响。为了做好这项工作，博物馆的搜集工作者，必须树立坚强的事业心，不辞辛劳地钻研自己的工作，学会社会活动家的工作本领，总结经验，不断提高搜集工作水平。

五、材料不能私自占有

民族博物馆的搜集工作者，不能以任何借口，个人私自收购文物，或转手倒卖，这是博物馆工作者必须遵守的一条纪律。

除了实物以外，在搜集工作中很重要的一点就是有关文字古文物、革命文物、民族民俗资料或自然标本，都将会成为死材料，这一点已为博物馆工作者所共知。但在实际工作中，却有个别人，被个人主义思想迷住了心窍，出现一些不正常现象。为了显示自己搜集资料的珍贵难得，调查记录材料不完全真实，个别的则是主观地编造了一些故事情节，填塞到记录中，并以此写文章宣扬个人的研究成果，这是很不好的。在调查搜集工作过程中，搜集者对所搜集文物标本的有关图纸、照片和人物、时间、地点的详明记述以及有关流传经历、故事情节，是否毫无保留地全部交给馆内也是值得注意的问题。

第三节 有计划地到民族地区认真调查搜集

少数民族地区是少数民族文化遗存的天然宝库，无论是中央民族博物馆，省或自治区民族博物馆，或民族自治县、自治旗的地方民族博物馆，文物藏品的主要来源都是来自各民族地区。因此，有计划地到民族地区认真调查搜集，是民族博物馆藏品搜集工作中极为重要的一环。

民族博物馆为了筹备建馆陈列展出或补充陈列品、收藏有学术价值的历史文化遗产和重要的自然标本以及为科学研究提供材料，在明确博物馆藏品是自然历史和社会历史遗物，具有典型性和代表性的物品之后，经过认真研究和选择，根据本馆的特点和具体任务确定搜集范围。对有关少数民族，从古到今的社会历史、政治、经济文化以及生产、生活、宗教习俗等方面的实物和文献资料，包括民族志、照片、录音、录像等进行搜集。通过周密的调查研究之后，包括掌握有关文物标本的情报与动态，民族地区考古发掘、标本采集、科学考察、史料搜集、文物普查、文物市场等方面的新发现和其他博物馆和有关单位及个人的文物、标本的收藏情况，特别是馆内藏品的数量、质量、内容、种类、缺项以及陈列和科学研究所缺少的材料。制定出科学的计划，要付诸实施，必须到各少数民族地区去，深入到少数民族村寨，进行调查搜集。为了达到预期目的，下列三点是必须认真注意的：即必须坚持民族文物征集的原则；认真做好准备和组织工作；掌握正确的方法。

民族博物馆的民族文物与其他博物馆的考古遗物及其他文物不同，民族文物大多数在少数民族群众手中，存在于民族民间。这种存在于民间的文物，有的是祖祖辈辈传下来的珍贵传家宝；有的是世代相传的村寨纪念物；有的是个人心爱和节日喜庆要穿戴的服饰；有的是祭祀的法具。不管是村寨、个人的纪念物或是个人的衣饰、用具。群众手中珍藏的这些物品，不是为了换钱，群众保存这些东西考虑更多的是这些物品的纪念意义和使用价值，因此，这些物品是不轻易拿出来出售的。要从少数民族群众手中，将这些代表性的实物征集过来，使之成为博物馆的藏品，必须进行宣传教育和思想工作，同时还必须给少数民族物品交换或经济补偿，这就是必须遵守的原则。文物征集小组无论到哪个少数民族地区都必须紧紧依靠各级党政的领导，争取他们的领导和帮助，如有条件，最好请当地政府或有关部门派人参加，而且最好要有当地的少数民族干部，以便开展工作。对于少数民族的风俗和习惯要特别注意，一切必须按民族政策办事，切实处理好民族关系。党的民族政策，主要是各民族一律平等，加强各民族的团结，实行民族区域自治，发展互相合作的民族关系，促进各民族社会主义经济和革命事业的发展，各民族有使用自己的语言文字的自由，尊重民族风俗习惯，反对大民族主义和地方民族主义等等。这些政策与我们到民族地区做民族文物的征集工作关系十分密切，无论是调查和征集文物，还是一言一行，无不与民族政策有关，这是不能有任何马虎的。各民族人民广泛流行的生产、生活和衣、食、住、行、婚丧制度和节庆娱乐的喜好、风气、习尚和禁忌等，是各民族在不同的历史条件下形成的。它在一定程度上反映各民族的历史、经济、文化和心理素质，是很敏感的问题，必须尊重，这样才便于与各族群众友好相处，平等相待，才有利于调查的深入和文物的征集。

准备和组织工作，除要有详细调查征集提纲外，就是要有一支精干的队伍。这支队伍不宜过大，人数不要太多，一般三五人即可，太多了行动必然不便，食宿和交通都不好安排，太少也不便于开展工作。文物征集小组的组成首先要有一两名馆内的业务骨干，以担负其领导工作，在成员中要有一定数量的少数民族干部、妇女干部、美术、摄影人员，以便解决语言不通的问题、接近妇女群众的问题、照相绘画的问题。由于历史的原因，社会的分工和生理的特点，少数民族妇女与外界接触一般较少，民族特点保留较多，在语言、风俗、服饰上都有许多特点。特别是服饰、婚姻、家庭、生育、纺织、刺绣等，我们搜集文物大多要和妇女打交道，为此在文物征集小组里，有一定数量的女同志将更有利于文物调查征集工作的开展。到民族地区后，翻译和向导也十分重要，一定要认真找好。一个好的翻译和向导，其作用不仅仅是翻译和向导，而且可以说是调查征集小组的顾问，在政策、业务和生活上发挥相当大的作用。到少数民族地区如果不懂少数民族语言，开展工作将会十分困难，因此，找翻译就显得十分必要。找翻译最好要找懂得民族情况多点的，而且要有一定的群众威信，这样才便于开展工作。

掌握正确的方法也是做好民族文物搜集工作的关键。我国地域广大，民族众多，各地有各地的不同情况，要想搜集到最有代表性的实物就要恰如其分地选好点，一定要选那些历史悠久、人口众多、远离交通线、受外界影响少、民族特点突出的民族聚居区村落，进行长期的重点的调查，才能做到心中有数，以便征集。通过个别采访、召开座谈会、直接观察和亲自操作等方式，才能对民族文物有深刻的了解。在少数民族地区，一般人虽都能提供一定的资料，但不是所有的人都能提供准确的材料，这就要求我们对调查对象要有所选择。什么问题找什么人，要看问题找对象。有时还要召开一定的座谈会，以便从不同的对象和角度进行探讨，使问题弄得更准确。在具体征集时一定要将整个文物的面貌和有关资料记录清楚，并且要弄清来龙去脉，同时还应在文物上切实地做好标签，造册登记，保存好收据和有关的档案资料。有的甚至还要测量、绘图、摄影、录像、拓片等，以便日后研究和使用。

第四节　拟定征集大纲和征集民族文物

为了更好地满足本馆的性质、任务、类型、特点、科学研究和陈列工作的实际需要，根据馆藏品的现状和长远的目标，民族博物馆在调查征集藏品组出发前，必须先拟好民族文物征集大纲。拟定民族文物征集大纲，首先要有明确的目的。民族文物是说明各个民族历史发展变化的实物例证，是反映各个民族物质文化和精神文化的宝贵资料，具有历史价值、科学价值和艺术价值。民族文物征集工作的总目的、总目标和总任务，同整个文物的征集工作一样，主要是为了丰富馆藏，保存祖国优秀的历史文化遗产，振奋民族精神，开展社会主义宣传教育，为科学研究提供资料。对民族文物工作的征集而言，仅有一个总目的、总目标和总任务是不够的，还必须从客观实际出发，即从当地少数民族及其历史文化的具体情况出发，客观地进行具体分析，然后提出具体的目的、目标和任务。只有这样，才能使征集工作的目的明确，目标集中，任务具体，才能使征集大纲和计划符合实际，切实可行。同时，大纲的拟定一定要考虑全面、系统、配套，在实际工作中又要从实际出发，不断修改和补充，绝不能受大纲的约束。在我国拟定征集大纲和征集民族文物，也是与时俱进的，解放初期和现在决然不同。

我国大规模进行对民族文物的搜集始于20世纪50年代初期，新中国成立后，在民族文物的搜集上开创了良好的开端。1950年冬到1951年春，中央人民政府和有关地方人民政府先后派出民族访问团，深入各少数民族地区进行访问，广泛接触少数民族群众及其代表人物，传达中央人民政府对各兄弟民族的关怀，宣传共同纲领和民族政策。“中央就要民委请研究少数民族的学者，参加中央派往各民族地区的慰问团、访问团，同做实际工作的同志一起进行调查研究，收集了很多文字资料和实际资料。”① 这是开创民族文物搜集良好和收获巨大的一个时期。我国现在一些比较早的民族文物单位，如中央民族大学、中南民族大学、西南民族大学等，文物藏品的基础，基本上就是在这一时期奠定的。而每一次的收集出发前都有明确而详细的征集大纲。

据笔者所见所闻，当时的中南湘西兄弟民族访问团到湘西苗区就收集了许多苗族文物。访问团收集文物的方法，虽然也有详细的搜集提纲，但主要还是结合访问来进行。1950年冬，中南局、中南军政委员会遵照党中央、毛主席的决定，由中南军政委员会的各部门及湖南省、湘西行署抽调159名干部组成访问团，团长由中南军政委员会民政部潘琪副部长担任，副团长由湖南省民政厅马子谷副厅长担任。他们深入到湘西兄弟民族的村村寨寨，召开各种座谈会、民族代表会和群众大会，传达中央人民政府和地方各级人民政府对少数民族的亲切慰问和关怀，同时了解湘西兄弟民族情况，以研究和加强对少数民族地区的工作。到湘西后，先后召开了48次民族代表座谈会，进行了6个典型村的

① 马寅：《加强民族文物的保护和研究工作》一文，载《民族文物工作通讯》，1985年第1期。

社会调查，242个典型户的调查，并向干（吉首）、凤、绥（花垣）、古、保五个县的汉族和少数民族干部做了民族政策报告；文工团以民族团结为主题演出各种精彩节目，共47场；电影队放映新中国的诞生及描述民族团结平等的影片共40场；卫生组给近万名群众治疗。同时，访问团还向兄弟民族赠送了锦旗11面，青布186匹，食盐23342斤，毛主席画像9420张，各种年画78862张，各种宣传画4403张，毛主席瓷像章18393枚，共同纲领1851本，标准国旗210面，西药8箱，各种图书杂志1628册，发出中南军政委员会告湘西各兄弟民族同胞书56611份。正如湘西苗族学者石启贵先生所描述："中南区组织湘西兄弟民族访问团，来我苗区，分乡访问，请求民意，调查风俗语言、生活概况，并携带大批物品，分赠苗胞，又演影剧。男人女人，老的少的，都受实惠，今生来生，圣者愚者，俱见青天，得到群众之拥护。当演剧开幕时，潘琪团长出席讲话，宣讲中央爱护宽大之德，叙述农村建设救济之殷，坐言起时，工作兑现，扶植苗胞，翻身起来。听众闻之，全场感动，欢呼鼓掌。散会归家，父报其子，兄告其弟，彼此报告，互相宣传，一传十，十传百，百传千，千传万，大家盛传，当时弦歌之声，已遍苗乡地区矣。"① 访问团所到的每一个地方，兄弟民族同胞们从各个山寨里集合起来，穿着自己民族的盛装，采用本民族的仪式，远远列队相迎，常常是多至万人，其中有许多是经过爬山越岭带着干粮等候三五天来欢迎的，包括八九十岁的老太太和小学生，扶老携幼，漫山遍野，用自己的语言夹道欢呼，以表示其兴奋和感激之情。而访问团每到一地各兄弟民族又总是热诚地留访问团住下，

① 石启贵先生当时曾担任中南湘西访问团的顾问，应访问团之约写了《湘西兄弟民族介绍》一书。见该书稿下册，1981年10月15日，吉首县档案馆和湖南省民族研究所联合翻印本，第696页。

要求同访问团谈话，倾吐过去的痛苦和今日希望，甚至杀猪宰羊款待访问团。每当访问结束，更是恋恋不舍。临行男的自动出夫挑担，男女老幼，边唱歌，边送行，感动得流着泪，甚至是村村相接，寨寨相迎。同时还自发地向访问团回送各种珍贵礼物，将自己心爱的物品，如锦旗、精美的手工艺品、心爱的民族服装、装饰品、土特产品等，送给访问团以表示对共产党和毛主席的敬爱之情。短短的半个月时间，中南访问团就收到各种礼品，如锦旗213面，民族服装、各种银饰、裙子、花靴、花带子、民族乐器、皮子药、神仙木、各种土特产及其他纪念品2269件。[①] 真正地体现了党和政府与人民群众所建立起来的鱼水之情，这些纪念品，后来都转到了中南民族学院文物馆，成为解放后第一批民族文物。

民族院校的民族文物单位建立后，曾多次组织到民族地区进行民族文物的搜集。笔者曾先后参加过数次。如1954年组织对海南黎族苗族文物的搜集，出发前都有详细的调查搜集提纲。当时中南民族学院民族问题研究室和民族文物陈列馆的大部分同志，参加了由中南民委组织的中南海南工作组。组长由中南民族学院领导担任，广东民委、海南行署、海南黎族苗族自治州政府派人参加，一共40余人，分经济、历史和物质文化三个小组，文物的搜集主要放在物质文化小组之内。笔者是负责专门搜集文物的人员之一，同样也参加整个调查组的调查工作，相互协作，共同完成各项任务。物质文化组以五指山为中心，从中心到外围各县，用文字记录、拍摄、录音和搜集文物等手段，调查黎族、苗族物质文化各方面的逐步演变过程。组员带着背包和粮食，走村串寨，在典型村住下，与群众实行“三同”，仔细观察和访问，

---

① 这些珍贵礼品，曾在武汉市举办的《中南区少数民族文物图片展览会》中隆重展出过。之后，移交给中南民族学院。

在半年多的时间里，前后靠步行，穿山越岭，过原始森林，行程2700余里，靠身背肩挑，把一批批搜集到的1000多件海南黎族和苗族文物搬到县城，而后再通过车、船运回馆内收藏。整个调查组，最后整理了100多万字的《海南黎族苗族情况调查资料》，1956年由中南民族学院文物馆铅印，供领导部门和学校教学科研参考。今日中南民族大学民族学博物馆所藏海南黎族苗族的文物基本上就是这次收集所积累起来的。

至于大纲方面，解放初期，1950年10月中央民族博物馆筹备处印有专门的《民族文物的搜集范围》小册子，各大行政区，如中南，1952年5月中南军政委员会民族事务委员会也专门印有《搜集民族文物手册》作指导。我所在的中央民族学院和中南民族学院，每次到民族地区搜集民族文物出发前，都有具体的少数民族文物搜集提纲。这些“搜集范围”、“搜集手册”或“搜集提纲”，大同小异，归纳起来，一般到少数民族地区去搜集民族文物，可分为八大类。第一类是生产工具。如农具、畜牧用具、渔猎用具、取火用具、纺织用具、其他手工业工具。第二类是生产成品。包括农产品，如谷物和果实、工业产品包括纺织品、陶瓷器、金石品、石玉器、玻璃器、竹木器、漆器、皮革及毛制的器物等。第三类是生产的其他资料。有田地，如各种特殊情况的田地、西南的梯田、西北的石田、牧地及家畜圈栏，捕捉兽物的陷阱，烧窑洞、打铁工场等；水利，如新疆的坎儿井等。第四类是人民生活资料。包括生活方面，有食物、饮料、饮食器等；衣饰方面有衣服鞋帽、首饰、其他身上装饰；居住方面有住处如房屋、帐幕、茅草屋等；房屋帐幕等的内部附属品及装饰，农具什物，庭院设置和其他等；生育用具、照片和其他；婚姻资料有各种用具、照片和其他；丧葬资料有各种用具、照片和其他；医药资料有药物、医药用具、治疗方式和其他；娱乐资料有乐器、戏衣、舞衣、面具、歌曲、歌词、谱调或录音、俗语、谜语、谚语、游戏用具、各种娱乐照片、消遣用品如烟袋、烟壶等；特殊风俗习惯的资料，如文身制度的图画、照片、实物等。第五类是社会组织方面。家庭组织资料有：婚姻制度的记载和图表，家族徽识及其有关物品的实物或照片，氏族徽识及其有关物品的实物和照片、族谱等；政治组织方面的资料有：政治组织系统图表、法令、公约、文书、档案、邮票、监狱制度及刑具等；各种公共场所包括村落、集市、城镇、会场、宗教场所、游戏场所、公园等的照片、图画和模型等；礼仪方面的资料有礼品、信札等；商业方面的资料有：钱币、契约、账簿、商业用具如度量衡等；关于战争方面的资料有：兵器、旗帜、服装、徽章标帜、防御工事等；关于战争的记载及图画以及其他。第六类是关于语言、文字、艺术、教育、科学、宗教等资料。有语言记录、语言系统表、字母表、墨迹、印刷品、碑刻、木刻，写字、印刷、刻字所用的各种工具及材料等；艺术方面有建筑、雕塑、绘画、染织刺绣、其他工艺品等；教育方面有教育方法、课本及教材，文具、学校及其设备以及其他；科学方面有算术用具，测时器、日历、测方向器及其他科学用具，关于科学的图书记载等；宗教方面有宗教建筑、神像、牌位或其他替代品、供品、法器、照片等。第七类是特殊个人用品。例如历史名人遗物、现代劳动英雄、战斗英雄所有物等，包括著作墨宝、所用工具武器、日用品、衣服鞋帽及装饰、住宅、书画及影像、亲朋书信、家谱及传记以及其他。第八类是各民族的体质、历史及所在环境的资料。有体质测量的记录及照片、历史记载及世系表、气候记录、山川照片及地图等。

以上是 20 世纪 50 年代初期，征集民族文物的一些情况。依据这些大纲，搜集了一批民族文物。如中央民族学院，当时就搜集了全国 56 个民族的文物共 2 万多件，而中南民族学院则搜集了中南地区苗、瑶、黎、侗、壮、回、仡佬、仫佬、毛南、京族等 10 多个民族的文物共 1 万多件，都取得了丰硕的成果。

到 20 世纪 60 年代，与时俱进，当时又有一批专家提出，中国历史博物馆专门组织了一次较大规模的对少数民族文物的搜集。他们一般性的调查参考大纲是①：

1. 自然环境：自然风光、山脉、河流、湖泊、土地、土质、森林、动物、植物、矿产、气候、海拔、交通。

2. 历史沿革：创世纪、洪水故事、历史传说、历史文献、档案、土官簿、石碑、古迹、重要人物事件、考古发现、历代大事记、阶级斗争和民族战争。

3. 攫取经济：采集的季节、对象、工具、组织分工和分配制度；狩猎工具（尖竹、矛、弓、弩、飞石索、枪、套索、网、机具、拟声工具、毒药）、狩猎方法（火攻、围抄、陷阱、放毒、伪装）、猎取对象、组织分工和产品分配；捕鱼工具、季节、鱼类、组织和产品分配。

4. 农业生产：火耕、耜耕（锄耕）、犁耕；农具（尖木棒、鹤嘴锄、耒耜、锄、犁、耙、刀、铚、连枷、碓、碾、磨）；耕作技术（水利、中耕、选种、施肥、作物、管理、轮作、休耕、间种）；收割技术、谷物加工和贮藏设备。

5. 畜牧业：牧畜、家畜和家禽的种类及其特点；饲养设备和工具（马具、马套、棚栅、畜圈、牧场）；兽医、草药、配种、阉割；产品加工（肉、乳、毛、皮、绒、鬃、牙、骨）。

6. 手工业：纺织的原料、纺纱工具、纺轮、纺锤、纱车，各种织机、绕线机、挑花、擀毡技术、纺织品；竹木加工工具、原料、加工方法、产品；制陶原料、工具、工序、陶窑、着色、印纹、陶器种类；冶金原料、采掘技术、工具、炼炉、燃料、铸

① 见文化部文物局教育处与南开大学历史系合编的《博物馆学参考资料》下册，第 28 页。

造和冷锻设备、产品；酿酒原料、工具、容器、加工方法、酒药、酒的种类；榨油工具、原料、做法和产品。上述手工业中的男女分工、技术传授、师徒关系、组织和分工。

7. 商品交换：以物易物、等价物、货币、商品、商人、商队、市场、当铺、民族间的交易。

8. 生产关系：生产资料的种类，私有制的产生、发展、动产与不动产，财产占有形式；各阶层比例，在劳动中的地位，等级关系；产品分配形式；借贷、劳役、租佃、典当、契约。

9. 阶级关系：阶级的萌芽；家长奴隶制及其特点；妻妾与奴婢；奴隶制的类型；发达奴隶制；农奴制的产生、特征；封建地主制；半殖民地半封建的阶级关系，阶级斗争的形式；重要的政治事件、人物和文物。

10. 政治制度：政治机构、官员编制、旗帜、仪仗、布告、印信；军事组织、兵书、武器、装备、战例；法律种类、案例、刑具、牢狱、死刑。

11. 衣服装饰：各种衣服原料；衣服的种类；形制和特点；帽、鞋和腰带；身上的装饰（文身、发型、脂粉、拔牙、染齿）；身上的挂饰（耳环、头饰、项圈、臂镯、手镯、戒指、腰箍、脚镯）。

12. 饮食：主、副食的种类；加工方法和饮食习惯；饮料种类和加工方法；调料；炊煮方式；嗜好；饮具、盛水器、食器和酒器。

13. 住宅：洞穴；树屋；帐篷；干栏建筑；半穴居房屋；土木结构建筑；建筑装饰；仓库；地窖；集会场所；生产时的临时住房；家庭陈设；家具；卧具；火种及取火方法；照明设备；火塘；防火措施。

14. 交通工具：人力背负工具和方式；桥梁种类和架设方法；水上的葫芦舟；皮船；树皮船；筏子；独木船；木板船；桨

和舵；冰雪上用的爬犁、冰车和滑雪板；陆地上用马帮、车辆。

15. 生育制度：性生活与生育的关系；求育方式；孕妇卫生；分娩场所；接生；产妇补养；命名仪式；满月酒；携婴工具；溺婴种类及原因；玩具；避孕；成年仪式。

16. 婚姻：各种原始婚姻形式（血缘姻、氏族群婚、对偶婚、普纳路亚婚、一夫多妻、一妻多夫）；婚前性生活；结婚仪式；彩礼；媒人；恋爱形式；婚约；不落夫家；逃婚；抢婚；私生子；离婚；转房；再嫁。

17. 氏族：母系制残余的种类；图腾；血族复仇；氏族墓地和公共建筑；父系家庭公社的规模、族长、谱系、生产、住宅和消费关系；农村公社的特征、财产的双重性、村社特点；部落和部落联盟。

18. 家庭：家庭的产生；母系家庭、双系家庭和父系家庭；各种谱系制；家长；继承制；家庭经济；典型家庭调查。

19. 文字书籍：结绳记事；刻木记事；树叶记号；刻划符号；图画文字；象形文字；拼音文字；各种纸和文具；书籍；抄本。

20. 文学：神话；歌谣；童话；寓言；谚语；格言；谜语；歇后语；绕口令；绰号；史诗；故事；传说。

21. 艺术品：绘画工具、染色、画的种类（皮画、树皮画、岩画、板画、纸画）；雕刻工具、方法和艺术品；泥塑原料、工具和产品；刺绣、挑花、蜡染、编织、剪纸等。

22. 音乐舞蹈：乐谱；乐器种类和演奏方法；歌曲；合唱和独唱；舞蹈的种类和内容；服装、道具和伴奏工具。

23. 节庆游戏：各种节庆的名称、来源、活动内容和场地；男女儿童的玩具、游戏；成年人的游戏娱乐（赛马、斗鸡、摔跤、斗牛、爬绳、划船、爬山、游泳）和体育活动；戏剧和赌博。

24. 科学知识：数学；物理学；化学；地理学；生物学；天文学；医药；卫生；度量衡；计算工具；建筑技术；日历。

25. 宗教：自然崇拜；精灵；图腾、女神；男神；石祖；占卜；巫师；神像；供品；避邪；禁忌；面具；护身符；经书；三大宗教；寺院；生产和生活中的禁忌。

26. 丧葬：对死亡的解释；尸体的处理；各种葬式；送魂仪式；引魂鸡；死人和活人分离；棺椁；送葬；葬法；随葬品；公共墓地；祭祀活动。

依据这个大纲，中国历史博物馆经过 20 世纪 60 年代几年时间，到少数民族地区调查和征集，共搜集少数民族文物 3 万多件，获得了丰硕的成果。

事实充分证明，少数民族文物众多面广，必须有明确的搜集大纲才便于开展工作，抓住主要的东西搜集。但是，民族地区和民族文物，又是多种多样和发展不平衡的。因此，在做具体的征集工作时，又不能被征集大纲限死，必须灵活运用，从实际出发，见机行事，才能获得民族文物征集工作的成功。

改革开放 20 多年来，民族博物馆在全国各地普遍开花，有长足的发展。藏品是博物馆的基础，很多馆的藏品来源主要靠自己去征集。他们摒弃了为征集而征集的方法，采取把调查征集、整理研究和陈列展出串联起来的办法，即根据馆藏文物资料及社区的资料线索，拟定若干专题，由三五人组成调查组（或称课题组），该组在熟悉藏品及有关资料的基础上做出本专题的调查征集计划和经费预算，经同意后即开展田野工作。按要求，每一专题组必须完成文物资料的整理交库房验收，本专题的调查报告和陈列内容设计，在一定时限内完成学术论文或专著，至此专题组方算结束任务。这样运作的结果，提高了征集工作的质量，使文物藏品系列化，丰富了馆藏，有利于多出成果快出人才，不仅业务人员提高了工作能力和研究水平，而且能使更多的人适应博物馆业务的需要，使群体水平得以提高。如云南民族博物馆建成不足 5 年，其藏品多是为了开馆展出的需要而进行突击征集的，用的就是这个办法。[①] 据笔者所见，1987 年《贵州民族节日博物馆》在一个多月时间内，很快就在贵州飞云崖建起，用的基本也是这种办法。即在地方党政部门强有力的领导下，贵州文化厅在充分调查弄清全省民族节日文化的基础上，邀请中央民族大学民族学系的部分教师带一个毕业班的学生前往贵州实习，同时召集全省各地、县的部分文化干部集中培训，两股力量结合后，先学习统一思想，制定出具体明确的调查搜集大刚，接着分组前往全省各地调查征集文物，最后集中汇报、开学术讨论会、办展览。这样的办法确实快速有效，在短短的一个多月时间内，不仅调查搜集了一大批民族节日的文物和资料，在飞云崖办起了《贵州民族节日博物馆》，而且还出版了《贵州民族节日文化》一书，大家都感到收获不小。

第五节　民族文物的征集方法

征集民族文物，基本上都要深入到少数民族地区去才能进行。接触的对象基本上都是少数民族群众。而每个民族都有自己的风俗习惯和生活方式，有自己独立的民族意识。因此，在征集工作中讲究工作方法，是十分必要的。

在民族文物征集大纲制定后，如何到民族地区把所需要的藏品搜集到馆，这当中还有一个征集的方法问题。因此，必须注意下列几点：[②]

① 《民族文物探索》，云南民族出版社，2000 年 5 月第 1 版，第 1 页。

② 宋兆麟：《民族博物馆学》，1984 年油印本（上册）。

一、地点的选择和点面的结合

下去调查征集，首先遇到的一个问题是地点的选择。地点的选择要根据调查的目的和任务来定。如为了调查不同的社会形态，就要选择保存不同社会形态活化石地区。一句话，就是看需要什么东西，哪里有就往哪里去。我国地域宽广，民族众多，各地有各地的不同情况。就是同一种类型的东西，各地的情况也不尽相同。如社会形态中，云南永宁纳西族的走婚和母系家庭；云南澜沧拉祜族的对偶婚和母系家庭公社；独龙族和苦聪人的父系家庭公社；哈尼族、基诺族的农村公社和鄂伦春族的游猎公社；佤族、怒族的家长奴隶制；大小凉山彝族的奴隶制度，西双版纳傣族、西藏藏族和新疆维吾尔族的农奴制等，只有到了这些地区，才能搜集到有关这方面的文物。为了调查各种原始制作技术，就应该去云南佤族、傣族，广东、海南黎族，贵州苗族地区考察；为了调查游牧经济，就应该深入蒙古族、藏族和哈萨克族地区等等。总之，实际需要和客观可能，就是选择调查地点的重要依据。

地点选择的好不好直接关系到能否调查和征集到有关的文物，是调查征集文物成败的一个关键。经验证明，在调查征集工作中"深入地研究一个狭小地区要比广泛地研究一个广阔地域（如州或省）收效大得多"，蹲点要在充分了解情况的前提下，才能选择好一个代表性的村落，花较长的时间进行重点调查，用解剖麻雀的方法，完成特定的调查任务。蹲点的村落，必须是民族聚居区，保留较多的民族特点，村落人口也较多，而且离交通线要远些，受外界的影响较少，才便于找到民族历史传统的东西。调查的时间，少则要个把星期，多则可以搞几个月，才能把各方面的东西都了解透。绝对不能到处乱跑，所谓到处乱跑，就是到某个民族地区，对整个情况还没有了解，就被一时发现的某些文物所吸引，忙于征集，人家说东有就往东走，人家说西有就往西行，自己心中无数，尽管也能了解到一些情况，搜集到一些文物。但是，不深不透，工作漂浮，深入不下去，到头来还要深入蹲点才行。

蹲点也有个浮在表面和深入下去的问题，一种方法是，克服一切困难，住到村寨里的群众家中去，细心观察、详细了解，与群众在一起，和他们交知心朋友，进行调查研究工作。这样，就可充分利用时间，很好地体会民族的心理和感情，这样的蹲点才会收到较好的效果。蹲点为什么是调查工作的最好途径，就在于与当地群众朝夕相处，打成一片，既能建立融洽的思想感情，又能使我们观察入微，熟悉生产和生活状态，从中发现问题，找到珍贵的文物。尤其是比较复杂的问题，如群婚残余，宗教信仰等，仅凭一般调查是不够的，只有在蹲点过程中，与调查对象结成知心朋友，他们才能提供许多真实的情况。在获得了一个点的全面情况，也了解了一个民族或一个地区应有的文物之后，该村没有的，再到别处去找，线索明确，访问和调查也就方便得多。

蹲点既要从事全面社会历史调查，又要尽可能地搜集民族文物。但是，这些文物是否齐全？是否有代表性？还应该进行验证。主要方法是在村落里公开展出，让群众参观评议，其次是到更大的范围内补充调查，印证已有文物的科学性。每个民族的生产水平、自然环境和经济类型都有明显的差异，各个民族的风俗习惯也有很大的区别，反映在文物制度上也差别很大。同样的理由，一个民族的不同地区也有一定差异。所以仅仅依靠蹲点还不够，还必须跑面，要点面结合才能正确地解决问题。

鉴于这些原因，所以说蹲点是重要的，跑面也很重要。只有互相补充，彼此印证，才能克服调查中的片面性，得到全面系统的文物资料。

二、调查的基本方法

调查少数民族文物，主要对象是少数民族群众。其方式方法：主要有个别采访、召开座谈会、直接观察和亲自操作四种。现分述如下：

1. 个别采访

个别采访，随时可以进行。民族文物工作人员随时可向调查对象个人了解有关情况，寻找文物线索以及询问有关历史等。这种方法，是从事民族文物调查最简单、最容易的方法，也是最基本的方法。一般讲调查对象都比较忙，不可能经常坐在一起开会，而且座谈会也需要一定时间、地点和环境，不是随时随地都能进行。个别采访则不然，它有许多优点：第一是它能把人数缩小到最低的限度，既节省人力，又不误生产；第二是调查者可随被调查对象而活动，如一起走路，一起生产，一同休息。这样既便于询问，又能与直接观察密切配合，身临其境，感受亦深；第三是不受场地的限制，两个人随时都可交谈起来，十分方便。

在少数民族聚居地区，一般人都能提供一定的资料，但不是所有的人都能提供准确的材料，这当中还有一个认真选择对象的问题。

到民族地区征集民族文物，要了解的问题是多种多样的，因此，采访的对象也就要因人而异。为了弄清问题，找调查对象范围要大一些，人员可杂一点，有男有女，有老有少，具体选择谁，要根据调查项目及翻译提供的线索来定。如调查有关历史事件和人物，应该找那些年纪大些的地方干部，他们是历次运动的见证人、指挥官，他们知道的情况最多，能提供较全面的资料，但也要找各阶层的人，以便互相印证。又如，为了解生产情况，就要找那些年纪大的人、老农及有生产经验和特长的人。如通过犁把式调查农业，通过猎手调查狩猎，通过妇女了解纺织。

有关风俗习惯的调查，则要找老年人，因为在他们的经历中保留了许多古老的风俗，是民族风俗的活字典，可以提供有关这方面的资料。当然也要找中青年调查，因为半个多世纪以来，随着社会的急剧变革，风俗习惯也发生了惊人的变化，不同时代的人有不同的经历，每代人之间都有相当的距离，彼此有共同的风俗，也有相异的习惯。

在调查中，小孩也是不可忽视的调查对象，如要了解儿童玩具，就非找儿童不可，因为他们是玩具的直接实践者。他们不仅能讲述，而且还能够当场表演、赠送玩具，因此，找他们就比找成年人强。个别采访不仅能在白天进行，也可以在晚饭后或晚上找老人聊天。

询问时，要时时记住，要区别真伪。由于某些调查对象有顾虑，缺乏信任，或者粗心大意、语言表达的原因，经常能出现片面性，甚至说假话。为了防止这种弊病，必须多找些调查对象，反复核实。在实际工作中，不但要依靠地方干部、翻译，还要在被调查者中间培养一些积极分子，结交若干知心朋友。通过他们攻克难关，如调查老大难的问题，更应如此。

2. 开调查会

开调查会，是指为了解决某些问题，或者寻找重要文物而召开的座谈会。其特点是人数较多，能集思广益，共同讨论、互相补充，有利于解决疑难问题，但是，座谈会涉及人多，应该慎重掌握，可开可不开的会不要开。只有遇到重要问题，又是个别采访不能解决问题时，才召开座谈会。

在调查会上，应该有主持人、翻译和记录（或录音）人。事先应由主持人和当地干部说明来意，讲明文物政策，征集内容，解决群众顾虑。其次，应该有一个座谈大纲，抓住中心，不能放任自流，漫无边际。一旦发现走题，主持人要因势利导，把话题拉回来。所以，开好一个座谈会不仅取决于主持人有一定的水平，也要有广泛的民族学知识。

调查会的议题，主要指专题性的，通常是一次会议一个问题，每次召开半天或一个晚上。

鉴于群众生产繁忙，调查会不宜多开，人数也不能很多，使参加者都有发言的机会，在会议期间有问有答，有主讲有补充，也可以提出异议，经过摆事实修正假说。如果会议人数过多，往往使某些人失去发言机会。

3. 直接观察

直接观察法，是民族学调查的基本方法之一，也是发现文物的重要途径。直接观察法，要求调查者应该有较高的理论水平，雄厚的民族学知识，丰富的文物和博物馆学的修养，刻苦勤奋的工作作风，敏锐的观察能力。这样，才能在直接观察中，发现问题，熟悉民族文物，并且能有所发现。柯斯文有句名言："观察力是发明的母亲。"[①] 这一点是很有道理的。

直接观察有两种形式：一种是平时的观察，即被观察的对象是普遍存在的，几乎随处可见，如各民族的生产工具、住宅、服装、交通工具、饮食等等。这些领域不用单独安排时间，调查者随时留心注意就行了。另一种是比较少见的活动，如生育、宗教活动、结婚仪式、丧葬过程等，这些活动不经常发生，为时也较短，必须等待机会，才能进行观察，或者注意附近各村动态，调查者可闻风而动，抓住时机进行实地观察。在这两种观察形式中，前者较容易，后者较困难，我们要有轻重缓急，先易后难，最后进行攻关。

在直接观察过程中，一定要满腔热情，耐心细致，多看几遍，多问几个为什么。如鄂伦春族的鹿筋线是如何制成的？黎族如何钻木取火？傣族怎样露天烧陶？独龙族怎样以敲砸器采集棕

① 柯斯文：《原始文化史纲》，人民出版社 1955 年版，第 47 页。

树淀粉？藏族怎样使用抛石索？民族地区的面具是干什么用的？等等。不仅要细致观察，如实记录，而且还应该成套地拍摄照片，以便深入研究。

4. 亲自操作

直接观察法固然重要，但是还不够，如果再问几个为什么，进一步推敲其细节，就会发现有些调查材料似是而非，不深不透。关键是还有未观察到的领域。因此，要深入调查，对于生产、技术性强的项目，也应该亲自摸一摸，在客观允许和可能的条件下，要力争学会亲自操作，进一步体会被调查对象的奥妙。例如，对少数民族狩猎，如果我们仅看材料，或听别人说，那样理解是不会深的。如果我们参加了狩猎，一起过野营生活，并穿越林海雪原，亲自参加就不一样。

5. 测量与绘图

各类文物大小极不一致，例如苗族芦笙，从几十厘米长到十几米都有。搜集时，都要记录下大小尺寸。房屋和村落的部局也是一样，都要详细记录下才行。家具的形制要测量，墓的大小也要测量，要有尺寸才能记录下大小。绘画也是搜集文物中不可少的手段，许多东西还要绘画，如风俗画，可用速写；壁画、岩画、神像则要进行临摹。只有测量资料记录好，绘画工作做好，对于以后文物的使用和模型制作等，才会带来方便。

6. 摄影和录像

摄影和录像也是文物搜集工作中的重要手段，许多东西文字和绘画无法表达，影片却具有真实、醒目等优点，对民族文物是必不可少的实用技术。

7. 模型复制

有些文物由于体积太大，如房屋建筑、龙舟、桥梁等。买不来，运不了，必须制作模型。各种工具、服饰、刑具等，只有单套，无法收购和征集，就可以用复制的办法。民族文书、档案也可以进行复制。民族文物工作者所需要的资料，应该包括文字、文物和各种形象资料。只有这样，才能达到全面占有资料的目的，为民族学研究，举办民族展览等活动打下坚实的基础。

以上是一般民族文物、博物馆工作者到民族地区去搜集民族文物的方法。解放前，在我国也有个别少数民族中也有本民族出身的学者，曾调查和研究过本民族的情况，搜集过本民族的文物。他们的方法是：深深地扎根于本民族的劳动和生活之中，调查、研究和搜集，其收获颇丰。如湘西苗族学者石启贵①，世居苗族聚居区，是本地土生土长的苗族。20 世纪 30 年代初，担任中央研究院的湘西苗族补充调查员期间，他搜集苗族民歌，一切可供调查搜集的机会都不放过。在集体劳动时，别人唱歌比赛，他就迅速记录。别人不唱，他则带头唱，往往是他先领唱一曲，而引来八曲十曲。丰富而生动的苗族民歌，正是他搜集的最好材料。遇到喜庆事，对歌前，常有一些歌手、歌老前来找他商量准备，他都热心给予指导；而歌手们自己的杰作，又丰富了他的调查资料。他搜集的苗族民间故事也不少，其搜集方法，不光是由老年人讲，他记；他还从甲地到乙地，将搜集到的民间故事一路传给各方做交流比较。他这样做的结果往往启发了老人们的记忆，不仅获得许多新的故事内容，更主要的是便于做比较研究。许多苗族老人，尽管不识字，但千百年来代代相传的故事、传说，他们都知道很多。石启贵虚心地请教，从中获益不少。苗族的重大祭祖活动，如接龙、椎牛、椎猪、安龙神、祭家先、祭雷神、解天狗等，每种活动，都有大量的唱词。这些唱词都唱到民族起源、迁徙、繁衍等内容，是研究古代苗族的历史、民俗的重要资料。为了切实记录这些资料，他不仅参加整个活动的全过程，而且还拜师求教，记录的特别详细。对一些苗族老师，用汉

① 见《湘西苗族实地调查报告》一书，湖南省人民出版社，2002 年再版。

字记苗音，所写的祖传本子，他都搜集了不少，并装订成册，分类保存。他生活简朴，到哪里都步行，除了工作用的照相机和笔记本外，就是随身带的衣物。他对本民族人民有深厚的感情，一口的苗家乡音，到哪里都与老乡攀谈不绝。把立足点深深地扎在苗族民众之中。通过调查，所得实地资料上至清代乾隆、嘉庆，下至近现代，许多有价值的资料，是汉文史籍中没有记载过的。在对苗族的社会历史、文化艺术、社会阶层、宗教信仰、物质生活、生产状况等各个方面实地调查的同时，并收集其代表性的实物，如服装、首饰、生产工具、生活用品、宗教文献器皿等，有的还亲自动手绘图、拍照。

总之，如何把民族文物征集到民族博物馆里来，从方法上来讲，大致有这样一些。但对于民族文物征集工作者来说，最重要的还在于有强烈的事业心，有如饥似渴的求知愿望，有不怕苦不怕累精神，以及辛勤劳动和科学的方法，这样才能取得丰富的、翔实的第一手资料，也才能发现和征集到具有历史、艺术和科学研究价值的文物。

【思考题】

1. 为什么说民族文物一般指近代少数民族文物？它一般属民族学范畴，它的学术价值何在？

2. 鉴定民族文物的必要性和具体要求是什么？

3. 鉴定民族文物具体讲有哪些科学依据？

4. 鉴定民族文物有哪几种通用的方法？

第六章　民族博物馆的文物保管工作

第一节　保管工作的意义和作用

民族文物是民族博物馆一切活动的物质基础。从民族博物馆成立之日起，就有大量的文物、标本要妥善保管。文物藏品的保管，与工矿企业、机关、学校物资的保管有相同之处，即要求保管的物品不损坏、无短缺、提用迅速。但博物馆藏品的保管又有它的特殊性，不同于其他物资的保管。因此，要求更加严格，必须做到："制度健全，账目清楚，鉴定确切，编目详明，保管妥善，查用方便。"[①] 这就要求保管工作做到：

第一，博物馆保管的藏品，是人类历史文化的宝贵遗存，是各民族文化不断发展的物证，应该妥善保管，永远保存，流传子孙后代。如有损毁，就成为不可弥补的损失。所以，对保管的每一件文物，都要进行详细登记和科学整理，做到账目清楚、保管妥善。

第二，博物馆保管的藏品，是陈列研究的物质基础，直接关系到文化教育的质量，所保管的藏品，必须真实可靠，流传有据。因此，藏品必须充分选择其代表性，断定其真假，经过评议确定价值优劣，做到鉴定确切，编目详明，检查方便，检选迅速。

---

① 见国家文物局《博物馆藏品管理办法》，第二条。

第三，博物馆的藏品保管，是长期的、永久的，它的出库是短期的，不像其他部门所保管的物资，出库以后就是保管这批物资的终止。所以出库必须账目和手续清楚，必须加强藏品的安全保护措施，研究防止藏品的自然损害，要有藏品的保护环境，进行藏品的合理修复和必要的复制，使藏品尽可能地长期保存下去。

当前我国文物保管和安全防护工作存在着许多问题，经费短缺，设备陈旧，技术落后，便是问题之一，一时尚难以从根本上改善这种现状。但是必须指出，不能把当前文物频频失盗的原因仅仅归结于物质条件和技术手段的不足，而应当把注意力转移到管理工作本身上来。从 1988 年发生的文物失盗案件来看，许多重大失盗案件不是发生在设施和设备较差的单位，而恰恰发生在设施先进、设备良好的大中博物馆里。究其主要原因，有以下几点值得注意。

一是少数单位的领导干部不认真执行文物法和国家有关文物安全工作的规定，对加强文物安全防范这个头等重要任务，采取官僚主义、敷衍塞责的态度。

二是管理不善，制度不严，麻痹大意，保卫力量薄弱。目前，省级博物馆大多设立了保卫处、科，保卫力量有所加强，但是地、县级文物博物馆单位没有保卫机构，保卫人员寥寥无几，力量十分薄弱。许多单位没有保卫人员编制，只能雇用临时工担任夜间值勤。

三是一些文博单位丢了主业搞副业，片面追求“经济效益”，以经济收入为指针，实行“招标承包”，把文物安全置之度外。有的博物馆利用展室办舞会，设食堂，搞商品展销。有的博物馆借口“搞文物展览赔钱”，把馆内一半的展厅租给商业部门开商品交易会，使博物馆变成一个熙熙攘攘的大商场。这些现象虽然只发生在少数博物馆，但如不及时纠正，必定会对文物安全管理工作造成多方面的危害。

从上述情况可以看出，国内外的文物犯罪分子，越来越集中窥视我国的馆藏文物，他们时刻虎视眈眈，欲求一逞，而我们的同志却麻木不仁，得过且过。因此，要确保馆藏文物的安全，固然需要力争更多的财力、物力来改善设施和技术条件，但最重要、最可靠、最切实可行的措施，还是提高警惕，加强管理，严格制度，整顿纪律，激发和提高广大文博干部、职工保护文物的高度责任感和积极性。为此，1988 年底国家文物局对文物安全防护工作提出了几点要求：

一是从国家博物馆到地、市、县的各级、各种文博单位，应立即对本单位文物安全防护工作进行自查，并对各类危害文物安全的因素、现象以及隐患及时予以处理。如认为本单位不具备保存珍贵文物的主客观条件且在短期内不能补充这些条件，则应向上级主管部门提出要求，将所存珍贵文物上调到安全场所。

二是各级主管部门，包括国家文物局，立即对所属文博单位进行安全检查，发现不具备保存珍贵文物条件的单位要限期整顿，整顿无效则将其文物上调到安全场所，原保存单位不得拒绝与阻挠，等其条件具备后再考虑归还。

三是从 1989 年起，任何文博单位再丢珍贵文物，都将通过新闻媒介公开报道；对丢失文物隐情不报者，一经发现从严处理。

四是各地文物主管部门及文博单位的领导，应把确保文物安全工作作为首要任务列入议事日程，对严重失职，造成文物损失的将予以批评、处分直至追究刑事责任。

文物工作包括保护和管理两个方面的任务，这两方面的工作又不是孤立的，而是相互联系的，即在藏品管理的一系列工作中，都要注意藏品的安全保护，而在藏品保护的各项工作中，又必须熟悉文物，才能有的放矢。文物保护，重在预防，必须贯穿在整个工作中。对一个文物保管工作者来说，不仅要有全心全意为社会主义文博事业服务的决心，而且对这两方面的业务知识和保管要求，都必须了解、熟悉和重视。为此，要搞好保管工作，必须要有以下要求和措施：

第一，博物馆的领导干部，必须从思想上重视保管工作，在各项工作中，要把保管工作放在重要的位置上。应有一位副馆长专门负责抓好保管工作，加强对保管工作的具体领导，认真帮助解决工作中的困难和问题。

第二，保管工作任务繁重，技术性强，需要有一个专门机构，以便认真总结经验，摸索工作规律，逐步形成一套完整的科学工作方法和程序。因此，博物馆必须设立专门的保管部门和建立健全必要的规章制度，以保证保管工作的正常进行。保管工作的规章制度较多，归纳起来大体可分为两个方面：一类是藏品安全保护方面的，如“藏品入馆、出馆总把口制度”、“库房管理和入库登记制度”、“藏品提用手续和管理规则”等；一类是藏品科学管理方面的，如“藏品登记细则”、“藏品分类大纲”、“藏品定名条例”、“藏品编目工作细则”等。规章制度一定要根据实际工作的需要，订得切实可行，而且要经过群众讨论。这样，才能使规章制度成为群众自觉遵守和执行的准则。

第三，保管人员担负着保管藏品的重任，必须具有忠实可靠、廉洁奉公的思想品质和一定的科学文化及管理知识。博物馆必须加强对保管干部的挑选和培养工作，不断充实和提高保管工作队伍。各博物馆中保管部门，都需要有一定数量经验丰富的保管人员，并且在工作中要充分发挥他们的作用。同时，还应注意挑选一些政治思想好、具有较高文化水平和专业知识的年轻干部提任保管工作，采取各种办法，加强教育培养，使他们逐步成为保管工作的骨干力量。

第四，博物馆必须逐步创造或改善保管条件，以确保藏品的安全。凡库房和庋藏设备不敷用，应尽可能地予以增添和扩建；库房和庋藏条件差的，应采取切实措施逐步改善。各博物馆还应尽快解决防火、防盗、防潮设备，以加强对文物和标本的保护。有条件的博物馆，还应该尽可能地改建或扩建一些采用现代化技术和设备的库房。

总之，对于民族的物质文化和精神文化及人类的历史遗存，我们都要尽力保护好，不能随便使它遭到损坏或散失。特别是到了博物馆里，博物馆作为文物标本收藏、文化教育和科学研究的机构；作为搜集和保存人类社会的、各民族物质文化和精神文化遗存的宝库。藏品是博物馆的物质基础，是博物馆能否存在的关键。博物馆没有理由不把藏品保护好。因此，保管工作是博物馆一项极为重要的工作。必须要领导亲自抓，全馆都重视，必须掌握必要的技术，建立严格的制度，培养称职人员。不能把保管工作看成是一种具体事务工作，在博物馆里，保管工作确实不是事务性工作，这不但是因为藏品本身具有研究价值和科学意义，而且还因为做好这项工作必须掌握一套严格的科学技术。

第二节 保管工作的基本要求

做好民族博物馆藏品的保管工作，不仅要有科学的保护方法和必要建筑物与设备，而且还要有科学的管理制度和方法。

一、制度健全

制度是工作秩序的体现和保证。民族博物馆藏品保管制度，不仅保管人员要严格遵守，全馆所有人员都要共同遵守。一件藏品进入馆内，要经过调查征集人员、保管人员中各工序的有关人员，研究和陈列中的各个环节。每处存放场地条件、搬运过程中注意事项和必要的手续，都要有明确的规定。应教育全馆人员爱护文物，共同遵守有关制度，使有关人员自觉地认识到保护好藏品是国家交给博物馆的一项重要任务，从而保证各项规章制度的顺利执行。保管工作人员应该敢于坚持原则，有权制止违反文物安全规定的行为。对发生的事故要追究责任、及时处理。国家的有关“条例”、“办法”是制定制度的依据，但在制定制度时又要结合本馆的实际情况，做到既严密，又不繁琐。博物馆的规章制度归纳起来大体包括两个方面的内容：一类制度是属于藏品安全保护所规定的，如库房管理制度、陈列室安全检查制度、保卫工作制度、保管员工作守则、一级品管理提用规定以及修复、复制、裱装等规定。另一类制度是属于科学管理所规定的，如藏品分类大纲、编目工作细则、藏品定名条例、藏品鉴定分级标准、藏品调拨注销规定以及账簿凭证档案的保管规定等。

二、账目清楚

登记总账是藏品管理必不可少的一道工序。凡入馆并经初步鉴定，有收藏价值的，就应及时登记入总账，并实时入库。这样不仅可以使馆藏文物做到有底有数，更重要的是履行财产登记手续。登记总账要由专人负责，管账的人不得兼管藏品。

登记总账的书面凭证，一般是以复写式并经有关人员签字盖章的《入库凭单》为有效依据，同时要核对卡片和实物，无误时方可登入总账。在登记总账时，要立即把该件藏品所应编排的号码标记在卡片和《入库凭单》上，这样就可使藏品上的号码和账、卡、凭单上的号码一致。器物本身所写的号码，必须经过复核，确认无误时方可送交库房排架。

要达到账目清楚，除字迹清晰以外，主要是登记的内容准确无误，要根据国家文物局规定总账逐栏认真填写。

藏品如有外拨、注销时，亦必须以书面凭证为依据在总账中予以注销，所有的记账凭证都应编页装订成册，与账簿同样重要，应妥为保存，不得改动和遗失。藏品数量的统计号根据总账的记载，分类账或其他的辅助账不属于财产登记账，只能作为工作中的参考，不能当作统计数量的合法依据。

博物馆保存的复制品和模型等物品在展览撤掉之后，不能完全交后勤办公室等部门处理，有保存价值的还应存起来留以后备用。这些物品虽然不是原件，但却花了很多人力和经费，也是国家财产的一部分，因而也应另设一个复制品、模型登记账。以便掌握和管理这类对象。此外，由于陈列展览的需要，由外单位借来的展品，或由某种原因暂时存放在博物馆中的物品，博物馆负有暂时的保管责任，必须有借入、退还存放的书面凭据。根据实际情况亦应设置借入或寄存品登记账，记明名称、数量、完残情况、借入退还日期和经手人姓名，以备存查。

三、鉴定确切

鉴定确切是保证藏品质量的关键一环。一般的博物馆在入藏时就进行初步鉴定，看其是否有收藏价值以防止鱼目混珠，把无用的东西一起入藏。如不把住初步鉴定这道关，就会进来一些没有价值的东西，日积月累就会耗用库房设备，浪费人力，给保管工作造成包袱。确切鉴定就是对藏品的进一步深入研究的过程。其内容包括文物的真伪、断代，以明确其科学价值、历史价值和艺术价值。自然标本则是分别鉴定出科、属、种和科学的定名。

经过科学鉴定藏品：它可以为馆内的陈列展览提供可靠的产品；为馆内和社会上有关科学研究部门提供确切的资料；为藏品的分级积累资料；为建立藏品档案积累资料；为编目创造条件，因而说鉴定确切是保证藏品质量的关键工作。

对藏品的鉴定，应组织有专长的人员，集思广益，发挥集体力量，做好这项工作。对于一时难以定论的，可暂存疑，不能用行政命令的办法来决定。对于有怀疑之处或各专家的不同意见，应实时记入有关卡片或档案材料中，待以后深入研究。

四、编目详明

编目工作是使藏品充分发挥作用的前提，没有编目的藏品就等于是一盘散沙，需用时就像大海捞针。可见，藏品编目工作开展得如何，会直接影响到提供使用。进行藏品的编目工作，首先要有一套经过鉴定后制出的藏品基本卡，这是编目工作的基础。其次，是分析研究本馆藏品的质地，分出大的类别。最后是根据馆的陈列展览和为社会有关部门提供研究资料的实际需要，做出编目办法和编目细则，达到编目详明而又科学的要求。例如历史文物（包括革命文物和美术工艺品）的编目要掌握以下几点：①时代的编目：即按藏品本身的制作和使用时代分编，而在时代中又分为各个朝代，在朝代中又可细分为早、中、晚的不同阶段；革命文物则应按革命历史阶段来划分。②掌握地点的编目：即发掘地、采集地、征集地、制作地、使用地等。在大的地域中还应划分出具体的地名细目。③掌握质地的编目：即按藏品制作质地分别编目，如用两种以上的材料制成的，则以其主要制作材料为准。④掌握用途的编目：即按藏品的用途或性质来分别编目。如说明生产力发展的生产工具，则可分为渔猎工具、农耕工具、手工业工具。而在手工业中又可细分为酿酒、制盐、纺织、冶炼等细目。⑤掌握事件的编目：即把与历史上发生的大事件有关的藏品汇集在一起。⑥掌握人物的编目：即按作者的姓名或所属部门集团的名称而编排的。上述几种编目，有的是单独进行的，有的还可以交叉编制。如一件藏品具有两个以上属性的，可以分别编排在几种不同的目录中，因而它与财产登记账是有区别的。自然标本可按自然科学采用的办法进行分编。

藏品编目的几种形式：①卡片式：它是根据藏品的基本卡

片，抄写、打字或复印数份，根据编目的需要进行编排，每个目之前要加“指引卡”，以示区别。②账本式：以藏品的基本卡片为分编的依据，分目登写在目录账上。每目之间的账页要根据藏品的数量留出适当的余页，以备继续填写。在账页的口边要加贴“指示签”以备查证。③活页式：与上述账本式做法相同，只是装订方法的不同，它可以随时增减和前后移动账页，使用起来，较为方便。上述三种藏品编目形式各有长短。第一种卡片式的内容记载比较详细，不仅有名称、时代、数量，而且还有完残、实测、描述、鉴定评语、级别、来源的记述和照片。绘画或拓片，通过这一卡片就可以了解该件藏品的全貌和价值，便于提用人的选择和决定。它的弱点就是制作这样完整的卡片需要花费很大的人力和时间。第二种账本和第三种活页式的格式和做法完全相同，只记编号、名称、数量、来源，一面账页可登写二十件号藏品，减少了翻动卡片的时间，使提用人能很快地查找到所需的藏品。它的不足之处就是不如卡片记载详细，但要了解该件藏品的全部情况时，也不麻烦，只要按编号翻一下卡片即可解决。

五、妥善保管

1. 保管工作本身要求的条件

①对工作人员要求的条件：博物馆藏品的保管工作，直接担负着保护国家文化遗产的任务。因而对从事这项工作的人，第一应忠实可靠，廉洁奉公，不谋私利，勤勤恳恳为民族博物馆事业服务；第二应具有藏品管理、鉴定、编目、科学保护方面知识并肯于学习钻研。②对存放场地要求的条件：博物馆藏品存放的场地主要是库房和陈列室，所以应把库房和陈列室作为保护藏品安全的重点。此外，在修复、复制、裱装、制囊匣、照相、镜检、化验、展出前的布置安排、搬运等项工作中，也不能忽视藏品的

安全保护。不管藏品在任何场地或工作过程中，最重要的就是防火、防盗和防止操作不善而造成的损失。各馆所处的自然环境和建筑设备不同，对于防潮、防尘，防有害光线、气体、防虫、防鼠、防震、防水害以及战备方面，也必须有相应的办法和措施。

2. 以防为主，重点保护

要做好藏品的保护工作，首先要对藏品本身的质地和存放的环境进行周密细致的调查研究，查找不利因素和漏洞，做出多方面的情况变化的设想。针对各种实际情况采取不同的措施，防患于未然，这就是藏品保护工作中以预防为主的思想。对于民族博物馆收藏的成千上万件文物、标本，必须有重点保护。对于一级品、有经济价值的藏品、具有保密性的藏品、武器弹药、放射性物品以及易碎而变化的或特小件藏品，都必须采取相应措施加以保护。其中有的需要装匣，有的需要做囊盒，有的需要装铁柜或保险柜，有的还需要专设库房。有的需要建立专门档案，做出定期和随时检查的记录，有的还必须严格控制提用。重点藏品的保护工作，不仅体现在库房工作中，在陈列室和其他有关工作中，在使用珍贵藏品时，也必须采取相应的措施，以确保其安全。

3. 正确处理保护和使用的关系

在藏品中，有时候出现保管和使用的矛盾，从这一对特殊矛盾来看，保管是手段，使用是目的。保管为了使用，而使用时必须注意保护。例如为了加强一级书画的保护工作，可以采用控制出库次数，掌握季节气候，缩短展出日期，展出场地的防火、防盗、防尘、防潮、防虫，防止阳光的直接照射，防止温度、湿度的剧烈变化等等。此外，为了使用方便，有的还可以用临摹、拍照及复制品的办法来代替。在使用过程中，必须用所有可能的保护手段和方法来减少藏品的损失。

六、查检方便

查检方便包含两层意义。一是要便于对藏品的安全检查；一是便于藏品的提取。从博物馆藏品存放场地来看，主要是库房和陈列室。库房中的工作关键是排架，使藏品有条理而又整齐地存放在一定位置上，这就是对藏品的“定位”。一般的馆在排架的顺序上是采用小号在先，大号在后，从左到右的办法。在一个柜架上要考虑到藏品的安全，要把体轻的放在上面。沉重的大件放在下面。这就是所说的“上轻下重”。在一个格层中要把高大的放在背后，把低平的放在前面，这就是所说的“前低后高”。对于身体细高，重心不稳的器物要躺着存放，对于一般的器物则可立放，也可以说是“高卧矮立”。至于藏品之间的距离，要松紧适宜，以免取时相碰撞造成损失。藏品在库房排架定位之后，要把它所在的库别、柜架层位的编号用铅笔注在卡片或目录索引册上，只有标记了准确存放位置才能便于检查提取和用毕退还时准确归放原位，这种办法在中小馆是较为适用的。至于大馆，由于藏品量大，为便于保管人员掌握藏品的排架位置，多是另外制成藏品存放“方位卡”或藏品“存放索引册”。此外，还可绘制库房内部柜架平面图，注明类别和柜架的编号，并进一步绘制出每个柜架的立体图，注明柜架内每层存放藏品的号码。这样，保管人员不进库房就可以对库内藏品的位置一目了然，这一工作保证了博物馆保管工作的科学性和连续性，即使保管人员不在或调动工作后，继续工作的人很快就能熟悉藏品存放的位置情况。至于陈列室展出的藏品，在一个陈列布置完毕后，主管陈列室展品的人员，除办理清点交接之外，为便于掌握展品情况和检查展品有无遗失或变化，也应按室、按柜橱编制出展品清册。在调换展品时应立即在清册上增添或注销，始终保持展品和清册的一致。

从上述六个方面的基本要求看，是互相关联，缺一不可。

"制度"是工作规律和工作秩序的保证；"账目"是掌握财产的必要程序；"鉴定"是保证藏品科学性的关键，也是分级、编目、建档的基础；"编目"是科学整理的结果，也是发挥藏品作用的前提；"保护"是博物馆的重要职责，也是延长藏品寿命的手段；"查检"是为使用创造方便条件。只有做好上述六个方面的工作，才能使博物馆更好地担负起科学管理、保护、研究和提供使用的责任，这就是博物馆保管工作的基本要求。

第三节　藏品的接收和登记

民族博物馆是一项新兴的事业，从一开始就应把藏品的接收和分类编目工作做好。新进馆的文物必须按照入馆凭证和清册，随同原始科学记录有关材料，一并交给保管部门接收。入藏前还要认真地鉴选一次。因为无论以任何方式汇集到馆的文物藏品，都不可能完全符合博物馆藏品的要求，其中难免有一些物品的文物价值很小或没有文物价值，这就需要通过鉴定，按照本馆的入藏标准，进行必要的选择。符合入藏条件的，立即办理登记手续，及时入库，妥善保管。不符合入藏条件的，应另行保存，再作处理。这样才能保证藏品的质量，同时减少保管工作中的一些无效劳动。此外，运至博物馆的文物来自各地，这些文物大都经历了一定的岁月，有的还是从地下发掘来的，上面蒙着各种污垢，寄生着虫卵、霉菌；有的则已经腐朽，内部结构发生了变化。如对这些文物不加清洁处理，就移入库内，不但它们本身会继续损坏，而且会影响到库里原有的文物，危害甚大。在入库之前还必须进行认真的清洁处理和消毒工作。有破损的必须及时修复，同时对文物进行照相、测量、绘图、拓片，有的还要制作囊匣等，都要在这一阶段完成。

办理文物入馆手续，文物征集人或经手人，都要逐件填写入馆凭证或清册，才交保管核查验收。入馆凭证或清册要一式两份，交接的双方签字后，一联退经手人保存，一联作为文物入馆的原始依据，由保管部统一保存，年终装订成册。

保管部收到文物后，在没有决定是否作为藏品入藏之前，应进行总登记。总登记账叫“文物流水账”，或叫“文物收入总登记册”，以便与藏品总账区别。总登记的目的在于方便实时办理验收手续和便于日后查考文物入馆的情况。尤其是业务力量薄弱的中小型博物馆，由于鉴定水平所限，对入馆文物不可能及时进行准确和有效的鉴选，为保证藏品的水平和防止混乱，及时地进行总登记非常必要。

总登记可按年编顺序号，按批次先后逐件登记。一批文物应登在一起不要打乱。以便组织力量或聘请专家进行鉴选。鉴定的项目主要包括本民族原有或相互影响及交换、真伪、时代、作者、质地、产地、价值等项。作为藏品的文物，还要根据其历史价值、艺术价值和科学价值的大小，进一步确定藏品的级别。

在接收登记时，一定要注意以下几个问题：①接收登记工作是藏品管理工作的一个重要程序，保管部门必须设专人负责，并且不得兼管库房。②文物征集人或经手人必须及时向保管部门移交文物，不宜在手中保管时间过长，也不宜直接进展厅陈列。如果征集人或经手人需要对其中的文物做进一步研究，或陈列需要，可待文物进行登记分类入库之后，再按规定办提借手续，以免造成混乱或损失。③文物征集人或经手人必须注意文物来源，流传经过及其他有关资料的搜集和整理，特别是近代文物，一定要把文物有关的人物事件搞清楚，实事求是地填写。这些原始资料应随文物一并交保管部门保存，以便确定文物的价值，并作为藏品编目的依据。④注意各种账册文物编号的衔接问题。藏品总账的文物编号要回注到入馆凭证上，分类账号或其他账号也要回注到藏品总账上。⑤藏品总账号或分类账号要书写在器物适当部位，一般书写在器物底部或在展出时不容易看到的位置，以不影响观赏和研究为妥。不宜直接书写的，可贴、挂号码标签，但在搬动或陈列时要防止脱落。⑥藏品定名力求做到简明、准确，并能科学地反映出一种文物的概貌和特点。可按类别规定定名方法。⑦文物的数量、尺寸、重量等项。应按《博物馆藏品管理办法》的通知规定填写。计件：单件藏品编一个号，按一件计算。成套藏品按不同情况分别处理。藏品计量单位：按照国家计量总局公布的统一法定计量单位办理。其中器物尺寸的填写，应规定具体项目和填写顺序。如一般器物均按最高、最长、最宽（需量厚度可写在后边）顺序书写；椭圆形器物先标明大直径，再标明小直径；环形器物如玉璧、玉环先标明直径，再标明“内”的宽度；圆形器物标直径（或口径或底径）；大腹器物如坛、罐等还应标明最大腹圈或腹径。书写顺序为：通高、口径、底径、最大腹圆（或腹径）。方口器物还应标明口长、宽。书画要量画心的纵横。重要文物和贵重器皿（如金、银、翠件等）一定要精确地测量重量和尺寸，并切实注明其附件。⑧藏品时代按其所属的天文时代、地质时代、考古文化期、历史朝代或历史时期而定。中华人民共和国成立以前的文物，有具体纪年的写具体纪年，并加注公元纪年；具体纪年不明的写历史朝代或历史时期。中华人民共和国成立以后一律写公元纪年。⑨藏品来源写直接来自单位、地区或个人，并注明“调查征集”、“发掘”、“采集”、“收购”、“拨交”、“交换”、“筛选”、“捐赠”、“旧藏”等。自然标本应写明时代和产地；出土文物应写明出土时间、地点和发掘单位；近现代历史文物应写明与使用者和保存者的关系。⑩藏品现状要写明完残情况及重要附件等。

以上是在接收登记时一定要注意的10个问题。在这里还要提出值得特别注意的关于文物现状的描写问题。文物现状的描写，它不仅是文物完残情况的记录，也是文物保护和管理过程中检查外界各种因素对文物的影响以及文物变化程度的基本依据。所以文物进入博物馆以后，自编目写卡、入库保管到提取使用，不但有严格的手续，而且每个环节都要检查文物的完残情况，并作条理、规范、简明、准确的详细记录。

第四节 藏品的分类

确定为博物馆基本藏品的文物，需要根据其性质、质地、内容等特点进行科学分类。分类的目的，一方面在于对藏品进行整理、登记和编目；另一方面也是为了对藏品进行妥善保管。因此，分类和编目工作做得好坏，对文物的保护、管理和使用关系极大。目前我国的民族博物馆还没有一个科学的统一的藏品分类法。较多的民族博物馆是采取以质地为主的分类法，也有以用途、时代、地域或价值来分类的。按质地分类，从文物保养方面来说是比较适用的。民族博物馆藏品有的属于无机物，有的属于有机物，也有的是多种质料混合制成的。不同质料、性能的藏品对库房条件的要求也不相同，因此，按质地分类可以把质地相同或相近的藏品放置在一起，便于创造较适宜的环境进行保护。

民族文物类别的划分，可根据不同的馆内文物和库房的实际情况而异，不应强求一致。

例如中央民族大学民族博物馆和中南民族大学民族学博物馆，都是新中国成立以来较早创办的民族文物单位。他们经过多年的实践，多次清库、整理，他们所总结出来的经验和办法，就不一致，现将两院校民族文物的分类法列举如下：

中央民族学院民族博物馆文物分类法[①]
（1973年拟定）

1. 具有重大意义的礼品：①骨角；②金属；③其他。

2. 革命文物：①文件；②旗帜佩章；③武器；④生活用品；⑤其他。

3. 阶级压迫的罪证：①木；②铁；③骨皮；④石；⑤其他。

4. 生产工具：①农具；②渔猎用具，③纺织品用具；④手工业用具；⑤其他。

5. 生活用具：①烹饪用具；②餐具；③交通用具；④其他。

6. 纺织品：①锦旗；②成套服装；③单件服装；④鞋帽袜；⑤织绣蜡染；⑥其他。

7. 皮毛：①皮；②毛；③其他。

8. 古器物：①石器；②化石；③陶器；④铜器；⑤铁器；⑥瓷器；⑦钱币；⑧其他。

9. 文字文献：①历史文件；②经典谱牒；③语言文字；④字画；⑤其他。

10. 珠宝：①装饰品；②生活用品；③其他。

11. 武器：①旗帜徽章；②兵器；③其他。

12. 乐器：①竹；②金属；③木；④其他。

13. 宗教用品：①经典；②法器；③崇拜对象；④其他。

14. 其他：包括凡不属上述各类的文物均归入此类。

---

① 即中央民族大学的前身，民族研究所民族文物研究室的民族文物分类法。

中南民族学院民族文物馆的民族文物分类法[①]
（1954年拟定）

1. 生产工具：①农具；②渔猎工具；③纺织工具；④其他手工业工具。

2. 土特产：①农产品；②渔猎产品；③矿产；④其他土特产。

3. 生活用具：①饮食烹饪具；②家具；③交通用具；④器皿什物。

4. 服装：①日常服装；②特种服装；③一般编织物；④其他穿着物。

5. 革命文物：①武器；②文件；③旗帜；④其他。

6. 武器：①兵器；②旗帜徽章；③标帜物；④其他。

7. 艺术品：①染织刺绣；②装饰品；③雕塑建筑；④其他。

8. 娱乐用具：①乐器；②玩具；③舞蹈竞技用品；④其他。

9. 文字文献：①历史文件；②经典谱牒；③语言文字；④其他。

10. 古器物：①石器；②陶器；③古化石；④其他。

11. 特殊个人用品：①武器；②衣饰；③日用品；④其他。

12. 宗教器物：①崇拜对象；②供品法器；③被除物；④其他。

13. 杂类：①锦旗（主要是礼品）；②商业用具；③字画；④其他。

以上这两种分法，都是基本上按质地来分，但也照顾到类

---

① 即中南民族大学民族学博物馆的前身，中南民族学院民族文物馆民族文物的分类法。

别，或在类别当中按质地。任何事物的矛盾都是多方面的，按质地分类，照顾到了保管和保护的方便，但却会给研究、展览或提取使用造成一定的困难。为了弥补这一缺点，在编制藏品编目卡时，可以抄录一套或几套索引卡。索引卡的排列方式可以根据需要灵活掌握。如要了解每个民族的各类文物共有哪些，就可将卡片按民族集中后分类顺序号排列；如要了解每类里的各民族文物有哪些，就可将卡片按类别集中后分民族按顺序排列。如考古发掘品，则可按墓葬、遗址排列，保持其完整性。同时也可按时代、地域或文化类型来排列。传世品可按时代、用途来排列。近现代文物可按历史时期、事件、人物来排列等等。总之，这样用作索引卡排列灵活，查检方便，是解决藏品使用的一种行之有效的办法。

编目工作是保管工作中的一项重要工作程序。藏品编目的目的一方面是为了便于藏品的管理和使用，另一方面也是通过对藏品的研究，揭示藏品的本质，为进一步综合研究和各种专题研究创造条件。所以，这不仅仅是个编目号的问题，而是通过编目号的填写，来确定文物放在哪一类，才既妥善保管又提用方便，也就是对藏品的研究，并具体实际地体现出研究的成果。所以，这项工作必须责成民族博物馆学专业知识水平较高的同志来担任，否则是不容易把这项工作做好。编目工作和藏品的接收登记工作有更密切的联系，是藏品接收登记工作的继续。如果藏品接收工作做的完美，编目工作就只有分类后填编目号、将编目号回注到藏品总登记册，并填写和复制几套编目卡即可。如果上述工作不够完善，编目工作的任务则较重。

藏品登记总账、分类账、编目卡的内容都是一致的，具体包括：①入馆凭证号、总登记号、分类账号、原号、数量、尺寸、重量、文物现状、文物来源以及流传经过等基本内容；②经过鉴定后确定文物的名称、时代、质地、产地、铭记、题跋、价值、级别、文物特征的描述和有关著录摘记等。除这两项主要内容外，每件卡片都应贴上文物照片，一些重要文物的纹饰图案或铭文要有拓片，这样，才能为使用和研究提供方便。

编目卡片是藏品的主要科学记录，填写时一定要严格把关，认真复核，对各栏目的填写都要求准确、详细，对藏品的鉴定要严格认真。如果馆内鉴定力量不足，可聘请有关专家学者，尽量做到集思广益，切不可草率从事，以免给藏品的保管和使用造成不良后果。有些藏品的鉴定不是一次能完成的，应将每次鉴定的情况记录清楚，绝不能凭一次性鉴定就对藏品做出处理。

藏品的编目卡，一般是按藏品分类依入库顺序编制、排列的，每一件藏品必须填一张编目卡。编目工作，除了编制藏品编目卡外，还包括编制索引、藏品目录和藏品档案等项工作，这项工作可根据本馆的力量和工作需要有步骤地安排。

考古发掘品应根据考古记录、发掘报告和有关著录进行编目。可首先完成遗址、墓葬的集品卡，并根据需要和力量再逐步做一些专题卡，为开展综合研究和专题研究服务。

近现代文物的编目卡片除填写名称、来源、年代、尺寸等基本项目以外，最重要的是要填写好每件文物所要说明的历史事件及与之有关的人物、事迹等内容，缺乏这些内容就失去了这件文物的灵魂，其历史价值就会大大降低或丧失，这是必须切实注意的。

编目工作的好坏，直接关系到保管工作、陈列工作、研究工作和其他业务的开展，为了做好这项工作，各个馆必须积极培养自己的鉴定力量。方法可采取派出学习、以老带新和加强业务学习等多种途径培养业务骨干，努力提高编目者的业务水平。

第五节　藏品的入库和管理

藏品登记编目之后即交库房保管员入库收藏。藏品的入库和库房的管理工作，具体内容包括藏品的入库、排架、统计、保存档案资料和库房管理等。

一、藏品排架

藏品排架是文物入库后要做的第一件事。民族博物馆收藏的文物，是民族的历史文化遗产，一般都不能再生产，不做销售，经常提取使用，长期保存。因此，藏品在库房中，必须有条理地进行排架，并固定它的存放位置，通常称为确定藏品的“存放方位”或“定位”，这是库房工作中的科学管理、防止混乱的基本措施。其作用是便于提取和归还原位，便于检查和清点，有利于藏品的安全保护。

藏品排架前的准备工作：事前一定要与编目人员取得联系。必要时也可以先由保管人员排好架，然后再由编目人员去编目。在编目时如何分类、安排文物登记的先后次序时，就应考虑到文物入库后的排架问题。藏品排架，是在做好藏品分类、分库的基础上进行，并且要先规划出各库内柜架的位置和布局。在规划柜架布局时要注意到柜架之间的道路通畅，以便于搬运和通行。确定柜架位置后，应由左向右编排柜架的顺序号码和每个柜架内部格层（抽屉）的号码。做好了这些准备工作，才能进行藏品的排架。

藏品排架的几种具体做法：①按入藏时间的先后编号依次排列，即小号在前，大号在后接连地排下去。这种办法可以节省柜架的空间，提高柜架的利用率。②按藏品的年代、器形或瓷器的窑口、绘画的作者、自然标本的科学属种等的不同，分别排架，每项之后都要留出一定的空闲位置，以备存放新进的藏品。这种办法适用于库房宽敞和柜架设备充足的博物馆。③集中排架，即对不宜分开的成组藏品和特殊藏品，如一级品、珍贵品、保密品、放射性物品、危险品，可由各类中提出，另设专库，特殊柜架，另作排架处理。不论采用何种办法，在藏品排架定位之后，都必须把藏品的存放位置，即某库、第几柜架、第几格层、第几抽屉和有关记录联系起来，才能便于查找所需藏品，用毕归回原位。

记录存放方位的办法有三种：①把该件藏品存放的位置，用铅笔回注在该件藏品的卡片或目录索引的备注栏内。这种办法比较简单，适用于中小馆。②单独建立藏品方位卡或方位索引册，这种办法工作量较大，适用于大馆。③采用现代化手段，把藏品的存放位置和藏品有关记述一并编入计算机程序中储存，用时可迅速地检索出该件藏品的有关情况和它的存放位置，有条件的馆可采用这种办法。除这三种办法之外，为便于保管人员掌握库内藏品排架全部情况，还可以采用一些行之有效的辅助办法，如绘制藏品库房平面图和各库内柜架布局平面图，图中要标注出柜架的编号和藏品的类别。在平面图的基础上，再分别制出每个柜架内部格层或抽屉的立面图表。在表的格层或抽屉栏目中，标注出所存放藏品的号码，这种立面图表也可称为“藏品存放方位指引表”。这种表可起两个作用：一是可以安插在柜架门框上，对该架中所存放的藏品，能一目了然；二是复制一套，装订成册，掌握在保管员手中，作为检索藏品方位的查览手册。上述这些图表，都具有严格的保密性，不可轻易示人。

在排架工作过程中，藏品安全也是不可忽视的一个问题，如柜架安放是否平稳，结构是否坚固，承受重量和抗震程度如何，柜架的高度是否便于提取以及囊匣等保护设备情况，都应全面检查和周到考虑，排除各种隐患。此外，还要注意到每件藏品之间的距离，不可过紧和上下叠压，以防拿取和回位时互相摩擦碰撞造成藏品的损失。

二、藏品统计

民族博物馆不仅要妥善存放好所有藏品，还必须按时统计出准确的数字，向上级领导机关呈报。

统计数字中，不仅包括馆藏各类、各级藏品的实存数字，也应有藏品增加、减少和流动使用的统计数字及必要的文字说明。藏品统计表格大体可分为四种：①历年（净增数）藏品统计表；②藏品增减数量统计表；③一级品升降情况统计表，要附简目；④藏品使用出库数量统计表。

藏品统计的作用：①为国家掌握文化财产提供准确数字，也是博物馆领导者分析研究和指导全馆工作不可缺少的数字资料；②藏品统计数字可以反映出本馆的性质和特点；藏品的增加数字可以显示征集工作的开展情况。掌握各类藏品进馆数字，可以有目的地加强某类藏品的征集工作，弥补馆藏的空白；③历年藏品入馆的增加，是博物馆事业发展壮大的标志之一，也是编写博物馆沿革史和年鉴不可缺少的数字资料；④藏品使用出库数量的统计，可以反映出各种藏品的利用率和它在宣传教育、科学研究中发挥的作用，进而有计划有目的地运用藏品为社会有关部门服务。

藏品统计时应注意的事项：①藏品统计的依据是文物标本总登记账、分类登记账和出入库凭单。统计出来的数字要和各库实际文物数核对，准确无误时方可制表上报。报表存根要归档长期保存；②统计的时间，可根据各馆的规定，按月、按季或按年度来统计，但每年最少要做一次全面统计；③统计表上要注明统计制表的截止日期，并要有制表人、复核人和主管人员的签字盖章，以表示对统计表上各项数字的负责；④藏品统计的计件，应遵照文化部颁布的《博物馆藏品管理办法》中的规定处理。单件藏品编一个号，按一件计算。成套藏品按不同情况分别处理：组成部分可以独立存在的，按个体编号计件；组成部分不能独立存在的，按整体编一个号，也按一件计算。此外，在统计藏品数量时，计件的办法要前后一致，以保证统计数字的准确。

三、藏品档案

藏品档案是掌握藏品全部情况的完整记录材料，也是对藏品研究深度的集中反映，因而做好藏品的建档工作是非常重要的。其作用有如下几点：①可以为馆内外的科学研究提供有关藏品准确、系统的资料，节省科研人员搜集整理时间，有利于科学研究工作；②可以为陈列展览的内容设计、展品选择提供有关藏品的历史价值、科学价值、艺术价值等资料，使藏品在陈列展览中充分发挥它的作用；③可以提供藏品历年变化情况以及所采用的保护措施、效果等事项的详细记录，有利于加强藏品的科学保护工作；④可以为藏品出国展览提供所需要的完整记录资料。

藏品档案的内容很广泛，应收录入档的材料可概括为六个方面：①形状、质地、特征的记述数据：包括藏品质地、成分、产地、制作方法、尺寸、重量、现状、残损原因和部位、装饰方法、纹饰、铭文、印记题跋等详细的文字记述和照片。照片可根据器物的不同，可拍照正面、侧面、上面、底面或局部的放大照片。拓片、实测图、结构图、花纹展开图等形象资料。对藏品的重要附件亦应做同样记述。此外，藏品发生变化、损伤的情况报告书和领导批示处理的原件，均应入档保存。②来源、作者和流传经历的记述资料：包括发掘采集的时间、地点和经手人、主持人的姓名及所属单位。调查征集者的调查访问记录，如有关藏品的故事情节、事件、人物的记述材料。对于考古发掘品，除发掘报告外，要有该件藏品出土的具体层位图，准确地标出该件藏品出土的位置和伴随出土物的情况。工艺美术品要有作者（名、字、号、别号）时代、经历和属于何流派的记述，并应注明该件藏品是作者哪个时期的作品，是代表作或是一般作品。见于何书刊发表和著录，经过何人收藏和流传经历的记述。社会搜集的，要注明捐赠、出售者的姓名、地址、收购价格和奖励方式。调拨的藏品应记录调拨的时间、部门，并注明调拨单的页号和藏品原部门的编号。③鉴定意见和有关研究成果的资料：对该件藏品历次鉴定的意见、定级评语。最好保存专家的亲笔原件，如系整理的材料，应请专家审阅签字或整理人签字盖章。对于先后不同的分歧意见和鉴定评语亦应一律入档保存。国内外学者对该件藏品的研究成果，不论是文章、专著、丛书，凡是提到该件藏品的段落均应复印入档，并注明书名、作者、出版社名、出版时间、章节、页数，如外文的要注明语种，除复印原文外，应译成中文。④保护措施、检测、修复、复制有关记录资料：包括藏品入藏后，历次进行的消毒、灭菌、防虫等措施的时间，使用药物的名称、数量和效果。存放环境的温度、湿度变化，季节更迭对藏品影响的详细记录的有关资料。对该件藏品进行过哪些物理化学的分析检测，所采用的手段及其结果报告材料：进行过哪些修复，修复方案包括修复时间、修复者姓名、使用材料、修复部位和修复措施等原始记录材料。修复前后的对比照片和修复部位的标记图。修复后历年变化的观察记录。需要装裱的藏品也应做好记录。对于需要复制的藏品，应按规定先做好复制方案，包括复制方法、使用材料、技工姓名、复制件数、所需经费金额及确保原件的安全措施等。如用外单位复制时所签订的合同应入档收存。此外，在复制品上有何标志，与原件的质地、色泽、尺寸、重量等方面有何区别，亦应有记录材料，以防鱼目混珠，造成差错。⑤提供使用记录：也就是藏品在各方面发挥作用的记录材料，如历次陈列展览、科研使用、绘图、拍照、录像、观赏的时间、地点、经手人、批准人等事项可用表格记录。使用时反映、效果的文字记录。曾用于明信片、挂历、邮票、刊物封面、标牌作为图案的藏品，除文字记录外，亦应收存其原件。此外，为确保藏品的安全，对于使用时间、场地条件、使用情况和存在问题，亦应有所记录，可为以后改进使用提供参考。⑥音像、光盘记录材料：与藏品有关的录音、录像、幻灯片、照片、底片等音像材料也是档案的一部分，应及早汇集整理、分类、登记、编号，妥为保存。

为避免孤份档案受到损失，有条件的馆，应有复印的复份档案，以备日常查阅使用。

四、库房管理

库房是保藏文物的重地，为了切实保护好文物藏品，必须有一套完整的制度：

（1）根据管账不管物的原则，应设专人管库。凡是确定为藏品的文物，登记编目后，都应实时交保管员入库保管。为了明确责任，库管员要与登记员按账册登记项目核查，办理入库手续，以备查验。库管员验收时一定要认真，应特别注意件数、完残情况及其附件的清点，切不可疏忽大意。

（2）提用藏品一定要按规定办理手续，提借清单要一式三联，一联留保管部门存盘，二联交库管员为出库凭证，三联交提借人保存，归库时也要切实履行退还手续。与此同时，还要在库存卡上注明提借和归还情况，作为查验文物流动情况之用。库管员不经有关领导批准，不能随便提借文物出库。

（3）保管员应经常检查文物安全情况，尤其要做好文物保养工作。如除尘、防腐、防虫、防鼠等，还应特别注意库房温度、湿度的变化，有条件的库房可装置去湿、空调等设备，控制温度、湿度的变化。条件差的中小型博物馆，也可在适宜季节通风凉晒，但要避免阳光直射和污染。

（4）要注意防火、防盗，库房内外严禁存放易燃、易爆和易腐蚀物品，并应设有消防栓、配置灭火器材。库房门窗要加固，装配防盗设备以及加强保卫等。贵重物品和一级藏品库房要重点保护，库房保管员要保守藏品秘密，以防万一。

（5）建立库房工作日记，把库房温度、湿度变化及工作情况记录清楚。这项工作往往不被重视，一旦发生问题，会因无记录可查给工作造成损失，因此，库管员要坚持记日记。

（6）为了做好藏品的保护和管理，要根据文化部颁发的《博物馆藏品管理办法》制定“库房安全保养制度”和各项保管工作细则，自觉遵守保管工作制度。

第六节　藏品的防护和保养

文物的防护和保护也同人治病一样，预防重于治疗。对待文物，应像对待自己的眼睛一样，珍视它，保护它。一定要切实防止“藏品入库，万事大吉”思想，提高对文物防护和保养工作重要性的认识，不满足于不丢、不乱，同时，还要加强学习文物防护和保养知识。要做好文物保护工作，首先要领导重视，其次是要有专人具体负责。再就是要有一套设备。有条件的馆，还应该建立文物保护实验室，没有专职人员也可以兼职，但兼职人员必须懂文物保护的基本知识，以免造成损失。

专职、兼职文物保护人员肩负如下的任务：①对馆藏文物进行经常性的保护：对馆藏的现状做到心中有数，针对藏品损坏程度的不同，采取及时的、有效的保护措施。②和保管人员一道，随时掌握库房、展室的自然情况，控制好温度、湿度，做好防虫、防尘、防光等工作。③随时向有关领导报告藏品情况，并提出文物保护工作的意见和建议。④针对本馆藏品的实际情况，进行经常性的科学研究工作，提出更好更新的保护方法，注意学习和应用先进的保护方法。⑤随时随地向全馆人员宣传文物保护工作常识，督促贯彻执行有关藏品保护的制度和规定。

文物保护工作人员在处理、修复文物时，必须严格遵守以下原则：①以防为主。首先要预防自然因素引起的破坏，如防锈、防光、防尘等，尽量为藏品创造合适的环境，将自然破坏降到最低限度。其次，是防止人为的破坏，如拿取的不慎、修复、保养的过失等。在“防”的基础上，对藏品进行修复是延长其寿命的有效措施。②消除隐患。包括两方面内容，一是要消除原存在于藏品内部的有害性的隐患。如铁器、铜器内部的氯离子就是一种有害性的隐患，一定要除掉；二是藏品经修复或保养之后一定不能留下隐患。随着科学技术的发展，化学、物理、生物的方法逐渐被应用到文物保护工作中，这对文物保护工作的发展是一个推动。但因用药及方法使用不当，也会留下隐患。如铁器、铜器的除锈就不能使用盐酸，否则，表面的锈除掉了，可危害很大的氯离子却留在了藏品的内部。③保持原貌。在对藏品进行保养、修复时应尽量保持其原貌，这是博物馆工作的要求和文物本身的性质所决定的。但是文物经处理后多多少少都会有些变化，为了长期保存又不能不作处理，比如锈蚀的铜、铁器必须及时处理。这就要求文物保护工作者在消除有害因素、不留隐患的前提下尽量保持藏品的原貌。

以上是文物保护工作中的人为因素。对于文物保护工作中的自然因素，特别要注意菌虫害、有害气体和灰尘、光线和温湿度这四个方面的问题：

1. 菌虫害问题

霉菌对文物威胁很大，常见的有青霉菌、曲霉菌等。除纸张、纺织品性的文物因保管不善长霉菌外，甚至铜器上也长霉菌。空气中的尘埃是霉菌生长的地方。霉菌生长最适宜的温度是22℃—28℃，如果再上升到30℃—38℃霉菌的细胞就开始凝固，温度在1℃—5℃时则停止活动，但并不是死亡。如果条件适合又会复生。相对温度50℃—60℃%是保险湿度。相对湿度70%—80%是最适宜霉菌繁殖生存。如果将相对湿度降到40%霉菌就停止活动。目前防止霉菌生长的基本方法是控制温湿度。对库内的藏品，如服装、书画每年到干燥季节拿到通风处晾，这样可以减少霉菌生长的机会。如果发现霉菌应立即隔离，并及时采取药物消毒。

库房常见的虫害有：烟草虫、毛衣虫、白蚁等。虫害适宜温度是25℃—30℃，如果温度升到65℃—70℃虫害经一小时就会死亡。如何把虫害进库防止到最少限度？首先是文物进库前要严格检查，纸张或纺织品入库前最好做一次杀虫处理。库房的门窗平时一定要关严，装纱窗防虫进库，并要定期检查库房，发现虫害实时处理。还可用药物防虫、杀虫，防虫害药一般用樟脑、萘精、对位二氯苯等药物。烟叶中提炼出来的烟碱，也可以使用。

需要说明的是一个库房不能长期使用一种虫剂，最好一两年换一次，轮换使用，以免虫类产生抗药性。如果库房里已经发现虫害，必须立即进行杀虫处理。常用的杀虫法有两种，一是化学药物杀虫法，另一种是物理杀虫法。

化学药物杀虫分熏蒸杀虫和接触杀虫两种。①熏蒸剂有溴化甲烷：它是一种无色液体，经过液化保存在气瓶内使用。优点是不腐蚀金属，不破坏颜料，对纺织品、纸张和皮革都可使用。②接触杀虫剂：常用有除虫菊粉、松节油等。除虫菊粉是一种接触杀虫剂，此药对人无害，是一种比较安全的杀虫剂。松节油是从各种松树提炼出来的强烈杀虫剂。

物理杀虫法：主要指升高温度或降低温度而言。昆虫适宜的温度是 25℃—30℃，假若高于此温度，昆虫生殖受到阻碍。如将温度提高到 50℃以上各种昆虫即可死亡。如把温度降到 9℃时各种昆虫就处于麻痹状态而进入冬眠，如继续下降到“临界点”，昆虫液体就结冰，使细胞“原形质”破坏而死。

2. 有害气体和灰尘问题

空气中含有大量二氧化硫、硫化氢、氯气等有害气体。这些气体在空气中遇水能产生强酸碱性物质，对博物馆的藏品危害很大。尤其氯气对金属性文物破坏性最为明显，是铜器产生粉状锈的主要根源。

二氧化硫这种气体有刺鼻的味道，主要来源于有机物的腐烂、煤、汽油燃烧等。二氧化硫遇水后生成亚硫酸。亚硫酸遇铁形成亚硫酸铁，铁是亚硫酸的催化剂。亚硫酸吸收空气中的氧经过日光照射可生成硫酸，如大气中的硫酸遇到下雨就会变成酸雨，能腐蚀衣服和其他有机物，对出土文物的腐蚀性很大。

硫化氢气体主要来源于污水。厕所、屠宰场等地腐烂的蛋白质能产生大量的硫化氢气体。这种气体有一种臭鸡蛋味，溶解水中呈酸性，又称氢硫酸。它是一种弱酸，有一定挥发性，硫化氢气体最容易腐蚀铜质文物。

二氧化氢，棕红色气体，来源很广，但主要来源于有机物的腐烂，这种气体遇水后生成硝酸。硝酸是一种强氧化剂，它对各种物质腐蚀性都很大。

氯气为绿黄色气体，溶在水里即叫氯水，毒性很大，遇水后生成“次氢酸”。次氢酸（漂白粉）是一种很强的氧化剂，能杀死水中的细菌起消毒作用，但它是金属性文物的大敌。铜遇氯气生成氯化铜，如保存条件差，长期在潮湿的空气中存放，铜与氯接触生成氯化亚铜。就是我们平常所说的铜锈病。铜器要长了铜锈病，想涂干净是很不容易的。如不及时处理或马上进行隔离，能造成文物的毁灭。铁遇到氯生成二氯化铁。古代的铁器因在地下，长期受到各种有害因素的破坏生锈都很严重，有的完全碳化成氧化铁。因此，古代铁器不存在去锈，而主要是加固和防锈的问题。

这些有害气体对各种质地的文物都有很大的破坏作用。主要破坏有机物的纤维素。因此，我们应采取措施来防止有害气体对文物的侵蚀。如可以把藏品密封在保险柜内，或装在囊匣内，也可封在塑料袋内。以断绝外界有害气体的侵入，使其减少对藏品的破坏。其次，可在金属性文物表面涂一层高分子材料，如聚乙烯醇、聚乙烯缩丁醛、聚甲基丙烯酸甲酯、乙基纤维素等，也可防止有害气体破坏，有条件的库房，文物应按质地保管，有机物和金属库房的窗子一定要密封，窗缝最好用硅橡胶或胶带封好。另外保持库房周围的环境清洁，以减少产生有害气体的来源。灰尘是浮悬在空气中的矿物质和有机物的微粒，平时一般不大引起人们注意，但它对文物却有很大的破坏作用，它是微生物、寄生虫繁殖的场所，霉菌的孢子卵就可以借助风的力量转移到各处去，待温度适宜的时候就开始苏醒、生长、繁殖。如有的馆保存的古代服装就已发现有霉菌生长的现象，因此，库房除必要通风外，门窗一定要关闭严密，尤其是春天的刮风季节更要注意。

3. 光线问题

阳光发出的光有“可见光”和“不可见光”。我们平时看到的阳光有红、橙、黄、绿、青、蓝、紫七种颜色，这种光线是在400MU 波长之间。另外，还有所说的紫外线和红外线，称“不可见光”（紫外线短于 400MU 波长、红外线长于 700MU 波长）。紫外线对文物都有破坏性，尤其是紫外线对文物的破坏力最强。它能使纸张发黄发脆，使纺织品减少寿命、褪色。红外线起加热作用。太阳的照射光、反射光、散光三种光线，对文物都有破坏作用，但对文物破坏力最强的是直射光。各种纤维经过日光照射，其机械强度降低 50%所需要的时数。一般丝绸耐光照射数为200小时，麻400900小时，羊毛1200小时。但经过阳光照射后能减少原寿命的一半。不管是绸、棉织品，只要拿到陈列室展出一段时间，再取回与原库房同样文物相比，就可发现差距不小。展览室的那一部分虽在橱柜内，但因长期受阳光的照射，各种质地的服装都有不同程度的褪色。这就是各种光线（包括日光灯在内）所起的作用。因此，展览室的门窗，尤其是夏天，在中午阳光强烈时一定要挂窗帘。以防文物被阳光的照射而减少寿命。除自然光以外，人工光源的照射也同样有不同程度的破坏作用，如白炽电灯、日光灯等。文物过多拍照和不适当的晾晒都是极其有害的，如果藏品遭受虫害、霉的危害时，只能在空气流通处晾，不能直接用阳光暴晒。光的作用，若遇到水分时其破坏作用会更加剧烈。

如何防止阳光对藏品的破坏呢？首先要阻止阳光直接进入库房。库房最好不要窗户或采用小窗户，并且用黑色布或绿色布做窗帘。库内的照明设备不要离藏品太近，不要用弧光灯，以免放射出紫外线。灯要有灯罩，灯泡光线强度要小，以能工作为度。珍贵的有机物藏品要放入囊匣或橱内密封，让阳光的影响减少到最低限度。从文物保护的角度来看，珍贵文物不要在展室长期展出，应以复制品代替。

4. 温、湿度问题

温、湿度的变化对库房内文物有着直接影响。湿度大可造成文物的生虫，尤其是对有机物藏品，如木器、纸张、纺织品等影响最大。一般文物库房的相对湿度要求50%－65%，一天之内变动不超过3%－5%。同时温度和相对湿度的关系也相当密切，如果库房温度高时，相对湿度就低；库房温度低，相对湿度就高。夏天库房要求在25℃左右，冬天温度10℃－18℃左右，也就是说库房的温湿度要适当。如有条件最好保持恒温，不能忽高忽低。如果温度过低或是过高，或变化太大，都可能造成文物的变化，它能破坏纤维质文物的结构，使颜色减褪，甚至陶器等质地较松的文物表层也会逐渐粉化、脱落。

博物馆藏品库的温、湿度变化与气候及库房条件有直接关系，如多雨季节，春天刮风或库房条件差，封闭不严，都可能造成文物的损坏，因而要经常准确地测定库房的温、湿度。

常用的温度计有摄氏（C 表示）和华氏（F 表示）两种。另外还有一种最高、最低温度计，这种温度计可以记录在一定时间内的（24 小时、48 小时等）最高和最低温度。库房的温度如超过 30℃以上是最危险度，容易促使霉菌生长和污损文物。其控制的方法，一般有自然通风法、机械通风法及吸热法等。自然通风法，在库房外温度低于库内温度时，可以把门窗打开，让库内流通新鲜空气。机械通风法，一般用排风扇。这主要使用于密闭性强的库房。如发现库内温度高于库外时，可用排风调节使外界温度较低的空气吹入库内，待达到库内温度适当时关闭。吸热法。夏天库内温度较高时，可用冷水吸热法（放冷水或冰）来达到降低温度的目的。但门窗一定要严密，否则就不能维持降温的持久。库房湿度大于 75％－80％就应该加以控制，控制的方法一般采用机械吸湿和药物吸湿两种方法。机械吸湿一般采用恒温恒湿机和去湿机。药物吸湿去湿常用无水二氯化钙，每公斤可吸收 1.2—1.5 公斤水，这种药是一种白色固体，吸潮力强，加热蒸发水分后仍可继续使用。因吸潮后变成液体，故用时需要搪瓷或玻璃容器盛放。另外也可用硅胶，是无色晶体，加二氯化钴呈蓝色，另外还有天蓝、绿、赤、黄等颜色。每公斤能吸收 0.4—0.7 公斤水。可根据颜色的变化看出吸潮的程度。吸潮后颜色变淡，如达到饱和时变白色，加热挥发水分，仍可继续使用。使用时一般用布袋装起来放在文物匣内或橱内。

另外，还可以利用生石灰来吸潮。生石灰每公斤能吸收 0.6 公斤水。它价格便宜，使用方便，条件好的或条件差的单位均可使用。但它有碱性，吸收水分能爆裂，并施放热量，在一定温度下，又能将吸收的水分蒸发为水蒸气。由于这些特点，用时需将生石灰装入木盒放在柜子底下，上面盖一层薄布或有空的木盖。当生石灰吸潮化为粉末后应及时换新的，以免水分蒸发和粉末飞扬。

【思考题】

1. 文物藏品与其他物资的保管有什么不同？做好保管工作必须切实采取哪些措施？
2. 保管工作的基本要求是什么？
3. 藏品的接收和登记应注意哪些问题？
4. 藏品的分类应注意哪些问题？
5. 藏品的入库和管理应注意什么？

第七章　民族博物馆的科学研究

第一节　科学研究的意义和作用

民族博物馆属于科学研究机构，无论博物馆的搜集保管工作，还是陈列工作和群众教育工作，都必须在科学研究的基础上进行，科学研究贯穿于整个业务工作中。

民族博物馆肩负着科学研究的重任，是不能忽视的。民族博物馆应该成为民族研究的中心。可是，当前由于种种原因，科学研究未能引起足够的重视，主要倾向是对陈列展览较重视，要赶任务撑门面，甚至热衷于“经商”创收，眼睛向钱看，对研究工作比较忽视。常见的说法有两条：一曰“博物馆是文化事业单位，不是科学研究机关”；二曰“博物馆主要是搞展览，科学研究是社会上其他学术单位的事”。在这种思想的指导下，有的业务人员不钻研业务，满足于一般展览工作，陈列水平不高，科研成果不多，干部成长较慢，使少数民族博物馆一直打不开局面，这种状况必须要改变。

为何必须强调科研工作，科研工作有何作用和意义？这很清楚，我们的民族博物馆多数是综合性的博物馆，而且在民族地区一般又缺乏民族研究机构。因此，我国大多数民族博物馆应该肩负较重的科研担子。一般来说，凡是当地民族的历史、经济、文化和现状等都要研究。并且通过展览、报告和文字表达出来，使民族博物馆不单是进行民族史和民族学宣传教育的阵地，又是党和国家在民族地区执行民族政策的典范。民族博物馆如何适应现代化建设的需要，如何随着改革开放不断地得到发展，其关键就在于如何尽快提高科学研究的水平。在这种情况下，民族博物馆的科学研究工作，更需要特别加强。

加强民族博物馆的科学研究工作的重要意义，一般可从以下四个方面来看：

1. 科学研究是民族博物馆各项业务工作的基础

民族博物馆的主要工作是由对各民族文物进行收集、整理、保管、陈列、研究、宣传等几个方面构成的，而这所有的工作无一不和科学研究相联系。如在征集文物之前，就要在科学研究的基础上制定搜集计划，以避免盲目；在征集文物的过程中又要做好科学的原始记录并加以整理，以避免因缺乏科学记录而失去其政治的、历史的、艺术的价值。凡是未经科学鉴定的文物都不能用于陈列。为了使陈列具有高度的思想性、科学性、艺术性，也要对陈列内容进行全面系统的研究。不仅要研究陈列内容本身，还要研究陈列形式如何更形象生动地反映陈列内容，还要研究宣传形式如何正确地阐明陈列内容的主题，使观众乐于接收并从中受到教育。博物馆的“三性”由文物、陈列、研究所构成。文物是博物馆赖以存在与发展的物质基础，应该按照什么样的科学原则对文物进行征集、鉴定、分类、分级和建档呢？陈列是博物馆所有工作的中心环节，应该按照什么样的科学原则拟定陈列内容、设计陈列形式，然后再对观众进行形象、直观而又生动的宣传教育呢？显而易见，所有这些原则的确定以及博物馆各项业务活动的开展，无一离不开科学研究这一基础。

2. 科学研究是推动民族博物馆业务工作的有力杠杆

民族博物馆的科学研究，可以概括地划分为两个方面：一方面是博物馆学的科学研究，它包括文物的搜集、保管、整理、陈列展出、宣传教育等；另一方面则是博物馆业务工作中所涉及的专业学科的科学研究，它几乎包括民族学、哲学、自然科学、社会科学中的所有学科。

民族博物馆学作为一门新兴的、综合性的年轻学科，有许多基本理论需要研究，甚至其整个学科体系至今仍处在发展和不断研究的过程之中。诸如民族博物馆学的研究对象，民族博物馆的性质、任务、职能，民族博物馆工作和博物馆事业的建设原理等等，都需要我们在研究民族博物馆工作实际中去总结、去提高。而随着这些问题的深入研究，不仅对充实民族博物馆学的内容，提高民族博物馆学的科学研究水平有着重要的意义，而且对于我国民族博物馆事业的发展也有重要的推动作用。民族博物馆学还是一门实践性很强的科学，社会发展到今天，任何一项事业的成功与否无不与正确的理论指导相联系。为什么我们的许多民族博物馆工作者对自己的工作规律和特点说不出什么科学道理；为什么我们的许多民族博物馆没有自己的长远规划和打算，工作任务只是坐等安排，盲目执行？从主观原因上说，就是因为我们对民族博物馆学理论学习和研究不够，没有通过自己的实际工作得出对民族博物馆事业的本质认识，把握其工作的规律性，用理性的认识反过来指导自己的工作实践。理论来自实践，更重要的是理论指导实践。也正是从这个角度上说，对民族博物馆学进行科学研究，既是丰富和完备民族博物馆学理论，又是在推动民族博物馆事业向前发展。

随着现代科学的发展，许多新知识、新技术都已渗入民族博物馆的各项业务活动。民族博物馆的收藏，又几乎涉及和囊括了整个人类社会科学和自然科学领域内诸种学科，极为丰富的文物、资料和标本，从而大大扩充了民族博物馆科学研究的范围。民族博物馆作用于社会的价值，绝不仅仅是因为保存了大批珍贵的民族文物，而是因为它还是一个通过实物材料形象地反映人类社会历史、自然历史、民族的生产和生活、科学技术和艺术传统、使人们受到教育并时刻发生作用的知识大厦。因此，民族博物馆的科学研究除了对民族博物馆学和民族博物馆业务工作自身的研究外，还要对有关民族专业学科进行研究。这种研究不仅可以直接服务于民族博物馆工作，推动民族博物馆工作，而且同样可以在有关民族学科领域内做出有价值的贡献。

进行民族博物馆学的研究，是推动民族博物馆事业在科学理论的指导下，更好、更快地发展。进行有关民族专业学科研究，是借助现代科学的理论和技术促进民族博物馆各项业务活动的开展，这两个方面的科学研究都十分重要，都是推动民族博物馆事业向前发展的有力杠杆。

3. 科学研究是有效地保护祖国民族文化遗产的重要手段

民族博物馆作为文物标本的主要收藏机构，决定了民族博物馆对祖国文物负有科学管理、科学保护的重任。由于社会生产和社会生活的现代化，地理上的大气污染以及其他损害文物的自然因素在急剧增加，随着大规模工程建设的开展，又必然会有大量的文物出土。如何在科学研究的基础上对民族文物进行保护，是民族博物馆的又一重大课题。

世界上没有一种物质是永恒不变的，民族文物也同样如此。但民族博物馆有责任、有义务采取一切有效方法和措施，减少外界因素对民族文物藏品的损害。所以，在民族文物藏品的保护与管理上，进行大量的科学探索，有重点地对珍贵文物进行复制，对古建筑的保护维修，对旧址、遗址的保护维修都属于民族文物保护的科学研究范围。

在汉族地区有许多博物馆在文物保护的科学研究上都取得了成绩。如湖北省博物馆对漆木竹器脱水技术的研究、丝网加固纸质文物的技术研究、曾侯乙编钟的复制研究、运用硅橡胶模具复制青铜器文物的技术研究、对辛亥革命武装起义旧址和武当山部分旧址的维修等等，都取得了可喜的成绩，有力地证明了科学研究是保护祖国文物最有效的措施。这些都是值得民族地区的博物馆很好学习的。

4. 科学研究是快出人才、多出成果、提高博物馆社会地位和社会效益的重要途径

民族文物是民族博物馆开展科学研究的基础，只有科学研究才能在文物与成果、人才之间架起桥梁，科学研究是文物与成果、人才之间的中介，是起关键作用的重要途径。人们通常以衡量一个博物馆在同行和社会上的地位及其作用的标志。就是在看它拥有多少价值之外，再看它运用这些文物在科学研究上出了多少成果和培养出了多少人才。

人才比运用这些成果更为重要。暂时没有成果、人才可以去创造成果；如果没有人才，成果就是一句空话。针对博物馆人才队伍的现状，必须把人才的培养摆在极其重要的位置上，必须通过各项科学研究工作的开展，全面地培养博物馆的科学研究队伍。

博物馆要重视科学研究工作，特别是在科技信息化高度发展的今天，人才的问题更加重要，建立新的发展观，面向 21 世纪，特别是在经济科技全球化的今天，要摆脱狭隘的地方主义和分散封闭型的模式，树立全球化的意识，使我们在更为广阔的视野和更高的起点上，对民族博物馆的发展战略进行探讨，对我国的民族博物馆事业的发展战略进行多角度、多层次的研究，从而根据时代的变化不断调整研究方向，密切关注中国民族博物馆事业发展的新情况、新问题、新观点，积极提炼，归纳实践经验，增强民族博物馆学对民族博物馆工作的理论指导和决策咨询的能力，不断调整民族博物馆发展战略，确定自己的使命。

第二节　民族博物馆研究的特点

民族博物馆的业务活动所涉及的科学领域极其广泛，它的科学研究工作有别于其他科学研究机构，民族博物馆科学研究工作有它自身的特点。这些特点归纳起来，有以下四个方面：

一、民族博物馆研究的直接对象是民族文物

没有民族文物，民族博物馆很难开展研究，这是因为：

（1）民族文物是民族博物馆各项业务活动的基础，没有民族文物就不成其为民族博物馆。不把民族文物作为科学研究的直接对象，就不能体现民族博物馆是民族文物收藏的机构这一重要特点。民族文物是社会历史发展的不可代替的实物见证，它能够帮助人民认识自己的历史。它是自然、社会历史发展的积淀物，是民族文化延续至今的凝聚体，有着“百闻不如一见”的说服力。有着使人一唱三叹、流连不已的感染力。正是由于民族文物本身所具有的这种形象性和直观性的特点，才使其他文化教育手段不能代替，也才使得博物馆这个科研机构在研究的直接对象上有着明显的区别。

（2）民族文物是进行民族研究的最可靠的实物资料，只有把民族文物作为民族博物馆的直接研究对象，才能扬长避短地发挥民族博物馆这个科学研究机构的优势。民族博物馆收藏的民族文物大都是有一定历史价值、科学价值、艺术价值的第一手实物资料。任何一个民族博物馆或民族博物馆工作者，要想把陈列展览办得活泼、丰富多彩，就必须对民族文物进行严谨的科学研究，努力揭示民族文物的所有内在价值，从而体现陈列展览的理论水平和艺术水平；任何一个民族博物馆工作者，要想在有关学科上

独辟蹊径，也同样必须对民族文物进行严谨的科学研究，要善于借用自己身边俯拾即得的第一手实物资料。

现藏民族文物是科学研究的基础，而不断搜集的民族文物则不断地为科学研究提出新的课题，但科研的直接对象始终应该是民族文物。它既能体现民族博物馆的特性，又能发挥民族博物馆的长处。民族博物馆专业研究的重点之所以有别于其他专业研究所，其意义恰恰就在这里。

二、研究的直接目的是保护和运用民族文物

保护民族文物和运用民族文物，同是民族博物馆的基本职能，也是民族博物馆科学研究的基本目的。

如果说，科学研究是保护民族文物的重要手段，那么保护民族文物也是科学研究的重要目的。为了尊重祖国历史，继承发扬民族革命传统，保持和发扬民族文化，民族博物馆的科学研究有着大量而艰巨的工作要做。远祖先辈们那些磨制光滑、钻孔、刻有花纹的各类骨器、石器、陶器如何修补、修复；古代那些古色斑斓的青铜器、锈迹遍身的铁器、用笔工整线条流畅的各种竹木漆器，如何防蚀、去锈、脱水；历史上那些琳琅满目的工艺美术品、秀骨清象的历史雕塑，与自然山水融为一体的历朝建筑物，如何复原、维修；以往那笔走龙蛇的书法，道不尽说不完的山水画，古老的文献，如何防虫防潮和装裱珍藏等等，无一不需要我们运用科学研究的手段，采取各种现代科学技术措施予以保护，并永远留给子孙后代。

在保护民族文物和运用民族文物，谁先谁后，谁主谁次这个问题上，经常因不同时期不同业务的工作者而得出不同的看法。强调前者的说："没有民族文物就办不了民族陈列"，强调后者的说："不办民族陈列民族文物就不能发挥作用"。应该说两者都不错，只不过各有不同的角度。因为民族文物是民族博物馆的基

础，陈列是民族博物馆各项工作的中心环节，但是民族文物不仅要为当代民族的社会发展服务，也要为今后长远的后代服务。只有保护的越好，它陈列的年代才会越长，使用的价值和发挥的作用才会越大。同样，科学研究的第一目的也应立足于保护民族文物。如果我们的科学研究的目的不是为保护祖国民族文物的话，我们博物馆工作者将有愧于前人、今人和后人。

除了保护民族文物之外，在博物馆各部门中开展的科学研究，如博物馆学的研究、藏品的研究、与民族博物馆性质有关学科的研究等等，大都是为了如何运用民族文物的，而且运用民族文物的范围很广泛，比较集中的运用，主要体现在陈列展览和宣传工作上。陈列是衡量民族博物馆工作质量和学术水平的标志。因此，民族博物馆科学研究的另一个目的，就是要根据陈列的需要进行研究，并将研究成果体现和应用到陈列展览之中，陈列水平的高低，主要决定于民族文物的优劣和科学研究水平的高低，没有丰富的有价值的民族文物，陈列就失去了物质基础；不进行科学研究，陈列就不可能正确地反映人类社会和自然界的客观规律，更不能保证陈列内容的科学性、系统性和陈列形式的艺术性、生动性。为了改变目前一些民族博物馆普遍存在的“门庭冷落”的现象，我们的陈列展览一定要在科学研究的基础上，力求生动活泼、引人入胜、雅俗共赏。否则，那种单调的陈列内容、呆板的陈列形式、背书式的宣传解说，是很难对现实观众有什么吸引力和感染力的。

三、理论和实际的密切结合

理论和实践的结合，不仅仅是从文物上和书本上，而且还要经常地到少数民族地区作社会历史调查。

为了一个陈列展览，事前要经过调查研究，确定主题内容。为了展览设计，事前必须对现藏民族文物图片资料进行摸底，并要实地做调查补充，增加设计人员的感性和理性认识。一个民族陈列展览的完成，可以说就是调查研究的结果。陈列展出后，要受到学术界和各族群众的评议，从而肯定其中正确的东西，否定其中错误的东西。在广泛听取了各方面的反映之后，归纳出若干问题，又要作进一步的调查，才能进一步做修改，使展览一步步地符合实际和科学性。

为了探索民族学和民族史的一些重大问题，工作人员必须先从事社会历史调查，回来后进行分析研究，每次都能得到不少令人满意的民族文物资料及科学结论，但不可避免地总还会有遗漏和缺点，于是又要去民族地区作实地调查，补充以前的不足。往往几经往返重复，一次比一次深刻。

事实告诉我们，从理论到实践，再从实践到理论，将理论和实践有机地结合起来，将民族文物图片和资料及书本知识结合起来，认真地加以研究，这也是民族博物馆科学研究工作的又一重大特点。

四、从事多学科的综合研究

一般的学术研究，多侧重于从某一史料出发，从一定角度展开研究工作。如历史研究所侧重于文献；考古研究所则侧重于考古；民族研究所侧重于调查民族资料；语言研究所侧重于搜集和研究语言资料。对于这些单位，各有主攻方向，要想兼而有之是比较困难的。只有民族博物馆的研究，与上述单位不同，它既可以利用文献、语言、资料，又能利用考古成果。别人有的，它基本有；别人没有的，它大量有。民族博物馆的性质和任务，要求民族博物馆的工作人员，从事多学科的研究，将历史、考古、民族、民俗等各个方面，有机地结合起来，进行综合成果研究，这就是民族博物馆科学研究工作的又一个显著特点。

民族博物馆必须发挥这些优势，扬长避短，万万不能舍近求远，事倍功半。民族博物馆的科研优势，以民族史为例，有关文献资料相当缺乏，其中又有不少遗漏和谬误，因此，单靠文献是显然不够的。若能将民族文物、民族考古成果一起用上，定能锦上添花。如民族文物中有许多民族形象，如历史上全国性的《职贡图》，地区性《番俗图》、《苗民图》、《百苗图》、《百夷图》等对研究民族历史和举办有关民族展览都很有用。又如台湾高山族的《番俗图》，有绘图数百幅之多，展示出来有如一部高山族画史。这些资料运用到民族历史的研究上均有其重要的历史价值和科学价值。

任何一门学科的研究，都不应该是孤立的，必须与相邻学科结合起来。民族博物馆的科学研究工作更是如此。如在通史陈列中遇到私有制的问题，从理论上讲，还能讲出一些道理，但是用陈列方法表现就难了。可是，民族学中有许多反映私有制标记的风俗，如门上挂牛头为财富标志，并且随葬给死者。这就能给我们许多启示，印证考古墓葬中发现不少猪下颚骨，均是私有制的遗物。说明民族博物馆研究工作的特点，就是用几个学科的方法和资料来探索和研究问题，扩大业务人员的视野，用这种科学方法的移植和渗透才能有新的突破口，开辟新的阵地，促进学科的发展。因此，民族博物馆尤其需要进行综合性的多学科研究，只有这样，民族博物馆的陈列和科学研究才能获得双丰收。

民族博物馆占有大量的实物资料，包括考古遗物、民族文物和民俗资料。因此，民族博物馆不仅要注意文献资料，更要重视文物，以文释物，以物证文，互相补充，相得益彰。这种科学研究的优势，完全应该充分发挥。

第三节　民族博物馆学的研究

民族博物馆的发展在我国起步较晚，民族博物馆学方面的研究在我国还刚刚开始。这方面的研究，应该注意培养干部，吸收国内外民族博物馆的经验教训，为建立有中国特色社会主义的民族博物馆学体系而努力。

民族博物馆学的研究之所以重要，首先是因为民族博物馆是一门年轻的、刚刚起步的学科，从无到有，对它的研究更有紧迫性；第二，因为民族博物馆学是一门实践性很强的学科，对它的研究更具实效性；第三，还因为民族博物馆学是一门综合性新兴学科，对它的研究定将在某些领域具有填补空白的创新性。

民族博物馆学作为一门专门研究民族博物馆事业的科学理论、工作方法和技术的学科。特别是作为一门在大学里新设立的课程，它跻身于大学讲坛，目前还仅是开始。因此，对于民族博物馆学理论的探讨，是提高和促进民族博物馆事业发展的重要方面，如同任何一门学科都有自己的理论基础一样，民族博物馆学就是民族博物馆工作的基本理论、方法和技术基础。虽然它作为一门独立的学科，刚刚起步，还很不完善，但重视并加强对它的理论探讨必将大大促进和提高民族博物馆的科学研究和工作水平。

民族博物馆的工作方法和技术，包括管理和业务两个方面。具体包括藏品征集、保管、研究、陈列、群众教育、组织管理、经济管理、情报工作、建筑设备等。可以说是一门特殊的综合学科。

民族博物馆学对民族博物馆工作过程、工作方法和民族博物馆事业的建设进行研究，将其中合理的、有效的经验提升为系统的、带有普遍意义的理论，再用这种理论去指导民族博物馆工作和民族博物馆事业发展的实践，使民族博物馆工作成为一个科学化过程，由此来推动和促进民族博物馆事业的发展和繁荣。

民族博物馆学的具体作用，主要表现在以下几个方面：

1. 使民族博物馆事业在先进的科学思想指导下健康发展

对民族博物馆基本理论的研究，可以帮助我们正确地认识民族博物馆的性质、特征和职能，使民族博物馆事业在先进的科学思想指导下健康发展。人们的行为总是受一定的观念支配的，而一定的观念又总是建立在对有关事物理解的基础上，没有对事物的科学理解就不会有正确的观念。民族博物馆学基本理论的研究，旨在提供一个正确的观念。例如，在如何理解民族博物馆特征的问题上，前苏联第一届博物馆代表大会指出，必须陈列的不是实物而是过程，因为博物馆的特征是由博物馆所揭示的那种过程来决定的。所以陈列工作的新要素，不是历史文物，而是辩证法的发展规律。这种认识的必然结果，便是停止搜集文物标本，而用辅助材料取而代之，最后使博物馆完全丧失自己的本质特征。前苏联博物馆学界就对这种倾向展开讨论，指出这种观点的荒谬，予以纠正。事实上，我国目前在一定程度上也存在这种倾向。有的地方馆不管是否具备充分的实物资料，一味模仿国家历史博物馆的通史陈列；不是从已有的藏品系列中大量提出主题，而是为了某种目的主观地制造主题，结果便在陈列中大量充塞辅助材料，严重影响了观众对博物馆科学性和真实性的信赖。因此，应当开展对博物馆基本特征的探讨，从理论上认识这些问题。

2. 民族博物馆学的作用还表现在对各项业务工作的组织和协调方面

博物馆的各项业务活动既围绕其中心职能形成一个逻辑严谨的工作链，同时，它们各自又都具有自己的特殊职能和独立的价值。这种既有多重职能，又有中心职能的特点在工作中引起许多矛盾。例如保管工作，其独立职能是保护文物和标本，同时它又是完成中心职能的一个环节，必须为陈列和宣传教育提供前提。这就产生了藏品的保管和使用的矛盾，与此相应，多重职能对人员配备也有自己独特的要求。博物馆各业务部门在人员的知识构成、思维特点乃至气质上都大相径庭。从事科研活动的部门需要思维严谨、逻辑缜密、富有探究精神的科学家型，而艺术设计部门则需要才思敏捷、想像丰富，善于把概念转化为形象的艺术家型。各种不同业务部门在工作观念和思维方法上都具有明显的职业特点。在完成一个配合密切、协同要求高的任务时往往出现意见分歧。博物馆学对各业务部门的关系，对文物保管与使用、陈列形式与内容、科研与科普的关系展开研究，取得最佳折中方案，用明确的观点和共同的原则把大家的认识统一起来。

3. 民族博物馆学为民族博物馆各业务工作提供具体的方法和原则

博物馆学对征集工作的研究，涉及征集工作的原则、途径、范围和方法。征集工作的范围，通过展开讨论，积极呼吁扩大征集范围，重视对当代文物的搜集。从藏品管理制度来看，各地同一类型的博物馆多各自为政，自成体系，没有统一的分类法和编目法，也没有统一的定名规则。这就妨碍了全国范围的统一管理和实现藏品管理的现代化。博物馆学界积极开展这方面的研究，新的藏品分类原则和定名原则就被提出来。这有利于全国范围的、完整的、系统的管理原则、管理制度和科学管理工作程序的形成。在藏品保护问题上，博物馆学的研究一方面是吸收化学和物理学等学科的成果。一方面开展科学实验，从藏品的物质结构分析入手，探讨藏品与周围环境的保护措施和方法，如高效低毒杀虫剂。在陈列问题上，一些博物馆陈列方法守旧，排列机械，色彩沉闷，光线不足或严重炫光，展品密度过大，参观路线不合理。这些都是影响陈列效果的因素。经过开展对陈列学的研究，从教育学、教育美学和人类工程学的原则出发，确定适宜的光照系数、陈列密度和陈列带，合理安排人流线，利用陈列语言和声、光电等现代技术，使陈列工作逐步变得生动活泼而富有吸引力。在群众工作上，主要表现在讲解语言和讲解技能方面。辅助教育手段和流动展览的组织方法，也有所研究，但对社会和观众的调查、分析方法的研究，还没有引起普遍重视。这些都是从事民族博物馆学研究的同志应该注意的。

4. 为观众接受民族博物馆教育提供一个更好的场所和环境

民族博物馆学的作用还表现在为民族博物馆开展各项业务活动，为观众接受民族博物馆教育提供一个更好的场所和环境。

已往民族博物馆的地址选择和建筑设计往往不符合陈列学和保护学的要求，不重视便利观众和藏品保护的统一，这就影响了博物馆功能的正常发挥和博物馆教育的效果。后来，博物馆界对博物馆建筑设备的研究，涉及采光、空间确定与组合、跨度与跨式、柱网结构、室内装修原则、陈列室与库房的关系、博物馆建筑与周围环境的关系等诸方面的问题。这些研究有助于克服在建筑设计中出现的盲目性，有助于博物馆工作的正常开展和博物馆与社会的交流。

此外，博物馆学的作用还体现在经验交流和借鉴上，尤其是比较博物馆学的研究，对吸取国内外先进经验大有裨益。通过博物馆学教育，则有助于新一代博物馆人才的培养。

总之，民族博物馆学的研究内容是民族博物馆的基本理论、工作方法和技术等。它是一门广泛应用其他学科成果来解决民族博物馆工作的特殊矛盾的综合学科，具有较强的应用性和实践性。其研究成果将通过民族博物馆工作的科学化和民族博物馆事业的健康发展体现出来。如果不开展民族博物馆学的研究，民族博物馆的各项工作就会失去科学的指导，民族博物馆事业的发展就会偏离正确的轨道。加强民族博物馆学的研究，有利于民族博物馆事业的发展和工作质量的提高。

第四节　民族文物藏品的研究

民族文物是开展民族博物馆赖以存在的物质基础，对民族文物研究的如何与民族博物馆的工作关系极大。民族文物研究的内容和民族博物馆的性质相联系，范围极广泛。民族文物是民族历史上遗留下来的民族文化遗产，是民族历史的见证，无论是对民族历史类博物馆或民族艺术类博物馆都是不可少的。其中，民族艺术类博物馆的藏品主要是反映民族精神文明的那一部分，民族历史类博物馆的藏品则是综合性的。标本是自然界动物、植物和矿物的样品，它是自然类博物馆的研究对象。

不同性质的民族博物馆都要开展对自己藏品的研究。如历史类民族博物馆要研究馆藏的考古发掘品，各种流散的传世文物、近现代文物和民族民俗文物；艺术类民族博物馆要开展对历代绘画、雕塑、碑刻、书画作品和各种工艺品的研究；自然科学类民族博物馆则要研究馆藏的各种动物、植物和矿物标本。

文物研究工作的目的在于全面了解该藏品，最大限度地揭示藏品的内涵、价值和意义。通过对藏品内涵的阐述来说明自然生活和社会生活的某些现象，通过对藏品系列的研究探寻自然发展和社会生活的某些规律。如艺术类民族博物馆的藏品研究工作，必须探明每一幅作品的年代、作者、艺术地位、技法特点及社会意义，弄清藏品系列中反映的某一历史时期艺术特点、各画派的区别和承袭关系，并由此了解当时的文化习俗、社会意识和审美趣味。历史类民族博物馆的藏品研究工作，则要通过对历代文化遗物的研究，从物质文化发展的角度探明历代政治、经济、科学文化的情况，从某些特定的领域寻找人类社会发展史上一些带规律性的东西。自然科学类博物馆藏品研究的目的，主要是确定动物、植物和矿物的发生发展、进化演变、分类分布及它们与人类生活的关系等。

文物研究工作的成果从两条途径表现出来。一条是通过展品陈列的形式表现出来。这种形式的效果是由人们参观陈列展览，获得了陈列所表达的关于自然生活的有关知识来体现的。这是藏品研究作用的主要表现形式。另一条是通过民族博物馆及有关方面的出版物发表藏品研究论文、专题报告和专著的形式体现的。

民族文物研究对于历史、艺术、民族、科技、考古等各学科的研究都有很大意义。比如从历史角度对历史文物的研究，就可以证史、补史，即从物质文化发展的角度充实以历史文献资料为主要研究对象的历史学研究。历代文物不但能改正文献记载中的错误，而且可以补充历史记载的不足。特别是史前，离开了对远古人类遗骸和文化遗存的研究，就很难进行。只有通过对远古人类遗骸及文化遗物的研究，才能丰富人们对史前历史的认识。艺术史的著述更有赖于民族博物馆藏品的研究，因为只有通过艺术藏品所提供的一些关键性的史料，才能解决过去文字记载所不能解决的问题和明确了过去文字记载中所提出的一些说法。民族学研究也离不开对民族考古资料和民族文物实物资料的研究。这方面是因为文字记载的史料不多，另一方面则是实物资料可以帮助我们更真切、更具体地了解民族生活，所以我国的民族学者非常强调民族学博物馆对民族学研究的重要意义。民族文物藏品的研究，对科技史研究的意义也很明显。在少数民族文物中，各民族的生产工具占有突出的地位。由于各民族发展不平衡，各民族的经济类型不同，各种类型经济都使用不同的生产工具，将这些各种各样的工具放在一起进行比较，就可以谱写一部生动形象的生产工具发展史。其中的钻木取火工具、飞石索、投石器、脱柄鱼叉、尖木棒、木耒、木铲、鹤嘴锄、木犁、制陶工具、纺织工具等等，皆为考古学家所陶醉，或成为他们解开某些考古疑团的实证，这是最明显的。我们搜集了相对完整的各种器物，按照时间顺序及其衍生关系排列，进行时间和空间的比较研究，便可以了解某一器物发生发展的历史以及和其他器物的关系，由此我们便可以认识这些器物制造者们对自然的认识和征服力的深化过程，科技史的研究在很大程度上就要利用这些成果。

从民族博物馆学发展的历史上看，有一些学科在其尚未正式形成时，首先有一个对研究对象的归纳分类过程。这就要求做到比较完整地搜集有关实物资料，然后对这些资料进行分类和比较研究。从世界的眼光看，动物和植物学都经历了这样的过程。这些学科的产生和发展都与博物馆的科研活动紧密相关，其中许多工作便是在博物馆里进行的，属于博物馆藏品研究的内容。到现代，世界博物馆的科学研究活动和自然科学仍然保持着密切联系。以分类学为例，英国伦敦、美国纽约、华盛顿、法国巴黎、德国慕尼黑、澳大利亚悉尼等自然历史博物馆，都成为国际上分类学的某些门类的中心。

民族文物藏品的研究，和与它相应的专业学科民族学在性质上是一致的。它是人类从事探索未知的科学活动的组成部分，也可以说是考古学、科技史、生物学等专业学科在民族博物馆内的开展，其区别是以民族博物馆收藏的实物为媒介，来认识自然、民族和社会。民族文物的研究，是通过对民族文物的征集、鉴定和研究，来说明一定的学术问题。民族文物是民族历史的真实记录。它凝结了各族人民的劳动，对说明民族的发生和发展有重要意义。因此弄清民族文物的名称、质地、用途、特征及其来龙去脉，必然能把“死文物”变成“活文物”，充分发挥其社会作用。我国的民族博物馆，有的尽管建馆 50 多年了，但仍存在计件混乱、面目不清、资料不全等情况，一定要防止对民族文物缺乏起码研究的倾向。

在弄清每一件文物基本面貌的基础上，深入研究一定要有重点。在一定时间内要有一定的主攻方向，一定要防止两种倾向，一种是涉及范围很大，想样样通，结果样样不精，变成杂家。这种方向尽管对民族博物馆也是需要的，但不宜多。因为杂家缺乏系统性，难以进行理论上的探索，容易变成文物字典。另一种倾向是范围太窄，只攻一个小题，对其他的民族文物不关心，这种方向也不太适应民族博物馆的需要，此种方法也限制了自己的手脚。我们应该有相当水平的理论，又要有广泛雄厚的基础知识，并且在一个或几个方面有精辟的研究。所研究的专题，不仅能从中提出各种专题陈列展览，又能写出一批论文、图录和专著。这样的研究方向才能成为一专多能式的专家，适应民族博物馆工作的需要。

总之，民族文物藏品的研究，目的在于通过民族文物标本的研究认识有关的社会生活和自然生活，为民族博物馆教育提供科学依据，并充实其他有关学科的成果。其性质和与其相关的专业学科民族学是一致的。它是民族博物馆业务活动的一个部分，也是人类探索未知的科学活动的组成部分，所以它体现了民族博物馆的科学研究性质。如果没有民族文物藏品的研究，馆藏民族文物标本是一堆没有认识的物质堆积，无法提供使用，民族博物馆也将同时丧失其科学研究机构和科学教育机构的性质。

第五节 陈列内容的研究

文化部文物局主编的《中国博物馆学概论》一书指出："陈列体现着博物馆科学研究的成果，是衡量博物馆工作和学术水平的重要标志。博物馆进行科学研究的一个主要特点，就在于它主要是根据陈列的需要来选择专题，有重点地进行深入研究，并将研究的成果体现在陈列上。”[①] 陈列工作是博物馆业务活动的中心，是全馆各项业务工作的集中表现。围绕陈列开展科学研究，选择陈列中存在的问题进行专题重点研究，把研究成果体现在陈列上，乃是博物馆科学研究的方向。可见，民族博物馆必须集中力量从事陈列内容的研究。

由于我国的民族博物馆事业还基本处于初级阶段，陈列不很定型，故要进行探索。同时，新建的民族博物馆，一般陈列面积较小，内容也较简单，如果把陈列研究项目局限在陈列和现有文物上就会束缚手脚。事实上民族博物馆的陈列，都具有普及教育的目的，多临时性展出。在展出之后，设计人员又要提出新的研究项目，为新的展览继续准备条件。还有，陈列并不是整年施工，它有间断性，即要当一个主题提出，各项条件具备，才能进行。

因此陈列方面的研究，根据民族博物馆的性质，范围要大一些，不可过窄。这好比种庄稼，要五谷杂粮应有尽有，收获果实才会琳琅满目。而且展览如同橱窗，摆在其中的仅是收获果实的一部分。要经常改变橱窗的内容，变换展览的主题。因此，根据“研究必须广阔，展览必须集中”的原则，就不能搞“以陈列展览为纲进行科学研究”。科学研究是基础，陈列展览是研究成果的一种反映。至于文物研究，虽与陈列展出关系极大，但有些并不直接见诸于陈列，可是又不能不进行研究。如抢救民族文物乃万年大计，应该多多征集，可是用于展出的民族文物，任何时候都不可能全部都摆出来。这样，又不能以陈列来束缚民族文物方面的调查研究工作。

---

① 见文化部文物局主编的《中国博物馆学概论》，文物出版社 1985 年 12 月第 1 版，第 122 页。

同时，陈列内容没有永远不变的，展出之后听取批评建议，随着形式变化，考古学及民族调查的新发展以及研究水平的提高，又要定期进行修改，不断提高和丰富陈列内容，如每年都应该将新发现的文物补充上去。这就要我们不断地开展陈列研究工作。

陈列研究工作，具体讲包括陈列内容设计、陈列形式设计、制作和陈列布置三个方面。

陈列内容因博物馆的类型而异。历史性的博物馆陈列的内容是历史文物，研究的内容必然有历史；艺术类博物馆陈列内容是艺术类文物，研究的内容必然离不开艺术；民族博物馆陈列的内容是民族文物，研究的内容必然离不开民族，这是毫无疑问的。但是光研究本专业学科，并不能完全解决陈列问题，还必须研究“陈列”这个表达专业的特殊手段。

陈列是内容和形式的结合，陈列内容研究同陈列形式研究有联系又有区别。一个是从内容的角度研究陈列，一个是从形式的角度研究陈列。因此，必须反对两种偏向：一种是轻视对专业的研究，认为博物馆是陈列普及教育的工具，因而对专业的研究不必下多大的工夫，只要接受社会上该专业的研究成果就可以了；另一种则是轻视对陈列的研究，认为博物馆的陈列没有什么深奥的道理，只是把展品简单地组合一下，摆出来就是了，因而认为陈列内容研究的任务主要是该专业的研究。这两种认识都有片面性，博物馆陈列内容的研究，包括研究专业和研究陈列两个任务。由于我国民族博物馆学是一门新兴的学科，目前还没有形成比较完整、系统的理论，实践经验也缺乏足够的积累，在社会科学领域，甚至在博物馆学中还没有相应的地位，因而忽视陈列的这两种倾向，更应该注意防止。至于我们应当怎样来认识和进行民族博物馆的陈列研究，一般讲，有以下四个方面的问题：

一、研究专业是研究陈列内容的基础

什么性质的博物馆就要研究什么专业，民族博物馆陈列的内容是民族，研究的内容当然离不开民族，要研究民族的各个方面。并且展出哪个方面，就要对哪个方面作重点研究。

以民族历史方面为例。一个民族历史陈列质量的高低，同陈列内容研究人员研究历史的深度成正比。陈列的纲目、主题，主要是研究历史的成果。研究人员熟悉历史，对史学的造诣较深，他就具备了组织较高质量陈列的条件。

组织某个民族历史的陈列，就要研究某个民族的历史，要根据该民族历史的特点划分陈列的段落，根据该民族历史上的重大事件制定陈列纲目。基于对重大事件的研究，确定各陈列单元和组的陈列主题。

陈列研究人员必须自己亲自做研究工作。这并不是说吸收社会研究成果就够了，每个问题都要从头研究起。就是说陈列内容研究人员必须看原始材料，深刻领会，自己做分析、比较、综合、判断，而不能仅靠已有的民族简史、简志或其他著作来组织陈列。已有的民族简史、简志或其他著作是应该参考的，有权威的著作甚至可以作为陈列的根据，但是不能仅靠它来组织陈列。对社会研究成果是应该吸收的，但也要自己有一定的研究基础，才能吸收，而不至于生吞活剥。一个经过陈列人员自己深入研究而组织起来的陈列，同不做深入研究而组织起来的陈列，质量是明显不同的。

二、陈列内容研究的全过程都要把握陈列的特征

研究历史和研究陈列不是截然分开的。不是先研究历史，后研究陈列，也不是制定陈列纲目和主题时只研究历史，不研究陈列，也不是研究陈列计划、文物组合时只研究陈列，不研究历

史。尽管在研究的不同阶段各有侧重，但它们自始至终是结合在一起的。

陈列内容研究人员在研究历史时，要有明确的陈列观点，表现在：第一，研究的成果是陈列纲目，不是讲课和著述提纲。二者内容的取舍、繁简以及标题都可能有所不同；第二，陈列研究人员在研究历史的过程中就带有选择展品和寻找展品线索的任务；第三，还带有酝酿展品组合及其他表现方法的任务。这些，特别是后两点，都是一般历史的教学和研究人员不需要考虑的。

这些问题，作为陈列内容研究的任务，在研究历史的同时，就要结合考虑。也就是说，陈列内容研究，要受陈列这个特殊表现手段的制约，这一点，在整个陈列内容研究过程中不可忽视。

三、既要跳出陈列，又要结合陈列

陈列是普及的宣传工具，它受表现手段的制约。既不可如同历史著作那样从理论上充分展开，也不可能在史实上交代过细。从整体上讲，陈列的线条要粗，但又不是一切皆粗。有些历史情节的表现，陈列较之著述，还要求更细一些，更加形象和具体。例如革命烈士的英雄事迹和艰苦奋斗的精神，就要由陈列这个普及的宣传工具以及陈列的特殊表现手段来决定。但是，尽管陈列不可能从理论上充分展开，总的线条要求粗，具有“浅出”的特点，但是并不能认为对陈列内容的研究可以不必深入，陈列的“浅出”必须以研究的深入为基础。只有研究的深，才能“浅出”的好。陈列也同写一篇论文一样，它只不过是一篇特殊的文章。一般说，写一篇文章，需要掌握几倍，乃至几十倍的资料。组织一个陈列，也必须掌握几倍，甚至几十倍的文物、资料和图片。从某种意义上说，陈列内容研究所要掌握的资料，较之写一篇论文所要的资料还要多。它除了所必须掌握的理论观点、历史资料以外，还必须掌握一些相关的历史细节。因此，陈列内容研究工作者的知识较史学工作者在某些方面要求更广。

陈列内容研究，不应把范围局限于陈列。有人看到陈列内容研究人员进行历史专题研究，就非议说是不结合陈列，不务正业。这种说法不完全正确，是否结合陈列，问题不在于是否进行专题研究。认为凡是进行专题研究的，都是没有结合陈列，或者认为只要是历史专题研究，不论选的是什么专题，怎样进行研究，认为就是同陈列结合了，这都具有片面性。应该说，专题研究是提高陈列水平的一条重要途径，专题研究可以使陈列研究人员掌握了较之陈列广博得多的资料，了解了更多的史实，吸收了更多的社会效果，从而具备了能够深入地分析陈列缺点的能力，能够提出深入的修改，提高陈列的方案。如果说提高陈列有治标和治本两种方法，治标是发现什么问题，在进行一些必要的修改之后即加以修改。治本，是从根本上找出陈列的弱点，进行较深入的研究之后，克服之。那么，专题研究就是一种治本的方法。

内容研究工作是否脱离陈列，要看以下三个环节：第一，确定专题。选研究专题时要从陈列的弱点出发，不应选择与陈列无关或关系甚小的专题。第二，专题研究的深度要有节制。一个专题，研究是无止境的。陈列内容研究不能有限度，应有阶段性、计划性。第三，成果要首先落实在陈列上。说"首先"，就是不排斥有论文成果、检查陈列、发现问题和提出陈列方案。

总之，不能把专题研究一概认为是脱离陈列的专题研究，应该主张既跳出陈列，又结合陈列。

四、独立自主开展民族博物馆研究工作和吸收社会研究成果

民族博物馆要有自己的科研队伍，要独立自主地开展研究工作。科研工作不能仅依赖外援，也不能闭关自守，而应广泛地吸收社会的科研成果，这二者要结合好。结合好的关键在于民族博

物馆要有自己的科研队伍。

民族博物馆的科研力量不足，特别是民族博物馆这种综合性较大的馆，陈列展线长、涉及的问题较多，不可能对所有的问题都研究的很深入。吸收社会研究成果就成为馆内科学研究工作的一项重要任务，为此，陈列内容研究工作者要十分注意社会上对本馆和本学科的研究动态，尽可能多地参加社会上有关本学科的学术活动，吸收社会研究成果需要自己有研究。吸收需要消化，消化需要有功能。功能从哪里来？从自己的研究工作来。自己有消化能力，才能消化外来的成果，体现到本馆的陈列中。

第六节　科学研究的组织和管理

民族博物馆的科学研究，从总体和全局上讲，应该是集体性的活动。它好比写一部不署名陈列展览的巨著，这一作品一个人是完成不了的，仅凭一个学科也不成，必须依靠许多人的努力，各个学科知识的配合，才能布置出生动活泼的展览来。但是，从个体来说，又必须各有所长，应该是个人钻研的形式。因此，必须有组织、有领导、有计划地进行。既要有统一的计划，又要有严格和具体的分工，还要有不同部门和单位之间的协作。只有加强科学研究的组织管理工作，才能保证民族博物馆科学研究的顺利进行，并收到应有的效果，促进和提高民族博物馆的工作质量。

目前，我国少数民族地区的民族博物馆大多数是中小型馆。由于人员少、条件差，而且许多馆还是刚兴办，科研工作难以正常进行，严重影响着业务工作的提高及社会效益。加强科研工作的科学管理，是改变民族博物馆科研工作状况，提高科研水平的重要手段。

怎样组织和管理民族博物馆科学研究工作，可从以下四个方面进行工作。

一、必须建设好一支科研工作队伍

搞好民族博物馆科研工作的关键在于有没有人才，建立一支门类齐全、层次结构合理、高水平的科研队伍，是有成效地进行科研工作的根本保证，所以科研工作组织管理的核心是科研队伍的组织和管理。

民族博物馆业务工作的特殊性，反映在科研队伍上，就是一般业务工作和科研工作，两种职能一套人马。所以民族博物馆的科研工作者，首先是民族博物馆的工作者，他们要掌握并无条件地承担本馆的业务工作，同时又要承担本馆的科学研究任务。基于民族博物馆科学工作者一身二任的特点，我们必须充分认识民族博物馆科学工作者的甘苦和艰辛，并从这一特点出发评价其工作成绩。单单根据学术论文定高低，对民族博物馆科学工作者来说，是片面的，也是不公正不合理的。实践证明，这样做的结果给民族博物馆的工作，造成了极大的消极影响。根据这一特点的要求，民族博物馆科学工作者的数量要适当多些，以便通过合理安排，使这些同志既能完成本馆的业务工作，又能保证他们有一定的时间从事科研。

民族博物馆工作者层次不同，工作安排和工作要求也要有区别。对刚参加工作的学生，要特别强调他们再学习的重要性，即在已学专业的基础上，补上民族博物馆理论和实践课，尽快地掌握一项民族博物馆的业务工作，成为一个合格的民族博物馆工作者。可以考虑由初级研究人员升中级研究人员时，要重点考察是否具备了民族博物馆工作者的素质，能否独立地承担民族博物馆某项业务工作。由中级研究人员升高级研究人员时，应业务工作成绩和科研成果并重。因此，在工作安排上既要让他们挑起本馆业务工作的重担，又要让他们独立承担研究一些课题。高级研究人员则要求他们承担高层次的业务工作，如创造性的陈列展览的设计、系统整理馆藏文物。但一定要给他们较多时间进行科研工作，让他们根据全馆的科研计划，在自己熟悉的领域里承担起一些带全局性的有影响的课题，对全馆和社会做出较大贡献。1986年3月20日，中央职称改革工作领导小组关于转发文化部《文物博物馆专业职务试行条例》及《实施意见》的通知，把博物馆的专业人员分成五个层次：研究馆员、副研究馆员、馆员、助理馆员、文博管理员。使处在各层次的同志责任清、目标明，努力工作，争取达到高一级的层次。这种划分，反映了博物馆工作的特点，也基本符合民族博物馆科研工作的规律。

民族博物馆的科研队伍不仅要分层次，还要配备和培养学术带头人。当根据本馆的方针任务，确定了科研任务之后，有无适合的学术带头人，就成了工作成败的关键。学术带头人既是该项任务的组织指挥者，又是关键任务的承担者。在工作中，根据课题的要求，提出任务，组织人员并指导完成。所以又是科学知识、研究方法的传授者。一些科研工作有成绩的馆或业务部，大多都有一个或几个这样的学术带头人。而目前大多数馆最缺乏的也是这种人，必须采取有力措施，努力培养，尽快解决这个问题。

正确对待科研队伍中自学成才的同志，是民族博物馆一个十分重要的问题，特别是对待少数民族中本民族的同志，他们在本民族中土生土长，对本民族的语言、历史、风俗习惯非常熟悉。这些同志数量多，通过工作实践和刻苦自学，无论是业务工作能力，还是学术造诣都达到了一定水平。目前，许多馆的陈列，尤其是民族文物的征集和鉴定工作，主要由这些同志承担，他们已成为民族博物馆工作的骨干力量。所以在有关政策上，要特别注意，必须充分反映我国民族博物馆的这一特点，提倡培养少数民族的民族博物馆干部。要看他们实际的工作能力，不要光看学历，要充分尊重和信任他们，依靠和使用他们，充分发挥他们的聪明才智，为民族博物馆的科研工作多做贡献。

二、一定要制定好科学研究工作的规划

加强管理的重要环节是制定科学研究规划。每个民族博物馆都要制定科研规划，包括近期规划和长远规划。既要有长计划，又要有短安排。近期规划指年内或两三年内的学术研究计划，如：何时编辑什么书籍，何时举办有关展览，要求具体、详细，落实到部门、人头。保证按期完成长远规划，即五年或十年规划。因为科学研究是一个长期的、细致的科学研究实验过程，如编著一些书，在某些理论上的突破，一些重大的民族科学考察等等，都不是一日之功。即使有的个别课题，一时被人冷落，但未必永远冷下去。如沈从文先生在中国历史博物馆工作时，曾致力于服饰研究，起初也被人看不起。后来《中国古代服饰》一书出版，轰动中外。他还研究过朱元璋的脸型、洪秀全长不长胡子，一时也被人们当作笑柄，但后来中国历史博物馆陈列展出被用上了。这些例子说明，一时没被人认识的东西，未必是无用的。对你认为无用的课题，未必就对别人也无用。所以，民族博物馆的研究，范围一定要大一些，一定要做好计划，并且近期计划和长远计划一定要结合起来。

民族博物馆的科学研究规划是科学研究工作的指南，也是保证科研工作沿着正确方向进行的指南。一个好的科研计划，往往又是一个馆学术水平的反映。在制定科研规划时，首先要充分保证本馆当前业务工作的需要，也要考虑到该馆对社会承担的责任。一定要根据本馆现有人员和资料条件，还要考虑今后发展的需要，经过努力创造条件可以实现的课题。在制定科研规划时，应当做好调查研究，重要课题要进行必要的论证，要充分尊重专家的意见，也要充分发动群众学习讨论，使规划深入人心，符合实际，成为动员大家进行科学研究的动力。

三、必须领导重视，并建立好学术委员会

行政系统，即馆长和业务部主任，是全馆科研工作的组织者和领导者。他们的任务是提出科研计划，落实科研计划，解决科研工作过程中遇到的困难，协调各方面工作，检查工作进展情况，保证科研工作的圆满完成。他们的重视，即为科研工作提供条件。

科研工作及其特殊规律性，只靠行政领导还不行，为了充分发挥专家的作用，还必须建立学术委员会。鉴于目前学术委员会难以成为民族博物馆一级领导机构的实际情况，也为了避免在科研领导工作中的双轨制，使学术委员会能超脱一些，尽量减少它的行政色彩，特别突出在学术和主要业务活动中指导和评论方面的权威性和智囊团作用。诸如博物馆工作规划和年度计划的制度，科研规划的制度，要经学术委员会充分讨论，并在学术委员会指导下实施。业务人员工作成绩、科研成果和专业职务的评定，学术委员会的意见应起重要作用。根据各馆的实际，有些全馆性的科研项目，可由学术委员会实施。考虑到博物馆业务工作多学科的特点，学术委员会可分若干学科组，作为学术委员会的基本活动单位。

四、要努力创造一个适合进行科研工作的环境

为了活跃学术空气，推动科研工作的开展，博物馆还应创造气氛。要经常掌握与本馆有关的学术动态，其中包括前人的研究成果，现在研究的水平以及学术界对这些问题的研究规划。涉及的范围还应大一些，包括国内外的有关专业及现实问

题。为了时时掌握动态，一定要有一个图书资料中心或组，全面掌握图书、期刊、报纸、照片、拓片和光盘有关形象资料，还应有各地各民族学会的动向，博物馆学会的动向。还要购置必要的图书，广泛征集民族文物和文献、图书、图片、资料，经常进行馆内外学术交流，有条件还应逐步开展国际交流。此外，还要切实做好科研成果的评定工作和科研工作的督促检查工作，要定期召开学术会，检阅全馆科研工作成果，奖励先进，鞭策后进。建立业务和科研成果档案。出版刊物，建立科学园地，有条件的馆最好还应办一个简易、发行快的《民族文物博物馆工作通讯》，经常报道馆内外有关学术动态，促进科研工作。加强科研工作中的政治思想的指导，多与作者交知心朋友，关心他们，并尽量给以照顾。

由于民族博物馆科研任务的双重性，民族博物馆一般业务工作占去了博物馆科研工作者大量的时间，延长了出成果的周期。同时，由于多数民族博物馆目前还没周密而又切实可行的科研规划，再加上某些政策的失误，造成一些同志热衷于自找题目写文章，不愿做业务工作的不正常情况，这在一定程度上偏离了民族博物馆的研究方向，脱离了民族博物馆的实际，这种倾向应该尽力扭转。只要加强思想工作，进行民族博物馆的职业道德教育，完善制度，加强管理，把民族博物馆的科研工作者，都纳入民族博物馆科研规划中来，形成一支目标明确，有战斗力的科研队伍。

【思考题】

1. 怎样认识民族博物馆的科学研究工作？

2. 民族博物馆科学研究工作自身的特点是什么？

3. 为什么要开展民族博物馆学的研究？它的具体作用主要表现在哪些方面？

4. 正确认识藏品研究与博物馆工作的关系以及如何开展对藏品的研究?

5. 怎样开展对陈列的研究?

6. 怎样组织和管理民族博物馆的科学研究工作?

第八章　民族博物馆的陈列

第一节　陈列的概念、陈列工作的意义和作用

陈列是博物馆的中心环节，是衡量博物馆工作质量的重要标志，是博物馆进行宣传教育的主要手段。民族博物馆陈列质量的高低，是直接关系到各族群众开阔眼界，增长知识，陶冶情操，提高中华民族科学文化水平的大问题。

一、陈列的概念

陈列是一种展示手段，《辞海》解释为布置。在中国近代博物馆中，张謇在提及陈列时，多用“罗列”、“陈列”等词，如南通博物苑里有“竹石陈列处”。在现代博物馆中，陈列是科学内容和视听形象综合的艺术手段。

“陈列”，作为博物馆学的一个科学概念，如何赋予明确的定义？我们平时使用这个概念，往往在不同情况下赋予不同的含义。有时指陈列工作，有时指具体的陈列。[①] 通常有这样的提法，例如：

“陈列是博物馆工作的中心环节”。这是通常的提法。这句话的意思无非是强调陈列在博物馆工作中所处的地位。博物馆工作包括征集、保管、陈列、群众教育、科学研究以至后勤等各项工

---

① 陈瑞德：《陈列概念的探讨》，载《博物馆工作》1986 年第 2 期。

作。在诸多工作中，陈列工作处于中心环节。这里的陈列工作，指的是组织一个具体的陈列所进行的工作。

“陈列是衡量博物馆工作质量的重要标志”。陈列的质量高，是博物馆各项工作做得好，反之则是博物馆的各项工作没做好。显然，这指的是一个具体的陈列，而不是指的陈列工作。

以上二者所说的“陈列”，其含义显然不同。一是指陈列的工作过程；一是指陈列的工作效果。二者虽有联系，但不等同。这二者也都不是“陈列”的定义。

要给“陈列”下一个定义，首先要观察一个具体的陈列，同时又要摆脱一个具体的陈列，才能看出它们的共同特殊性来。

任何一个具体的陈列，都有许多文物图片和辅助展品，由这些东西组合起来才能说明一定的问题，达到一定的目的。这是所有的陈列所共同的。但是每一个具体的陈列由于它们文物图片和辅助展品的不同，说明问题的不同，又形成了它们不同的目的和要求，这就构成了不同的展览。我们找它们的共同性，仔细研究归纳不难看出，这些展览的共同性有：

1. 实物性

即任何一个陈列，都是以实物为基础。这是博物馆陈列最重要的特性。例如历史陈列是文物，自然史陈列是标本，艺术陈列是各种艺术品，纪念馆陈列是有关纪念物，民族服装陈列是民族服装，科技陈列是各种科学仪器和科技模型等等。总之，都是实物，是看得见，摸得着，感触得到的具体实物，不能用语言文字来代替。

2. 一定数量的辅助材料和专用设备

包括科学性的和艺术性的辅助资料，前者如地图、图表、文献摘录和文字说明等；后者如沙盘、布景箱、景观和各种造型艺术等。此外，陈列所必需的专用设备，如展柜、展壁、台座、背板以及照明设备、音响设备、录像设备等。文物、标本等实物和它们相结合才能构成完整的陈列。

3. 有限的空间

无论是室内陈列，或是露天陈列，都必须有一个确定的空间范围。陈列只能在这个有限的空间内组成。任何陈列的布局都要受陈列面积的制约。没有陈列空间，就没有陈列本身。所以，每当我们进行一个具体的陈列设计时，前提之一就是要掌握陈列面积。这个陈列允许有多大一个空间范围，多长的展线，或者说，这个陈列需要有多大一个空间范围，多长展线。陈列内容的繁简，陈列实物的选择、数量的多少、物体的大小以至辅助展品的规模，都要受其制约。这就是通常所说的陈列设计量要“量体裁衣”。

4. 立体的艺术结构

博物馆陈列，都不是把实物随意地、简单地、无意识地罗列，更不是杂乱无章的堆积。它要充分利用空间优势，运用一定的艺术手法和艺术加工，将单独的一件件实物有机地组合在一起，形成具有完整内容的艺术结构。单独的一件实物构不成陈列，即使它本身是一件完美的艺术品。艺术结构是陈列整体。尽管有这种情况，在一个陈列室只展出一件展品。但是，它并不是孤立地存在，它是在经过艺术设计的特定空间内，作为一个完整的陈列艺术结构的主体部分出现的。一件经过艺术设计而组合在陈列中的文物，和它置于库房文物架下，给人的感受和发挥的作用是完全不同的。

5. 传播信息的载体

陈列是博物馆所特有的传播信息的手段。现代博物馆要求陈列尽可能地向观众提供更多的信息。不仅仅是为了满足某些观众的求知渴望，即使对于那些单纯游览的观众，也能获得美的陶冶，在身心愉悦的积极休息中获得有益的精神营养。它具有最广泛意义上的教育作用。

因此，陈列的概念，可以做如下的表述：博物馆陈列是以实物为基础，结合辅助材料，在一定空间内组成具有一定序列和艺术形象的直观教育形式，是博物馆所特有的传播信息手段。按其表现的内容可分为历史陈列、自然史陈列、科学技术陈列、民族文物陈列、艺术陈列等等。

这里要着重说的是，博物馆的陈列是作为博物馆学的一个科学概念而言，它不包括博物馆之外的其他陈列，如商品陈列、样品陈列等。商品陈列是为了招徕顾客、推销商品，是一种广告形式。博物馆陈列是运用藏品传播科学文化知识，是一种教育形式，是发挥博物馆的教育职能的重要手段。

在世界博物馆发展的历史上，最早有过相当长的时期它是以珍宝收藏所的面目出现的。那时主要是皇室、贵族，为了个人的玩赏、炫耀财富和权势或者是寺院内为了渲染宗教奇迹，而搜集、收藏奇珍异物，只是按所有者的爱好和修养在收藏室内任意排列，谈不上有什么陈列。到中世纪文艺复兴后，科学摆脱了“神学的奴婢”地位，资产阶级的发展需要科学技术，新航线的开辟和新大陆的发现以及探险活动，采集到大量的古物和自然标本，丰富了科学研究的资料，博物馆发挥了科学研究基地的作用，这时的陈列才基本上是为科学研究需要，按学科分门别类地排列。法国大革命后，博物馆向公众开放，陈列才开始慢慢形成向社会传播信息的课堂。第二次世界大战以后，世界博物馆事业有了飞速的发展，它对科学技术的发展也起了不可低估的作用，成为“增进和普及人类知识的设施”，从而摆脱了简单地保藏文化和自然遗产的贮藏机构的性质。博物馆的教育职能才得到广泛发挥，但是，博物馆发挥教育作用不同于学校的教育。学校教育带有一定的强制性，在校学生必须接受教育，否则会受到学校的制裁。而博物馆的教育没有强制性的，观众是绝对的自由，对展出的内容，他可以接受，也可以不接受，他愿看就看，不愿看你也不可能强迫他看。所以，作为直观教育形式的陈列，不能是说教式的，必须具有吸引力，才能为观众所接受。所以，陈列要作为博物馆发挥教育职能最强有力的手段，就必须把陈列艺术和陈列手法提到重要的地位，更加重视陈列技术的改进和革新，引进现代科学技术的成就，以日新月异的陈列手法，生动、形象地向人们传播科学文化知识，给人以历史的、自然的、艺术的、美学的、科技的教育。现代博物馆的陈列，不仅使人们认识过去，而且还激发人们去探索未来，成为“鼓励人们向科学进军的前沿阵地”。

未来的陈列，不仅有实物形象，而且声、光、色、味俱备，成为名副其实的立体结构 ，不仅有严肃性，也有娱乐性，使观众在积极的休息中获取丰富的信息。博物馆在发展，传统的博物馆概念要受到冲击。因此，对陈列概念的探索，是有意义的。特别是民族博物馆形象地展示各民族的优秀历史文化，对促进全中国和全世界各族人民的大团结和友好往来交流都将发挥更大的作用。

二、陈列工作的意义和作用

民族博物馆，是我国社会主义科学文化事业的组成部分。民族博物馆通过征集收藏文物、标本、进行科学研究，举办陈列展览，传播民族历史和文化知识，对人民群众进行爱国主义教育，为提高全民族的科学文化水平，为我国社会主义现代化建设做贡献。陈列是博物馆向人民群众进行宣传教育的主要手段，是民族博物馆工作的中心环节，是衡量民族博物馆工作质量的重要标志。

民族博物馆在西方国家，早期主要是搜集与陈列各殖民地民族的民族文物，意在宣传这些被压迫民族的落后面。至于西方国家的民族文物，他们是收藏与陈列在民俗博物馆内，不属于民族博物馆的范围。我们是社会主义国家，我们的民族博物馆是搜集与陈列各民族文物资料的场所与研究机构，和发达国家的民族博物馆有区别。某任务是为我们的社会主义事业服务，团结各族人民，共同实现祖国的现代化，为维护世界和平，促进世界人民的大团结。新中国成立后，早在1955年周恩来总理就说过："我在欧洲也参观过几个民族学博物馆，巴黎的、柏林的和英国的，我都参观过。我想了解一下各殖民地和附属国民族解放运动的情况。然而，我所看到的，却使我大失所望。他们全是宣扬殖民地、附属国各民族的落后面，从不展出这些民族反侵略斗争的英勇事迹；对于他们的优秀的民族文化和传统，也一概不提。我们将来也要建立民族学博物馆，就要反其道而行之，要有鲜明的阶级性。"[①] 1986年，中共中央"关于社会主义精神文明建设指导方针的决议"指出："中华民族是有悠久历史和文化的伟大民族，在古代文明史上长期处于世界的前列。在近代，由于封建制度的腐朽和帝国主义的侵略而落后了。辛亥革命、五四运动和中国共产党领导的人民大革命，带来中国历史的巨大变化。新中国的成立，在社会主义的基础上开始了伟大的中国文明的复兴。自从我们国家以党的十一届三中全会为标志进入了新的历史发展时期，更赋予这个复兴以新的强大生机和活力。这个复兴，不但将创造出高度发达的物质文明，而且将创造出以马克思列宁主义为指导的，批判继承历史传统而又充分体现时代精神，立足本国而又面向世界的，这样一种高度发达的社会主义精神文明。"民族博物馆是收藏国家和民族的物质文明和精神文明遗存的丰富宝库，党和国家充分估计到民族博物馆事业在实现现代化过程中的重要作用。在整个社会主义科学文化事业中，民族博物馆事业对继承民族的优良传统，振奋民族精神，已被确立了不容忽视的地

① 见杨堃《民族与民族学》一文。

位。

我国的民族博物馆，以为我国各族人民服务、为社会主义服务作为自己的宗旨。这和旧中国博物馆主要供有产阶级欣赏的陈列，有着本质的区别。我国民族博物馆的主要特征就是建立在实物基础上的陈列的教育作用，就是通过举办丰富的反映各民族不同历史文化内容的陈列，使人民获得知识，开阔眼界，提高科学文化水平，激发各族人民群众进行社会主义革命和社会主义建设的热情。所以，民族博物馆的陈列又是培养人们的社会主义道德风尚和建设社会主义精神文明的重要阵地。

为了建设一个好的民族文物陈列，就需要对与之相关联的各个方面的问题进行认真研究。首先是对所需要陈列的民族文物、标本进行全面了解和研究。为了提高陈列质量，必须从陈列内容到陈列形式两个方面开展科学研究。陈列体现着博物馆科学研究的成果，是衡量博物馆工作质量和学术水平的重要标志。博物馆进行科学研究的一个主要特点，就在于它主要是根据陈列的需要来选择专题，有重点地进行深入研究，并将研究的成果体现在陈列上。

民族博物馆的各项业务工作是一个有机的整体，陈列工作和其他业务工作是紧密相连的。只有具备了比较雄厚的物质基础，才能组织起丰富多彩的陈列；只有有了内容丰富、雅俗共赏的陈列，才能吸引众多观众，使博物馆的群众工作生机勃勃。反过来，从群众工作中了解到的观众的意见和要求，又有助于陈列工作的改进和提高；而陈列水平的提高又对保管工作提出了新的要求，它们之间是相辅相成，相互推动，相互促进的。

应当承认，博物馆的各项业务工作都有自己的特点和重要性，只有正确地安排这些工作，妥善地解决它们之间的相互关系，陈列工作才能更有效地发挥作用。但是，处于民族博物馆整体中的各业务工作，在安排上也应当有所区别，有主次之分。如果不把各项工作看成是一个有机整体，没有全局，就没有中心，孤立地看待事物，片面地强调对各项业务工作的安排，就会造成工作的不协调，割裂博物馆作为一个有机整体的倾向，是违反博物馆工作规律的，是必须防止的。我们之所以强调陈列在博物馆工作中属于中心环节的地位，完全是从它最能体现博物馆的教育作用出发的。对于这个问题，必须有明确的认识。

民族博物馆的陈列包括基本陈列和临时展览两种形式。

基本陈列是与本馆的性质和任务完全相适应的。用体现本馆特点的展品组成的科学的陈列体系，是内容比较固定和常年对外开放的一种陈列形式。如某民族自治地方对某民族历史文化文物的展出，是某民族博物馆对当地人民群众进行宣传教育的基本阵地。所以，该民族博物馆必须有与自己性质和任务相适应的基本陈列。这一基本陈列要不断充实和丰富内容，不断提高陈列的科学水平和艺术水平，以适应当地人民群众日益增长的丰富的精神生活的需要。

临时展览是内容专一、小型多样、较短期的展出，经常更换的一种陈列形式。它主要以馆内为活动场所，也可以其他民族博物馆或社会为活动场所举行流动巡回展览。临时展览是对民族博物馆基本陈列的补充，能充分展示一定的专题内容。如展出异国他乡的民族文物，介绍异国他乡的民族优秀传统文化，对活跃本地人民群众的科学文化生活具有重要意义。所以，民族博物馆在搞好本馆基本陈列的同时，也不可忽视外来的临时展览。

民族博物馆的基本陈列和临时展览，都要与本馆的性质和任务相适应。民族博物馆举办的陈列展览的特点在于不离开本馆的性质、任务为基础，只有正确理解和掌握了民族博物馆的性质、任务和特点，才能保证民族博物馆各项业务活动的正常开展，使陈列水平不断提高。

第二节　民族博物馆的基本陈列

什么是博物馆的基本陈列？基本陈列的含义是什么？文化部文物局主编的《中国博物馆学概论》一书指出："基本陈列是与本馆性质和任务相适应的、用体现本馆特点的展品组织成的科学的陈列体系，是内容比较固定和常年对外开放的一种陈列形式。它是博物馆对人民群众进行宣传教育的基本阵地。"① 这就是说，对基本陈列的含义，有三个条件：一是与本馆的性质、任务相适应的；二是有自己独特展品和陈列体系；三是内容比较固定和常年开放的陈列。

每一个民族博物馆都必须有与自己性质和任务相适应的基本陈列，基本陈列和临时展览的区别在于：

第一，在时间上，基本陈列是长期的，比较固定，一般几年或十几年。因此，又称为固定陈列或长期陈列。如中国历史博物馆的通史陈列、四川凉山彝族奴隶社会博物馆的奴隶社会陈列、昆明市南的云南民族村、湖南溪州土家族民俗博物馆的土家族民俗文物展。专题陈列是临时性的，一般一两个月或一年左右，因此，又称为临时展览。

第二，在内容上，基本陈列是比较稳定的，主要根据该馆的性质而定，长期供观众参观；专题陈列内容比较集中，往往要赶形势，适应其需要，即应时而变，如配合现代化建设、配合自治地方建立的庆祝活动或学校、企业的庆祝活动、学术活动等。

---

① 文化部文物局主编：《中国博物馆学概论》，文物出版社 1985 年 12 月版，第 123 页。

第三，在规模上，基本陈列面积较大，文物丰富，是该馆陈列展览的主体；专题陈列规模较小，任务明确，文物多少不十分讲究。

有什么性质的民族博物馆就应该有什么性质的陈列，这是对每个民族博物馆的基本要求，是每个民族博物馆的特点，是它的个性，是办该民族博物馆的基本准则。例如：中国历史博物馆以中国通史为基本陈列；中国革命博物馆以中国革命史为基本陈列；军事博物馆以军事史为基本陈列；自然博物馆以自然历史为基本陈列；地质博物馆以地质历史为基本陈列；民族博物馆以民族社会历史为基本陈列；各个地方的民族博物馆则是以各个地方的民族历史为基本陈列。无论是单一的民族博物馆或综合性的民族博物馆均如此。

这就是说，每个民族博物馆都有自己特定的基本陈列，这不仅是该馆业务活动的主要舞台，也是该馆性质和任务的集中体现。内地汉族地区的各个地方，都是以当地的乡土史为基本陈列内容；在民族地区的博物馆也是以民族地区乡土史为基本陈列内容。但是由于民族史方面文物一般不太多，加之民族政策的宣传任务较重。因此，地方性民族博物馆一般可分成三个组成部分展出，即：①民族史和当地乡土史；②民族学或民族志；③社会主义时期新的建设发展成就展等。实际上这三部分都是民族史，只不过是厚今薄古而已。当然，各民族地区的情况又不一样，千差万别。由于地区性的民族博物馆是以地区社会为中心，以民族进化为主题，因此，每个民族博物馆以什么内容为基本陈列，就需要根据当地的情况具体地认真加以研究，正确处理好各个方面的问题，使每个民族博物馆都做到有它自己的特色。

少数民族地区的博物馆与北京、南京、西安等地的一些博物馆不同，它没有古代的宏伟建筑，没有雄厚的物质基础，一般都是当地民族自治地方政府成立若干年后才建立，是白手起家。所收藏的文物有挖掘出土的，也有其传世品，具有中原风格的文物不多，而具有地区特点的文物却不少。这种状况，是由当地的地理环境、历史和经济条件所决定的。利用这些实物，在当地先是举办自治地方成立若干年的建设成就展览，以后又不断补充。即继续调查、征集资料、文物和标本，也有计划地发掘清理了区内的一些古墓葬、古遗址。经过多方面积累，文物、标本和资料，不断丰富起来，为区内民族博物馆的建立创造了条件。同时在工作实践中，又培养了一批专业人员和骨干力量，逐步完善其组织机构和管理制度，这样，具有地方特色的综合性民族博物馆才逐步创立起来。其基本陈列主要是反映当地的地理历史、风土民情和建设成就，在这里特别值得注意的是：

第一，对地方和全国关系的处理一定要搞好。因为任何民族自治地方都是祖国大家庭中不可分割的一部分。因此，“突出地方，一定要联系全国”。每个少数民族和全国人民一样，对缔造祖国物质文化和精神文化做出了自己的卓越贡献。人民的革命斗争，都是中国共产党领导下进行的中国革命的一部分，都和祖国的命运紧紧相连、休戚与共。少数民族在祖国边疆，其历史条件、地理环境、革命斗争状况等又与内地不同，有它的历史特点、地区特点和民族特点。所以，在陈列内容的安排上，既要联系全国又要详尽地突出地区的特点。展现出地方民族在中国革命中不可分割的重要组成部分，贯穿着联系全国、突出地方的指导思想，使陈列既加强了思想性和科学性，又能激发各族人民对祖国的热爱和对本地方的深厚感情。

第二，要特别注意处理好历史人物和陈列问题的关系。因为在少数民族的历史上曾涌现过不少对祖国历史发展起过重要作用的人物，如成吉思汗、忽必烈等。1963 年，我国著名史学家范文澜、翦伯赞、翁独健和当时的文物局长王冶秋等到内蒙古参观时，曾要求内蒙古自治区博物馆搜集、展出成吉思汗的有关资料和文物，并雕塑成吉思汗胸像，作为整个陈列的重点之一。如何陈列成吉思汗这位在中国以及世界上很有影响的历史人物，这是摆在该馆面前的一项严峻任务。为了严肃、谨慎地对待这个问题，查阅了国内外有关文献资料，分析和研究了中外学者评价成吉思汗的各种观点。在此基础上，以实事求是尊重历史的态度来反映成吉思汗这位历史人物。在陈列中，该馆展出了当时的疆域图及成吉思汗雕塑胸像；陈列了成吉思汗的腰牌、成吉思汗陵图的照片，以及两件成吉思汗给长春真人丘处机的圣旨碑文等。让观众从这些展品中认识和了解成吉思汗这位中国古代的政治家与军事家。又如，对另一位杰出历史人物元世祖忽必烈的陈列也是如此。该馆除了展出忽必烈的画像以及意大利马可·波罗朝见元世祖的历史画外，还重点陈列了元上都出土的各种文物，把元代初期政治、经济、文化等资料与这位历史人物融为一体，让观众客观地去了解这位历史人物在历史上的作用。由于采取了以“物”说话、尊重历史事实的办法去展现历史人物，取得了较好的陈列效果，受到领导、专家和观众的肯定。这一经验值得学习。

第三，注意对陈列中民族关系的处理。在基本陈列中应正确体现以下几点：一是要突出历史上各民族的友好往来。在古代历史中，各民族之间，有和平也有斗争，对此，应当用历史唯物主义的观点来把握民族关系的本质，再现民族团结友好的历史，赞颂民族关系的主流。二是要介绍当地的经济文化生活与风俗特点，使陈列充满了浓郁的当地气息和强烈的民族特色。三是资料还应介绍历史上民族起源、发展、融合的概况，以便通过陈列告诉观众，民族是一个历史范畴，古代民族的产生、发展与融合，是社会历史发展所支配的，是不以人们意志为转移的客观规律。四是要表现我们伟大的祖国是各民族共同缔造的，中华民族的历史和灿烂文化也是由各民族共同创造的。五是要表现只有在中国共产党的领导下，各族人民推翻了三座大山，彻底废除了民族压迫制度，走上了平等互助、团结友爱的道路。今天，在党的民族政策照耀下，各民族团结发展的思想，在各民族人民心中深深扎根。

作为一个民族地区综合性的民族博物馆，它从整体上必须给人以本地区自然地理、古代历史、民族关系、革命历史的总体概念。所以，在陈列内容与形式安排上，要力求使上述基本陈列前后连贯、相互呼应，构成一个有机的统一体。

办好一个民族博物馆，必须具备若干条件，如有一定的建筑，有必要的设备，有丰富的藏品，有一批专业干部，这是最起码的建馆条件。由于我国创办民族博物馆较迟，底子差，专家少，文物藏品也少，有些馆陈列面积又小，建立基本陈列一时还有困难。鉴于这种情况，除条件具备的民族博物馆应该及时地布置或不断提高基本陈列水平外，条件不成熟的基本陈列也可以缓办，但一定要积极创造条件。举办各种展览，如出土文物展览、民族文物展览、地方民族史展览等等。在举办若干专题展览之后，经验不断丰富，各种建馆条件逐步成熟，再上升为地方史或民族史的展览，即基本陈列。这种办法和路子是比较切实可行的。

根据我国的实际情况，民族博物馆的基本陈列，大体可以分成世界民族、中国民族、地方民族三种类型：

世界民族的基本陈列，可先在国家民族博物馆内开辟世界民族专厅，将来有可能时再单建一座世界民族博物馆。它的基本陈列应该是介绍世界各地的民族分布、特点、互相关系以及发展变化。一般应该按民族志的手法，按地区和民族进行介绍，包括地理环境、人口、历史、经济、物质文化、科学技术、风俗习惯、宗教信仰和当今变化。这样能为观众提供一个缩影式的民族世界，也为学术界提供研究资料。

我国民族的基本陈列，其基本内容要反映我国是一个统一多民族的国家，各民族都有悠久的历史，他们共同劳动，艰苦斗争，创造了祖国的历史和文化。既要有历史部分、社会主义革命和社会主义建设部分，也应该包括解放前后的发展变化，体现各民族的文化传统和风俗习惯，体现中国共产党运用马列主义毛泽东思想解决中国民族问题的伟大实践和成就，体现全国各族人民的大团结。

地方民族的基本陈列，主要指自治区、自治州、自治县（自治旗），甚至是民族乡的民族博物馆的基本陈列。由于这种博物馆的数量大，其基本陈列也不尽相同。总的讲，这些博物馆的基本陈列，一进馆首先要有一个序幕厅，介绍当地的地理、自然、物产、民族等概况，然后才是基本陈列，包括当地民族的历史、经济、文化、习惯、工艺、特产等等。也要体现解放前后到如今的发展变化。在这种博物馆中，有一些单一民族，其特点较突出，可以大量进行复原陈列，还可以采取露天式陈列。

基本陈列虽然有长期性和固定性，但是也是相对的。因为这种陈列是陈列设计人员在某一时间内，根据当时的条件和研究成果生产的精神产品，它不可能是一劳永逸的。任何科学的认识都是相对的，只是向绝对真理的迈进。因此，每个基本陈列中的问题，注意学术动态，了解考古学和民族学的新发现，定期地修改和充实基本陈列，这就是所谓大修改，而个别展品的增加则是随时都要进行的。

第三节　民族博物馆的专题陈列

什么是专题陈列？专题陈列又称专题展览或临时展览。我国文化部文物局主编的《中国博物馆学概论》一书指出："临时展览是内容专一，小型多样，短期展出，经常更换的一种陈列形式。”① 我国的《省、市、自治区博物馆工作条例》指出：“在搞好基本陈列的同时，也要重视临时展览。”因此，民族博物馆的专题临时展览，也是不可忽视的。

专题陈列便于紧密配合形势，及时宣传党的方针政策，向人民群众进行各种相关教育，及时展示各项科学研究和科学技术的新成果，增进国内各地区、各民族和国际间的文化交流，满足人民对文化生活的需要，促进社会主义精神文明建设，提高人们的素质。

举办专题展览是促进博物馆事业发展、推动博物馆各项工作开展的重要手段，其原因如下：

（1）专题展览是基本陈列的补充，对基本陈列的日益完善起促进作用。博物馆的基本陈列并不是一次完成的，它必须经过多次，乃至不断充实和提高。但是，由于我们认识水平和文物、资料的限制，基本陈列不可能连续进行修改。在基本陈列的相对稳定时期，除了征集文物、资料，加强学习和研究外，举办一些专题陈列，将对我们发现和认识基本陈列中存在的问题，对其进行修改和补充有很大意义。

（2）举办专题展览能促进博物馆与各方面人士的联系，促进博物馆的征集工作、鉴定工作。由于专题展览能紧密配合形势，为社会各方面人士所关切。举办这样的展览，容易得到社会上各方面的支持。社会上各方面抽出人力、物力，包括提供文物、图片和资料展出，必然促进博物馆的征集工作和鉴定工作。

（3）举办专题展览能促进博物馆的科研工作的发展，提高博物馆工作者的业务水平。专题展览虽然比基本陈列所涉及的面

① 文化部文物局主编：《中国博物馆学概论》，文物出版社 1985 年 12 月版，第 124 页。

小，但它也和基本陈列一样，需要进行研究选题、制定陈列计划和美术设计方案、编写文字说明、总体设计、现场施工以及开放讲解等一系列过程。在此过程中，就可以使更多的同志有机会参加实践、锻炼和提高业务工作水平。特别是刚参加博物馆工作时间不长的同志，可以在办专题展览过程中，了解博物馆的工作内容和方法，掌握博物馆的工作规律和特点，不仅可以给群众以教育，而且能提高博物馆工作者的业务水平。

（4）举办专题展览可提高馆藏文物的利用率。一个博物馆的藏品，能用于基本陈列，和观众见面的毕竟是少数。为了使更多的藏品与观众见面，虽可采用轮换陈列的方法，定期更换基本陈列中的某些展品，但还是有限的。专题展览可以把博物馆反映某一专题的藏品大量介绍给观众，提高文物藏品的利用率。

（5）经常举办专题展览，有助于把博物馆的陈列工作搞活。由于博物馆的基本陈列的变化不是经常性的，必须在确实提高认识，经过充分准备后才能动手修改。因此，仅有基本陈列对外开放，总会使观众感到博物馆是老一套，死死板板，没有生气。时间长了，就会形成观众少、门庭冷落的局面。如果在基本陈列的相对稳定时期，充分利用博物馆的藏品，多举办一些小型的专题展览，就能使博物馆展出的内容经常有所变化，就会很自然地把观众吸引到博物馆来。

所以，抓好专题展览能够带动博物馆的各项业务工作，既可以丰富馆藏，加强科学研究，培养人才，促进基本陈列的日益完善，又有助于把博物馆搞活。因此，举办专题展览是一举多得的事，必须经常进行。

专题展览是怎么提出来的，如何确定临时展览的选题。一方面，要充分利用专题陈列的特点和长处，即取材可大可小，内容比较单一，展出时间长短灵活，现实性强，能够紧密配合政治、经济、文化和民族节日活动，内容新颖多变，群众喜闻乐见等等，根据社会政治、经济和文化生活的需要，密切配合形势，提出选题，酝酿和准备展览工作。另一方面，则要看某种展览的基本条件是否具备。在这方面，除必须具有展览所需要的文物、资料和经费、设备外，更重要的还在于对有关专题进行研究。专题研究是举办专题展览的科学基础，专题展览是专题研究的必然结果。

对于民族文物有了专题研究成果，何时举办那种专题展览，还应以社会需要和其他条件是否具备为转移，从专题研究群中选择最佳者。总体设计人员应根据具体情况，从馆内外有关专题研究中，选择能够以文物资料体现出来的陈列课题，以展览的手法，把专题研究变成生动活泼、形象逼真的专题展览。

新中国成立以来，少数民族专题展览的选题很多，展出成功的例子也不少。例如：在考古和文物方面的专题，各民族地区展出或拿到北京展出的有："古代铜鼓展览"、"新疆木乃伊展览"、"契丹女尸展览"、"东夷文物展览"、"百越文物展览"、"楚文物展览"、"西南夷文物展览"、"南诏文物展览"、"匈奴文物展览"、"渤海文物展览"、"湘鄂西及湘鄂川黔革命根据地历史展览"等等。这些考古和文物展览，基本上是民族史方面的文化遗物，在此基础上可举办有关民族史的专题陈列，在当地民族地区，也可以发展成为小型专门博物馆的基本陈列。又如：在民族学专题方面，有"鄂伦春族文物展览"、"少数民族文物展览"、"贵州苗族服饰"、"全国苗族服饰展览"、"西藏农奴制度"、"凉山奴隶制度"、"西藏文化展"、"海南黎族传统文化展览"、"鄂温克族民俗文化艺术展览"、"中国达斡尔族文化展览"、"贵州侗族建筑及风俗展览"、"云南民族民俗展览"、"贵州省民族民间傩戏面具展览"、"湘西土家族苗族民俗展览"、"白族民间图案展览"、"苗族蜡染艺术家杨金秀作品展览"等等。在这些展览中，有的是反映社会形态的，有的是文物性展览。后者范围可以更大些，内容还可多种多样。如：原始的采集经济；狩猎工具和技术；捕鱼工具和技巧；纺织工艺和技术；农具发展史；原始制陶技术；漆器生产工艺；纺织；衣服和装饰品；少数民族的住宅；民族农具和用具；婚姻和礼仪；民族工艺品；民族文字；少数民族的岩画；刺绣和蜡染工艺；民族建筑；民族剪纸工艺；树皮和造纸术等等。此外，还可以列出许多，这些问题都应该成为民族文物、博物馆工作者心目中的课题，并且逐渐变成调查和研究的计划，认真加以研究，为专题展览打下良好的基础。

专题展览和基本陈列二者是相辅相成互为补充的。在一个博物馆中，二者在建筑空间上应该各有其位，在时间上可以同时展出。一般说来，民族博物馆应该以基本陈列为主，以专题展览为辅。可是，专题展览可以补充、丰富基本陈列，密切博物馆与观众的联系，有更积极的宣传效果，却又是不可忽视的。特别是有些中小型馆，由于藏品不多，陈列面积有限，研究工作跟不上，集中主要精力搞基本陈列一时还有困难。随着群众文化水平的提高，日益要求先举办专题展览，以便常换常新，富于变化。因此，根据中小型博物馆的实际情况应将基本陈列和专题陈列并重起来，个别甚至也可以先办专题展览为主，以后有条件再搞基本陈列，这也是符合民族博物馆的发展规律的。

应当指出，基本陈列和专题展览是有区别的。但是，二者之间又没有不可逾越的鸿沟，二者是可以转换的。一个民族博物馆在它刚建立的时候，各方面条件不成熟，可先办临时展览，随之不断充实提高，就可成为基本陈列。一个馆的基本陈列，如果因为需要，复制到另一个馆去作巡回展出，它也可能变成了另一个馆的临时展览。例如，西安半坡博物馆前几年举办形式多样的临时展览，主要做法是大力引进和自办与半坡有关系的临时展览，活跃馆内气氛，故收效良好。如该馆与贵州文物处举办了“贵州少数民族节日展览”，并且自办了“恐龙化石展览”等。在举办和引进展览时，该馆始终坚持一条原则，就是必须与半坡的陈列内容相辅相成。事实上，恐龙化石展告诉人们，在人类出现以前的漫长地质年代，曾有一大群庞然大物主宰着地球；而“贵州少数民族节日展”则向人们展示了现代民族中遗留下来的远古遗风。在各少数民族地区发展民族博物馆事业，搞这样的展出，有它特殊的意义。

第四节　陈列工作的程序和要求

民族博物馆的陈列工作，学术性和技术性很强，与所有的博物馆陈列工作一样，有它自身的工作规律性，先搞什么，后搞什么，应先后有序，否则造成混乱，就会造成损失。陈列工作的具体步骤大体上也和所有博物陈列馆工作一样，大体上可分成陈列设计、制作和布置三个阶段。

一、陈列设计阶段

设计阶段的任务，一是进行内容设计，即制定陈列计划；二是进行形式设计即总体设计。在具体步骤上大体可分成拟定陈列大纲、编制具体陈列计划、进行总体设计三步。

1. 拟定陈列大纲

无论基本陈列还是专题陈列，都是一个复杂的研究和施工过程，而人的认识往往也要逐步加深，需要一个从理论到实际而后又从实际到到理论的过程。在工作中，没有计划，会给工作造成损失。有了计划，在实践过程中，往往还需要不断修改和补充。所以进行内容设计，可以一步走，但一般应分两步走。所谓一步走，就是在民族情况和馆藏民族文物都比较熟悉，展览内容又比较简单，早已心中有数的情况下，可以提纲、细目一并提出。但通常应该分两步，即先要学习和调查研究，编出陈列大纲，然后再编制具体的陈列计划。陈列提纲和陈列计划的区别在于：陈列提纲比较概括原则；而陈列计划比较细致、具体，要求附上所需要的陈列品，列出陈列物品表。

当陈列主题确定之后，即准备展览的内容设计，此项工作就要有专人或专门班子负责。除所需要的展室展厅场地、陈列柜台设备及相关器材等方面的物质准备外，主要业务就是民族文物和文字说明方面的准备。有关陈列人员在原来专题或综合研究的基础上，要做好这样三项准备工作：①进一步熟悉所确定的陈列主题所涉及的民族社会历史内容，掌握前人的研究成果，综合当今有关研究的新成就，经过反复酝酿、讨论、思考陈列大纲；②熟悉馆内外的有关民族文物、图片或资料，从中选择好展品，该提陈的提陈，该借用的借用，该复制的复制，将文字计划所要体现的思想反映在民族文物和辅助展品上；③熟悉陈列现场的面积、环境，同时根据业已掌握的民族文物、图片、资料，确定该陈列的规模。

在充分做好准备工作的前提下，陈列设计人员开始内容设计，编写陈列大纲。陈列大纲与一般教科书的编写提纲不同。教科书有许多问题都可以用文字来全面、具体叙述，而陈列展览由于受展厅和文物的局限，许多教科书能说明的问题不能在陈列展览中体现出来。因此，民族博物馆在陈列时要力求简化、删节，其中的历史政治等问题，只能通过一定的人物、事件来体现，其他问题则按不同过程或内容来划分。从而才能确定陈列主题、体系、结构、重点场面和美术形式的要求。

陈列大纲比较简单，如同写一本书要提出章节，一般分三级标题：①单元标题；②组标题；③柜内标题等。单元是整个陈列较大的部分，相当于一本书的一章。包括单元标题、单元说明及若干组。组比单元小，相当于一本书的一节，由若干相邻的组组成。因此，它是陈列最小的基本单位。组包括组标题、组说明，由相近而又不相同的若干个陈列柜和若干件民族文物所组成，但每组陈列内容是集中和单一的，各组之间既互相联系，又彼此相应。陈列柜，指一个柜内的民族文物和展品，它可以有柜内说明，也可以没有。一般以简明为好，但有时也需要详细些。其中的民族文物要集中表现出一个主题内容，每件民族文物之间不能平分秋色，但要主次分明。

大纲要根据陈列的内容和要求，将所有各类主题与分题，按照逻辑关系和时代顺序排列出来。它是陈列方针的体现，是主题思想目的的具体化，也是据以陈列的纲领。陈列质量的优劣，在很大程度上取决于陈列大纲制定的好坏。

陈列大纲必须反映陈列的目的和要求。具体到大纲的每一部分，都能使人一看就知道，这一条大纲在说明全部大纲中的哪一个问题，它和大纲的其他部分有些什么关系。要做到这一点，必须准确地组织每一个列入陈列的主题。每个主题的实现，又决定了将来要选择什么样的民族文物陈列品。

陈列大纲中每一个主题，都不应该是彼此孤立的，而是互相有着内在联系的统一体。即每一个主题都要从整体出发，主题与主题联合在一个体系里，构成陈列的完整结构。拟出的陈列大纲，必须符合陈列的性质、任务和原则；还要决定各个主题及分题在总的陈列体系中的作用与比重；突出主导的主题，这是正确构成陈列大纲的条件之一。

编制陈列大纲时，常常会遇到一些政治性和学术性问题，特别是居住边疆的一些少数民族，例如，历史陈列中的边界问题、中外关系问题、民族关系等等；古代史的分期、历史人物的评价等。对于这些问题必须慎重处理，对属于政治性的问题，要先收集材料，组织研究进行讨论。要把观点和解决方案提出来，并报请有关民族专业研究机关、民委领导及上级机关审议。

编制的陈列大纲还必须建立在本民族博物馆现有藏品的基础上，当然也不能受现有藏品的局限和约束。本馆的民族文物藏品不足时，要组织专门力量去搜集或借用复制以使重要主题能够得到表现。当陈列大纲拟出之后，开具主题一览表，广泛征求意见，而后进行修改，确定下来，才算完成第一步。

2. 编制具体陈列计划

具体陈列计划是陈列大纲的发展和它的进一步正式说明，其中包括对陈列主题、分题和陈列的文字说明。说明的层次不宜太多，一般以单元、主题、分题三层标题为宜。编制具体计划的任务，是根据陈列大纲的要求，组织陈列品和揭示陈列品。其基本要求是根据民族博物馆的民族文物藏品、建筑、设备等主客观条件，实事求是地进行设计。

所谓组织陈列品，就是确定陈列品及其组成。这是内容设计的一项很重要的工作。每个主题在陈列中的地位和目的，决定了要选择的陈列品。每件陈列品都要服从于陈列的主题思想，在同一主题下的每一件陈列品，都是互相联系的。认识和解决陈列品对主题思想的从属性和陈列品之间的依赖性，是确定陈列品和制定具体陈列计划的重要环节。选择陈列品，要注意其真实性和科学性。要查清所选民族文物展品的年代、来源、用途和历史意义的鉴定评述，明确民族文物展品本身的价值，作为正确反映主题内容与写文字说明的依据。同时还要特别注意选择具有典型性、代表性和最能本质地反映陈列主题思想的民族文物藏品。这类藏品，即使表面破旧，也要充分运用。不能反映主题思想的民族文物藏品，即使外形美观，也不能使用。在选择藏品时，要注意防止两种偏向：一种是当藏品多了，便不认真进行选择，草率从事；另一种是当藏品少了，不是千方百计去设法弥补，而是随便砍掉重要主题，造成陈列体系上的缺陷。如果确因没有民族文物实物，无法表现，那么陈列内容可以压缩，但不能随便删除。如果根据陈列大纲的要求，还缺少若干民族文物陈列品，可以拟出目录，有计划、有目的地去搜集补充，或借用复制。藏品选择之后，还要根据陈列主题的要求，进行反复研究并逐一核实，然后将选定的民族文物藏品分别纳入陈列主题中去，使之成为反映陈列主题思想的陈列品。

这里需要指出的是，民族文物、藏品和陈列品是有区别的。某个民族的文物是记述某个民族在人类活动中的历史见证物，是人类的物质文化与精神文化的遗存。民族文物藏品是经过挑选的已正式入藏的民族文物，它的时代、地点、价值等方面大都很清楚。民族文物是个笼统的概念，不是所有的民族文物都能成为藏品的。同样，也不是所有的藏品都能成为陈列品的。只有经过挑选的能反映陈列主题思想的藏品，才能成为陈列品。一般来说，进入陈列室的陈列品，都是本馆民族文物藏品中最有价值的。陈列设计人员正是根据民族文物藏品的价值和它们反映陈列主题的能力，来确定能否作为陈列品的。

所谓揭示陈列品，并不是简单地把这些陈列品分别安排到每个主题和分题内就算完了，还必须揭示陈列品内在的本质、价值和表达主题思想的能力，以便根据这些来确定它在陈列中的位置和可能"扮演"的角色。为了达到这个要求，还必须研究陈列在承担表现主题上的地位和作用。这些陈列品在表现主题上可居于主导地位，有些则居于次要地位。此外，陈列品在表现陈列要求的程度上，有的甚至是潜在性的。在这种情况下，我们研究陈列品的任务是确定陈列品，确定主导陈列品，研究每一件陈列品对陈列要求所表现的程度。

这里所说的确定陈列品是指从内容上着重研究，这一陈列品对于陈列是否必要，这一陈列品能不能鲜明地实现主题要求。确定主导陈列品，是从一个主题和分题的全部陈列品中，挑选出重点承担表现主题思想的陈列品。研究一个主题的主导陈列品，首先，要求仔细地研究一个主题或分题的主导思想是什么，看哪些陈列品能够实现主题思想的要旨。其次，是研究陈列品本身在历史、科学和艺术上的价值以及从历史、科学和艺术的哪一角度去表现主题，表现的程度如何。

陈列品对陈列内容和主题的表现程度，还决定于有关的辅助材料与表现方法。因为主题要求和陈列品的表现能力往往不相适应，这是由于陈列品在表现上的局限性所造成的。用必要的辅助陈列品、文字说明和好的表现方法，就能够弥补由陈列品的某些局限所造成的缺陷。

确定表现主题和分题的陈列品，对它进行研究，并确定陈列品的位置和作用，以及辅助陈列品和文字说明对主题与分题的表现作用。然后，下一个任务就是编制陈列物品表。陈列物品表，根据陈列品表现主题的价值，将陈列品的名称、年代、来源和辅助陈列品，一起分别列在一定主题下的一览表。这项工作完成之后，整个具体陈列计划才算基本完成。

3. 进行总体设计

总体设计是将陈列主题的文字说明、民族文物展品与展出场地结合在一起来设计，是关系到陈列方针和陈列主题总的具体体现，因此，在陈列工作中是十分重要的一步。因为陈列设计主要还是文字的东西，陈列品的布置，要通过总体设计。总体设计才能将文字计划具体化，从内容到形式，统一安排，统一平衡，统一色调，全面地进行布局。它是在正确理解陈列计划的基础上，恰当地配置表现形式，使陈列主题与艺术形象完美地结合起来，使主题思想表现得完整和完善。它是偏重于从全局美化陈列的一种工作，也是从全局设计中使陈列衔接紧凑、配合恰当、逻辑清楚，显出整个陈列内容所要求的全貌。

总体设计的内容，应注意以下六点：

1. 通盘考虑陈列布局

陈列布局必须根据陈列展室的建筑特点，确定陈列室的使用和陈列主题的位置、参观路线、休息地带、各种服务设施的位置和庭院绿化地区等等。确定陈列如何开头，如何结尾，每个陈列室如何突出重点以及陈列室内参观路线的由左至右，先后有序，单面循环等问题。

2. 研究和确定陈列的风格气势

不同性质的民族博物馆，对风格气势应有不同的要求。不同的陈列，要求也不一样。但每一个陈列，都应力求具有民族风格、民族气魄和地方特色，突出其民族特点和地方特点。各陈列室的平面和墙面展开设计图：陈列品组、橱柜、台座的位置，墙壁悬挂的绘画、图表、照片的大小尺寸和位置、高度、间隔都表现在这张图纸上。

3. 研究文物组合，确定陈列图式

陈列图式的任务是确定主题、分题在陈列室的位置和分配比例，确定各组陈列品的组合位置。在绘制陈列图式以前，必须按各主题的陈列品情况和陈列面积先做出全面规划。这种陈列图式就是陈列计划的图式化。也是现场布置时的施工图纸，就像土木工程师提供的建筑详细施工图一样。它应明确提出所需的文物、辅助陈列品、柜子、板面、镜柜、屏风等的数量、造型、色彩、尺寸以及有关材料和设备的制作要求等。

4. 提出辅助陈列品和美术作品的制作要求

对辅助陈列品和美术品的规格、位置、基本造型、大小、质料和色彩等，要有全面观点。要进行综合设计，避免孤立地设计某一项目，而不管其他。各类辅助陈列的运用，要既有统一，又有变化，避免因统一不当而失之单调，或因变化不当而造成杂乱。关于辅助陈列品和美术作品制作的要求，应当是：第一，要强调质量，注重科学性。造型、大小、色彩与内容和建筑相协调，要少而精，不要粗制滥造。第二，要突出主题思想，内容清晰，结构简单。第三，要形式大方，气势统一。

5. 进行总体平衡

总体平衡是依据内容的主次，作形式上的平衡。这一工作非常重要，它直接影响陈列的质量。因为哪些内容突出到什么程度都和安置的位置、设备的大小与造型、每件文物的艺术设计等有直接关系。这就要进行全面的布局，使各个陈列室的壁面陈列位置与空间陈列位置配合恰当，形式与内容协调，凡是不恰当不协调的，要作形式上的平衡。

6. 研究并协调施工和实现计划过程中应注意的问题

根据一般经验，在施工和实现计划过程中，经常会遇到以下两个问题：第一，施工中如因所需要的设备、辅助陈列品不合要求，应重新制作；或因情况变化，原来的设计不合要求，需重新设计。这就要求对加工制作随时进行检查，修正那些与要求不相符合的地方。至于地图的绘制，因为常常涉及历史上的和现在的国界等问题，一定要严肃认真地处理。对于任何施工制作，都要有具体的检查、指导、签字、验收等手续。这是整个陈列工作中很重要的一个环节，必须给予应有的重视。第二，内容和形式常常出现不统一，或因意见分歧，或因展品变动，往往因一事而牵动全局。这就要求总体设计人员在协调意见中求得平衡解决。如在内容设计上，常由于专业分工和分段设计而出现不统一的地方。在内容和形式上也因内容设计人员和形式设计人员分别承担而不够协调统一，或者常常出现意见分歧。这都可以放到总体设计这一环节中求得解决，即通过总体设计人员加强研究，加强意见交流，协调不同意见中，通过讨论求得统一。在内容上，应要求形式设计人员多听取内容设计人员的意见；在形式上，应要求内容设计人员多听取形式设计人员的意见。这样在经过充分研究讨论以后，再做出形式上的统一平衡。

二、制作阶段

制作阶段的主要工作是制作美术作品和其他辅助陈列品，书写文字说明和制作陈列设备，包括陈列屏风、展柜、板面、镜柜、展品座架和单元、主题牌等等。制作这类用于陈列的辅助陈列品和陈列设备时，要注意科学质量，要注意它们的造型、大小、色彩等一定要和内容、建筑相协调，并且要结构合理。美术作品在形式上要多种多样，如国画、油画、版画、雕刻等，还可采用当地著名工艺品的形式。陈列的美术作品，无论是历史的或当代的都要具有陈列主题同时代的特征。美术作品的形式风格、规格等，应根据主题和总体设计要求来确定。在创作之前，要熟悉作品的历史背景，先绘出样稿，经审查同意后始能制作。

书写文字说明，也属制作阶段的一项工作。各类说明，文字要精练，反映内容要真实、确切。应由专人书写，字迹要工整醒目，使其成为陈列组成部分。

各种设备的作用，是为了烘托文物的形象，突出主题思想。其制作要求，必须与建筑协调，必须联系文物标本及其陈列位置的实际做到色彩协调、形制统一。

三、布置阶段

现场布置是设计工作的继续，如果准备工作进行的相当充分，陈列内容的展开图式拟定得详尽而正确，则全部安装布置的过程不应当占用很多时间。但是，如果认为现场布置只是机械地按陈列图式进行布置，那也是不对的。因为所制定的计划，尽管已经经过了多次研究，但纸上的计划与图式，毕竟与现实有相当距离。因此，在现场布置中，既要重视陈列计划和陈列图式的指导作用，又不要被计划所束缚，在现场布置过程中还允许修改计划。但是，计划要尽量避免变动，非特殊情况，不应改变计划。

布置工作分现场安装和陈列品布置两个阶段。

现场安装是将各种陈列柜、屏风、台座、沙盘、模型以及大型陈列品等按照陈列图式所规定的位置进行安装。陈列品的布置方法，在编制具体陈列计划特别是陈列图式中就已经做了安排。但是，在实地布置时，还必须研究和解决怎样保证陈列品安全，怎样使陈列内容与主题要求相一致，怎样做到既分工合作，又统一协调等问题。此外还要注意主题的统一，全部陈列的系统性、完整性和连贯性等方面的问题。

陈列品布置的过程，也是边布置、边研究、边提高的过程。避免陈列的内容与主题思想不符合，是布置陈列品时必须注意的一个问题。这虽然在陈列计划中就应该注意到，但在现场布置中仍然必须加以注意，因为我们对主题思想的认识也是逐步深化的。

研究陈列内容的表现方法，是现场布置的重要内容之一。表现方法必须服从内容的要求，同时还应随陈列的性质不同而有所变化。

一般常用的表现方法有如下几种：①组合陈列法。就是综合展品和辅助陈列品，按照主题要求，把它们有系统地、有联系地组合在一起，使人感到它们既是单个的个体，又是有机的统一体，从而达到加强陈列品表现主题思想的能力。②中心陈列法。就是把最主要的主题安排在陈列室平面和壁面的主要地位，把最重要的陈列品放在陈列主题和分题的中心位置，其他陈列品都围绕着中心陈列品来展示。如果以一个革命领袖人物为中心，围绕它的应当有这一领袖人物的著名手稿、信件和与其有关的各种重要活动的历史材料。对重要陈列品加以艺术处理，使之更加突出，也是中心陈列法的表现手法之一。重点内容或重要陈列品应摆在明显的位置，用支架、垫板或其他特殊艺术手法使之与其他陈列品有所区别。为了使观众注意力集中在重要陈列品上，可以在它的周围留一个适当的空间。尤其是对重要的大件陈列品、辅助陈列（大幅绘画和雕塑等），更需要在它们的周围留出一定空间，便于观众观看。③对称陈列法。所谓对称，就是陈列品摆放的位置相对协调一致，假如用五件陈列品来表现一个主题内容。就要选一件价值较高、造型较美的主导陈列品放在中心。它们旁边再相对地摆放两件陈列品。用这种方法表现陈列品的特点，较整齐、规整，容易为观众所接受。④集品陈列法。就是集中地陈列成套的物品或相当数量的同类物品。这种陈列法可以加强陈列主题，使观众对这一主题产生深刻的印象。⑤原状陈列法。就是恢复文物在特定环境中的原貌的一种陈列方法。这种方法能给观众以深刻的印象和极大的感染力，多用于革命纪念馆以及民族博物馆等具有特殊要求的陈列中。

以上方法都可以作为参考，它可以在一个陈列室里同时兼用，也可以部分使用。方法是由内容的需要而产生的，而内容是千变万化的，表现方法当然也就不断创新。

陈列开放后，要把陈列内容和形式的全部资料汇编成册，建档保存。档案的内容包括陈列提纲、展品目录、文字说明、陈列图式等都要全部保存好。这就是一个民族博物馆的一次比较完整的陈列展出，从酝酿、设计，到施工完成的一般程序和要求。

【思考题】

1. 试述陈列的概念及陈列工作的意义和作用。

2. 什么是民族博物馆的基本陈列？基本陈列和临时展览有什么不同？根据我国的具体情况，民族博物馆的基本陈列，大体可分为哪几种类型？

3. 陈列工作大体上可分为几个阶段，每个阶段的具体要求是什么？

第九章　民族博物馆的群众教育工作

第一节　群众教育工作的意义和要求

发展民族博物馆事业的根本目的，在于发扬我们民族的光荣传统，提高民族自尊心和自信心，振奋民族精神，更好地建设有中国特色的社会主义，提高各族人民的物质生活和文化生活水平。民族博物馆的群众教育工作，是我国社会主义物质文明和精神文明建设的重要组成部分，是与群众广泛联系的桥梁和纽带。

通过民族博物馆收藏的文物、举办的展览，实现宣传教育职能，使观众直观地扩大视野，增长历史和科学文化知识，受到爱国主义和社会主义教育，民族团结教育、得到美的熏陶和艺术的享受。民族博物馆是向全体人民，包括儿童和成年人在内的广大人民群众进行智育、德育和美育教育的课堂。

民族博物馆的群众教育和讲解工作，在民族博物馆的陈列展览中有着不可忽视的作用。因为，陈列展览除通过文物、图片和文字说明外，还需要通过讲解员引导和口头介绍。有人作这样的比喻：如果诗歌是身体的话，那么音乐就是诗歌的翅膀。诗歌往往借助音乐的翅膀，才能高高地飞翔起来。如果把这个比喻用于民族博物馆，那么陈列的文物是“身体”，而讲解员的作用，就在于给文物这个“身体”插上翅膀，使之飞翔在观众的视野和思维之中，落在他们心底深处，使他们获得教益，留下美好的而深刻的印象。“讲解”是博物馆实现自身社会职能的重要手段，是讲解员运用多种技巧进行的复杂的创造活动。人们用“余音绕梁，三日不绝于耳”来形容乐曲及歌声的悦耳动听。其实，聆听出色讲解员的讲解，人们就可以从中得到震撼、感动、悦性怡情。所以博物馆的群众教育和讲解工作，有着极其重要的意义和作用，只有加强群众教育工作，加强对陈列室的讲解工作，才能更好地发挥民族博物馆在社会主义精神文明建设中的作用。

（1）固定的陈列、静止的展品，难以针对不同观众、不同文化水平、不同理解能力的需求，通过讲解员针对不同对象的解说，可以更好地表达其展览所包含的丰富内容。心理学研究结果表明：人们从视觉获得的知识能够记忆25%；从听觉获得的知识能记忆15%；如果视、听结合起来，就能接受知识的65%。实践证明，丰富的陈列内容，还需要借助讲解人员的介绍，才能为观众更好地理解和接受。因此，通过群众教育工作部门，对观众进行必要的组织，认真负责地讲解，史物结合，表达生动，引导观众把直观视觉获得的初步感性知识，上升为对陈列主题思想的正确理解，以致成为系统的理性知识，就可以使博物馆的陈列更充分发挥宣传教育作用。

（2）群众教育工作还不仅仅只是讲解员结合陈列进行讲解的一种形式，它还包括许多活动内容。如固定的基本陈列外，还可组织临时性的流动展览；举办学术报告会和专题讲座；召开馆内外的学术讨论会；放映有关民族方面的电影和录像；出版发行有关书籍、期刊；进行馆内外的学术交流活动；协助和主办民族博物馆学干部培训；组织“博物馆之友”活动；供应有关文物、声像等科研资料等。这些都可以使民族博物馆的性质、藏品和陈列的内容，得到更广泛、更有效地向广大观众进行宣传教育。

（3）群众教育工作是博物馆最直接、最生动地向观众进行宣传教育的具体实践。通过群众教育工作，博物馆满足了广大观众的要求，密切了和观众的联系，他们从博物馆的活动中受到教育，从而有所收获，参观者就会变成博物馆事业最好的宣传者。博物馆的观众越多，博物馆的社会效益就越大，博物馆的威信也就越高，同时更能促进博物馆的工作。所以，做好群众教育工作，又是扩大影响、争取观众搞好博物馆事业的重要条件之一。在民族博物馆里，不能没有群众教育工作。民族博物馆的群众教育工作者，肩负着十分光荣的任务。

第二节　讲解工作和讲解员

民族博物馆的讲解工作是群众教育工作的主要组成部分。只有生动感人的讲解才能有效地感染和教育广大人民群众。而讲解水平的高低，则是直接关系到民族博物馆与群众的联系，以及民族博物馆陈列效果的发挥。讲解工作既是一项很重要的工作，也是一门重要的艺术。做好讲解工作，和讲解员本身的素质有很大的关系。因此，在研究怎样做好讲解工作时，还必须首先从怎样做讲解员做起。

一、讲解员的基本任务和素养

一个合格的民族博物馆讲解员，不仅需要有广泛的民族历史及科学文化知识，有一定的组织能力和表达能力，而且还需要有高度的民族事业心和工作责任感。

也就是说，从政治和业务两个方面都要有一定的要求。政治上当然首先是要努力学习马列主义、毛泽东思想、邓小平理论和“三个代表”的重要思想，学习党的各项方针政策，特别是党的民族政策。共产主义理想和社会主义信念，是建立在马克思主义揭示的人类社会发展规律的基础之上的，是科学的理想信念。中国特色社会主义，符合中国国情，符合全国各族人民的利益，是中国发展、走向富强的正确道路。有了这样的信念，就有了立身之本，站的就高，眼界就宽，心胸就开阔，就能自觉为党和人民的事业奋斗。有了崇高理想和坚定信念的激励，无论做什么事，才会有方向。在社会主义建设和改革中，才能为党和人民鞠躬尽瘁。在矛盾面前不退缩，在困难面前不悲观失望，在诱惑面前能洁身自好；反之，就是共产主义理想和中国特色社会主义信念不坚定。

坚定理想信念，重要的是要坚持用马克思主义的立场、观点、方法来认识世界，认识人类社会发展的客观规律。努力学习和自觉运用辩证唯物主义和历史唯物主义的强大思想武器，把理想信念建立在科学分析的理性基础之上。既正确认识目前资本主义经济、科技发展的现实，更正确认识资本主义社会的基本矛盾及其发展的历史趋势；既正确认识社会主义发展过程中出现的曲折和反复，更正确认识人类社会向前发展的必然规律；既正确认识社会主义事业的长期性、艰巨性、复杂性，更正确认识社会主义制度的强大生命力和巨大优越性。从人类社会发展规律的高度来认识当今世界的变化及其趋势，不断坚定自己的理想信念。这不仅是一个思想认识问题，更是一个实践问题。我们现在的努力以及将来多少代的持续努力，都是朝着实现共产主义这个最终目标前进的。实现共产主义是一个非常漫长的历史过程，我国现在仍处于并将长期处于社会主义初级阶段。我们必须从这个实际出发，确定现阶段的奋斗目标，脚踏实地地推进我们的事业。既要胸怀共产主义的崇高理想，又要坚定走有中国特色社会主义道路的信念，扎扎实实地做好当前的每一项工作。

我国是各族人民共同缔造的统一的多民族国家，有56个民族，少数民族有1亿多人口，分布在全国各地，民族自治地方占国土面积的64%，西部和边疆绝大部分地区都是少数民族聚居区。在漫长的历史进程中，各族人民密切交往、相互依存、休戚与共，形成了中华民族多元一体的格局，共同推动了国家发展和社会进步。中国共产党的领导和社会主义制度，为实现各族人民的大团结奠定了根本政治基础，汉族离不开少数民族、少数民族离不开汉族、各少数民族之间也相互离不开的思想观念深入人心。全国各族人民的大团结，过去、现在、将来都是我们能够经受住各种困难和风险的考验，不断胜利前进的重要保证。我国目前的民族博物馆，大多数是相当于自治区、自治州、自治县（自治旗）一级的中小型馆。就民族博物馆来说，讲解的基本任务，就是结合本地区和本馆的任务，根据展览中所陈列的每件文物进行解说。现阶段民族工作的主要任务是：坚持以邓小平理论和“三个代表”重要思想为指导，以科学发展观统领经济社会发展全局，围绕全面建设小康社会的宏伟目标，牢牢把握各民族共同团结奋斗、共同繁荣发展的主题，全面贯彻执行党和国家的民族政策和民族法律法规，坚持和完善民族区域自治制度，巩固和发展社会主义民族关系，大力培养少数民族干部和各类人才，加快少数民族和民族地区经济社会发展，为我国社会主义物质文明、精神文明与建设和谐社会做出贡献。因此，要求讲解员必须努力学习马列主义民族问题理论和党的民族政策，从党和人民事业发展全局的高度深刻认识做好民族工作的重要性和紧迫性。牢固树立和全面落实科学发展观。努力做好宣传和讲解工作，为加快少数民族地区经济社会发展，为加强民族地区人才资源开发和少数民族干部队伍建设，为加强民族团结、维护祖国统一，为坚持和完善民族区域自治制度，贡献自己的智慧和力量。

就业务而言，当然是要坚持勤奋学习，提高做好本职工作的本领。特别是在当今知识创新的时代，不懂和不熟悉的东西随时出现，这就更需要有一个不断学习的紧迫感，抓紧学习，刻苦学习，善于学习，坚持勤奋工作，兢兢业业地创造出一流的工作业绩。

对民族文物的解说是讲解员本职工作中最基本、最重要的实践活动。说的通俗些，文物解说是讲解员的“看家本领”。因为展览中所陈列的每件文物本身，是孤立的、静止的，它无法根据不同参观者的不同知识和理解水平，而自动地显示其所包含的丰富内容，即使有文字说明，也不如讲解员有目的、有针对性的讲解效果。讲解工作的最大特点，就在于它的能动性、感染力和辅助作用。依靠这些，陈列的民族文物之教育作用才被充分发挥出来，变成人们精神文化生活中的丰富营养，因此，讲解工作是一项需要长期学习和锻炼的比较艰巨复杂的创造性劳动，它不仅需要有多方面的才能和素养，而且还要有耐心细致全心全意为各族人民服务的精神。同时，还要有民族文物的保护和保管的知识。一个讲解员不仅是民族文物的解说员，而且还是民族文物的保管员和保卫员。民族文物一旦从库房提出，进入了陈列室，讲解员就要肩负起保管和保护文物的责任。民族文物是国家的宝贵财富，保管责任之重大，是显而易见的，讲解员应当自觉地、主动地承担起这项义不容辞的责任。对于一个讲解员来说，不仅要做好对民族文物的讲解工作，而且还应时刻注意文物的安全和保护问题。一般来说应当认真履行展品的提交手续，绘好展品在展室里的平面分布图，管好陈列橱柜和展室钥匙，经常进行巡视检查，并要注意湿度、温度的变化和周围环境对文物的危害和影响，同时还要通过自己的行动和语言，处处宣传党和国家的文物政策，动员群众一起做好文物保护工作。

这些任务，要求每一个讲解员有多方面的业务素养。讲解员的基本功和素养，归纳起来有以下四个方面是必须具备的：

1. 对文博工作的事业心、责任感和勤恳的工作态度

作为一个讲解员，首先要有对文博工作的高度事业心和责任感，有勤恳的工作态度。懂得自己的工作在整个社会主义建设中的作用和意义，把解说工作看作是为人民服务的光荣岗位。只有

树立起这样的认识和态度，才有可能做好讲解工作。

2. 要有比较广博的历史和文化科学知识

博物馆丰富的民族历史文化陈列，都是先人的遗产、历史的见证、无价的珍宝。它就像一部形象的历史记录，汇集着人类的文明。如果一个博物馆的讲解员，没有一定的历史和科学文化知识，他就无法理解文物的丰富含义，讲解时就只能机械地去背诵解说词，而无法把文物的真正价值、社会意义展现在观众而前。文物的讲解，不仅要求把文物的名称及有关的知识告诉群众，更重要的是通过展出的文物，对观众正确说明它产生的历史背景，它与人类社会发展的关系，从而把文物和一定的社会历史环境联系起来，加深对社会发展规律的认识。一个称职的讲解员，就如同一名优秀的教师一样，讲出去的知识，假如仅仅是一杯水，那么，至少应掌握一桶水的知识。

3. 必须熟悉文物、展品和陈列的主题思想

对文物展品不仅要熟悉，还要熟悉陈列的主题思想，这是搞好讲解工作的关键。只有当讲解员了解了陈列的意图以及对每一件文物、展品的来历，在展览中所表现的侧重点都能掌握，那么讲解时就越能充分地表达内容，因此也就越生动。陈列展览的每一件文物，都是一定历史时期的产物，它不可能反映整个的历史面貌，但文物所包含的知识又是多方面的。要熟悉它，就得从各个角度去探讨。对所有其他的展品也是如此。哪怕是一件小小的辅助展品，如照片、复制品文献材料等，也应进行认真研究和探讨，只有在熟悉文物、展品的基础上，讲解员才能根据观众的不同兴趣，进行详细和深入浅出的讲解。

4. 掌握语言的艺术表现力

对于讲解员，语言是传授历史知识的主要途径，语言是思想的直接表现。通过语言强烈的感染力，可以激发参观者的感情。一个讲解员不仅要口齿清楚，发音准确，而且要掌握语言艺术。

所谓语言艺术，主要包括语言的表现技巧（发音、声调、节奏、感情）和语言的逻辑性、科学性以及规范化等方面。通俗地说，就是讲解的语言要准确、流畅、优美、打动人、感染人。讲解员的表现力，是衡量一个讲解员水平高低的重要标志。

博物馆的陈列展览，无不是用文物撰写的一篇篇学术论文，有完整的系统性，每一个部分、段落的文物都有一定的内在联系。讲解时必须运用逻辑思维的方法，把它们组合起来，条理清晰地从一件文物引导到另一件文物，使观众逐步深入，并从各个不同的侧面引导到一个共同的本质，使观众得到启发和教育。

讲解工作也是属于形象构思的范畴。作为讲解员应具有一些文学素养，掌握丰富的词汇，丰富讲解语言的色彩，善于把文物形象化，使之具有感人的艺术能力，因此讲解时可以根据不同的陈列内容，在不违背历史真实的前提下，采用描述、对比的方法，或者利用历史人物的原话，来加强语言鲜明的说服力，激发观众的想像力，从而给观众留下深刻的印象。

由此可见，讲解的科学性、逻辑性、艺术性，是决定讲解表现力的深度的，表现力越高，感染力也就越强。当然，讲解员不是诗人，不可以无限制地幻想和夸张，但在掌握讲解的科学性、逻辑性时，也应该注意运用艺术的手段。只有三者结合起来，才能达到一定的讲解水平。

二、讲解的方式、方法和要求

一般来说，讲解的方式可分为两种类型：

1. 报告式讲解

这种讲解方法，通常适用于有组织的集体参观。它便于将展览内容，首先对观众进行扼要的、提纲挈领的介绍，使观众对整个陈列的组织结构、主题思想，都有一个大体的了解，从而为进一步引导观众进行有系统、有重点的参观打下基础，使他们易于接受补充讲解，更好的理解展览内容。

由于陈列展览是以实物为主体的一种形象化教育，因而报告式的讲解能够起到辅导参观的作用，引起参观的兴趣，比之学生在课堂上或者人们在报告会上单纯听讲所得到的印象，要生动得多、深刻得多，所获的知识也巩固得多，这是它的特点。但是这种讲解方式的不足之处，是它常常使观众处于被动接受教育的地位，不能充分展开积极的思维活动，而且非常不利于观众和讲解员之间思想上和感情上的交流，搞不好往往使双方都感到拘束和紧张，影响讲解的效果。

2. 谈话式讲解

这在博物馆讲解中也是经常采用的一种方法。它首先是比较自然、亲切，讲与听双方都不受拘束，因此能够使讲解员和观众很快建立起一种融洽的关系，易于了解到观众的情绪、文化素养、兴趣所在，同时还能观察观众对讲解内容的理解程度，这就给如何掌握讲解的重点、详略，提供了依据，从而可以有的放矢地进行解说。谈话式相互交谈的讲解，还可使双方在参观过程中互相启发、互相探讨。不仅使参观者得益，也使讲解者从来自各个方面的观众那里获得丰富的知识，得到充实和提高。

以上两种讲解的方式，可以视观众的需要或兴趣，灵活运用，互相补充。

在讲解过程中，除了注意根据不同情况灵活运用上述两种讲解的方式外，在讲解的具体方法上，以下三种方法也可常用：

1. 从整体概念到部分讲解

即先总的介绍一下整个展览内容，使观众大体对展览有一个总的概念，然后再一部分一部分去讲解。这样对于观众了解陈列内容，观看具体文物，有了充分的思想准备，易于理解。

2. 由物到史，以史代物

博物馆陈列的展品都是民族历史文物，物和史是有机地结合在一起的。因此，一件文物可以帮助我们认识某一段的民族社会、历史状况，而了解一定时期的社会历史背景，又可帮助我们认识一系列的文物。物与史二者之间的这种密切联系，是讲解时应当注意遵循并加以利用的。

3. 由远及近，把历史和现实联系起来

除上述三种常用的方法外，只要注意总结，还会有更好的方法供讲解时使用。如引导叙述式，前后贯通；课堂教学式，主要对参观者有组织有计划地讲解；讨论式，边看边讲，主要对少数专业人员；边讲边操作式，使之有如临其境之感，如织布、制陶、蜡染、刺绣。在制度方面，还可以有定时讲解，如规定日期、时间；特殊对象讲解制，根据特殊需要来讲；收费讲解制等等。

总之，讲解的方式方法，可以在实践的过程中不断总结创造，哪种效果好就采用哪种。不过有三点值得注意：①要有依据，一定要根据实际的民族文物来编写讲解稿；②要有针对性，就是因人施讲；③要讲究语言艺术。

三、讲解员的学习与提高

一个讲解员要做好讲解工作，关键在于努力学习，不断地充实业务知识和提高自己的业务水平。在目前条件下，就中小型的博物馆情况来说，讲解员水平的提高主要可以通过以下几种途径：

（1）自学。要不断地扩大知识面，提高自己的知识水平和理论水平，这些主要依靠自学来获得。因此，讲解员必须在自己工作的范围内，根据自己的情况，制定出切实可行的自学计划，有目的有步骤地学习，同时还应经常阅读各种相关的报纸杂志，了解民族学界、史学界、考古界的动态，掌握最新成果，在自学的过程中，培养自己的分析、综合概括能力。

（2）在工作实践中学习。除了从书本上努力吸收知识外，还应积极地参加本馆各方面工作的实践活动。例如参加一些民族社会调查，征集民族文物工作以及重要的考古发掘等，以熟悉业务，增进感性知识。同时，讲解员特别应该参加本馆陈列工作的全过程。这样对熟悉馆内的陈列主题，深化对民族文物展品的理解，提高讲解能力，都起着积极的作用。

（3）进修。光靠自学还是不够，领导上应为提高讲解员的业务知识创造条件，适当地举办一些短期训练班，或各种各样的知识讲座。在有条件的情况下，组织讲解员分期分批地进行民族历史、民族学和有关专业的专题进修。

（4）交流参观，互相促进。在一个馆内可以经常举行试讲，相互交换展室，以达到互相帮助，取长补短的目的，熟悉各种展览的讲解内容。在馆际之间，如果能经常开展业务交流，收获就会更大。

（5）向群众学习。在日常工作和同观众交谈中，了解他们对展览的要求，使讲解更有的放矢。还应当学习群众语言、学习各方面的业务知识和风俗民情，扩大知识面，丰富自己的讲解内容。

（6）改革开放以来，外宾前来参观民族博物馆的日益增多，讲解员还应该自学外语，以适应日益发展的需要。

第三节　群众教育工作的多种形式

民族博物馆的群众教育工作，除了搞好日常陈列展览的讲解工作外，还可以开拓新的领域，扩大活动范围，创出新路子。采取多层次多种活动方式，充分发挥民族博物馆的社会职能作用。目前应该着重抓住以下几个方面的工作。

1. 同学校教育相结合，把民族博物馆办成学校民族教育的辅助课堂

民族博物馆作为科学文化教育机构，其活动对象应包括学校教育在内。面向学校，同学校教育相结合，利用民族博物馆藏品的优势，把陈列办成学校教育的辅助课堂。为配合好学校教育，要深入教育部门进行调查研究，了解学校教育的要求，组织学校学生来馆参观。讲解员为适应这种工作要求，在讲解时，根据学生年级不同，讲解内容和方式应有所改变，力求达到简明扼要、生动准确、重点突出。在讲解形式上，可以适当采用问答式的方法，启发学生，达到加深学习记忆的目的。

2. 同社会教育相结合，经常举办各种类型的座谈会、专题讲演会

博物馆除应抓好学生的教育外，还应抓成年人的教育，成为向广大群众进行文化科学教育的重要阵地。随着社会科技文化事业的发展，人们越来越注意学习，以掌握更多的科学技术、历史、文化知识，搞好“知识更新”。在这方面，社会对博物馆活动提出越来越高的要求，博物馆也将起着越来越重要的作用。要想做好社会教育工作，必须深刻地了解群众，要经常分析群众的心理，掌握各种不同类型的各民族群众来博物馆所要获取的不同知识，熟悉群众的要求，广泛开展调查研究。除很好地利用基本陈列做好解说工作外，还要根据观众的需要，组织专题性的陈列，利用各种专题陈列，组织专题陈列座谈会，使群众能在博物馆获得系统的知识。达到社会教育的目的，扩大博物馆的社会影响。吸收更多的群众来博物馆观光，以活跃各族广大群众的文化生活，陶冶情操。这样一来对博物馆群众工作的要求更高了，讲解人员必须能胜任这一工作的需求。

3. 发展“博物馆之友”，积极组织馆外业余爱好者参加民族博物馆的工作

民族博物馆事业同其他事业一样，必须得到各民族广大群众的热爱和支持，必须依靠群众，才能兴旺发达。因此民族博物馆的群众工作，也必须建立在广泛的各民族群众的基础之上。学校教师、民族学和民族史等文史工作者、艺术工作者、文物爱好者、文物捐献者、新闻工作者，他们当中有许许多多的人，非常热心于民族博物馆事业，关心民族博物馆的工作，是民族博物馆活动的积极参加者、指导者，是博物馆之友。要通过各种途径，采取相应的组织形式，诸如聘请他们当顾问、担任某些活动委员会的委员等等，广泛同他们建立联系，使他们有各种机会参加民族博物馆的工作，并通过他们与社会各单位的协作关系，与各民族、各阶层人士建立密切联系，使民族博物馆活动能得到社会各方面的赞助。

4. 利用各种手段，做好宣传工作

陈列展出，摆出来了事，是不行的，对陈列本身也要做宣传。除陈列外，也还要利用其他形式，做好宣传工作，扩大民族博物馆的影响，吸收更多的观众来馆经常参观。要充分利用报纸、电台宣传民族博物馆，报道民族博物馆举办的各项活动；还要编印博物馆简介、展览目录以及各种文物标本的图册，同时也要出版学术专著、论文，有条件的也应办好馆刊，以宣传，满足各方面人士的要求，为社会服务。

5. 广泛采用现代化技术设备，不断更新宣传讲解手段

在科学技术不断发展的情况下，民族博物馆的宣传讲解手段，也要不断地更新、多样化、现代化。在展厅中，根据陈列的需要，应广泛利用自动幻灯机、电影机、录音机、照相机、电视机等现代化设备，不断更新宣传讲解方式。使观众在博物馆里不但能看到活的形象，而且能听到真的声音，犹如身临其境。从而加深对民族历史文化和科学知识的了解，增强陈列展览的感染力。此外，还应该多利用网站，制作网页，以广泛宣传，提高宣

传教育效果。

抓好群众教育工作，加强民族博物馆的教育功能，是民族博物馆建设的一个主要环节，也是提高博物馆社会效益的一个主要环节。民族博物馆的活力在于它能在社会上充分发挥社会所赋予的职能，教育工作的活跃可以使它在同社会接触的主渠道中表现出其存在价值，使社会意识到它的重要。

目前我们的民族博物馆，有的社会效益发挥的不够，有的在旅游活动中提不起群众的兴趣。怎样才能使死文物活起来，使博物馆火起来。不要使博物馆变成大仓库，清苦的专业人员，不致守着宝贝发挥不了作用。这就要探索博物馆经营的新思路，促进博物馆事业的不断发展。我国各民族都有悠久历史和灿烂文化，经过长期发展，近几十年来，原有的面貌有了很大变化。特别是在社会主义市场经济条件下，旅游、教育、民族博物馆等文化产业迅猛发展，在社会生活中日益显示出重要的作用。在改革开放后向现代化迈进，与国际接轨的时代，如何抓住机遇、积极探索，有效合理地保护利用好各民族珍贵的文化遗产，充分发挥博物馆所拥有的优势。深刻研究博物馆资源与旅游、教育等文化产业结合，发挥在社会经济发展中的作用，找好博物馆开发利用的结合点，确定博物馆发展的方向和思路，更是当前我们所应做的一项极为重要的工作。

总之，民族博物馆工作，是一门综合性、多学科的科学艺术的综合体，它的内容是丰富多彩的。民族文物、标本、民族文献和图片资料是民族博物馆教育工作的基础，同时也包括本馆学科知识的图书资料、研究成果等。可以说博物馆是精神文明和物质文明的宝库，是知识的殿堂。

【思考题】

1. 民族博物馆为何要设专门的群众教育工作？群众教育工

作有哪些具体要求？

2. 讲解员应有什么基本任务和素养？讲解时有哪些方式方法和要求？

3. 群众教育工作应着重抓哪些方面的工作？可采取哪些形式？

第十章　民族博物馆的科学管理

第一节　科学管理的意义和作用

管理出效率、出质量。民族博物馆是我国改革开放 20 多年来，蓬蓬勃勃发展起来的博物馆类型。民族博物馆不仅需要充分有效地利用现代先进技术、设备来武装自己，还需要树立起现代博物馆的观念，更亟待建立健全现代的管理体制及管理方法。

民族博物馆的科学管理工作，必须从民族博物馆的特点出发。既不能用国家机关行政工作的领导方法进行民族博物馆的管理，也不能用领导文艺团体、学校和科学研究机构的方法管理民族博物馆，更不能用企业单位的管理方法去管理民族博物馆。它必须从一个具体的民族博物馆的性质、任务和服务对象来考虑安排，制定计划，设置机构，合理分工，建立制度。要用具体措施和方法，有效地把征集、保管、陈列、科学研究、宣传教育等工作做好。必须从收藏、研究和运用民族文物标本，组织民族陈列展览，进行宣传教育为主要性能的特点出发来进行管理。

科学管理在民族博物馆建设中的作用，概括起来，有以下六个方面：

1. 科学管理是民族博物馆组织领导人对全馆实行领导的科学和艺术

民族博物馆要切实保证各项任务的胜利完成，必须进行科学的管理。民族博物馆的管理，既是科学，又是艺术。它之所以是科学，因为它是按照民族博物馆的工作规律办事；它之所以是艺术，因为它要像弹钢琴一样，使各项工作有节奏地进行。按照民族博物馆工作规律办事，使民族博物馆的工作立于不败之地；像对待艺术一样对待民族博物馆的工作，使民族博物馆的各项工作生动活泼地开展起来。科学和艺术在博物馆的管理工作中相结合，这种结合是在民族博物馆的具体管理实践中实现，又是在实践中提高。

2. 科学管理是馆内各项工作互相依存、互相制约、互相推动，同步前进的法规

为了保证民族博物馆这项科学文化事业，建立起正常的工作秩序，必须进行科学的管理。民族博物馆的工作，基本上可以分为按照馆的性质、特征所决定的业务工作、思想政治工作和行政工作。每大类工作又有许多具体内容决定着不同专业和不同工种。比如一个民族博物馆的业务工作，就有征集工作、保管工作、研究工作、陈列工作和宣传教育工作。陈列工作又分内容设计和形式设计。形式设计又分总体设计、绘画、雕塑、模型、书法等。所以，在一个民族博物馆里，就是由许多不同学科、不同专业、不同工种组成的一个大系统工程。民族博物馆的馆长就是完成这个系统工程的总工程师。

许多不同学科、不同专业、不同工种是互相依存、互相制约、互相推动的。客观存在的这种关系反映到我们主观的认识上来，就是博物馆的工作规律，再用对这种规律性的认识，制定出管理制度、措施、方法和程序，从而形成民族博物馆的工作秩序。

3. 科学管理是馆内各个职能部门、各个工作人员相互协调行动的准绳

为了保证民族博物馆馆内各部门、各个人之间建立起同志式的合作关系，必须切实推行科学管理。民族博物馆的各职能部

门，是根据博物馆的性质、任务决定的。各部门的工作人员，是按照各部门工作内容、任务大小、工作量的多少配备的。由于共同事业的需要，各部门和个人之间存在着一定的工作关系。这种工作关系即是各部门之间的协作关系、同志之间的合作关系。

这种协作、合作关系，是社会主义民族博物馆新型的人与人之间的关系，是我们办民族博物馆的力量源泉，也是搞好管理工作的基础。按照各部门之间协作、同志之间合作的关系，管理民族博物馆，其根本点是在各部门、同志之间利益根本一致的前提下，充分发挥每个人的积极性，充分发挥集体的力量。这就是通过管理把整个馆、各部门、个人的力量协调起来，按照既定的工作计划行动，完成整个馆、各部门、每个人应该完成的各项任务。

当然，这种协作、合作的同志式关系，并不意味着没有矛盾。除了做必要的思想政治工作之外，就要靠管理的制度、措施、方法和程序去调解矛盾，解决矛盾，从而使这种协作、合作的同志式关系得到巩固和发展，保证工作正常进行。

4. 科学管理是按责、权、利的原则，建立起民族博物馆岗位责任制的行动规范

为了保证民族博物馆工作人员的积极性持久地发挥，必须实行科学管理。按责、权、利的原则管理民族博物馆。责、权过去是有的，但不够明确。把责、权和利联系起来，则完全是崭新的事物，需要我们勇于实践，也需要我们在理论上加以新的探索。

责、权、利相结合管理民族博物馆，必然会引起民族博物馆管理工作的一场深刻变革，也必然促进民族博物馆工作效率的提高。在这场变革中，要害是打破“大锅饭”、“铁饭碗”，使滥竽充数者不能再充数，消除平均主义对民族博物馆工作中积极性的束缚，用按劳取酬的原则，调动人们各尽所能的积极性。这必然会引起人与人之间关系发生新的变化，除了同志式的合作关系

外，又有进取的“竞争”关系，谁工作的数量大、质量好，谁就应得到更多的报酬。这就在管理上，增加了一个如何计算每个人的工作数量和质量的问题，使责、权、利的原则真正落实，建立起适应变革的管理规范。

在计划经济时期，大家“吃大锅饭”，凭觉悟自觉干事。改革开放以后，关键问题是扩大了馆长的自主权，根据责、权、利的原则，按照事业长远发展和当前工作的需要，独立自主地支配馆里的人、财、物。

5. 科学管理是实现民族博物馆现代化的必由之路

民族博物馆的现代化是历史的必然，科学管理是实现民族博物馆现代化的正确途径。

民族博物馆现代化的内容，主要是建设的现代化、设备的现代化，征集、保管、陈列、解说手段的现代化，专业和管理干部知识的现代化。这些方面的现代化，都要靠管理的现代化才能付诸实施。如果用陈旧的管理思想、管理制度、管理办法和管理程序去管理，就不可能实现民族博物馆的现代化。比如管理工作跟不上去，有了现代化的设备也不能很好发挥作用，优势也会变成劣势。科学管理要深入到民族博物馆工作的所有方面，管理工作搞得好，就会加速博物馆现代化的进程；反之，就会拖民族博物馆现代化的后腿。

6. 科学管理是协调民族博物馆各方面工作，实现为人民服务的保证

民族博物馆哪一个方面的工作，都离不开科学管理。把各方面的工作形成一个整体更离不开科学管理。要使民族博物馆总的工作和各方面的具体工作，都围绕为人民服务、为社会主义服务的目标进行。一要靠正确地确定办馆的方针、任务；二要靠把全部业务工作建立在科学的基础之上；三要靠科学管理的积极调解。

民族博物馆的日常工作中，偏离服务方向的原因错综复杂，在一般情况下，多属于工作不当造成的。解决工作中的失误，通过科学管理就能起到很大的作用，民族博物馆的馆长就是要通过科学管理及时纠正偏差，把发生的问题解决在萌芽状态中，保证民族博物馆的正确航向。

第二节　民族博物馆的管理体制和制度

民族博物馆科学管理的特点，是由民族博物馆的性质、特征决定的。民族博物馆是民族文物标本的收藏、研究、教育机构，这就区别于其他一切科学文化事业机构。民族博物馆管理的特点，就是这种管理是围绕民族文物标本的收集、保管、研究、陈列、宣传而进行的，并由此形成一套适应这一系列民族博物馆工作的管理体制和制度。

一、民族博物馆的管理体制

民族博物馆的管理体制，主要包括领导体制、机构设置、调度三个方面。

（1）民族博物馆的领导体制，是民族博物馆管理的首要问题。过去曾经实行的是党委或党支部领导下的馆长分工负责制，相继实行了近30年，改革开放以后实行馆长负责制。

各级各类民族博物馆的领导班子，也逐步实现了革命化、年轻化、知识化、专业化。

（2）民族博物馆的机构设置，基本上可分为业务系列、行政系列、保卫系列。这三个系列在民族博物馆的配置，根据大馆、小馆或综合、专业的不同，主要差别在业务方面。一般说，专门性的博物馆设有陈列、保管、群工；综合性的博物馆，则比较复杂，机构设置出现错综的局面。虽然综合性博物馆的业务系列的设置不尽相同，但保管、群工还是一致的。总之要根据馆的不同情况，适当配置相应的机构和人员使之与工作情况相适应。

（3）民族博物馆的人事调度，是民族博物馆管理体制的一个重要问题。这个问题解决的好坏，对博物馆事业的发展影响极大。过去问题的症结，用一个字来概括，就是“死”字。应该把“死”字变成“活”字，使博物馆的人事工作充满生机。

民族博物馆的管理制度，是民族博物馆进行管理的法规。这个法规是在民族博物馆的实践中形成的，又在实践的基础上逐步完善和提高，一定要遵守这一规律。

二、民族博物馆的管理制度

现在，多数民族博物馆都有规章制度，有的是成文的，有的是不成文的，要求都比较严格；当然还有的馆制度不健全或者很不健全，给工作造成一定的损失；也还有极少数根本没有管理制度，工作比较混乱，漏洞较多。这种情况告诉我们，建立健全管理制度，并使之科学化、规范化、制度化，是提高民族博物馆管理水平的重要内容和措施。

现有的民族博物馆管理制度，大体可分为四个方面：

1. 民族文物标本的管理

文物标本的管理，是博物馆管理的核心内容。民族博物馆科学管理的宗旨，就是为了把征集、保管、研究、陈列民族文物标本的工作搞好，达到对观众传播民族文物知识、陶冶思想情操、启迪思想情操的目的。民族文物标本管理，不只是保管部门的事，与陈列部、群工部、保卫部都有密切关系。然而保管部在这方面，如何协调民族文物标本和各职能部门之间的工作关系，必须建立各种相应的制度。这些制度就是民族文物标本库房的管理制度，陈列室对民族文物标本的安全保卫制度。

民族文物标本管理制度，内容应严密而具体，职责应明确，执行要灵活。使之起到应有的作用：①给民族文物标本以科学保养，使文物民族标本不遗失，不遭受自然作用的破坏，延长其使用寿命；②给民族文物标本以科学的管理，使民族文物标本门类分明，井然有序，取用方便。为民族博物馆的陈列、科学研究以及社会各界对民族博物馆民族文物标本的需求，创造有利的条件；③给民族文物标本以严密而有力的安全保卫，防止对已入藏的文物标本，遭到人为的破坏。应经常地、持续地使民族文物标本处于安全状态，切实保证民族文物标本的绝对安全。

2. 辅助陈列品与设备的管理

由于这部分管理内容比较多，包括民族文物、图片、资料和设备等等。这些文物资料，有的在陈列室，有的在库房，经常处于不断使用、出库、入库的变动之中，所以给管理带来了相当的难度。所以，搞好物品与设备的管理，必须要建立好管理制度，这是完全应该的。民族博物馆物品与设备的配备，科学的管理要适应民族博物馆的各项工作，既要妥善保管、合理使用，又安全、节约，充分发挥效益。一般来说，应该有如下制度：如财会制度、办公用品领取制度、文物图片资料使用管理制度、陈列展览材料制度、照相录音器材使用制度、车辆管理制度等。这些制度既要符合国家和上级的有关规定，又要符合本馆的实际情况，能在工作中畅行。如果不是这样，尽管制度完备，效果也会适得其反。当然也有另外的情形，尽管制度比较完备适用，就是因为领导执行制度不够坚决或具体工作人员对制度不认真执行，也会造成混乱，所以维护制度的权威性是很重要的。

3. 安全管理

民族博物馆的安全至关重要，安全是关系到对国家和民族的优秀文化遗产负责、对人民生命财产负责的大问题，是保证博物馆工作正常进行的基本条件之一。

安全管理，应以民族文物标本库房和陈列室为重点，以保卫科为核心，保管部、群工部相配合，建立起全馆上下人人有责的安全体制。这就需要全馆提高对安全工作的重要性的认识，加强对安全工作的领导，主要领导应亲自抓安全工作。安全制度涉及博物馆工作的各个方面，加之博物馆又是开放单位，观众川流不息，情况错综复杂，在这种形势下就要抓住安全工作中的重点和大事。重点就是民族文物标本，大事就是要防火防盗。安全管理的制度就应围绕文物标本的安全这个重点、防火防盗这件大事采取相应的措施。安全管理系列制度应包括：门卫收发制度、值班食宿制度、锁钥管理制度、陈列室安全制度、文物标本库房安全制度以及防火防盗制度等。这些制度的根本目的是确保民族博物馆的安全，中心点就是通过制度明确安全责任。

4. 人事管理。

人事管理，既包括对人的使用、管理，又包括对人的培养、待遇。它不仅工作内容丰富，而且政策性很强。它应包括：人事制度、劳资制度、福利制度、思想政治工作制度、干部培训提高制度等。对于这项工作，民族博物馆党的组织要做，人事部门要做，共青团、工会也要做。所以，应在党委或支部的统一领导下，以全面提高人的素质为目的，切实搞好人事管理制度。由于这项工作的对象是人，人又是社会关系的总和，所以它的工作内容，几乎涉及社会生活的各个方面，一个基层单位很难做出相应的规定。所以民族博物馆的人事管理制度，多是执行国家和上级的规定，很少有自己单独的制度。这是人事管理系列的一个特点，只有充分认识这个特点，才能做好这方面的工作。当然，这并不排除根据本馆实际情况，进行创造性的工作。

第三节　民族博物馆专业干部的来源和培养

民族博物馆的工作是一种思想性、学术性、专业性很强的工作。民族博物馆工作人员的政治思想和专业水平的高低，直接影响民族博物馆各项工作的效率和质量。为了把民族博物馆的各项工作搞上去，除了要有一个好的馆长，好的组织领导外，还必须要把民族博物馆这支队伍建设好。因此，加强民族博物馆的队伍建设，是搞好民族博物馆科学管理的一项根本任务。

民族博物馆的工作，要求每一个工作者，除了要具有一定的政治觉悟外，还必须具备一定的文化科学知识和一定的民族博物馆学的基础知识。业务工作人员，还应具备与本职工作相适应的社会科学、自然科学知识或某种专门技能。如中国通史、地方史、民族史、民族考古、民族学基础、民族理论和民族政策、民族博物馆学、物质文明史、文物保管和陈列、文物分类学、专业美术、摄影以及民族语言学、民俗学等等。对于民族博物馆的各级研究人员，还应有更高的要求。为了能够及时掌握国外的民族博物馆动态和成果，研究人员还应该掌握一至两门外语。民族博物馆的工作，涉及的知识面比较广，每个工作人员都应该在“博”的基础求“专”，为我国民族科学文化的发展和繁荣尽职尽责地做出贡献。

博物馆人才应具备什么样的知识结构？它是由博物馆的性质和特征决定的：

(1) 作为个体的博物馆，它都具有对文物标本保藏、研究、传播三种职能。这些职能的行使要求工作人员，起码要了解和熟悉博物馆的工作，包括文物征集、保管、研究、陈列和宣传教育等各个环节，并能掌握有关这些环节的知识和技能。

（2）作为个体的博物馆涉及和反映的是大自然或人类社会的某一类、某一面、某一段或某一点。关于这些内容的了解就是知识，也是一个博物馆区别于其他博物馆的专业学科知识，也就是一个工作人员必须具备的知识。

（3）博物馆作为我国社会主义事业的一部分，建设精神文明的一个阵地，也要求它的工作者具备一定的政治理论知识。

博物馆人才起码必须具备博物馆学知识、专业学科知识、政治理论知识，并且三者缺一不可。

知识的专业性是对知识的丰富性而言。在丰富的知识结构中，博物馆的专业学科知识或专门技能，是博物馆人才的知识结构的主体，是第一要素。因为：

①不同学科知识内容决定了各博物馆的不同特性，并把博物馆划分为各种类型（这里不否认划分博物馆类型可以有多种根据）。任何一个博物馆，都涉及某一方面学科知识内容。按学科知识作大的划分，一个博物馆则可或入社会历史类，或入自然科学类，或二者兼而有之归综合类；小的划分，则有历史、民俗、地质、生物等，还可以分得更细，如断代史、某一人物、某一事件、某一生产工具、某一民族文化等。在这里，学科知识是一类馆、一个馆最本质的东西。

②学科知识内容使博物馆人才专门化。历史类博物馆与地质类博物馆人才不同，是由于他们具有与本馆业务内容相关的科学知识的不同。即使在一个涉及学科知识单一的博物馆，各个工作人员对于同一学科知识的掌握也不完全相同。在各类博物馆里，都有不是以上各学科知识为主而是以某种专门技能为主的工作人员，如摄影师、裱糊师就属这一类。这些人在博物馆工作，也要有博物馆知识，但使其成为专门人才的是技能。其所具有的专门技能与专业学科知识应具有同等意义。

③专业学科知识奠定并突出了博物馆在科学研究中的独特地

位。德国学者在研究博物馆在科学研究中的特殊作用时，指出了这样一个容易被淹没在历史尘埃中的重要事实：当代大学的不少教科书，产生于博物馆的研究室；考古学、文化史、民俗学和人类学等，当年无一不是博物馆的研究课题。博物馆发展到今天，门类越分越细，领域越扩越广，专业学科知识并不是都进了大学和研究所，而是正响应着博物馆的“召唤”在“回归”，并且越分越专了。

④具有专业学科知识是从事博物馆一切工作的前提条件与坚实基础。这一点很清楚，没有历史知识做不了历史博物馆的工作，不懂地质到地质博物馆会一筹莫展。有启发意义的是，比较起来，有专业知识的人虽然缺乏博物馆学知识，但他们比较适应工作。他们或通过实践、或通过短期培训，比较容易学到必要的博物馆学知识。而他们的专业学科知识，则是博物馆与知识和政治理论知识这两类人短时间学不到的，他们的优势也就在于此。

1986 年第 6 期《文物通讯》介绍我国博物馆界的一位优秀人物的事迹，可以充分说明这一点：就是著名的蒙古族雕塑艺术家、内蒙古博物馆馆长文浩。他作为雕塑家而从事博物馆工作，不光有雕塑创作的知识，还具有丰富的地方史、民族史、博物馆学等多方面的知识。然而，文浩并不是一个“杂家”，他首先是以雕塑艺术家而著名，邓拓曾题诗称他“造型艺术妙无师，手到神传倍足奇”。他的专业工作多是结合博物馆的工作进行的。仅 1982 年内蒙古博物馆开放的四个基本陈列中，就有他的 10 座雕塑。作为内蒙古标志的奔马塑像，也是他的雕塑作品。

我国博物馆界的优秀人才都具有博学、精专的特点。在老一辈博物馆工作者中，凡称得上博物馆家的，同时，并且首先称得上历史学家、考古学家、教育学家或文物鉴定专家。一个馆工作的好坏，正是由该馆是否拥有这样一批知识丰富而又专门化的人才所决定的。

民族博物馆事业是一项新兴的事业，一般是在当地各级民委的领导下，与民族工作密切配合。新中国成立初期，在各民族院校创建的第一批民族博物馆，一般都有一批老专家，他们功底深，有真才实学。到改革开放之后，民族博物馆获得了大发展，他们都进入了晚年。面对人才奇缺与工作不相适应的现实，党和国家制定规划，努力采取一系列措施：①面向未来，从民族博物馆事业的全局出发，制定切实可行的人才规划。用战略眼光，组织有经验、有学识的博物馆工作者，从调查研究入手，在弄清现状和未来需求的基础上，编制规划，指导博物馆人才的培养。②面对现实，有计划、有目标地培养博物馆专业人才。除了学校、短期培训外，还有高级研究班，培养博物馆的高精尖人才。使民族博物馆的初、中、高级人才的培养与民族博物馆事业的发展相适应；按不同馆的专业需要，不受当前编制已满的约束，有计划调进大学本科毕业生，建立专业干部的梯队。③抢救老年，提高中年，补充青年。改变民族博物馆知识结构、年龄结构不合理是当务之急。给老专家配上合适的助手，给老师傅配上满意的徒弟，从工作中边教、边学、边总结、边整理，使老专家、老师傅的专长得以继承和发扬。在给中年加重担子的同时，更注重培养那些在业务上有发展前途的青年，使他们尽快成长。所有这些措施，都取得了良好的效果。

我国是一个发展中国家，经济发展水平和教育水平决定和限制着博物馆人才的培养。我们只能从实际出发，走自己博物馆人才培养的道路。

一方面在高等院校开办博物馆专业，积极培养，招收研究生、本科生、专科生以及举办各种短期、单项的培训等。另一方面，就是加强在工作中的学习，边干边学、穿插交替，再就是通过博物馆的业务人员，以师傅带徒弟的办法进行培养。

人才的成长，需要本人长期的刻苦努力。因此，还要鼓励青年人自学成才。也要不拘一格，不一定都注重学历，而应看是否有真才实学。在评定职称，调整工资，提拔干部等方面，都不应轻视那些有真才实学而又勤勤恳恳工作，有成绩、有贡献的人。

除了大力培养专业技术人员外，还要特别注意培养博物馆的管理人才。

博物馆还要建立健全以岗位责任制为中心，责、权、利相结合的各种规章制度，其中包括奖惩制度、考核晋升制度。要打破平均主义“吃大锅饭”的弊端，对工作人员的学识水平、专业技能、工作学习成绩应作为考核、晋级的依据，对博物馆事业有突出贡献者，应大力表彰、奖励，破格提拔。只有这样才能更快地提高博物馆队伍的素质，促进博物馆事业的发展。

总之，我国民族博物馆事业迫切需要解决的一个问题，就是博物馆人才的培养。面对我国博物馆人才队伍的现状，必须把博物馆人才培养摆到极其重要的位置，千方百计抓紧抓好。

【思考题】

1. 民族博物馆科学管理的意义和作用是什么？

2. 怎样认识民族博物馆的管理体制和制度？如何坚持依法办馆？

3. 民族博物馆的专业干部应该怎样选用和培养？

第十一章　民族文物摄影与影像

第一节　民族文物的摄影及其在民族博物馆中的作用

从少数民族文物的角度，利用先进科技手段真实再现民族文化风貌，可以追溯到我国早期的民族调查。早在20世纪30年代初，我国民族学先驱蔡元培先生指派国立中央研究院凌纯声、芮逸夫等到湘西苗区从事民族学调查时，就拍了大量的照片。

民族学家王建民教授经过认真调查研究和充分分析后，在他的《中国民族学史》一书中写道：1933年凌纯声、芮逸夫、勇士衡三人到湘西苗区开垦民族学处女地，尽管当时人们不可能充分估量影视在民族学资料记录过程中的作用与意义，但根据现有材料看，这却是中国民族学家用活动影视手段记录民族学资料的最早记录。如果谈到中国影视民族学的出现，“其标尺应当定在此时”①。“民族学调查中运用新的影视手段以保存民族学资料，表现调查对象的文化状况，在中国民族学发展史中是一种新的尝试。”②

勇士衡当时是中央研究院派出的第一个专事照相、拍摄电影和绘图的专业技术人员。在调查之后，当地部分少数民族代表向蒙藏委员会致函，指责凌纯声等人“以苗俗古陋，多方采集，制

---

①　王建民：《中国民族学史》上卷云南教育出版社1997年9月版，第180页。

②　王建民：《中国民族学史》上卷云南教育出版社1997年9月版，第180页。

成影片，以为谈笑之资，娱乐之具，谋利之用。”[1] 针对这种指责，凌纯声等解释时指出，这种看法纯系误会，是不明了科学研究的性质所致。“科学的目的在于求真，欲知苗族生活之真相，非借标本影片不足以表显。多方采购标本，及摄制影片，正所以求其真，而保存其文化之特质也。”[2] 事后，对湘西苗区的补充调查，更加强调了影视和绘图的作用。

凌纯声等人在湘西调查时，勇士衡专事照相、拍摄电影和绘图。凌纯声、芮逸夫两位专家在与石启贵朝夕相处的三个月的调查中，发现苗族协作人士石启贵是个“苗族通”，“汉文知识也相当的不错”，对苗族研究又有浓厚的兴趣。同年 9 月间，石启贵被正式聘请为国立中央研究院湘西苗族补充调查员。随之又不断收到中央研究院寄来的参考资料及照相器材，使之拍摄了不少照片，为国立研究院提供了大量的珍贵的图文资料。

如今，民族博物馆的工作，要经常和文物打交道。这些物质的东西，搜集、整理、保管、研究、展出和宣传，更离不开摄影图片。从征集文物开始，就得摄影。摄影是征集文物和到民族地区实地调查取得真实资料的重要手段，这是不能用其他办法来取代的。

要想全面生动反映少数民族的面貌，离开摄影和绘画是不行的，很多东西不是用文字完全能够记录清楚的。有许多物质的东西，离不开要用摄影图片来表现。少数民族文化有物质性的外壳，就是说它已经以一种物态，比较固定地得到保存。而这些则是少数民族文化的物质性实体，不但成为少数民族悠久历史传统

---

① 王建民《中国民族学史》上卷，云南教育出版社，1997 年 9 月第 1 版，第 180 页。

② 王建民：《中国民族学史》上卷，云南教育出版社，1997 年 9 月第 1 版，第 180 页。

的象征，而且还成为少数民族最明显的特点、最明显的符号。如房屋建筑、服饰、造型艺术、工艺美术、乐器、工具，都是物质形态的。此外，还有行为模式，如民间的风俗、娱乐、节日、庆典，这既是物质的，也是心理的，它是一种约定俗成，带有规范性的行为模式，在少数民族中经历了千百年的历史才形成的，包括所有的民俗、风俗习惯，综合在一起，形成了少数民族人民特殊的“风格”和“特点”。要如实反映这些，除了文字外，就得靠摄影。物质的、形象的东西，要用物质的、形象的办法来反映，这就得靠摄影或绘画。

再从民族博物馆自身的日常工作来看，在各个工作的环节中，更是离不了摄影工作。现归纳几个方面叙述如下：

1. 编目和存盘需要大量的图片资料

①博物馆每年都有大量的图片、文献资料和书本中插图需要翻版及印制小样，都要复制翻版工作。②编目时，每一件文物要填一张卡片，每张卡片，都要贴上背景清洁、色调正确、合乎实际、不发生变形、能一眼看出文物的原貌的照片，就要能及时拍照。③陈列展出需要大量照片，都要拍摄。④博物馆虽不是新闻单位，但日常工作中参观接待、外宾来访、展览开幕式、各种赠送仪式、学术座谈等活动都需要拍照。⑤积累现实生活中的陈列资料，如部分有代表性的政治活动、各种庆典，也是民族博物馆应该积累的资料。这就要求博物馆摄影工作者，熟悉掌握新闻摄影规律和记者采访业务。拍摄照片必须做到：及时、有效、行动敏捷，并掌握闪光摄影和小型灯的使用技巧。这种工作虽不像前几种工作那样经常，但是，如不掌握，事到临头，难免手忙脚乱，失去拍摄的时机。这类照片，随着时间的推移，也都将成为珍贵的形象资料。

2. 为陈列制作展出用的图片。

此类大型照片，数量往往较多，而且图片展出的时间也较长、影响较大。这类图片是反映博物馆陈列水平的重要方面，也是博物馆摄影者的主要任务之一，所以，应当有足够的重视。博物馆陈列的图片，若反差不明显、层次欠丰富、色调不鲜明、清晰度不高，让人看了就会不痛快，所以还必须精心制作，让每一张陈列用的照片，反差明显、层次丰富、色调鲜明、清晰度高。这类展出图片一般放大的倍数很高，对暗室的设备和操作技术必须都要有特殊的要求：①为了确保质量，应把各种型号的大型筒纸准备齐全。如果纸号不全，就据现有放大纸型号的要求，重新制作反差、层次、密度都合乎使用要求的底片。②暗室内要装置能盛放软、硬、中三种药水及放显影液、定影液的五个大型水槽，因此，暗室的面积不能太小。③制作这类大型图片时，需要把放大机升得很高，甚至升到房顶，然后往地面上放，或横着往对面放。不管采用何种方式，底片、镜头、放大纸三者的中心都要垂直在一条线上。所放图片尺寸越大，这一要求越严格，因此，必须进行准确的校正，以保证大型图清晰度。④要有足够的制作时间，在制大型图片时，应该尽量避免临时突击。因为照片各部位的感光时间必须准确，否则，就会影响图片层次、色调和反差。所以，试放“样条”要留有充分的时间。

3. 为印刷出版和其他单位用的图片

为国内外出版部门精制出版使用的图片，也是博物馆摄影工作者的重要任务之一，由于出版使用的图片，要做到每张都精拍、精放。必须在真实性、科学性和艺术性达到较高的水平，以使专家和出版单位都能满意。

总之，文物拍摄的成品要正确地表现文物，从摄影艺术的角度，它是属于静物。但在博物馆，它又有特定的要求，这就是必须具有真实性，不能虚构和夸张，各种摄影技巧的运用，一定要在这个基本要求的前提下进行。文物摄影又区别于一般静物的摄影，在拍摄中既需要正确地再现它们的外部形态，又需要真实地表现它们的物质属性，只有很好地把握这两个面，才能突出文物的真实感。文物摄影在表现文物的形象特征，摄影者不仅需要具有纯熟的摄影技巧和一定的艺术修养，还要熟知博物馆的业务及文物的特征，这样才能拍摄出艺术性较高的文物照片，更好地为民族博物馆的业务工作服务。民族文物是民族博物馆全部活动的基础，在民族博物馆里，常常要把摄出艺术较高的文物照片，更好地为博物馆的业务工作服务。因此，摄影在民族文物、博物馆工作中，具有很重要的作用。

第二节　录像在民族博物馆中的应用

录像是保存民族文物资料的重要手段，20 世纪 50 年代至今，摄制了《苦聪人原始社会》、《大凉山彝族奴隶制》、《西藏古代农奴制度》、《丽江纳西族文化艺术》、《永宁纳西族的阿注婚姻》、《施洞苗族的龙船节》、《花溪苗族的芦笙节》、《苗族的舞蹈》、《苗族的工艺美术》、《额尔古纳河畔的僜人》、《鄂伦春族》、《赫哲族的渔猎生活》、《独龙族》、《佤族》、《景颇族》、《黎族》《僜人》、《大瑶山的瑶族》、《西双版纳傣族农奴社会》、《新疆夏合勒克乡农奴制度》等影片。周恩来总理看了其中的三部影片后说，搞这个工作很有意义。拍这种影片对世界有贡献。这种影片，可以把我国少数民族解放前的社会历史面貌真实地纪录。少数民族在党的民族政策的光辉照耀下，社会性质发生了根本变化，少数民族要发展，社会主义现代化事业一日千里地前进。这就提出了及时抢救历史资料的任务。作为民族博物馆，是义不容辞的责任，更应当做好这一工作。

录像是一种现代化的信息传播手段。自发明录像以来，50 多年的发展，现在已为世界上许多国家广泛应用于电视广播、科学研究、工业、教育、卫生、体育、国防等各个领域。

目前世界上有些国家已把录像这一现代化的技术手段用于民族学研究之中。日本国立民族学博物馆，就有一个民族学电影录像组。该馆 1979 年储藏展出的录像有 500 多个种类，录像片 7000 条，内容包括世界各大洲民族的经济生活、习俗、仪式祭礼、语言、艺术、音乐等等。电子录像技术运用到民族学研究和民族博物馆之中，对于实现民族学研究和民族博物馆工作的现代化有着十分重要的意义。

我国的民族博物馆事业，现正在发展之中，我们也要大力地应用这一现代化的手段，为此，我们一定要尽力掌握这方面的知识。

可以说，从中华人民共和国建立之日起，特别是改革开放以来，我们的民族文物、博物馆事业，在党的正确领导下，有了很大发展，在国内外也产生了很好的影响。但是，多年来我们的民族文物、博物馆事业还不够先进，在文物保护与发掘、文物修复与鉴定、文物征集与保管、文物陈列与采用的手段基本还是老办法，在技术上、方法上以及运用的手段和使用的设备还较落后。因此，我们应该解放思想，振奋精神，大胆科学地进行博物馆的体制改革，积极创造条件实现博物馆的现代化。当然，实现现代化要从本身的实际情况出发，科学地、有计划地逐步推进。

民族博物馆是民族文物、标本的收藏机构、宣传教育机构、科学研究机构，这种“三重性”明确地规定了博物馆全部活动的基础。因此，应用现代化手段装备博物馆事业必须紧紧围绕其性质与任务来进行，即充分利用现代化手段服务于民族博物馆的全部工作。

录像在民族博物馆中的应用十分具体：

第一，在民族博物馆工作中，民族文物是民族博物馆全部活动的基础。在民族博物馆中，可以充分利用科学的现代化工具，摄录民族文物保护的现场与范围、民族文物发掘纪实、艺术品真貌、革命遗址、人物活动和调查专访等等。制成素材，科学管理和保存，以满足陈列展览、宣传教育和科学研究的需要。这种素材是博物馆基本藏品中，最有科学价值的辅助材料。这是因为：科学性强，真实可信，有声有色。

第二，录像可用在陈列中。民族博物馆性质之一是科学教育机关。民族博物馆除了用自己的藏品搞好基本陈列外，还必须与辅助陈列相结合，这是因为基本陈列是体现的主要手段，而辅助陈列则是保证教育效果的重要方法。声、影像作品与之展出的陈列品一起使用，可以使文物变“活”，有声有色，使人有如身临其境的感受。使陈列不再是文物、图表加文字说明，而附加的电影将会与博物馆大厅里的展览形式和谐一致。静止的展品与活动的电影，使观众在形象了解上更加详情可见。例如驯鹿狩猎的展览，可以将有关的展品以很清楚的方式陈列出来，但是，这种静止的结构并不能说明这类狩猎追踪的动态方面。动态的方面只有通过把影视片也包括在陈列之内，才能简明而生动地展现出来。很明显，用来作为陈列品参考资料的影片能够在描述上与资料本身相一致，并将它与其在背景下最初的用途联系起来。它能对陈列品的社会关联与象征作用提供进一步的信息。其主要作用就是加强观众的了解，同时激发观众的兴趣，把一系列孤立静止的东西（陈列）统一到一个动态（电影）中。这个统一的效果可以使观众把陈列品，作为文化整体的一部分来理解。电影是很有力的媒介，可以将许多信息压缩在很短的片段中，因此，应被慎重地用来补充与丰富实物陈列而不是取代它。只有充分而又恰当地使用影片，与陈列相互配合，才能使陈列展览更加丰富多彩。

第三节　数码影像新技术的应用

当今世界计算机发展的速度很快，数码影像的新技术，网络技术，互联网的发展和普及，数码影像新技术的应用，已被提到了民族博物馆的议事日程上。

民族博物馆是一个地区和民族甚至国家文明发展程度的重要标志，当代世界博物馆的发展趋势表明，现代博物馆不再是简单的文物标本的收藏、展示、研究机构，而应该成为面向社会、服务于公众的文化教育机构和信息资料咨询机构。

鉴于这种发展趋势，以往的民族博物馆展览模式，由于受到开放时间的规定和展览场地的限制，它运作的舞台已经越来越显得狭小，发展的空间也越来越显得局限而且没有余地。比如，原来的陈列多是以展品配说明牌和模型、图片的形式面向观众，但是随着社会的发展和人们知识水平的提高，观众已不再满足于只观赏展品，而更多的是想探求藏品背后所蕴藏的文化积淀，甚至渴望将某一部分特别喜爱的文化层面移出博物馆，融入到自己的生活中去。为了适应世界文化潮流，满足社会的文化需要，计算机技术的出现和应用，互联网技术的发展，是最有效的手段之一，因此民族博物馆的数字化，代表着世界博物馆发展的方向。

作为人类文明发展的共同成果，计算机信息科技的日新月异，给人类生活创造出既令人诧异又令人欣喜的变化。“数字生活”已经开始成为人们生活的主流。无论数字化这个概念被运用于什么领域，比如影像、声像资料，甚至社会管理，它最终的成效是使应用对象更清晰、更高品质、更易于把握和传播。以博物馆系统的资料储存为例，数码相片再不会出现霉变、脱色、划痕、老化等普通胶片通常出现的问题，而且一次投资以后，可以无限次使用，而储存的数码照片档案，又可以按照多种类型的检索方法来查阅。这也意味着档案管理人员和民族博物馆管理人员劳动强度的降低。

显然民族博物馆的数字化，离我们越来越近了。在经济全球化的背景下，国外众多的博物馆对当今正在方兴未艾的数码影像技术，可谓无所不用，而数字化博物馆的建立，最根本、最基础的工作，就是数码影像技术的运用。从展示静态的展品图像，到全方位介绍三维立体动态的展馆环境；从进入现实的民族博物馆空间，到进入遗址、遗迹的虚拟历史空间；数码影像技术都可以完全能够实现。它让人们从沉寂的展品中，感受到人类文明、历史长河在眼前流过，这是一个从静态到动态的变化。这样，我们民族博物馆的展品，在观众的面前就可以“活”起来了，我们的遗址、遗迹也不再是静止的，而是通过虚拟现场，活灵活现地成为某一个历史阶段的生活场景。

当今最新的数码影像科技成果，如文物影像采集系统、数码相机、P4 台式计算机、图片处理软件、数字相片管理软件、存储设备，对博物馆中所有文物进行数码照相，以数码相片的形式保存资料，还可以把各种类型的图片分门别类，制作成分类相册，不仅可以让民族博物馆更好地进行资料保存工作，还可以把传统意义上博物馆改造成为“数字博物馆”、“网上博物馆”。

运用数码相机，不仅可以拍摄平面的作品，还可以拍摄任何形状不规则的物体，比如结构复杂的青铜器、瓷器、石造像、房屋、民族形象服饰等，生成高清晰度图像，保证不丢失文物的任何细节。图片处理简单高效，专业图像处理软件，还十分适合图像的修饰整理工作，操作简便，独有的“导航器”可以让我们一步一步，按照预定的意图处理图片。数字相片又便于管理，可以很方便地把我们的图片进行分类，以便检索。

虚拟现实系统的主要功能，还可以把各种文物场景，制作成可在网上播放的影片，观众可以 360 度观看虚拟出来的文物实景，使其有身临其境的感觉。另外还可以把整个民族博物馆做成一个虚拟实景，让观众能对博物馆有一个整体了解。所有这些，操作都很简单。只要按要求拍摄数码照片后，利用相关软件之中，无须人工拼对即可完成。而且处理范围广泛，可处理的民族文物，无论大到一处遗址、一栋楼房，小到一个人、一件服装、一条花带，均可做成虚拟实景。一些地面建筑消失的遗址、遗迹通过虚拟场景展现出来，可以提高观众的欣赏热情，激发对民族文物遗址的兴趣。同时，制作速度快，有时我们的民族文物是岩壁画一类的大型文物，一张相片拍摄不下，就需要运用照片缝合系统，按顺序拍摄一系列照片，再缝合成一幅巨幅照片。拍摄数码照片，这种操作还可以简单，只利用相关软件，无须人工拼对，即可完成。

民族博物馆的数字化建设，虽然是民族博物馆目前和今后发展方向的主流趋势，但对我们从事民族博物馆行业的工作人员来说，却是任重而道远。数字资源建设绝不是一道不可逾越的沟壑，只要我们民族博物馆工作者尽快适应时代潮流，更新原有知识，造就一批懂文物、懂艺术、懂外语，又能掌握现代信息技术的复合型人才。依靠我们民族博物馆自身的力量，应用数码影像技术，还是可以完成的。当然，多媒体信息和虚拟民族博物馆信息，还要靠专家和技术人员相互配合进行制作。

【思考题】

1. 怎样认识影视工作在民族博物馆中的意义和作用？

2. 民族博物馆必须具备哪些影视器材数码影像技术如何应用？

主要参考书目

一、专著

民族文化宫博物馆编：《民族博物馆的理论与实践》，民族出版社 1999 年 9 月第 1 版。

中国民族博物馆编：《民族博物馆学研究》，民族出版社 2001 年 10 月第 1 版。

秦晋庭著：《民族文博研究》，辽宁民族出版社 2003 年 5 月第 1 版。

高宗裕主编：《民族文物探索》，云南民族出版社 2000 年 5 月第 1 版。

宋兆麟著：《民族文物通论》，紫禁城出版社 2000 年 11 月版。

谢沫华主编：《民族文物征集实践》，云南民族出版社 2002 年出版。

段勇著：《当代美国博物馆》，科学出版社 2003 年 10 月第 1 版。

国家文物局编：《全球化下的中国博物馆》，文物出版社 2002 年第 1 版。

苏东海主编：《中国生态博物馆》，紫城出版社 2005 年 5 月第 1 版。

孙永华著：《北京自然博物馆》，北京美术摄影出版社 2005 年 5 月第 1 版。

民族文化宫展览馆：《民族学博物馆学散论》，中央民族大学出版社 1994 年 8 月第 1 版。

黎先耀主编：《中国博物馆指南》，中国旅游出版社 1988 年 10 月第 1 版。

摩尔根：《古代社会》上册，商务印书馆 1971 年版。

拉法格：《唯心史观和唯物史观》，三联书店 1965 年版。

高宗裕主编：《民族学与博物馆学》，云南民族出版社 1996 年版。

高宗裕主编：《民族博物馆论文集》，云南民族博物馆编，云南民族出版社 1999 年版。

王宏钧主编：《中国博物馆学基础》，上海古籍出版社 1990 年 4 月第 1 版。

王宏钧主编：《中国博物馆学基础》（修订本），上海古籍出版社 2001 年 12 月第 1 版。

宋兆麟：《民族博物馆学》1984 年油印本。

《中国大百科全书·文物博物馆卷》，中国大百科全书出版社 1993 年版。

中国博物馆学会编：《中国博物馆志》，华夏出版社 1995 年版。

黎先耀主编：《博物馆学新编》，江苏科技出版社 1983 年版。

中国博物馆学会编：《博物馆学论集》，文物出版社 1983 年版。

文化部文物局主编：《中国博物馆学概论》，文物出版社 1985 年 12 月版。

肯尼思·赫德森著：《八十年代的博物馆》，紫禁城出版社 1986 年版

梁鸿文、朱纯华选编：《博览建筑》，中国建筑工业出版社 1981 年版。

文化部文物局教育处、南开大学历史系编：《博物馆学参考

资料》，1986 年。

国家文物局研究室南开大学博物馆学专业编：《建国以来文物法令汇编》，1982 年。

文化部文物局教育处编：《文物博物馆基础课纲要》，1983 年。

李晓东：《中国文物学概论》，河北人民出版社 1990 年 2 月版。

国家文物局博物馆司编：《博物馆建设思考答卷》，文物出版社 2003 年 4 月第 1 版。

国家文物局泰安培训中心编：《博物馆管理论丛》，山东出版总社泰安分社 1988 年版。

白振声主编：《民族学与民族文化发展研究》中国社会科学出版社 1995 年 8 月第 1 版。

江苏省博物馆学会编：《江苏省博物馆年鉴》，1985 年。

宋伯胤编：《博物馆历史文选》，1985 年。

陈国宁著：《博物馆的演进与现代管理方法之研讨》，台北文史哲出版社 1978 年 6 月版。

苏联博物馆科学研究所主编：《苏联博物馆学基础》，文物出版社 1957 年 7 月版。

傅振伦著：《博物馆学概论》，商务印书馆 1957 年 8 月版。

费畊雨、费鸿年著：《博物馆学概论》，中华书局，1948 年 7 月版。

国家文物局博物馆司编：《博物馆建设思考答卷》，文物出版社 2000 年。

吉林省博物馆学会编译：《博物馆技术》，吉林大学出版社 1989 年 2 月第 1 版。

陈端志著：《博物馆学通论》，上海市博物馆丛书 1936 年 7 月版。

文化学院文物博物馆干部学习班编：《博物馆工作概论》，1961年11月内部铅印。

杨光璇、罗茂羲著：《建筑采光和照明设计》，中国建筑工业出版社1980年2月版。

二、期刊

中国博物馆学会编：《中国博物馆》，季刊，北京。

中国博物馆学会编：《中国博物馆通讯》，月刊（内部），北京。

中国自然博物馆协会编：《中国自然博物馆协会通讯》，半年刊（内部），北京。

文化部文物局研究室编：《文物工作》，双月刊（内部），北京。

中国革命博物馆研究室编：《博物馆工作》季刊（内部），北京。

吉林省考古学会主办季刊（内部）：《博物馆研究》，吉林省博物馆学会，长春。

陕西省博物馆、陕西省文物管理委员会主办：《文博》，双月刊，西安。

贵州省文化出版厅、贵州省群众文化学会：《贵州省群众文化发展战略研究》，1986年编印。

三、索引、数据汇编

中国博物馆协会编：《中国博物馆一览》，1936年。

陕西省博物馆、文管会资料室编：《国外文博资料汇编》，1974年。

中国历史博物馆通史图书资料室编：《博物馆学参考书目及论文索引》，1978年。

贵州省文管会、贵州省文化局编印：《贵州省文物概况一览表》，1982 年 6 月。

贵州省文管会、贵州省文化出版厅：《贵州省文物工作资料汇编》，1983 年 7 月。

四、论文

1. 贾士金、任万举：《博物馆学的对象、内容和方法》，载《中国博物馆》1985 年第 1 期。

2. 杨堃：《民族学博物馆学》，载《博物馆学参考资料》上册，1986 年 10 月第 1 版。

3. 吴泽霖：《论博物馆、民族博物馆与民族学博物馆》，载《博物馆学参考资料》上册，1986 年 10 月第 1 版。

3. 杨成志：《文物与博物馆》，载《民族文物工作通讯》第 3 期。

后　记

我一辈子与民族文物、博物馆有缘。早在20世纪50年代初，中南区兄弟民族湘西访问团来到我的家乡，当时作为一名苗族知识青年，就曾协助过访问团做搜集民族文物的工作。后来我到中南民族学院，又投入到博物馆的筹建工作中。从做保管工作开始，接收了中南机关现有民族文物（移交、捐赠）之后，先是到北京、天津、上海、南京等城市的大博物馆参观学习，又到湖南、湖北、云南、四川、贵州、广西、广东和海南岛等少数民族文物资源丰富的地区，走村串寨，继续调查搜集文物。1956年到中央民族学院历史系学习深造，学习民族史，其间参加了少数民族社会历史调查和五种民族问题丛书的编写。1961年毕业后回中南民族学院博物馆，一直做民族文物的搜集、整理、保管和研究工作。

“文化大革命”期间，中南民族学院被撤销了，剩下的民族文物和博物馆处境十分艰难，为了保护文物，我和馆内的四位同志历尽艰辛，将文物最后转移到中央民族学院。我也随文物的转移，被分配到中央民族学院工作。

从1973年开始，我在中央民族学院文物室，连续六年从事文物清库和摄影工作。1980—1982年以后，我先后加入了中国自然科学博物馆协会、中国博物馆学会和北京市文物保护协会，经常参加学会所组织的有关学术活动。特别是1986—1994年间，在民族学系从事民族博物馆专业的教学和科研活动中，看到更多国内外博物馆资料以及带学生下乡调查实习，亲身感受各少数民族人民创办民族博物馆的积极性，目睹改革开放后民族博物馆的蓬勃发展。

回顾自己从做具体的民族文物、博物馆工作到教学科研工作，连续40余年，一路下来，认为很有意义。故退休后，出于对民族博物馆工作的执著和热爱，仍不断地学习、研究和欣赏。

退休10年来，《民族博物馆学教程》之所以能够最后成稿，首先感谢中央民族大学民族学与社会学学院、民族学系领导的关心和支持，感谢院、系学术委员会专家对本书初稿审阅中付出的辛劳，还要特别感谢我校原民族博物馆馆长、民族文化宫民族博物馆馆长索文清教授的鼎力相助，帮我审阅修改。最后得到校领导的批准，纳入了“211工程”的出版计划，由校出版社出版。本书能与读者见面，实与各界同仁和专家学者的共同支持分不开，在此，一并向他们表示衷心的感谢！

石建中

2005年11月30日